파이썬
데이터 과학
통계 학습

파이썬 데이터 과학 통계 학습

초판 1쇄 인쇄 | 2021년 5월 20일
초판 1쇄 발행 | 2021년 5월 25일

지 은 이 | 황보현우, 정지현
발 행 인 | 이상만
발 행 처 | 정보문화사

책 임 편 집 | 노미라
편 집 진 행 | 정수향

주   소 | 서울시 종로구 동숭길 113 (정보빌딩)
전   화 | (02)3673-0037(편집부) / (02)3673-0114(代)
팩   스 | (02)3673-0260
등   록 | 1990년 2월 14일 제1-1013호
홈 페 이 지 | www.infopub.co.kr

I S B N | 978-89-5674-907-5

Python

Data Science
Statistical Learning

파이썬
데이터 과학
통계 학습

황보현우, 정지현 지음

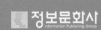
정보문화사
Information Publishing Group

머리말

데이터 과학자가 21세기의 유망 직업으로 부각되면시 많은 데이터 과학 서적들이 쏟아지고 있습니다. 빠른 개발 속도와 쉽고 간결한 문법을 기반으로 높은 효율성을 갖춘 프로그래밍 언어로 파이썬이 주목받으면서 이를 다루는 많은 도서가 소개되고 있는 실정입니다. 그러나 몇몇 원서를 제외하고는 데이터 과학의 궤를 뚫는 프레임워크를 제시하고, 파이썬을 활용한 다양한 분석 사례를 제시하는 도서를 찾기 쉽지 않습니다.

많은 독자가 한 권의 책으로 데이터 과학의 전체적인 흐름을 조망하고, 초급 수준의 이론과 실습을 마칠 수 있기를 희망합니다. 이에 저자들은 다음의 세 가지 목적을 가지고 도서를 집필하였습니다.

첫째, 통계학이나 컴퓨터공학을 전공하지 않은 비전공자들이 데이터 과학의 체계를 쉽게 파악할 수 있도록 하기 위함입니다. 이 책이 제시하는 통계 학습과 기계 학습을 관통하는 일관된 프레임워크를 이해한다면 그간 복잡하게만 느껴왔던 여러 방법론과 세부적인 수식들이 앞으로는 크게 문제가 되지 않을 것입니다.

둘째, 앞으로 데이터 과학을 주 업무로 하기를 희망하지만, 데이터 분석을 처음 접하거나 기초적인 수준에 있는 입문자에게 가이드를 제공하기 위함입니다. 데이터 분석가 또는 데이터 과학자를 본업으로 하려면 현실을 이론에 접목할 수 있는 이해력과 문제해결 능력이 필요합니다. 한편, 입문서는 비전공자도 쉽게 이해할 수 있을 정도로 쉬워야 합니다. 저자들은 이 상충 관계를 극복하기 위해 노력했습니다.

셋째, 파이썬을 활용한 데이터 분석 사례를 가능한 많이 공유하기 위함입니다. 파이썬은 발전 가능성이 높은 데이터 과학의 도구입니다. 유용한 분석 도구인 파이썬에 쉽게 다가갈 방법을 제시하고자 합니다.

이 책의 구성은 다음과 같습니다. 먼저 데이터 과학을 위한 체계(Part 1)와 도구(Part 2)를 다루었습니다. Part 1에서는 데이터 과학의 양대 축인 통계 학습과 기계 학습이 유사한 체계를 가지고 있으며, 앞으로 학습하는 다양한 분석 방법론들이 어느 한쪽의 전유물이 아님을 강조합니다. Part 2에서는 우리가 선택한 데이터 과학의 도구인 파이썬에 대하여 학습합니다.

파이썬의 설치 방법과 기본적인 문법을 학습함으로써 향후 우리가 배우는 분석 방법론들을 적용할 수 있는 기초를 배웁니다.

다음으로는 통계 학습과 기계 학습의 공통 분야인 지도 학습과 비지도 학습을 다룹니다. 지도 학습은 다시 회귀(Part 3)와 분류(Part 4)로, 비지도 학습은 다시 그룹화(Part 5)와 차원 축소(Part 6)로 나누어집니다. Part 3의 회귀에서는 t-검정, 분산 분석, 선형 회귀를 다루며, Part 4의 분류에서는 로지스틱 회귀, k-최근접 이웃, 서포트 벡터 머신, 의사결정나무를 학습합니다. Part 5의 그룹화에서는 2가지 유형의 군집 분석을, Part 6의 차원 축소에서는 주성분 분석과 요인 분석을 학습합니다. 저자들은 독자가 각각의 분석 방법론을 이론적으로 학습한 후 파이썬을 활용하여 실제 데이터를 분석하는 경험을 할 수 있도록 책을 구성하였습니다. 이를 통해 독자는 데이터 분석 방법론들이 저 멀리 동떨어진 이론이 아닌 데이터만 있으면 누구나 활용 가능한 수단임을 느낄 수 있을 것입니다.

이 책은 저자들이 인고의 시간을 거쳐 만든 노력의 결과물이지만, 세상 밖으로 나오기까지 많은 분의 도움을 받았음을 밝힙니다. 먼저 두 저자의 스승이신 연세대학교 정보대학원의 이준기 교수님께 감사를 드립니다. 빅데이터, 인공지능 분야 국내 최고의 석학이신 이준기 교수님은 데이터 과학에 대한 지도뿐만 아니라 인생의 이정표마다 저자들이 바른길을 갈 수 있도록 인도해 주셨습니다. 이 자리를 빌려 깊은 감사를 드립니다.

또한 출간을 허락해 주시고, 투박한 원고를 멋진 책으로 탈바꿈시켜주신 정보문화사에 감사를 글로 표현합니다. 마지막으로 이 책이 세상의 빛을 보기까지 저녁 시간과 주말을 양보해 준 저자의 가족들과 부모님께 감사와 존경의 뜻을 표합니다.

무엇보다 이 책을 읽는 독자들께서 저자를 뛰어넘는 최고의 데이터 과학자가 되기를 희망합니다. 앞으로 지속적인 개정과 더 좋은 책으로 독자 여러분들을 만나 뵐 것을 약속드립니다. 감사합니다.

황보현우, 정지현

이 책은 체계적인 데이터 과학의 프레임워크 안에 최근 대세인 파이썬을 적용하는 방법을 담아내고 있다. 데이터 과학자가 되기를 희망하는 입문자가 가장 먼저, 그리고 꼼꼼하게 학습해야 할 책이다. 한 권의 분량만으로 통계 학습과 기계 학습의 공통분모를 모두 소화하면서, 실습 예제까지 제공하는 것은 매우 어려운 일이다. 무수히 쏟아지는 파이썬 도서 가운데 이 책을 주목하고, 학습해야 하는 이유이다. 많은 독자가 이 책을 통해 데이터 과학의 세계로 한 단계 더 가까이 다가갈 수 있기를 희망한다.

연세대학교 정보대학원 이준기 교수, 전 한국빅데이터학회장, 『오픈 콜라보레이션』 저자

빅데이터와 인공지능 시대에 유행에 휩쓸리지 않고, 하나의 분야에서 일관된 체계를 지키는 것은 중요한 일이다. 이러한 측면에서 데이터 과학의 체계적인 프레임워크를 통해 다양한 분석 방법론과 알고리즘을 해석하는 이 책에 주목해야 한다. 그간 최신 알고리즘을 익히는 데 중점을 두었다면, 이제 데이터 과학이라는 학문을 체계적으로 바라볼 시기가 되었다. 이 책은 파이썬을 활용한 데이터 과학에 대해 체계적으로 접근한다. 시대가 요구하는 바람직한 가이드라인이자 좋은 참고서이다.

KAIST 산업및시스템공학과 장영재 교수, 『경영학콘서트』 저자

빅데이터 분야 세계 100인의 전문가인 황보현우 교수가 집필하고, IT 분야 최고의 전문 출판사인 정보문화사에서 출간한 서적이라는 점만으로도 이 책을 주목할 필요가 충분히 있다. 이 책은 최근 대세가 된 파이썬의 기초 문법과 사용법을 담고 있으며, 데이터 분석 방법론을 회귀, 분류, 그룹화, 차원 축소라는 4개의 체계에 맞추어 설명하고 있다. 나열식의 전개와 수식으로 가득 찬 전공 서적에 거부감이 있는 독자들에게 이 책의 출간은 반가운 소식임이 틀림없다.

뉴스1 김평석 기자

최근 많은 파이썬 교재가 출간되고 있지만 이처럼 데이터 과학의 체계를 일목요연하게 정리하여 설명한 책은 없었다. 단순하게 파이썬 문법이나 코드를 설명하는 것은 쉬운 일이지만, 독자들에게 빅데이터 분석의 프레임워크를 제공하는 것은 어려운 일이기 때문이다. 데이터 과학을 체계적으로 이해하고, 파이썬을 활용하여 산업 현장의 복잡한 문제를 해결하고자 하는 독자에게 이 책을 권한다.

한국오라클 김은희 상무, 이학박사

데이터 분석을 15년째 하고 있는 실무자로서 볼 때 황보 교수님의 데이터 분석 프레임워크는 매우 유용하다. 새롭게 등장하는 알고리즘과 다양한 분석 방법론들은 이 책에 등장하는 프레임워크를 벗어나지 않으며, 이러한 새로운 알고리즘과 방법론들은 튼튼한 기초에 기반해야 한다. 통계 기반의 데이터 분석과 머신러닝, 딥러닝에 이르기까지 데이터 과학에 대한 체계적인 접근 방식을 익히는 것은 운동에서 기초 체력을 키우는 것과 같다. 이 책은 초보자는 물론 데이터 분석에 체계적으로 접근하고자 하는 실무자들에게 유용한 가이드가 될 것이다.

녹십자헬스케어 데이터플랫폼팀 김광일 팀장

쉽게 읽히는 책이 좋은 책이라고 생각한다. 이 책 역시 그렇다. 데이터 분석 및 파이썬 프로그래밍을 비전공자의 눈높이에 알맞게 풀어내고 있다. 기본적인 개념을 쉽게 설명하며, 코드 예시를 통해 프로그래밍에 대한 감을 익힐 수 있도록 구성되어 있다. 데이터 분석 입문자와 데이터 분석 및 프로그래밍에 대한 개념을 상기시키려는 사람들에게 추천한다.

LG전자 CTO DXT센터 빅데이터실 김종우 책임 연구원 데이터 분석에 생소한 입문자와 개인적으로 또는 업무상 데이터 분석에 관심이 많은 이들에게 도움이 되는 책이라고 생각한다. 초심자도 쉽게 접근할 수 있게 파이썬의 기초부터 대표적인 데이터 분석 알고리즘과 예제를 통해서 전반적인 방법론의 이해 및 구현에 대해 잘 정리되어 있다. 특히, 현업에서 보편적으로 사용하는 방법론 위주로 구성되어 있기 때문에, 데이터를 활용하고 싶지만 어디서부터 시작해야 할지 모르는 분들에게 추천한다.

가우스랩스 PMO 김대용 Program Manager

데이터 분석을 위해 첫걸음을 내딛는 초심자에게 추천하는 책이다. 통계나 머신러닝에서 중요한 개념들을 차근히 설명하고 파이썬의 주요 패키지를 통해 내용을 바로 익혀 나갈 수 있다. 이론과 실제를 친절하게 안내한다.

SKT AI Engineering 이민섭 매니저

1959년 스탠퍼드 대학교의 아서 사무엘(Arthur Samuel) 교수는 기계 학습(machine learning)은 별도의 프로그램 코딩 작업 없이 컴퓨터가 스스로 학습해서 문제를 해결하는 것을 목표로 한다고 말했다. 하지만 이를 수행하는 코드의 구현은 여전히 프로그래머의 몫이다. 내가 지금까지 경험한 데이터 과학 관련서들은 다양한 방법론을 복잡한 수식을 통해 설명하거나 부족한 이론 설명과 함께 딱딱한 파이썬 코드를 제공하는 것들이 대부분이었다. 반면에 이 책은 데이터 과학의 이론적 체계를 일목요연하게 정리하여 설명하고 있을 뿐 아니라, seasoned 프로그래머가 각종 알고리즘을 직접 구현할 수 있도록 다양한 예제 코드를 제공하여 실무적 레벨에서 데이터 과학을 조금 더 균형적으로 이해할 수 있게 해준다.

하이트진로 영업전략팀 이창헌 차장

시중에 나와 있는 데이터 과학 서적 중에서도 단연 눈에 띄는 책이다. 한 권의 책으로 이론과 실전을 동시에 학습할 수 있기에 데이터 과학 입문자에게 추천한다. 데이터 과학의 전체적인 흐름을 훑어본 후에 파이썬을 활용해 다양한 분석 사례를 습득하고, 이를 통해 실제 데이터 분석을 할 수 있도록 짜임새 있게 구성되어 있다.

한국정보통신진흥협회 ICT기반본부 데이터 사업팀 황준호 과장

데이터 분석 공부를 시작할 때 마주하는 어려움 중 하나는, 전체적인 흐름과 그 속의 개념을 이해하는 것이다. 이 책은 입문자들이 느낄 수 있는 답답함과 막히는 부분을 잘 정리된 개념과 흐름으로 풀어줄 뿐만 아니라 분석에 꼭 필요한 코드들도 함께 다룬다.

연세대학교 정보대학원 석사과정 조은옥

우선 이 책은 쉽다. 또한 그간 통계학 서적에서 진부하게 설명된 이론적 배경과 수식을 과감하게 생략하고, 데이터 분석에 필요한 핵심 이론과 결과 해석에 중점을 두고 있다. 따라서 통계 학습의 체계를 따르고 있지만, 전공자가 아니라 비전공자와 데이터 과학 입문자가 보기에도 적합하다. 특히 데이터 분석에 관심이 있는 대학생들에게 유용한 입문서가 될 것이다.

서울시립대 학생 장한

목차

PART 01 데이터 과학을 위한 체계

PART 02 데이터 과학을 위한 파이썬

PART 03 회귀

PART 04 분류

목차

PART 01

데이터 과학을 위한 체계

데이터 과학을 배우는 데 있어 무엇보다 중요한 사항은 문제를 이해하고, 해결할 수 있는 능력을 키우는 것이다. 이러한 힘은 개별 방법론에 대한 학습이나 프로그래밍 스킬에서 나오는 것이 아니라, 데이터 분석과 관련한 체계를 익히는 데에서 나온다. 데이터 과학을 학습하기 위해 갖추어야 할 기본적인 지식과 프레임워크에 대해 학습한다.

데이터 과학에 접근하기 위해 가장 먼저 해야 할 일은 데이터를 읽는 방법을 배우는 것인데, 데이터와 변수의 유형을 파악하는 것이 요구된다. 이는 데이터 분석 과정에서 어떠한 방법론을 사용해야 할지 판단하는 기준이 되기 때문이다. 통계학습과 기계학습을 망라하여 데이터 분석을 학습하기 전에 알아야 할 기본 지식을 알아보자.

1.1 데이터의 구조

데이터 과학은 주어진 데이터를 통해 필요한 정보를 찾고 가치를 만들어 내는 과정이라고 할 수 있다. 데이터 형태는 데이터를 수집하고 표현하는 주체와 대상에 따라 다르다. 하지만 일반적인 통계 패키지나 데이터베이스(특히, 관계형 DB)에 데이터를 입력하고 분석하기 위한 데이터 구조는 정형화되어 있다. 분석 첫 단계는 데이터 구조를 이해하고 읽는 것이다. 보통 데이터는 다음과 같은 형태를 갖는다.

표 1-1 데이터의 형태

ID	이름	성별	나이(세)	키(cm)	몸무게(kg)
1	홍길동	남	21	187	89
2	김철수	남	45	172	68
...	...	...	...	...	...
	김영희	여	18	162	51

〈표 1-1〉의 첫 행 [이름], [성별], [나이], [키], [몸무게]를 변수명(variable name)이라고 한다. 변수명을 제외한 열(column)은 변수값을 나타낸다. 변수(variable)라고 하면 변수값의 집합을 말한다. 예를 들어, 성별 변수는 성별이라는 특성의 집합인 {남, 남, ..., 여}를 통칭한다.

보통 값을 포함한 변수를 나타낼 때는 대문자 X를 이용해 나타내고 변수의 값을 표현할 때는 x와 같은 소문자를 이용한다.

예를 들면, 〈표 1-1〉에서 ID를 제외한 3번째 변수인 나이는 $X_3(=21, 45, \ldots, 18)$로 나타내며 나이의 2번째 값인 45는 x_{32}(3번째 변수의 2번째 값)로 나타낼 수 있다. 만약 데이터가 하나의 변수 나이만을 갖는다면 나이를 X로 그리고 2번째 값은 x_2로 표현할 수 있다.

행(row)은 관측치(observation)를 의미하며 〈표 1-1〉의 경우 사람 단위로 측정된 데이터이다. 이런 데이터의 측정 단위는 보통 [ID], [KEY]와 같은 변수를 기준으로 구분한다. 관측 단위는 데이터의 유형에 따라 다르게 측정된다. 예를 들면, 카드사는 거래 단위로, 통신사는 통화 단위로도 데이터를 수집한다. 보통 [ID]와 [KEY]로 이용된 변수는 중복 값(duplication value)이 없으며, 분석 단위로 이용된다.

〈표 1-1〉의 ID=1인 관측치를 살펴보면 홍길동이라는 사람과 관련된 데이터임을 알 수 있다. 홍길동은 성별이 남자이고, 나이는 21세, 키는 187cm이며 몸무게는 89kg인 사람이다. 이렇게 데이터를 읽을 때는 관측치 단위로 읽는다. 반면 데이터 특성을 분석할 때는 주로 변수 단위로 분석한다. 성별의 경우 데이터에서 남녀의 성비는 어떻게 되는지 평균 나이, 평균 키 등을 분석할 수 있다.

데이터의 형태는 표현 목적에 따라 매우 다양하다. 하지만, 통계 패키지나 데이터베이스를 이용해 데이터를 분석하고자 하는 경우라면 〈표 1-1〉과 같은 형태로 데이터를 재구성해야 소프트웨어가 데이터를 인식하고 정확한 분석을 할 수 있다. 분석 단위를 기준으로 변수를 옆으로 더해간다고 생각하는 것이 쉽다. 분석 단위는 고객, 지역, 거래 등 목적에 따라 다르다. 예를 들어 고객 재방문 예측이 목적인 경우 고객을 기준으로 데이터를 수집해야 한다. 반면 카드 사기 탐지가 목적이라면 거래 단위로 데이터를 구성하는 것이 타당하다.

1.2 데이터의 유형

1.2.1 정형화에 따른 분류

데이터 분석 영역에서는 앞서 살펴본 정형(structured) 데이터를 이용한다. 최근에는 로그, 센서 데이터와 같은 반정형 데이터(semi-structured) 데이터 분석에 대한 수요가 급증하고 있다. 특히 비대면 채널에 대한 선호 증가 때문이다. 반정형 데이터는 수집된 데이터를 정형화하는 과정이 필요해 정형 데이터보다 데이터 처리에 더 많은 시간과 비용이 발생한다는 특징이 있다.

그림 1-1 정형화에 따른 데이터의 유형

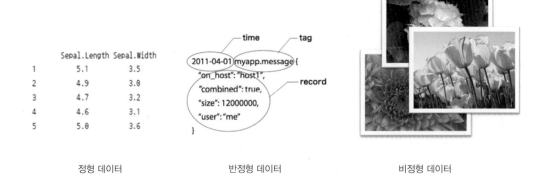

| 정형 데이터 | 반정형 데이터 | 비정형 데이터 |

비정형 데이터(unstructured data)는 이미지, 동영상, 음성, 텍스트 등과 같은 데이터를 말한다. 비정형 데이터는 반정형 데이터보다 통상 더 많은 처리 시간이 필요하다. 최근에는 비정형 데이터를 수집, 가공하여 새로운 인사이트를 발견하는 사례가 늘고 있다. 특히 이미지 데이터 분석은 AI의 발전으로 인간의 눈을 넘어서는 정확도를 보인다. 음성 인식, 이미지 인식, 번역기 모두 비정형 데이터 분석을 위한 AI 기술로 날로 진보하고 있다.

표 1-2 정형화에 따른 데이터의 유형

유형	특징	예시
정형 (structured)	• 정리되어 있어 비교적 분석하기 쉽고 단순한 형태의 데이터 • 고정된 필드에 저장된 데이터, 스프레드 시트 등	고객 신상 데이터, 매출 데이터, 재고 데이터 등
반정형 (semi-structured)	• 고정된 필드에 저장되어 있지 않은 정형 데이터 • 레코드 및 필드와 같은 구조를 갖기 위한 태그나 인덱스 등 포함	XML, HTML, JSON, 로그 형태 (웹 로그, 센서 데이터) 등
비정형 (unstructured)	• 정리되어 있지 않아 분석하기 어렵고 복잡한 형태의 데이터 • 고정된 필드에 저장되어 있지 않은 데이터	이미지, 동영상, 음성 데이터, 이메일, SNS 등

변수를 구분하는 또 한 가지 관점은 시간(time)에 따라 측정된 데이터인지 여부이다. 시간에 따라 관측된 데이터는 각 관측치들이 서로 상관되어 있을 가능성이 높다.

주가(stock price)가 이에 해당한다. 회사 매출이 크게 상승했다면, 이 사건이 주가에 반영되는 데에는 시간이 필요하다. 처음 이 정보를 획득한 시장 참여자들이 과도하게 주식을 매수했다면, 다음날 주가는 기업 가치보다 과도하게 올라간 주가를 본래 가치로 회귀하려 할 수 있다. 즉, 전날의 주가가 오늘의 주가에 영향을 주는 것이다.

이러한 이유로 시계열 데이터는 계절성을 갖는 경우가 많다. 대표적으로 주류 판매량은 연말이나 연초에 회식이나 모임이 많아지면 크게 증가하고, 아이스크림 판매량은 기온에 영향을 받아 계절에 따라 판매량 추이가 다르게 움직인다.

- 시계열 데이터(time series data): 시간에 따라 관측된 데이터를 말한다. 일별 온도, 강수량 등이 해당한다. 시간에 따라 관측된 데이터는 현재 시점에 관측된 데이터가 과거에 관측되었던 데이터에 영향을 받을 수 있다. 즉, 각 관측치들이 서로 독립적이지 않다는 특성을 갖는다.
- 횡단면 데이터(cross-sectional data): 동 시간대에 얻은 데이터를 말한다. 점포별 매출, 각 도시별 인구수 등 관측 시점이 동일한 다양한 개체로부터 얻는 데이터이다. 보통 관측치 간의 독립성이 어느 정도 보장된다.
- 패널 데이터(panel data): 횡단면 데이터를 시간에 따라 나열한 데이터를 말한다. 점포별 매출이 연도별로 산출되어 있다면 패널 데이터에 해당한다. 시계열 데이터와 횡단면 데이터가 동시에 포함되어 있는 데이터를 말한다.

표 1-3 **시간에 따른 데이터의 유형**

유형	특징	예시
시계열 (time series)	시간에 따라 측정	일별 온도, 연도별 벼 수확량, 주가 등
횡단면 (cross-sectional)	동 시간대에 서로 다른 관측치 개체 측정	도시별 인구수, 점포별 매출 현황 등
패널 (panel)	횡단면 데이터를 시간에 따라 나열	연도별 점포 매출 현황, 각 시도별 월별 세수 현황 등

이 책에서는 횡단면 데이터를 이용한 분석 방법을 중점적으로 다룬다. 시계열 데이터의 경우 관측치들이 서로 상관하여 있기 때문에 시계열 분석 방법론을 이용한 분석이 타당하다. 하지만 시계열 데이터라고 해도 상관 정도가 크지 않다면 횡단면 분석에서 사용하는 분석 방법론을 사용할 수 있다. 물론 개별 관측치들이 시간에 따라 어떠한 추세를 갖는지 확인하고 그렇지 않은 경우여야 한다.

1.3   모집단과 표본

데이터 과학은 데이터를 이용해 어떤 수치를 구하는 것에만 국한하지 않는다. 데이터로부터 얻은 수치들을 이용해 의사결정의 도구로 삼을 수 있다. 지금도 사회과학이나 임상 실험과 관련된 데이터는 데이터 수집에 따른 비용 문제로 데이터 수집이 제한되고 있다. 전통적인 통계학은 이런 문제를 표본 추출 방법을 통해 극복했다.

그림 1-2 **모집단과 표본**

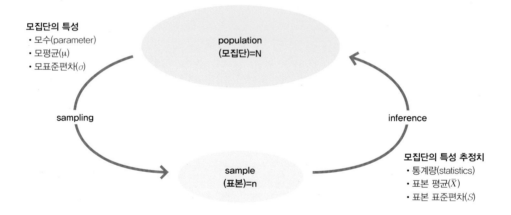

관심의 대상이 되는 전체 집단 즉, 모집단(population)의 특성을 해당 모집단으로부터 추출된 표본(sample)을 이용해 추정(inference)한다. 모집단에서 표본이 추출되는 과정은 확률을 기반으로 수행되며, 표본의 특성 추정치인 통계량을 이용해 모집단의 특성을 파악하는 것을 통계적 추론이라고 한다.

표 1-4 모집단과 표본 예

알고자 하는 정보	모집단	표본
렘데시비르(Remdesivir)의 코로나(Covid-19)에 대한 개선 효과	모든 사람들	임상 실험 대상 환자
대한민국 남성의 평균 키	대한민국 모든 남성	임의 추출된 100명의 남성
수도권 거주자의 여당 지지도	모든 수도권 거주자	임의 추출된 300명의 수도권 거주자

모집단과 관련한 통계량은 μ(모평균), σ^2(모분산), σ(모표준편차)와 같이 그리스 문자로 나타낸다. 반면 표본과 관련한 통계량 $\bar{X}$(표본 평균), S^2(표본 분산), S(표본 표준편차)는 알파벳을 이용해 나타낸다. 또한 표본의 수는 소문자 n으로 나타내며 모집단의 수는 대문자 N으로 나타낸다.

1.4   척도와 변수

데이터 분석은 측정과 수집이 선행되어야 한다. 최근에는 데이터 수집 도구의 발전, 공공데이터 공개 등으로 데이터 수집이 보다 쉬워졌다. 수집된 데이터라도 유형과 성격을 파악하는 것은 필수다. 데이터는 측정 척도(scale of measurement)에 따라 명목(nominal), 순위(ordinal), 등간(interval), 비율(ratio) 변수로 구분된다. 다만 데이터 분석 시 등간 변수와 비율 변수의 구분은 큰 의미를 갖지 않는다.

표 1-5 척도에 따른 변수의 유형

변수	척도	정의	연산자	예시
범주형(categorical) 변수	명목(nominal)	distinct categories	=, ≠	이름, 주민번호, 지역 구분 등
질적(qualitative) 변수	순위(ordinal)	ordered categories	<, >	· 만족도, 순위 등
수치형(numerical) 변수	등간(interval)	meaningful distances	+, -	온도, 물가지수 등
양적(numerical) 변수	비율(ratio)	absolute zero	×, ÷	월 소득, 연령 등

- 명목 변수(nominal variable): 서로 다름 외에 어떠한 정보도 포함하고 있지 않은 데이터 유형이다. 혈액형(A, AB, B, O)이나 직업, 주소 같은 변수가 해당된다. 명목 변수는 각 변수 간 연산이 불가능하다. 명목 척도를 세분화하여 명목 변수의 범주 수가 2개인 경우 이항형(binomial, dichotomous)이라고 한다.

- 순위 변수(ordinal variable): 순위(서열) 변수는 명목형 데이터보다 크고 작음을 나타내는 정보가 추가로 포함되어 있는 데이터이다. 학점(A, B, C, D, F)이나 선호 정도를 나타내는 매우 좋음, 좋음, 보통, 싫음, 매우 싫음 등이 이에 해당한다. 순위 데이터의 경우 수치화해 계산하는 것이 가능하다. 가령 선호 정도를 매우 싫음을 기준으로 1, 2, 3, 4, 5로 점수화할 수 있다. 하지만, 수치화하는 데에는 항상 주의가 필요하다. 특히 사회 조사에서 측정된 데이터의 경우 보통과 싫음의 간격이 진짜 1점인지 모호하기 때문이다.
- 등간 변수(interval variable): 등간(구간) 변수는 크고 작음은 물론 간격에 대한 정보가 포함되어 있는 변수이다. 섭씨 온도가 이에 해당하는데, 섭씨 온도는 물의 어는점과 끓는점을 기준으로 0도와 100도를 정했다. 하지만 온도가 10도에서 20도로 두 배 올랐다고 해서 그 배율만큼 더워진 걸 의미하지 않는다. 등간 변수의 경우 사칙연산 중 덧셈과 뺄셈이 가능하지만 대부분 구분 없이 수치형 변수(numerical variable)로 일괄 이용한다.
- 비율 변수(ratio variable): 일반적으로 사용하는 수치형 변수가 이에 해당한다. 월 소득이나 연령 등을 예로 들 수 있다. 비율형 변수는 사칙 연산이 모두 가능하다는 특징을 갖는다. 소득이 100만 원에서 200만 원이 됐다면, 소득이 두 배 증가했다고 말하는 것이 당연하기 때문이다.

그림 1-3 변수 유형에 따른 정보의 양

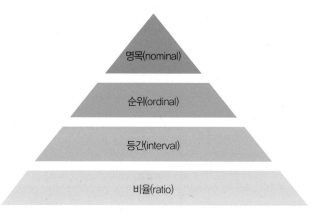

각 변수 유형에 따른 정보의 양은 비율 > 등간 > 순위 > 명목 순이다. 비율과 등간 데이터의 경우 순위, 명목 데이터로 변환이 가능하다. 예를 들면, 나이를 구간화하여 10대, 20대, 30대로 변환할 수 있다. 하지만 명목 변수는 등간 변수로 변환할 수 없다. 이를 분석 방법론에 적용하면 수치형(등간, 비율) 데이터는 범주형(순위, 명목) 변수를 위한 분석 방법론을 이용할 수 있다(그러나 정보의 손실이 발생한다). 하지만 범주형 변수의 경우 수치형 변수를 위한 방법론을 적용하는 것은 원칙적으로 불가능하다.

1.5 　설명 변수와 반응 변수

데이터 과학 모형은 일정 수준의 오차를 감내하고 보다 빠르게 설명이나 예측을 수행하는 것을 목적으로 한다. 그럼 데이터 과학 모형을 어떻게 표현할 수 있을까? 크게 두 가지 유형의 변수로 구성된다.

하나는 예측 또는 설명의 목적에 해당하는 반응 변수(response variable)이고, 다른 하나는 반응 변수에 영향을 줄 것으로 예상되는 설명 변수(explanatory variable)이다. 대부분 반응 변수는 하나인 경우가 많고, 설명 변수는 여러 개인 경우가 많다. 데이터 과학은 통계학, 기계학습, 데이터 마이닝, 패턴 인식 등 다양하게 융합한 학문이다. 그렇기 때문에 반응 변수와 설명 변수도 매우 다양한 이름을 갖는다. 각 학문의 등장 배경에 따라 면밀히 살펴보면 분명 미세한 차이가 존재하나 그 의미는 매우 유사하다.

표 1-6 X 변수와 Y 변수의 다양한 이름

X 변수	Y 변수
설명 변수	반응 변수
독립 변수	종속 변수
입력 변수	목표 변수
예측 변수	피예측 변수
특징	라벨
회귀자	결과 변수
	측정 변수

반응 변수는 종속 변수(dependent variable)라고도 하며 데이터 마이닝 영역에서는 목표 변수(target variable)라고 한다. 또한 기계학습이나 인공지능 영역에서는 라벨(label)이라고 한다. 설명 변수는 독립 변수(independent variable)라고도 하며 데이터 마이닝 영역에서는 입력 변수(input variable)라고 하고, 기계학습 또는 인공지능 영역에서는 특징(feature)이라고 한다. 이 외에도 예측(predictor) 변수와 회귀(regressor) 변수라고도 부른다. 영역에 따라 약간의 뉘앙스 차이는 있지만, 실제 하는 역할은 대부분 비슷하다.

데이터 과학의 변수는 설명 변수와 반응 변수 외에도 개별 관측치의 구분을 목적으로 하는 [ID] 변수가 있다. [ID] 변수는 [KEY]라고도 한다. 데이터베이스 관리 시스템의 [KEY]와 유사한 개념이다. 또한 개별 관측치를 구분할 목적으로 사용되는 세분화 변수(segment variable)이다.

예를 들면, 고객 분석에서 모형이 고객 등급별로 적합할 경우 고객 등급이 세분화 변수가 된다. 이외에도 예측 결과를 나타내는 변수, 관측치의 가중치를 나타내는 변수 등 다양한 역할의 변수가 존재한다.

표 1-7 **범주형 변수와 수치형 변수**

유형	척도에 따른 변수	분류	예시
범주형 변수	명목 변수, 순위 변수	분류	로지스틱 회귀분석 선형 판별 분석
수치형 변수	등간 변수, 비율 변수	회귀	다중 선형 회귀분석 분산 분석

데이터 과학을 학습할 때 개별 방법론의 적용과 프로그래밍을 익히는 것도 중요하지만, 바람직한 의사결정을 위해 어떤 방법론을 선택할지 결정하는 것이 중요하다. 이를 위해 반드시 학습해야 하는 부분이 데이터 과학의 프레임워크이다. 이번에는 분석 목적, 이론적 배경, 변수 유형, 변수 간 관계에 따른 데이터 과학의 체계를 학습함으로써 보다 거시적인 차원에서 데이터 과학을 조망하는 방법을 알아본다.

2.1 데이터 과학 모형 및 평가

데이터 과학에 대한 본격적인 논의에 앞서 간단하게 데이터 과학 모형과 변수의 역할, 모형 평가 방법 등을 알아보자. 당장 이해가 되지 않는 부분이 있더라도 나중에 더 자세하게 다루므로 가벼운 마음으로 읽어 나가면 된다.

2.1.1 데이터 과학 모형

데이터 과학에서 모형은 어떤 **원인 변수들에 의해 결과 변수를 설명 또는 예측**하기 위해 만들어진다. 다음의 사례들은 데이터 과학으로 해답을 얻을 수 있는 것들이다.

> **사례 1** 기상 조건에 따라 교통사고 발생률의 차이가 있을까?
> **사례 2** 성별에 따라 공무원 시험 합격률에 차이가 있을까?
> **사례 3** 지역에 따라 정치 성향 차이가 존재할까?
> **사례 4** 학력에 따라 종교적 신념에 차이가 있을까?
> **사례 5** 어떤 고객들이 구매를 반복적으로 할까?
> **사례 6** 아버지의 키는 아들의 키에 얼마나 영향을 줄까?
> **사례 7** 렘데시비르는 COVID-19 치료에 효과가 있을까?

데이터 과학을 통해 정답을 얻을 수는 없지만 유용한 해답을 얻을 수 있다. 이런 해답을 얻기 위해 모형(model)을 만든다. 모형이란 일종의 함수인데, 일반적인 함수들과는 조금 다르다. 정답이 아닌 해답을 찾는 것이 주목적이기 때문이다. 그래서 오차(error)가 존재한다.

정리하면, 데이터 과학에서 모형은 주어진 변수를 이용해 목표하는 변수를 근사적으로 예측 또는 분류하는 것이다. 이런 모형을 만드는 과정을 모형 적합(model fitting, modeling) 또는 학습(learning)이라고 한다. 모형을 수식으로 나타내면 다음과 같다.

$$y = f(x) + Error$$

위 수식의 y는 예측 또는 분류하고자 하는 변수이다. [사례1]의 경우 교통사고 발생률이 y 변수가 된다. $f(x)$는 x들로 구성된 함수이다. 보통은 x들이 가중합으로 이루어진 선형식(예: $f(x)=\beta_0+\beta_1 x_1+\cdots+\beta_p x_p$)을 주로 이용한다. [사례1]의 교통사고에 영향을 주는 요인들이 x 변수에 해당한다.

그럼 교통사고에 영향을 주는 요인은 무엇이 있을까? 강수량, 도로 상태, 운전자의 피로도, 교통량 등 일일이 열거하면 끝이 없을 것이다. 복잡한 요인들이 교통사고 발생에 영향을 줄 것이다. 그럼 이들의 **관계**는 어떠할까? 단순 선형 관계일까? 아닐 가능성이 훨씬 높다. 운전자 피로도에 따라 지수적으로 사고 가능성이 증가할 수 있다. 강수량에 따라 로그 함수 형태로 교통사고 가능성이 증가할 수도 있다.

이와 같이 자연 현상 대부분은 매우 복잡한 관계(지수, 선형, 순환, ...)와 요인으로 설명 가능하다. 복잡한 현상을 정확히 설명할 수 있는 모형을 찾으려 한다면 많은 시간과 비용이 발생할 것이다. 심지어 모형을 만드는 사이에 현상이 바뀔 수도 있다. 자율주행 기술의 발달로 운전자의 피로도와 교통사고 발생 가능성은 무관해질 수도 있다.

이런 이유로 데이터 과학 모형은 적당한 오차를 감내한다. 보다 빠르고 다양한 현상을 예측하고 설명하려는 것이다. 유명한 통계학자는 "All models are wrong, but some are useful"이라고 말했다.

2.2.2 모형 정확도에 대한 평가

데이터 과학 모형은 태생적으로 오차를 수반한 모형이다. 어떤 모형이 좋은 모형이라고 할 수 있을까? 단순히 생각하면 만들어진 모형을 이용한 예측 결과가 실제 측정 결과와 비슷할수록 좋은 모형이라고 말할 수 있을 것이다. 즉, 오차가 작을수록 좋은 모형이라고 할 수 있다. 그럼 오차는 어떻게 측정할 수 있을까? 가장 쉬운 방법은 다음과 같이 모형의 예측 결과와 실측치 간의 차이를 이용하는 것이다.

$$SSE(Sum\ of\ Squared\ Error) = \sum_{i=1}^{n}(y_i - \hat{y}_i)^2$$

위 식에서 y_i는 i번째 관측치의 실제 반응 변수값이다. 그리고 $\hat{y}_i$는 i번째 관측치의 설명 변수 $x_i(=x_1,...,x_p)$를 이용한 데이터 과학 모형 $\hat{f}(x)$에 의해 추정된 결과들이다.

오차 제곱합(sum of squared error; SSE)은 실측치와 예측치 차이의 제곱합으로 모형의 정확도를 측정한다.

• 보충

햇(hat; ^)은 예측된 것을 나타낼 때 사용한다. 데이터 과학 모형에 '^'이 추가된 이유는 실제 현상을 나타내는 함수를 추정한 근사 모형이기 때문이다.

이 값이 크면 모형의 예측력이 낮음을 의미한다. 만약 SSE가 0이면 모형은 모든 관측치에 대해 100% 정확한 예측을 한 것을 의미한다(실제 상황에서 이런 일은 불가능에 가깝다).

하지만 SSE는 관측치 수에 따라 그 값이 천차만별로 변한다. 그렇기 때문에 다음과 같이 관측치 1개당 평균적인 SSE를 나타내는 평균제곱오차(mean squared error; MSE)를 주로 이용한다.

$$MSE(Mean\ Squared\ Error) = \frac{1}{n}\sum_{i=1}^{n}\left(y_i - \hat{f}(x_i)\right)^2$$

데이터 과학 모형으로 예측한 결과를 이용해 정확도를 평가하는 방법을 도식화하면 〈그림 1-4〉와 같다.

그림 1-4 데이터 과학 모형의 정확도 평가 프로세스

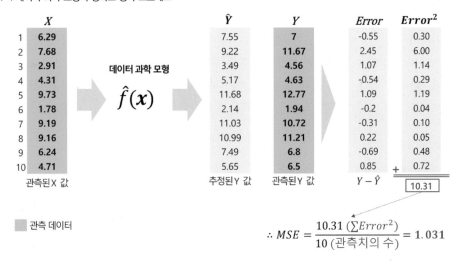

〈그림 1-4〉를 보면 관측된 설명 변수 x를 어떤 방법론에 의해 사전에 만들어진 데이터 과학 모형에 입력하여 예측 결과인 $\hat{y}$을 구한다. 예측된 결과와 실제 값 y의 차인 오차($Error$)를 구한다. 오차 제곱을 구한 뒤 합계 값을 관측치 수로 나눠 모형의 평균제곱오차를 산출한다.

모형 학습 또는 적합은 대부분 주어진 데이터에 대한 오차가 최소가 되도록 이루어진다. 이런 성질 때문에 모형 학습에 이용된 데이터를 평가에 이용할 경우 **추정된 오차가 실제 오차보다 과소 추정되는 문제가 발생**한다.

또한 미래 시점을 예측하는 주가 예측과 같은 모형은 **모형 적합에 이용된 데이터와 같은 시점 데이터로 평가하면, 실제 모형을 적용했을 때 보다 큰 오차가 발생**할 수 있다. 이런 문제를 해결하기 위해 데이터 분할(data partition) 방법을 이용한 모형 평가를 주로 사용한다.

2.1.3 편향과 분산 간 상충 관계

데이터 과학 모형의 오차는 대부분 사전 데이터 분할을 통해 별도로 마련한 검증용 데이터 (testing data)에 의해 평가된다. 데이터의 오차는 크게 세 가지 유형으로 구분할 수 있다.

그림 1-5 오차 분해에 대한 수학적 표현

$$\underbrace{E\left(y_0 - \hat{f}(x_0)\right)^2}_{\text{Test Error}} = \underbrace{\underbrace{\text{Var}(\hat{f}(x_0))}_{\text{Variance(분산)}} + \underbrace{[\text{Bias}(\hat{f}(x_0))]^2}_{\text{Bias(편향)}}}_{\text{Reducible Error (축소 \textbf{가능} 오차)}} + \underbrace{\text{Var}(\epsilon)}_{\text{Irreducible Error (축소 \textbf{불가능} 오차)}}.$$

첫 번째는 **분산(variance)**으로 **학습용 데이터를 잘 예측하도록 만들어진 모형이 평가용 데이터를 예측하면 발생한 데이터 간의 차이로 발생하는 오차**이다. 이 오차를 줄이기 위한 방법은 크게 세 가지가 있다. 먼저 모형을 단순화하여 모형이 학습용 데이터에 과도하게 맞춰지는 것을 막는 방법이다. 이 경우 모형으로 설명되지 않는 부분 때문에 발생하는 오차(편향; bias)가 증가하게 되는 한계가 있다. 두 번째는 모형 학습에 이용되는 데이터를 보다 대표성을 갖도록 선정하는 방법이다. 세 번째 방법은 학습에 이용되는 데이터를 더 많이 확보하는 방법이다.

그림 1-6 분산과 편향 간 관계

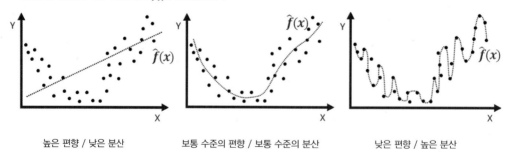

점선은 관측된 x에 따른 추정된 함수 $\hat{f}(x)$의 결과값을 의미

높은 편향 / 낮은 분산   보통 수준의 편향 / 보통 수준의 분산   낮은 편향 / 높은 분산

두 번째는 **편향(bias)**이다. 편향은 모형이 너무 단순해서 예측을 제대로 하지 못하는 경우 발생하는 오차를 말한다. 〈그림 1-6〉의 왼쪽 그래프가 이에 해당한다. X와 Y가 서로 2차 함수와 유사한 형태를 가짐에도 불구하고 선형식으로 예측해 편향이 매우 높아진 것을 알 수 있다.

이런 현상을 과소적합(underfitting)이라고 한다. 반면 편향을 낮추기 위해 모형을 너무 복잡하게 설정할 경우, 오른쪽 그래프처럼 데이터의 패턴이 아닌 오차까지 모두 학습하는 문제가 발생한다. 이러한 현상을 과적합(overfitting)이라고 한다.

세 번째는 **축소 불가능한 오차(irreducible error)**이다. 앞서 설명한 분산과 편향은 모형의 복잡도를 적절하게 조정하면 줄일 수 있는 오차이다. 하지만 축소 불가능 오차는 반응 변수에 영향을 주는 변수 중 일부가 수집되지 않았거나 분석에 이용된 데이터가 갖고 있지 않은 다른 정보에 의해 발생한 오차를 말한다. 예를 들어 교통사고 원인을 분석할 때도 측정 가능한 정보가 있고 그렇지 않은 정보가 있다. 기상 조건은 충분히 측정 가능한 반면 사고 당시 운전자의 당황한 정도, 피로도와 같은 정보는 사고에 영향을 주었음에도 측정이 어려워 모형 적합에 이용할 수 없다.

표 1-8 오차의 종류와 특징

종류	특징
분산	다른 트레이닝 데이터를 사용하여 추정하는 경우 변동되는 정도로 **트레이닝 데이터에 민감하게 반응하여 발생하는 오차**를 말하는데, 이는 **과적합**과 관련된다.
편향	데이터 내에 있는 모든 정보를 고려하지 않아 생기는 편차 즉, 모형의 적합성을 의미한다. **실제 문제를 훨씬 단순한 모델로 근사함으로 인해 발생되는 오차**로 **과소적합**과 관련된다.
축소 불가능 오차	이미 데이터 자체에 내포되어 있어 **줄일 수 없는 오차**를 의미한다.

그림 1-7 분산, 편향, 정밀도, 신뢰도, 타당도의 의미

분산 (variance)	낮음	낮음	높음	높음
편향 (bias)	낮음	높음	낮음	높음
정밀도 (precision)	높음	높음	낮음	낮음
신뢰도 (reliability)	높음	낮음	낮음	낮음
타당도 (validity)	높음	낮음	높음	낮음

분산이 낮다는 것은 신뢰도(reliability)와 정밀도(precision)가 높다는 것과 같다. 신뢰도(reliability)는 사회과학에서 측정 도구(설문 문항)가 얼마나 일관성 있게 측정하는지 나타낸다. 타당도(validity)는 측정하고자 하는 개념을 얼마나 정확히 측정했는지 나타낸다. 타당도가 높다는 것은 편향이 낮다는 것과 같다.

2.2   분석 목적에 따른 프레임워크

데이터 과학 모형을 분석 목적에 따라 예측(prediction) 문제와 추론(inference) 문제로 나눌 수 있다. 예측을 주목적으로 하는 경우 모형을 통한 반응 변수와 설명 변수의 관계에 대한 통찰은 관심사가 아니기 때문에 인공신경망, SVM 등과 같이 해석이 난해한 모형도 후보 모형이 된다. 반응 변수와 설명 변수의 관계 파악이 주목적인 추론(inference)의 경우 복잡한 모형을 이용하면 해석이 어렵기 때문에 해석이 쉽고 직관적인 의사결정나무, 회귀모형을 이용한다. 최근에는 미국 방송을 시작으로 예측 문제에 특화된 모형을 설명하려는 XAI(explainable AI) 방법론이 연구되고 있다.

2.2.1   예측과 추론

예측이 주목적인 경우 모형이 복잡해 해석이 어렵더라도 예측력을 최대한 높이는 것을 목적으로 한다. 예를 들어, 사진 데이터를 이용한 이미지 인식은 이미지가 어떤 사물을 표현한다는 사실이 매우 명확하기 때문에 굳이 그 관계를 추론할 이유가 없다. 이런 경우 사진에 표현된 사물을 사진 데이터를 이용해 보다 정확하게 예측하기만 해도 충분하다. 즉, 모형 예측 결과와 실제 값 사이의 오차를 최소화하는 것이 제일 중요하다. 비슷한 예로는 손글씨를 인식하는 경우, 음성을 인식하는 경우 등이 있다.

예측이 주목적인 문제들은 예측을 위한 도구가 매우 복잡한 함수를 갖더라도 큰 문제가 되지 않기 때문에 신경망(neural network), 랜덤 포레스트(random forest)와 같은 블랙박스 모형을 자주 이용하며, 최근에는 딥러닝(deep learning) 모형이 주로 쓰인다.

그림 1-8 이미지 인식

추론 문제는 설명 변수와 반응 변수의 관계를 파악하는 것이 주목적이다. 예를 들어 미세먼지 발생량에 따른 호흡기 질환 환자 수 변화를 분석하는 경우, 환자 수를 예측하는 것도 중요하지만 그 영향력이 얼마나 큰지, 얼마나 유의한지 같은 '관계'에 대한 추론이 더 중요하다. 즉, $X_1, X_2, \cdots, X_p$ 변화에 따른 Y 변화를 이해하는 데 관심이 있는 것이다. 추론이 주목적인 문제는 복잡한 데이터 과학 모형을 사용할 경우 해석이 난해하기 때문에 해석이 쉬운 회귀모형, 의사결정나무 등을 주로 이용한다. 하지만 해석이 쉬운 모형들은 복잡한 관계를 표현하는 데 한계가 있기 때문에 예측력이 떨어지는 단점이 존재한다.

그림 1-9 미세먼지와 호흡기 질환의 관계

2.2.2 **예측 정확도와 모델 해석력 간 상충 관계**

데이터 과학 모형은 예측력(accuracy)과 해석력(interpretability) 간에 상충 관계를 갖는다. 사회 현상이나 자연 현상 대부분은 복잡한 구조를 갖는다. 예를 들어, 교통사고 발생에 운전자 숙련도, 도로 상황, 기상 상황 등 다양한 요인이 영향을 미친다. 그렇기 때문에 복잡한 현상에 의한 결과를 보다 정확하게 예측하기 위해서는 복잡한 구조를 표현할 수 있는 모형이 필요하다. 하지만 복잡한 구조를 표현하는 데 적합한 모형은 그 복잡성 때문에 사람이 이해할 수 없는 구조를 갖게 되어 결국은 해석력이 현저하게 낮아진다.

인공 신경망 모형은 주어진 변수들의 선형 결합을 어떤 함수를 거쳐 다시 선형 결합하고 또 어떤 함수를 거쳐 다시 선형 결합하는 복잡한 구조를 갖고 있다. 이런 복잡한 구조 덕에 회귀모형으로는 표현할 수 없는 복잡한 관계까지 학습할 수 있는 이점을 갖는다.

그렇다면 예측과 해석이 모두 중요한 경우엔 어떻게 해야 할까? 기업의 고객 이탈 모형은 어떤 유형의 고객이 이탈하는지도 관심사이지만, 이탈할 가능성이 높은 고객을 찾아내는 것 역시 매우 중요하다. 즉, 해석을 통해 이탈 고객을 줄이기 위한 중장기적 전략을 수립할 수 있고, 예측을 통해 이탈 가망 고객에게 유인을 제공해 이탈을 막을 수도 있는 것이다. 대부분의 경우 목적이 명확하지 않거나 두 가지 목적이 모두 중요하다면 오차를 최소화하는 것을 목적으로 한다.

2.2.3 **탐색적 데이터 분석과 확증적 데이터 분석**

데이터 분석은 탐색적 데이터 분석(exploratory data analysis; EDA)과 확증적 데이터 분석(confirmatory data analysis; CDA)으로 구분할 수 있다. 먼저 탐색적 데이터 분석은 데이터의 주요한 특성을 분석하기 위해 데이터를 요약하고 시각화하는 방법을 의미한다. 데이터 과학 모형을 이용할 수도 있지만 탐색적 데이터 분석은 정형화된 모형이나 가설을 넘어 데이터가 말하는 것이 무엇인지에 보다 관심을 둔 방법이다. 탐색적 데이터 분석은 통계학자들에게 데이터 탐색의 중요성을 강조하기 위해 John Tukey에 의해 소개되었다.

2.3 이론적 배경에 따른 프레임워크

2.3.1 통계학습과 기계학습

통계학습(statistical learning)은 통계학(statics) 학자들에 의해 발전한 방법론이다. 통계학은 주어진 데이터를 기술(descriptive)하거나 표본(sample)을 통해 모집단(population)의 성질을 추론(inference)하는 것에 관심을 둔다. 그렇기 때문에 통계학습 모형은 대체로 해석이 용이하게 발전해 왔고, 구조 역시 대부분 투명도가 높은 화이트 박스(white-box) 구조로 이루어져 있다. 또한 수학 중점(math intensive)의 학습 방법을 주로 이용하기 때문에 작은 데이터(small data)에서도 훌륭한 모형을 만들 수 있는 장점이 있다. 하지만 다양한 가정(assumption)에 기반한 경우가 대부분이다. 때문에 가정을 만족하는지 여부를 확인하는 작업이 필요하고, 가정을 만족하지 않는 경우 사용할 수 없다는 단점이 있다.

기계학습(machine learning)은 인공지능(artificial intelligence), 패턴인식(pattern recognition), 컴퓨터 과학(computer science) 등에 기반을 둔 학자들에 의해 발전한 영역이다. 기계학습을 통해 해결하고자 하는 문제는 이미지 인식(image recognition), 음성 인식(sound recognition) 등 예측력이 중요한 경우가 대부분이다 보니 추론을 통한 인과관계 파악보다는 예측 정확도를 극대화하는 방향으로 발전해왔다. 예측 정확도 향상을 목적으로 하면서 모형 복잡도가 불가피하게 높아져 기계학습 모형 대부분은 내부를 알 수 없는 블랙 박스(black-box) 모형이다. 또한 모형 복잡도가 높아 수리적인 방법을 통한 모형 학습에 제약이 있는 경우가 많아 주로 반복(iteration)을 통해 오차를 줄여 나가는 경사하강법(gradient descent)과 같은 방법을 이용해 모형 학습을 수행한다. 이런 특성 때문에 학습을 위해 많은 데이터가 필요한 단점이 있지만, 사전 가정 없이 모형을 이용할 수 있는 장점도 있다. 기계학습 모형은 지도학습(supervised learning), 비지도학습(unsupervised learning) 외에도 준지도학습(semi-supervised learning)과 강화학습(reinforcement learning)과 같은 다양한 방법론이 존재한다.

표 1-9 **통계학습과 기계학습 비교**

구분	통계학습	기계학습
주관심사	모형 설명력(model interpretability)	예측 정확도(model accuracy)
발전 기반	통계학, 수치 해석 등	패턴인식, 컴퓨터 과학, 인공지능 등
모형 구조	대부분 화이트 박스(White-box)	대부분 블랙 박스(Black-box)
주사용 시기	관측치 및 변수의 수가 적은 경우(small data) (예: 임상 실험, 사회조사 등)	관측치 및 변수의 수가 많은 경우(big data) (예: DB 마케팅, 공학 등)
가정	가정 의존적(assumption dependent) (예: 독립성, 정규성, 등분산성 등)	가정 독립적(assumption independent) (예: 대부분 가정 무시)
학습(적합) 방법	수학 중점(math intensive) 최적화	반복(iteration)을 통한 최적화
평가	주어진 데이터에 대한 적합도 및 가정 검토	데이터 분할(data partition)을 이용한 모형 평가
관심 과제(예시)	대기오염과 호흡기 질환의 관계 배너 위치에 따른 콘텐츠 클릭 빈도 차이 분석 신규 도입 장비의 불량률 감소 효과 분석 임상 실험 결과를 통한 신약 효능 분석 ...	이미지 데이터를 이용한 객체 구분 상황 및 사물 인식 기술을 이용한 자율 주행 MRI 데이터를 이용한 암 환자 조기 진단 음성 인식을 통한 AI 스피커 성능 향상 ...
특징	가설(hypothesis)과 모집단(population), 표본(sample)에 기반하며, 데이터를 기술(descriptive)하거나 추론(inference)하는 데 주로 이용	예측력(prediction) 중점, 지도(supervised), 비지도(unsupervised), 준지도(semi-supervised), 강화학습(reinforcement learning) 등 다양한 학습 방법 존재

2.3.2 모수적 방법과 비모수적 방법

표본을 이용해 모집단의 특성을 추측하고 의사결정 하는 방법을 통계적 추론(statistical inference)이라고 한다. 통계적 추론은 크게 모수적 방법(parametric method), 비모수적 방법(non-parametric method) 그리고 베이즈 방법(Bayesian method)으로 구분할 수 있다.

모수적 방법은 표본으로부터 모집단의 특성인 모수를 추정할 때 모집단의 분포를 가정하는 방법으로 정규분포를 가정하는 경우가 대부분이다. 대표적으로 t - 검정, 분산 분석, 회귀분석 등이 이에 해당한다. 모수적 방법은 가정을 충분히 만족하는 경우 매우 훌륭한 방법이다. 하지만 이상치(outlier)에 취약한 단점이 있다. 표본의 분포가 정규분포와 거리가 먼 경우, 표본 통계량의 분포가 정규분포에 수렴하는 속도가 느린 경우, 추정 또는 검정의 효율이 급격히 하락하는 특징이 있다. 모수적 방법은 표본 수가 커지면 중심극한정리를 이용해 근사적으로 이용할 수 있다.

비모수적 방법은 모집단에 대한 구체적인 분포 함수를 가정하지 않는다. 크게 **모집단의 모수 자체에 관심을 두지 않는 순수 비모수적 방법과 검정 통계량의 분포와 모집단의 분포가 서로 무관한 분포 무관 방법**으로 나눌 수 있다. 비모수적 방법에서 흔히 사용하는 모집단에 대한 가정은 "연속성"이며, 모형에 따라 "대칭성" 가정을 추가하는 경우도 있다. 비모수적 방법은 주로 모집단의 정규성 가정이 어렵고 동시에 표본 수가 작은 경우 이용한다(표본 수가 큰 경우 중심극한정리를 사용하여 근사적으로 모수적 방법을 이용할 수 있다).

비모수적 방법은 관측 값의 **부호(sign)**와 **순위(rank)** 또는 **순위에 기초한 점수(score)**를 이용하는 특징이 있다. 직관적으로 보기에 수치형 변수를 순위와 부호화하는 것은 정보 손실을 초래할 것으로 예상되나 실제 정보 손실이 생각만큼 크지 않아 유용하다.

표 1-10 **비모수 방법론의 장점 및 단점**

장점	단점
비교적 유연한 사전 가정 (가정 위반으로 인한 오류 가능성이 낮음)	비모수 분석을 위한 통계량 분포 복잡 (이론 전개 제한)
등간, 비율형 변수를 순위화 또는 부호화하여 이용하기 때문에 순위형 변수에서 유용	분포 가정을 만족하는 경우 모수적 방법보다 상대적으로 효율성 저하
직관적으로 이해하기 쉬운 통계량 구조	

2.4 변수 유형에 따른 프레임워크

2.4.1 지도학습과 비지도학습

모형 분석 목적에 따라 반응 변수가 존재하는 지도학습(supervised learning)과 반응 변수가 없는 비지도학습(unsupervised learning)으로 구분할 수 있다. 비지도학습에 해당하는 군집 분석, 주성분 분석 등은 통계학에서는 반응 변수가 여러 개인 다변량 분석(multivariate analysis)이라고 이야기한다. 관점 차이인데, 반응 변수가 없는 것으로 볼 수도 있지만 모든 변수를 반응 변수로 볼 수도 있다.

그림 1-10 **지도학습의 예: 아기가 엄마에게 나비와 딱정벌레의 구분을 배우는 과정**

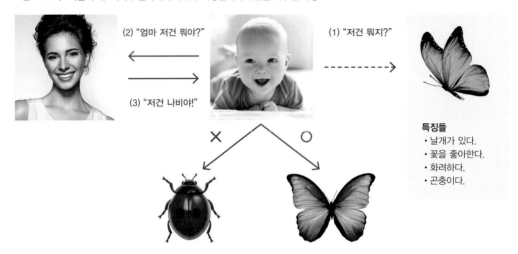

지도학습(supervised learning)은 반응 변수(response variable)가 있는 경우에 해당한다. 이미지 픽셀 정보를 이용해 나비 사진인지 아닌지 분류하는 모형을 만든다면 지도학습에 해당한다. 〈그림 1-10〉을 보면 아기는 나비를 발견하고 엄마에게 무엇인지 물어본다. 엄마는 아기에게 "저건 나비야"라고 답을 알려준다. 이때 아기는 나비의 특징들과 "나비"라는 이름을 연결시킨다. 즉, 나비에 대해 학습한다. 아기는 엄마의 **지도**를 받아 나비를 학습했다. 그리고 나서 새로운 곤충을 발견하곤 나비인지 아닌지 판단하게 된다.

그림 1-11 **비지도학습의 예: 아기가 스스로 나비와 딱정벌레의 구분을 배우는 과정**

비지도학습(unsupervised learning)은 반응 변수가 없는 경우 또는 모든 변수가 반응 변수인 경우에 해당한다. 〈그림 1–11〉을 보면 아기가 혼자 있을 때 나비를 발견한 상황이다. 아기는 엄마에게 저 곤충이 무엇인지 물어볼 수 없다. 하지만 스스로 특성을 관찰할 수 있다. [날개가 있다], [꽃을 좋아한다], [화려하다] 등의 특징을 학습한다. 하지만 이 곤충을 무엇이라고 불러야 하는지는 모른다. 그때 새로운 곤충 두 마리가 나타난다. 하나는 무당벌레고 다른 하나는 다른 종의 나비다. 이때 아기는 기존의 관찰을 통해 학습한 곤충과 비슷한 나비를 발견하게 된다. 이 둘이 비슷하다는 것을 구분할 수 있게 된다. 엄마의 지도 없이 새로운 나비를 배운 것이다.

2.4.2 예측적 분석과 기술적 분석

통계학습(statistical learning)은 데이터 이해를 위한 방대한 도구의 집합을 말하며, 크게 예측적 방법(predictive method)과 기술적 방법(descriptive method)으로 나눌 수 있다. 예측적 방법은 하나 이상의 입력 변수를 기반으로 출력 변수를 예측하거나 추정하는 통계적 모델을 만드는 것이다. 주어진 데이터에 반응 변수가 존재하는 경우로 예측 또는 인과관계 규명을 목적으로 하는 방법이다. 각 설명 변수 관측치 $x_i(i=1,...,n)$에 대한 반응 변수 측정값 y_i에 대해 설명 변수를 이용해 반응 변수를 설명, 혹은 예측하는 모형을 만드는 것을 말한다. 예측적 방법에서 분석 목적은 먼저 미래에 관측된 결과로부터 반응 변수를 더 정확하게 예측하는 것과 반응 변수와 설명 변수들 사이의 관계를 정확히 이해하는 것, 이 두 가지를 목적으로 한다. 기술적 분석은 출력 변수 없이 입력 변수만 있는 데이터의 관계를 파악하는 것이다. 이는 기계학습 영역의 지도학습과 비지도학습에 대응되는 개념이다.

2.4.3 회귀와 분류

회귀(regression)는 연속형 수치를 예측하는 것을 목적으로 하는 문제 유형이다. 반응 변수는 매출, 방문자 수, 클릭 수 등과 같은 양적(quantitative) 변수이다. 또한 예측 결과 가질 수 있는 값의 범위는 무한대라는 특징이 있다. 대표적인 회귀 문제 해결을 위한 모형으로 선형 회귀모형이 있다. 선형 회귀모형은 예측과 분류 문제를 혼용하여 해결하는 것이 불가능하다. 하지만 의사결정나무(decision tree)나 SVM(Support Vector Machine), 인공신경망(neural network) 등의 모형은 약간의 조정을 통해 회귀 및 분류 문제를 모두 해결할 수 있다. 회귀모형은 주로 MSE, MAPE 등을 이용해 모형을 평가한다.

분류(classification)는 주어진 데이터를 이용해 해당 관측치가 특정 범주형 변수의 어떤 그룹에 해당하는지 분류하는 것을 목적으로 한다. 기업 부실 예측, 사기 탐지, 재방문 예측 등이 해당된다. 분류 문제 특성상 분류 가능한 그룹 유형은 사전에 결정되어 있기 때문에 분류 결과로 얻어지는 값은 이 그룹 유형 중 하나의 그룹으로 분류된다. 대표적인 분류 문제 해결을 위한 모형은 로지스틱 회귀모형이 있다. 로지스틱 회귀는 분류 문제만을 해결할 수 있는 모형이다. 분류 모형은 주로 오분류율, 특이도, 민감도 등을 이용해 모형을 평가한다.

표 1-11 회귀와 분류 비교

구분	회귀(regression)	분류(classification)
문제 유형	• 연속형 수치 예측	• 범주형 분류
반응 변수	• 양적(quantitative)	• 질적(qualitative)
예측 범위	• 무한(infinite)	• 유한(finite), 주어진 분류 유형 수
분석 방법론	• 선형 회귀(linear regression) • 분산 분석(ANOVA), …	• 로지스틱 회귀(logistic regression) • 판별분석(discriminant analysis), …
평가 측도	• MSE(Mean Squared Error) • MAE(Mean Absolute Error) • MAPE(Mean Absolute Percentage Error) • RMSE(Root Mean Squared Error), …	• 오분류율(misclassification rate), • AU-ROC(Area Under the Curve) • 특이도(specificity) • 민감도(sensitivity) • 향상도(lift), …

2.4.4 그룹화와 차원 축소

그룹화(grouping)와 차원 축소(dimensionality reduction)를 이용하면 데이터를 묶거나 줄일 수 있다. 먼저 그룹화는 그룹을 이용해 관측치(행, row)를 묶는 방법이다. 이때 같은 그룹에 속한 관측치는 서로 유사한 성격을, 다른 그룹에 속한 관측치는 이질적인 성격을 갖는다. 예를 들어 성별은 하나의 그룹이 될 수 있다. 성별이 같은 경우 전반적인 신체 조건이나 성향이 유사한 반면, 성별이 다른 경우 같은 성별인 사람들에 비해 신체 조건이나 성향에 차이가 있을 가능성이 높다. 그룹화는 성별, 연령, 주거지와 같은 명시된 그룹이 아닌 데이터 특성에 기초해 서로 성격이 비슷한 관측치를 찾아 묶는 방법이다. 대표적인 그룹화 방법에는 군집 분석이 있다.

차원 축소는 변수(열, column)를 줄이는 방법이다. 통계학습 방법론 대부분은 관측치 수가 변수 수보다 큰 경우에 사용할 수 있다. 예를 들면, 회귀분석에서 변수가 2개인 경우 회귀모형은 주어진 데이터를 대표하는 어떤 선을 찾는 방법이라고 할 수 있다. 선을 정의하기 위해서는 적어도 2개 이상의 점이 필요하다. 점이 하나인 경우 무수히 많은 선을 만들 수 있어 대표성을 갖는 한 선을 정의할 수 없기 때문이다. 데이터 관점에서 점은 관측치에 해당한다. 즉, 변수가 2개인 경우 관측치가 적어도 2개 이상은 되어야 회귀모형을 정의할 수 있는 것이다. 이런 현상은 변수의 수(차원)를 확장했을 때도 적용된다. 만약 변수가 5개인 경우 적어도 5개 이상의 관측치가 필요하며, 회귀선은 회귀 초평면(hyperplane) 형태로 정의된다.

이와 같이 관측치 수에 비해 변수 수가 많거나 유사한 경우 차원 축소 방법을 이용해 변수 수를 줄여 모형을 정의하도록 만들 수 있다.

차원 축소 방법은 크게 어떤 선택 지표에 근거해 변수를 줄여 나가는 변수 선택과 서로 유사한 변수를 묶어 보다 적은 수의 변수로 만드는 방법으로 구분할 수 있다. 일상생활에서도 수없이 많은 변수 선택이 이뤄진다. 성적을 잘 받기 위해 학원을 갈지, 자습을 할지, 온라인 강의를 들을지 혹은 이것들을 조합해서 할지 등을 선택한다. 대개 경험에 의해 성적 향상에 도움이 된다고 생각되는 가장 적합한 방법을 선택한다. 이 역시 변수 선택이라고 할 수 있다. 하지만 데이터 과학에서 변수 선택은 개인적인 경험이 아닌 관측된 데이터에 근거하고, 목적 적합한 알고리즘을 이용한다는 차이가 있다. 데이터 과학의 변수 선택 알고리즘은 대체로 어떤 변수가 예측력 향상에 도움이 되는지를 중점으로 변수를 줄여 나간다. 예를 들어 키는 유전적인 요인, 식습관, 취침 시간, 자세 등 다양한 변수에 영향을 받는다. 변수 선택은 이런 요인들 중 데이터에 근거해 키에 영향을 많이 주는 요인을 선택하고 영향이 작거나 유의미하지 않은 요인을 제거한다. 이런 변수 선택 방법에는 전진 선택(forward selection), 후진 선택(backward selection), 단계적 선택(stepwise selection) 등의 방법이 있다.

표 1-12 **그룹화와 차원 축소 비교**

구분	그룹화(grouping)	차원 축소(dimensionality reduction)
개념	• 관측치(행, row)를 묶는 방법	• 변수(열, column)를 줄이는 방법
특징	• 데이터에 기반해 그룹을 찾는 방법 (예: 그룹 내 동질, 그룹 간 이질)	• 대표성을 갖는 변수를 찾거나 만드는 방법
대표 방법론	• 군집 분석(clustering) 　- 계층형 군집 　- k-means clustering 　- SOM • 연관성 분석(association analysis) 계열 　- 시차 연관성 분석(sequential association analysis) 　- 링크 분석(link analysis) 　- 장바구니 분석(market basket analysis)	• 변수 선택 　- 전진 선택(forward selection) 　- 후진 선택(backward selection) 　- 단계적 선택(stepwise selection) 　- Shrinkage • 변수 결합 　- 주성분 분석(principal component analysis; PCA) 　- 요인 분석(factor analysis)

변수를 합치는 방법은 서로 유사한 성격을 갖는 변수들을 대표성을 갖는 하나의 개념으로 묶는 것이다. 일상생활에서도 수없이 많은 차원 축소가 이뤄진다. 한 나라의 경제력을 평가하는 GDP, 학업 성취도를 나타내는 평균 점수, 개인의 재무 건전성을 나타내는 신용평점 등이 이에 해당한다. 이런 지표들은 여러 변수를 어떤 규정이나 이론적 배경에 근거해 하나로 합쳐진다. 하지만 데이터 과학에서는 이론적 근거에서 나아가 관찰된 데이터에 기반해 보다 많은 정보가 포함되도록 또는 목적에 적합하도록 변수를 합친다.

이런 변수를 묶는 방법에는 주성분 분석(Principal Component Analysis; PCA), 요인 분석(Factor Analysis), 부분최소제곱법(Partial Least Square; PLS) 등이 있다.

그룹화와 차원 축소 방법은 반응 변수가 없을 때도 사용할 수 있는 경우가 많아 데이터 특성을 파악하기 위한 기술적 분석(descriptive analysis)을 목적으로 자주 이용된다. 그룹화와 차원 축소 방법을 통해 데이터 특성을 파악할 수 있고, 보다 중요한 정보를 추출할 수도 있다.

2.5 변수 간 관계에 따른 프레임워크

변수 간의 관계는 원인과 결과가 되는 인과관계를 비롯해 상관관계, 독립관계 등 다양하다.

표 1-13 **변수 간의 관계 유형**

관계 유형	설명
독립관계	• 두 변수가 서로 영향을 주지 않는 관계
상관관계	• 두 변수 중 한 변수가 변화하면 다른 한 변수도 따라서 변화하는 관계
인과관계	• 독립 변수 변화가 종속 변수 변화의 영향이 되는 경우 • 인과관계가 성립하기 위해 시간 우선성, 공변성, 외생 변수의 통제 3가지 조건 만족
쌍방향적 인과관계	• 인과성이 쌍방으로 미치는 것 • 원인과 결과가 동시에 될 수 있음
조절관계	• 독립 변수 A가 종속 변수에 미치는 영향력이 독립 변수 B(조절변수)에 따라 다른 경우
매개관계	• 독립 변수의 결과이면서 동시에 종속 변수의 원인이 되는 변수의 관계에 있는 것

먼저 **독립관계(independent relationship)**는 두 변수가 서로 영향을 주지 않는 관계를 의미한다. **상관관계(correlational relationship)**는 두 변수 중 한 변수가 변화할 때 다른 변수도 함께 변화하는 관계를 말한다. 이때 주의해야 할 점은 두 변수가 서로에게 영향을 주는지는 알 수 없다는 것이다.

그림 1-12 독립관계와 상관관계

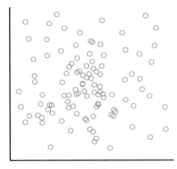
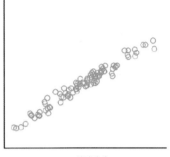

독립관계   상관관계

대표적인 예가 아이스크림 판매량과 익사 사고 발생 빈도이다. 상식적으로 아이스크림이 많이 판매된다고 해서 익사자가 늘어날 이유는 없다. 또한 익사자가 많아진다고 아이스크림이 많이 팔린다는 근거도 없다. 하지만 이 둘은 높은 상관관계를 갖는다. 두 변수 모두 날씨에 영향을 받기 때문이다. 이런 비슷한 예가 데이비드 라인베버(David Leinweber)의 『월 스트리트의 멍청이(Nerds on Wall Street)』라는 책에 등장한다. 라인베버는 인과관계와 관계없이 상관관계가 있음을 알리기 위해 방글라데시 버터 생산량과 주가가 75%나 상관관계를 갖는 것을 알렸다. 대형 투자자문회사 매니저들이 이런 결과를 얻게 된 비결을 물었고, 라인베버는 그 상관관계에 대해 연구하면서 책까지 출간하게 되었다.

인과관계(causal relationship)는 한 변수가 다른 변수의 변화에 원인이 되는 관계를 말한다. 유명 연예인을 광고모델로 기용한다면 해당 연예인에게 호감을 갖고 있는 많은 고객이 제품을 구매할 가능성이 높아지고 판매량 증가로 이어질 수 있다. 그러나 인과관계 성립을 위해 적어도 다음 세 가지 조건을 만족해야 한다.

표 1-14 인과관계 성립을 위한 세 가지 조건

성립 조건	설명
시간 우선성	• 원인 변수 변화 후 종속 변수 변화
공변성	• 원인 변수가 변하면 종속 변수도 항상 변화 • 상관계수가 유의한 강도를 갖고 통계적으로 유의
외생 변수 통제	• 원인 변수 외 요인을 제거한 뒤 관계 검증

인과관계 성립을 위한 첫 번째 조건은 **시간 우선성(temporal precedence)**으로 원인 변수(독립 변수)가 변한 뒤 종속 변수가 변해야 한다. 미세먼지 농도가 호흡기 질환 발생에 영향을 준다고 말하기 위해서는 미세먼지가 호흡기 질환을 일으킬 때까지 일정한 시간이 필요하다. 만약 호흡기 질환 환자 수가 먼저 증가하고 미세먼지가 심해졌다면 미세먼지와 호흡기 질환 환자 수가 상관관계를 갖는다고 해도 인과관계를 갖는다고 말할 수는 없다.

두 번째 조건은 **공변성(covariation)**이다. 공변성은 원인 변수가 변하면 종속 변수도 항상 변하는 것을 말한다. 여기서 '항상'의 의미는 절대적인 것이 아닌 두 변수의 관계가 통계적으로 유의미해야 함을 말한다.

세 번째 조건은 **외생 변수 통제(elimination of extraneous variables)**이다. 아이스크림 판매량과 익사 사고 발생 건수는 기온에 영향을 받는다. 즉, 기온으로 인한 효과를 제거하면 이 둘은 어떠한 상관관계도 갖지 않게 될 것이다. 외생 변수 통제를 통해 제3 요인에 의한 효과를 제거해야 원인 변수와 종속 변수의 진짜 관계를 파악할 수 있다. 정리하면, 원인 변수는 종속 변수보다 앞서 변화하며, 원인 변수의 변화는 종속 변수 변화에 통계학적으로 유의미한 영향을 주어야 하고, 이런 관계에 대한 유의성은 외생 변수를 통제한 상태에서 확인해야 한다.

쌍방향적 인과관계(reciprocal causality)는 원인 변수와 종속 변수가 상호 영향을 주는 관계를 말한다. 자존감과 성적 간 관계가 이에 해당할 수 있다. 자존감이 높은 학생들은 성적이 높은 경우가 많다. 또한 성적이 높으면 자존감도 높아지기 마련이다. 이와 같이 각 변수가 서로에게 영향을 주는 경우 쌍방향 인과관계라고 한다.

그림 1-13 쌍방향적 인과관계 예: 자존감과 성적

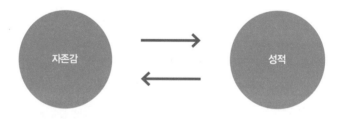

조절관계(moderating relationship)는 독립 변수가 종속 변수에 미치는 영향력이 다른 독립 변수(조절 변수)에 따라 다른 관계를 말한다. 항암 신약 개발에 있어 신약을 단독으로 이용할 때에는 유의미한 수준의 개선 효과를 나타내지 않더라도 기존 항암제와 병용 투약했을 때 기존 항암제를 단독으로 사용한 것보다 더 높은 효과를 나타낼 수 있다. 이 경우 항암 신약(X)과 그 항암 효과(Y) 사이에 기존 항암제(M)가 조절 변수로 작용하는 것이다.

그림 1-14 매개관계(mediational relationship)

평론가 평점   사용자 평점   영화 매출액

매개관계(mediational relationship)는 독립 변수의 결과이면서 동시에 종속 변수의 원인이 되는 변수 관계이다. 영화 시사회 이후 평론가의 평가는 일반 관객들의 영화 평점에 영향을 주게 된다. 이는 영화 흥행에 직접적인 영향을 미친다. 즉, 평론가의 평가가 관람객 평점에 영향을 주고 관람객 평점은 영화 흥행에 영향을 끼치는 것이다. 이때 평론가의 평점과 영화 흥행의 매개변수로 관람객 평점이 작용한다.

PART 02

데이터 과학을 위한 파이썬

파이썬은 데이터 분석을 위한 가장 보편적인 프로그래밍 언어로
자리잡았다. 이번 파트에서는 파이썬의 설치 방법과 기본적인 문법에
대해 학습함으로써 데이터 분석을 위한 기본적인 환경을 마련한다.

이 책에서는 넘파이(NumPy), 판다스(Pandas), 사이파이(SciPy), 사이킷런(scikit-learn) 등 파이썬의 주요 패키지를 활용하여 데이터 분석을 학습한다. 이번에는 파이썬의 원활한 구동을 위해 아나콘다와 주피터 노트북을 설치하는 방법에 대하여 알아보자.

여기서 사용된 파이썬과 주요 패키지의 버전은 다음과 같다.

운영체제	MacOS Catalina (버전 10.15.6)
파이썬	3.7.9
주요 패키지	NumPy: 1.19.4
	Pandas: 1.1.5
	seaborn: 0.11.0
	matplotlib: 3.3.3
	SciPy: 1.5.4
	statsmodels: 0.12.1
	scikit-learn: 0.23.2

1.1 　아나콘다

파이썬을 설치하고 데이터 과학을 위한 패키지를 따로 설치해도 되지만, 아나콘다(Anaconda)를 설치하면 대부분의 패키지들이 같이 설치되기 때문에 손쉽게 데이터 분석을 시작할 수 있다. 또한, 아나콘다를 활용하여 가상 환경을 만들고 필요한 패키지들만 설치해서 관리할 수 있다.

설치를 위해 https://www.anaconda.com로 접속하여 Products 〉 Individual Edition을 선택한다.

그림 2-1 아나콘다 설치 파일 다운로드 ①

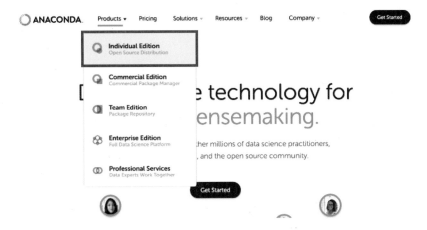

화면 왼쪽 하단에 보이는 [Download] 버튼을 선택한다.

그림 2-2 아나콘다 설치 파일 다운로드 ②

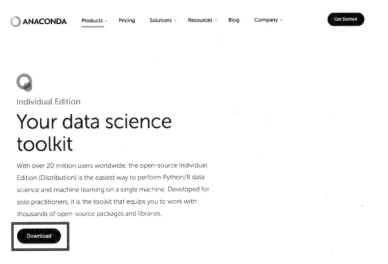

사용자에게 맞는 운영체제를 선택한 후 다운로드 받는다. 윈도우의 경우 Windows 〉 64-Bit Graphical Installer 파일을 다운로드 받으면 된다. 필자는 Mac을 사용하고 있기 때문에 MacOS 〉 64-Bit Graphical Installer 파일을 다운로드 받았다.

그림 2-3 아나콘다 설치 파일 다운로드 ③

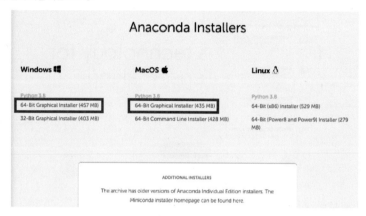

다운로드 받은 피일을 실행하여 아나콘다를 설치한다.

그림 2-4 아나콘다 설치

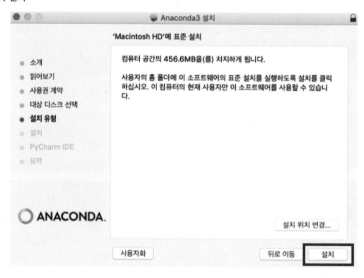

설치가 완료되면 터미널을 실행하고, `conda env list` 명령어를 통해 Anaconda3가 잘 설치되었는지 확인한다. 윈도우의 경우 Anaconda Prompt를 실행하여 확인할 수 있다.

그림 2-5 Anaconda Prompt 실행

```
(base) jihyun@jihyunjeongui-MacBook-Pro:~% conda env list
# conda environments:
#
base                     *  /Users/jihyun/opt/anaconda3
```

이제 새로운 가상 환경을 생성해보자. 기본 환경(base)에 데이터 과학을 위한 외부 패키지들이 기본적으로 설치되어 있다. 따라서 기본 환경으로 실습해도 된다. 하지만, 다양한 외부 패키지들을 사용하기 때문에 패키지들 간 버전으로 인한 충돌 방지와 필요한 모듈만 설치해 관리하기 위해 새로운 가상 환경을 생성하여 사용하는 것도 좋은 방법이다. 다음의 명령어를 통해 data_science라는 가상 환경을 만들자(data_science 말고 다른 명칭을 사용해도 된다).

```
conda create -n data_science python=3.7
```

명령어를 입력하면 데이터 분석을 위한 다양한 기본 모듈들이 추가로 설치되는 것을 확인할 수 있다. y를 입력하고 설치를 계속 진행한다. 윈도우 사용자는 Anaconda Prompt에서 명령어를 실행하면 된다.

그림 2-6 아나콘다 가상 환경 생성

```
## Package Plan ##

  environment location: /Users/jihyun/opt/anaconda3/envs/data_science

  added / updated specs:
    - python=3.7


The following packages will be downloaded:

    package                    |            build
    ---------------------------|-----------------
    ca-certificates-2020.12.8  |        hecd8cb5_0         121 KB
    certifi-2020.12.5          |   py37hecd8cb5_0         140 KB
    openssl-1.1.1i             |        h9ed2024_0         2.2 MB
    pip-20.3.1                 |   py37hecd8cb5_0         1.7 MB
    python-3.7.9               |        h26836e1_0        19.7 MB
    setuptools-51.0.0          |   py37hecd8cb5_2         711 KB
    wheel-0.36.1               |     pyhd3eb1b0_0          32 KB
    ---------------------------------------------------------
                                           Total:        24.6 MB

The following NEW packages will be INSTALLED:

  ca-certificates    pkgs/main/osx-64::ca-certificates-2020.12.8-hecd8cb5_0
  certifi            pkgs/main/osx-64::certifi-2020.12.5-py37hecd8cb5_0
  libcxx             pkgs/main/osx-64::libcxx-10.0.0-1
  libedit            pkgs/main/osx-64::libedit-3.1.20191231-h1de35cc_1
  libffi             pkgs/main/osx-64::libffi-3.3-hb1e8313_2
  ncurses            pkgs/main/osx-64::ncurses-6.2-h0a44026_1
  openssl            pkgs/main/osx-64::openssl-1.1.1i-h9ed2024_0
  pip                pkgs/main/osx-64::pip-20.3.1-py37hecd8cb5_0
  python             pkgs/main/osx-64::python-3.7.9-h26836e1_0
  readline           pkgs/main/osx-64::readline-8.0-h1de35cc_0
  setuptools         pkgs/main/osx-64::setuptools-51.0.0-py37hecd8cb5_2
  sqlite             pkgs/main/osx-64::sqlite-3.33.0-hffcf06c_0
  tk                 pkgs/main/osx-64::tk-8.6.10-hb0a8c7a_0
  wheel              pkgs/main/noarch::wheel-0.36.1-pyhd3eb1b0_0
  xz                 pkgs/main/osx-64::xz-5.2.5-h1de35cc_0
  zlib               pkgs/main/osx-64::zlib-1.2.11-h1de35cc_3


Proceed ([y]/n)?  y
```

설치가 끝나면 우리가 만든 가상 환경을 활성화하기 위해 conda activate data_science 명령어를 입력한다.

그림 2-7 아나콘다 가상 환경 생성 완료

```
Downloading and Extracting Packages
certifi-2020.12.5   | 140 KB    | ################################################ | 100%
openssl-1.1.1i      | 2.2 MB    | ################################################ | 100%
python-3.7.9        | 19.7 MB   | ################################################ | 100%
pip-20.3.1          | 1.7 MB    | ################################################ | 100%
setuptools-51.0.0   | 711 KB    | ################################################ | 100%
ca-certificates-2020| 121 KB    | ################################################ | 100%
wheel-0.36.1        | 32 KB     | ################################################ | 100%
Preparing transaction: done
Verifying transaction: done
Executing transaction: done
#
# To activate this environment, use
#
#     $ conda activate data_science
#
# To deactivate an active environment, use
#
#     $ conda deactivate
```

conda env list 명령어를 입력하면 현재 활성화되어 있는 가상 환경이 data_science라는 것을 *로 표시하고 있다.

그림 2-8 생성된 가상 환경 활성화

```
(base) jihyun@jihyunjeongui-MacBook-Pro:~% conda activate data_science

~
jihyun@jihyunjeongui-MacBook-Pro:~% conda env list
# conda environments:
#
base                     /Users/jihyun/opt/anaconda3
data_science         *   /Users/jihyun/opt/anaconda3/envs/data_science

~
jihyun@jihyunjeongui-MacBook-Pro:~%
```

data_science 가상 환경이 활성화된 상태에서 python -v 명령어를 입력하면 파이썬 버전이 3.7.x인 것을 확인할 수 있다(base 환경에서는 3.8.x 버전).

1.2   주피터 노트북

Anaconda3를 설치하면서 Anaconda-Navigator 앱이 같이 설치되었다. Mac의 경우 응용프로그램으로 이동해보면 Anaconda-Navigator 앱을 실행할 수 있다. Windows는 ⊞를 누른 뒤 Anaconda navigator를 검색해 보면 손쉽게 찾을 수 있다. 실행하면 다음과 같은 화면을 볼 수 있다.

상단의 Applications on을 기존에 생성한 가상 환경으로 변경하고 Jupyter Notebook을 Install한다.

그림 2-9 아나콘다 내비게이션

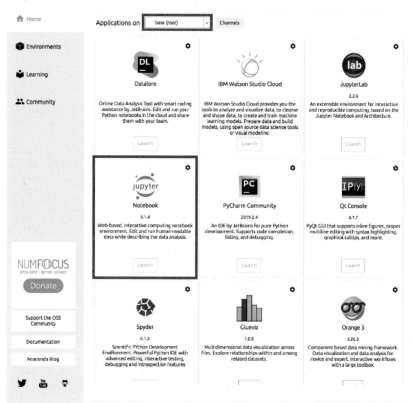

설치가 완료된 후 Jupyter Notebook의 [Lauch] 버튼을 클릭한다.

그림 2-10 **주피터 노트북**

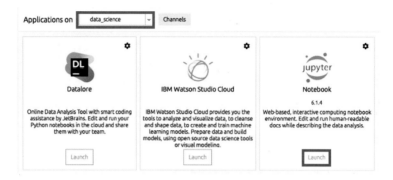

다음과 같이 Jupyter Notebook이 정상적으로 실행되는 것을 확인할 수 있다.

그림 2-11 **주피터 노트북 실행**

오른쪽 상단의 New 〉Python3를 선택하면 실습을 위한 새로운 창이 생성된다.

그림 2-12 **파이썬3 선택**

print("Hello Data Science") 명령어를 입력하고 Shift+Enter를 눌러 다음과 같은 결과 화면이 잘 나오는지 확인한다([Run] 버튼을 클릭해도 된다).

그림 2-13 주피터 노트북을 사용해 파이썬 실행

앞으로 실습은 Jupyter Notebook을 이용하여 진행한다.

파이썬의 구조와 기초적인 문법에 대해 알아보자. 이를 위해 자료형, 변수, 예약어, 식별자, 리터럴 상수, 주석, 표현식, 연산자, 문자열 등을 살펴본다.

2.1 자료형

데이터 과학을 분석하기 위해 파이썬 언어의 기초부터 알아보자. 가장 먼저 알아야 할 개념은 자료형(type)과 값(value)이다.

2.1.1 자료형, 값 정의

처음 영어를 배울 때 알파벳 abcd를 배우고, 곱셈을 잘하기 위해 구구단을 외우는 것처럼 프로그래밍 언어를 익히기 위해서는 자료형과 값의 개념을 먼저 이해해야 한다. 프로그래밍을 할 때 쓰이는 숫자, 문자열 등 데이터를 종류에 따라 분류한 것을 '자료형(data type)'이라고 한다.

예를 들어, 라면을 끓이기 위해서는 다음과 같은 재료와 요리법이 필요하다.

그림 2-14 자료형, 값 예: 라면 재료와 요리법

- 재료: 물, 양파, 고추, 마늘
- 양념: 간장, 후추, 분말
- 양: 500ml(물), 1숟가락(간장)
- 시간: 4분(끓은 후)

〈그림 2-14〉처럼 데이터를 분류한 것이 자료형이다. 재료, 조미료, 양, 시간을 자료형으로 볼 수 있다. 값은 '재료'라는 자료형에 들어가는 물, 양파, 고추, 마늘이다.

이를 요약하면 다음과 같다.

- 자료형: 재료, 조미료, 양, 시간
- 값: 물, 양파, 고추, 마늘, 간장, 후추, 분말, 500ml, 4분

프로그래밍에서 자주 사용되는 자료형은 다음과 같다.

표 2-1 **자료형 정의 및 예시**

자료형	정의	예시
정수	정수를 처리하기 위한 자료형	1, 100, 7777
실수	실수(소수점을 포함한 값)를 위한 자료형	3.14, -77.7
문자	문자를 위한 자료형	가, 하, A, b, z, Z
문자열	문자열을 위한 자료형	KOR, 대한민국, kor

라면 재료와 요리법에 비유하면 수를 표현한 자료형은 '양'과 '시간'이므로 값은 500(ml), 1(숟가락), 4(분)이다. 문자를 표현한 자료형은 '재료', '조미료'이며 값은 물, 양파, 고추, 마늘, 간장, 후추, 분말이다.

표 2-2 **자료형 항목 및 값**

자료형	항목	값
'수'를 표현한 자료형	양, 시간	500, 1, 4
'문자'를 표현한 자료형	재료, 조미료	물, 양파, 고추, 마늘, 간장, 후추, 분말

2.1.2 자료형의 종류

- 수치형(numerical): 숫자 형태로 이루어진 수를 나타내는 자료형을 말한다. 일상에서 늘 사용하기 때문에 익숙하다. 자주 쓰이는 수치형 자료는 다음과 같다.

표 2-3 **수치형 자료**

항목	예시
정수(integer)	1, 23, 456
부동소수점(float)	3.14

간단한 수를 프로그래밍에서 확인하기 위해 출력하는 방법을 배워보자. 파이썬에서는 print() 함수를 사용해 출력한다. 함수란 '어떤 값을 입력받아 출력해 주는 것'이다. 예를 들어, 와플의 경우 밀가루 반죽을 틀에 넣고 구우면 와플이 나오는 것과 같다.

그림 2-15 함수의 예: 와플

| 밀가루 반죽(입력) | 와플틀(함수) | 와플(출력) |

즉, 값(밀가루 반죽)을 입력받아 와플로 만들어주는(출력) 와플 틀을 함수라고 생각하면 된다. 그럼 print() 함수를 사용해서 간단히 수를 출력해보자. print()에 숫자만 입력하면 다음과 같이 결과값이 출력된다.

정수형 자료형 출력
1 print(123)
2 print(7777)

결과
123
777

부동소수점 자료형을 출력해보자.

부동소수점 자료형 출력
1 print(3.14)
2 print(-1.2)

결과
3.14
-1.2

부동소수점

소수점이 움직이는 숫자 즉, 3.14처럼 소수점이 찍혀 있는 숫자이다. 여기서 부동이란 한자로 浮動, 영어로 floating으로 떠서 움직일 수 있으며, 고정되어 있지 않는다는 뜻이다.

이번에는 정수형, 부동소수점 자료형을 함께 출력해보자.

정수형, 부동소수점 자료형 출력
1 print(777)
2 print(3.14)

결과
777
3.14

정수형, 부동소수점 자료형을 확인하기 위해 type( ) 함수를 사용해보자.

type( ) 함수 출력
1 print(type(777))
2 print(type(3.14))

결과
⟨class 'int'⟩
⟨class 'float'⟩

실행 결과를 보면 정수형과 점이 찍힌 부동소수점 자료형을 입력된 숫자에 따라 구분하는 것을 확인할 수 있다. 다른 프로그래밍 언어에서는 수치형 자료라도 구분해서 사용해야 하지만, 파이썬에서는 두 자료형을 구분해서 사용하지 않아도 된다. 파이썬 언어가 다른 언어보다 배우기 좋은 이유이다.

C언어 vs 파이썬

C언어의 printf 함수는 기본적으로 문자열을 출력하기 때문에 다음과 같이 숫자를 출력할 때 문자열로 변환하는 과정이 필요하다(정수: %d, 부동소수점: %lf, \n: 줄 바꿈).

C언어

```
#include <stdio.h>
int main()
{
    printf("%d\n",777);
    printf("%lf\n",3.14);
    return 0;
}
```

파이썬

```
print(777)
print(3.14)
```

- 문자열: 문자의 나열을 뜻하는데, 간단히 말하면 문자들의 집합이다. 다음과 같은 문자열을 string(스트링)이라고 부른다.

스트링

```
"Why Learn Python"
"파이썬을 배워야 하는 이유"
'a'
'Python is Great for Beginners'
```

- 문자열 만들기(큰따옴표): "(큰따옴표)로 문자들을 감싸면 문자열을 만들 수 있다. print( ) 함수를 사용해 문자열을 출력해 보자.

구문

```
"문자열"
```

문자열 출력(큰따옴표)

```
1  print("Why Learn Python")
2  print("파이썬을 배워야 하는 이유")
```

결과

```
Why Learn Python
파이썬을 배워야 하는 이유
```

- 문자열 만들기(작은따옴표): '(작은따옴표)로 문자를 감싸면 문자열을 만들 수 있다. 다음과 같이 출력해보자.

구문

'문자열'

문자열 출력(작은따옴표)

```
1  print('a')
2  print('Python is Great for Beginners')
```

결과

```
a
Python is Great for Beginners
```

- 문자열 만들기(따옴표 세개): 여러 줄에 걸친 문자열은 큰따옴표 3개(""")또는 작은따옴표 3개(''')로 만들 수 있다. print() 함수를 사용해서 다음과 같이 출력해보자.

구문

""" 문자열 ~~~~

문자열~~~~~~~

문자열~~~~~~~~~"""

문자열 출력(큰따옴표)

```
1  print("""아기 상어 뚜 루루 뚜루
2  귀여운 뚜 루루 뚜루
3  바닷속 뚜 루루 뚜루
4  아기 상어!
5  엄마 상어 뚜 루루 뚜루
6  어여쁜 뚜 루루 뚜루
7  바닷속 뚜 루루 뚜루
8  엄마 상어!""")
```

결과

아기 상어 뚜 루루 뚜루

귀여운 뚜 루루 뚜루

바닷속 뚜 루루 뚜루

아기 상어!

엄마 상어 뚜 루루 뚜루

어여쁜뚜 루루 뚜루

바닷속뚜 루루 뚜루

엄마 상어!

```
1   print("""아빠 상어 뚜 루루 뚜루
2   힘이 센 뚜 루루 뚜루
3   바닷속 뚜 루루 뚜루
4   아빠 상어!
5   할머니 상어 뚜 루루 뚜루
6   자상한 뚜 루루 뚜루
7   바닷속 뚜 루루 뚜루
8   할머니 상어!""")
```

결과

아빠 상어 뚜 루루 뚜루

힘이 센 뚜 루루 뚜루

바닷속 뚜 루루 뚜루

아빠 상어!

할머니 상어 뚜 루루 뚜루

자상한 뚜 루루 뚜루

바닷속 뚜 루루 뚜루

할머니 상어!

TIP

줄바꿈

여러 줄의 문자열을 보기 좋게 작성하기 위해 '\' 기호를 사용한다.

```
print("""\
할아버지 상어 뚜 루루 뚜루
멋있는 뚜 루루 뚜루
바닷속 뚜 루루 뚜루
할아버지 상어!
우리는 뚜 루루 뚜루
바다의 뚜 루루 뚜루
사냥꾼 뚜 루루 뚜루
상어 가족!\
""")
```

이처럼 '\' 기호를 활용하여 쉽게 읽고 쓰기 위한 줄바꿈을 할 수 있다.

2.2　변수

'값(value)'을 저장하는 공간을 변수라고 한다. 변수는 숫자뿐만 아니라 문자열 등 모든 자료형을 저장할 수 있다. 예를 들어 야식으로 치킨과 피자를 주문하면 음식을 용기(종이박스)에 담아서 배달해준다. 즉, 치킨은 '값'이 되고 담는 '용기'가 바로 변수이다.

그림 2-16 변수 예: 피자

변수는 값을 넣고 빼면서 사용할 수 있다. 예를 들어, 치킨 용기에 치킨(값)을 빼고 피자(값)를 새로 넣을 수 있다. 값만 바뀌었지 변수는 그대로이다. 이처럼 값을 넣는 것을 '대입'이라고 하며 변수에 값을 대입한다고 한다.

그림 2-17 변수 예: 치킨

변수에는 기본적으로 하나의 값(Value)만 넣을 수 있다(하나의 변수에 여러 개의 값을 넣는 방법은 "파이썬의 자료형"에서 배운다). 이전에 저장되었던 값은 지워지게 된다. 그럼 이제 간단하게 변수에 값을 넣고 출력해보자.

구문
변수명 = 값

변수 출력

```
1  a = 1
2  b = "1 번만 봐도 변수와 값, 정말 쉽죠?"
3  c = 'Yes'
4  print(a)
5  print(b)
6  print(c)
```

결과

```
1
1 번만 봐도 변수와 값, 정말 쉽죠?
Yes
```

a라는 이름의 변수에는 '숫자' 1을 넣고(대입), b, c라는 이름의 변수에는 문자열을 대입하였다. print( ) 함수를 통해 해당 변수의 이름을 호출하여 내부의 저장된 값을 출력했다.

TIP

파이썬의 장점

파이썬은 C, 자바와 같은 프로그래밍 언어와 달리 변수를 지정할 때 자료형이 필요 없다. 따라서 자료형에 대한 고민 없이 원하는 값을 변수에 대입하면 된다.

Java

```java
public class HelloWorld{
    public static void main(String[] args){
        int a = 1;      // 정수형
        char b = 'A';  // 문자형

        System.out.println(a);
        System.out.println(b);
    }
}
```

다만, 실행 중 변수에 저장된 자료형을 몰라서 TypeError가 발생할 수 있으니 유의해야 한다.

실무에서 프로그래밍을 하다 보면 관행적으로 사용되는 변수명들이 있다. 이를 알아두면 해당 변수명이 어떤 의도로 사용되었는지 쉽게 이해할 수 있다. 내가 작성한 코드는 남들도 쉽게 이해해야 하므로 다음의 변수명을 익혀두면 좋다.

숫자 변수명 – count, cnt, counter

```
1   cnt = 7
2   print(cnt)
```

문자열 변수명 – string, str

```
1   str = "자주 사용되는 문자열 변수명 str,string"
2   print(str)
```

2.3   예약어

파이썬에는 예약어가 처음부터 정해져 있다. 예약어 또는 키워드라고 하는데 상수 또는 변수의 이름으로 사용할 수 없다. 따라서 변수 지정 시 예약어를 유의하여 사용해야 한다.

표 2-4 예약어

False	None	True	and	as	assert
async	await	break	class	continue	def
del	elif else	except	finally	for	from
global	if	import	in	is	lambda
nonlocal	not	or	pass	raise	return
try	while	with	yield		

이후 익힐 수 있는 내용이므로 지금은 '이런 예약어가 있구나' 하는 정도로 읽고 넘어가면 된다.

예약어 출력

다음과 같은 방법으로 예약어를 출력할 수 있다. import라는 개념을 배우진 않았지만, 모듈이라는 게 있구나 정도로만 이해하자.

예약어 출력
1   import keyword   # Keyword라는 모듈을 불러옵니다.
2   print(keyword.kwlist)   # 출력합니다.

결과
['False', 'None', 'True', 'and', 'as', 'assert', 'async', 'await', 'break', 'class', 'continue', 'def', 'del', 'elif','else', 'except', 'finally', 'for', 'from', 'global', 'if', 'import', 'in', 'is', 'lambda', 'nonlocal', 'not', 'or', 'pass', 'raise', 'return', 'try', 'while', 'with', 'yield']

2.4   식별자

식별자란 무언가를 식별하기 위해 변수 또는 함수에 주어진 이름을 말한다. 변수 이름은 식별자의 한 예이다. 식별자라는 단어 자체가 어려울 수는 있지만 이미 앞에서 a, b, c라는 이름의 식별자를 사용하였다(코드 변수 출력을 참고하자).

그럼 왜, 식별자를 알아야 할까? 변수 또는 함수의 이름을 지정하기 전에 식별자로 지정할 수 있는 규칙이 있다.

- 첫 문자는 알파벳 문자이거나 언더바(_)여야 한다.
- 숫자로 시작할 수 없다.
- 특수문자는 언더바(_)만 가능하다.
- 대/소문자를 구분한다. 예를 들어 Hello와 hello는 다른 식별자이다.
- 예약어를 사용하면 안 된다.
- 공백을 포함할 수 없다.

해당하는 규칙에 맞는 숫자 및 문자는 모두 식별자가 될 수 있다.

표 2-5 **식별자**

올바른 식별자	올바르지 않은 식별자	
a	print	예약어라 식별자가 될 수 없다.
python		
python07	7python	숫자로 시작할 수 없다.
_python		
Python	pyth on	공백을 포함할 수 없다.
PYTHON		

실제로 올바르지 않은 식별자 규칙을 변수로 지정하여 print( ) 함수로 출력해보면 쉽게 이해할 수 있다.

2.5 리터럴 상수

리터럴(literal) 상수는 1, 77과 같은 숫자 또는 "Hello Python World"와 같은 문자열을 말한다. 상수는 말 그대로 고정된 값을 말하며 한 번 지정되면 변하지 않는다. 리터럴 상수라고 이름 지어진 이유는 **문자 형태로 지정되는 값**이기 때문이다. 예를 들어 숫자 1은 언제나 숫자 1이기 때문에 변할 수 없다. 앞에서 배운 변수와 반대되는 개념이다.

2.6 주석

주석은 프로그램에 영향을 주지 않는 # 뒤에 따라오는 짧은 문장이다. 소스코드를 읽는 사람들에게 프로그램을 설명하기 위해 사용한다. 또한 무엇을 하는 프로그램인지 쉽게 파악할 수 있도록 도와준다.

주석 문자열 출력

```
1  # 간단히 문자열을 출력합니다.
2  print("Hello Python World!!")
3
4  print("Hello Python World!!")   # 간단히 문자열을 출력합니다.
```

주석을 사용해야 할 때

  - 중요한 세부 사항에 대한 설명

  - 해결하고자 하는 문제에 대한 설명

  - 사전에 가정한 것들에 대한 설명

  - 프로그램의 기능에 대한 설명

2.7 표현식과 문장

지금까지 파이썬의 기초가 되는 자료형, 값, 변수, 리터럴 상수 등을 알아보고, 표현식과 문장을 사용하여 프로그램을 작성했다. 다음과 같이 값, 변수 등의 간단한 코드를 표현식(expression)이라 한다.

표현식

```
"Hello Python World!!"
7777
1 + 6 * 10
```

하나 이상의 표현식이 바로 문장이다.

문장

```
print("Why Learn Python")
print("파이썬을 배워야 하는 이유")
```

이렇게 모인 문장이 바로 프로그램이 된다.

그림 2-18 **프로그램**

프로그램이 어떻게 구성되어 있는지 배웠으니 이제 본격적으로 파이썬 프로그래밍의 기초를 단단히 다져보자.

TIP

인터프리터와 컴파일러

우리가 작성한 파이썬 코드는 어떻게 작동하는 걸까? 파이썬은 쉽게 사람들이 배우고, 읽고, 쓸수 있는 높은 수준(high-level)의 언어다. 반면 컴퓨터는 우리가 작성한 파이썬 코드를 이해하지 못한다. 컴퓨터는 기계어(0과 1로 표현된)만 이해할 수 있기 때문이다. 인터프리터와 컴파일러로 이 문제를 해결할 수 있다. 인터프리터는 파이썬으로 작성된 코드를 컴퓨터가 바로 이해할수 있게 처리한다. 컴파일러는 작성된 코드를 파일 하나에 담고, 해당 소스코드를 기계어로 번역하는 과정을 거친 후 변환된 파일을 기계어가 실행할 수 있도록 한다.

파이썬은 인터프리터를 쓰는데, 구글 번역(Google Tranlation)과 같은 역할을 하는게 인터프리터라고 생각하면 된다.

그림 2-19 **인터프리터**

윈도우의 경우 cmd 창, MacOS의 경우 터미널을 이용하여 'python'이라고 입력하고 (Enter)를 누른다.

아래 〉〉〉(프롬프트로 값을 입력할 수 있다)에 Hello Python! I'm jihyun이라고 파이썬에게 말을 건다. 파이썬은 무슨 말인지 전혀 이해하지 못한다. print() 함수를 써서 다시 말을 걸면 이해하게 된다.

```
Python 3.7.1 (v3.7.1:260ec2c36a, Oct 20 2018, 03:13:28)
[Clang 6.0 (clang-600.0.57)] on darwin
Type "help", "copyright", "credits" or "license" for more information.
〉〉〉 Hello Python! I'm jihyun
  File "<stdin>", line 1
    Hello Python! I'm jihyun
             ^
SyntaxError: invalid syntax
〉〉〉 Nice to meet you
  File "<stdin>", line 1
    Nice to meet you
          ^
SyntaxError: invalid syntax
〉〉〉 print("Hello Python! I'm jihyun")
Hello Python! I'm jihyun
```

2.8   연산자와 피연산자

1 + 1, 2 − 1, 3 × 2, 4 ÷ 2, 수학 시간에 배웠던 사칙연산이다. 덧셈, 곱셈과 같이 계산에 사용되는 기호를 말한다. 즉, '+', '−', '×', '÷' 모두 연산자가 된다. 계산에 사용될 데이터를 피연산자라고 한다. 즉, 3 × 2에서 피연산자는 '3'과 '2'가 된다. 연산자와 피연산자가 같이 있는 3 × 2는 수식이다.

표 2-6 연산자의 종류

구분	기호	정의	예	결과값
산술 연산자	+ (덧셈)	a와 b를 더함	1 + 1	2
	− (뺄셈)	앞의 피연산자에서 뒤의 피연산자를 뺌	2 − 1	1
	* (곱셈)	두 숫자의 곱 또는 지정된 숫자만큼 반복	3 * 2	6
	/ (나눗셈)	a를 b로 나누기	4 / 2	2.0
	% (나머지 연산자)	나누고 난 뒤 나머지 값	12 % 5	2
	** (제곱)	같은 수를 여러 번 곱함	3 ** 3	27
관계 연산자	< (작음)	a가 b보다 작은지 여부	1 < 2	True
	> (큼)	a가 b보다 큰지 여부	1 > 3	False
	<= (작거나 같음)	a가 b보다 작거나 같은지 여부	1 <= 4	True
	>= (크거나 같음)	a가 b보다 크거나 같은지 여부	1 >= 5	False
	== (같음)	a, b가 같은지 여부	7 == 7	True
	!= (같지 않음)	a, b가 같지 않은지 여부	3 != 5	True
논리 연산자	& (and)	a, b 두 값이 모두 True인 경우 True	True and False True & False True and True	False False True
	| (or)	a, b 두 값 중 하나라도 True이면 True, 두 값 모두 False인 경우 False	False or True False or False	True False

간단히 코드를 통해 알아보자.

연산자, 피연산자, 수식 출력

```
1  print(1 + 1)

2  print(2 − 1)

3  print(3 * 2)

4  print(4 / 2)

5  print(12 % 5)

6

7  print(2 > 1)

8  print(3 < 1)
```

```
9  print(1 <= 4)
10 print(1 >= 5)
11 print(7 == 7)
12 print(3 != 5)
13
14 print(3**3)
15 print(1 * (2+5))
```

결과
2
1
6
2.0
2
True
False
True
False
True
True
27
7

2.9 문자열

문자열이란 문자들의 집합이라고 앞서 설명했다. 또한 여러 문자들의 순서이다. 기차와 같다고 생각하면 된다. 열차 한 칸, 한 칸이 모여 하나의 기차가 되듯 문자열도 마찬가지이다.

그림 2-20 문자열 예: 기차

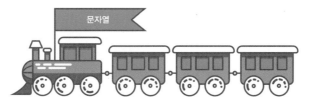

문자열이 어떻게 구성되는지 다음의 코드를 통해 구체적으로 살펴보자. im이라는 이름을 가지고 있는 변수에 'HAPPY'라는 문자열을 넣고 해당 값을 출력한다.

문자열 출력

```
1  im = 'HAPPY'
2  print(im)
```

결과

```
HAPPY
```

여기까지는 전부 배웠던 내용이다. 이제 하나씩 순서대로 출력해보자. 다음과 같이 im이라는 변수의 [1]이라고 출력한다. **'[ ]'는 인덱스(Index)라고 부르고 문자열의 순서에서 해당하는 문자를 표시하는 역할을 한다.** 결과값을 보기 전에 어떤 값이 출력될지 상상해보자.

문자열 인덱스 출력

```
1  im = 'HAPPY'
2  print(im[1])
```

결과

```
A
```

'H'가 출력될 것이라고 예상했을 것이다. 하지만 결과로 'A'가 출력되었다. 파이썬에서 문자열의 첫 글자는 0부터 시작한다. 따라서 두 번째 문자인 'A'가 출력된 것이다.

문자열 인덱스 출력

```
1  im = 'HAPPY'
2  print(im[0])
3  print(im[1])
4  print(im[2])
5  print(im[3])
6  print(im[4])
```

```
H

A

P

P

Y
```

또한 다음과 같이 −(음수)를 사용해서 순서를 역으로 선택할 수 있다.

```
1  im = 'HAPPY'
2  print(im[-1])
3  print(im[-2])
4  print(im[-3])
5  print(im[-4])
6  print(im[-5])
```

```
Y

P

P

A

H
```

2.9.1 연산자

+(덧셈) 연산자는 숫자뿐만 아니라 문자열에서도 사용할 수 있다. 수학의 덧셈 개념이 아닌 문자열의 끝과 끝을 붙이는 연결 역할을 한다. + 기호가 더하기의 개념이라 헷갈릴 수 있다. 다음의 소스코드를 통해 숫자와는 확연하게 다르다는 것을 직접 확인해보자. 결과값을 보기 전에 값이 어떻게 출력될지 생각해보자.

문자열 + 문자열

```
1  # 숫자
2  number1 = 123
```

```
3  number2 = 456
4  print(number1 + number2)
5
6  # 문자열
7  number1 = "123"
8  number2 = "456"
9  print(number1 + number2)
```

결과

```
579
123456
```

문자열은 숫자와 다르게 number1의 끝과 number2의 끝이 서로 연결된 것을 알 수 있다.

2.9.2 반복 연산자

＊(곱셈) 연산자를 활용하면 문자열을 반복할 수 있다.

구문

문자열 ＊ 숫자

숫자 ＊ 문자열

문자열 반복 연산자 출력

```
1  # * (곱셈) 연산자로 문자열을 반복합니다.
2  print("프로그래밍을 배우고자 하는 입문자들에게~" * 3)
3  print(3 * "파이썬은 배우기 쉽다!")
```

결과

프로그래밍을 배우고자 하는 입문자들에게~프로그래밍을 배우고자 하는 입문자들에게~프로그래밍을 배우고자 하는 입문자들에게~

파이썬은 배우기 쉽다!파이썬은 배우기 쉽다!파이썬은 배우기 쉽다!

2.9.3 길이 구하기

len( ) 함수를 사용하여 문자열의 길이를 구해보자. 함수는 보통 '( )' 형태를 하고 있다.

구문

len(변수 or 문자열)

```
1  im = 'HAPPY'
2  print(len(im))
3  print(len("쉽게배우는파이썬"))
```

```
5

8
```

결과를 보면 print( ), len( ) 두 함수가 같이 사용되었다. 이 경우엔 앞서 배운 것처럼 가장 안에 있는 함수, 즉 len( ) 함수부터 실행한 후 print( ) 함수를 실행한다.

```
print(len(im)) → print(5) → 5
```

2.9.4 인덱싱과 슬라이싱

인덱싱(indexing)이란 무엇인가를 "가리킨다"라는 뜻이고, 슬라이싱(slicing)이란 한 문자만 선택하는 것이 아닌 여러 단어를 "잘라낸다"는 의미이다. 인덱스의 개념에 대해서는 '코드 문자열 인덱스'에서 배웠다. 이제 슬라이싱이 인덱싱과 어떻게 다른 방법으로 문자열에 접근하는지 다음의 소스코드를 통해 이해해보자.

인덱싱: 문자열[숫자]

슬라이싱: 문자열[숫자:숫자]

```
1  # a라는 이름의 변수에 문자열을 대입합니다.
2  a = "쉽게배우는파이썬"
3
4  # 시작과 끝의 범위를 지정합니다.
5  print(a[0:5])
6  print(a[5:8])
7  print("HelloPython"[0:5])
8  print("HelloPython"[5:11])
```

쉽게배우는

```
파이썬
Hello
Python
```

문자열 or 변수[숫자:숫자]

문자열 또는 변수에 범위를 지정하면 문자열을 잘라서 사용할 수 있다.

그림 2-21 **문자열 인덱싱과 슬라이싱 예: 피자 조각들**

또한 다음과 같이 한쪽 숫자를 생략해서 사용할 수도 있다.

문자열 슬라이스 출력 ②

```
1  # a라는 이름의 변수에 문자열을 대입합니다.
2  a = "쉽게배우는파이썬"
3
4  # 한쪽 숫자를 생략합니다.
5  print(a[:5])
6  print(a[5:])
7  print("HelloPython"[5:])
8  print("HelloPython"[:5])
```

결과

```
쉽게배우는
파이썬
Python
Hello
```

인덱싱과 슬라이싱은 나중에 리스트, 딕셔너리에서 더 상세히 다룬다.

문자열의 특징

지금까지 문자열을 연결하고 문자열의 범위를 지정하고 출력해보았다. 문자열은 순서를 가지니, [ ] 연산자를 이용해 해당 순서에 특정 문자를 넣을 순 없을까? 예제를 통해 확인해보자.

문자열의 특징: 불변 출력

```
1  python = 'HelloPython'
2  python[0] = 'K' # H를 K로 변경 시도합니다.
```

결과

```
TypeError                        Traceback (most recent call last)
<ipython-input-24-14d7130943cc> in <module>
      1 python = 'HelloPython'
----> 2 python[0] = 'K' # H를 K로 변경 시도합니다.


TypeError: 'str' object does not support item assignment
```

문자열은 불변(immutable)하기 때문에 에러가 발생한다. 따라서 HelloPython 문자열에서 H를 K로 변경할 수 없다. 대안으로 원래 문자열에 새로운 문자열을 생성하여 연결할 수 있다.

슬라이싱을 활용한 문자열 연결 출력

```
1  python = 'HelloPython'
2  python_new = 'K' + python[1:]
3  print(python_new)
```

결과

```
KelloPython
```

이렇게 첫 문자에 2번째부터 시작하는 문자열을 지정한 다음 연결할 경우 에러가 나지 않는 새로운 문자열을 생성할 수 있다.

2.10   불리언 연산자

〈신비한 TV 서프라이즈〉는 진실과 거짓을 가려내는 방송 프로그램이다. 이와 같이 진실(True) 혹은 거짓(False)을 판단하는 연산자가 있다. 바로 불리언(Boolean) 연산자이다. 파이썬에서는 True(참), False(거짓)로 사용한다.

그림 2-22 불리언 연산자

불리언 데이터는 참(True), 거짓(False) 2개의 결과값만 갖는다.

표 2-7 불리언 연산자 종류

기호	정의
and(AND 연산자)	a, b가 둘 다 True인 경우 True a, b 둘 중 하나라도 False인 경우 False
or(OR 연산자)	a, b 둘 중 하나라도 True인 경우 True a, b 둘 다 False인 경우 False
not(NOT 연산자)	not True인 경우 False not False인 경우 True

불리언 연산자를 통해 참과 거짓을 가려낼 수 있다. 예를 들어 스포츠를 좋아하는 네 사람이 있다. 지현이는 축구를 좋아하지만 야구를 싫어한다. 리나는 축구는 싫어하지만 야구는 좋아한다. 민섭이는 축구와 야구 둘 다 좋아한다. 경록이는 축구와 야구 둘 다 싫어한다. 이를 표로 나타내면 다음과 같다.

그림 2-23 불리언 연산자 예: 축구&야구

표 2-8 불리언 연산자 예

이름	조건	and 연산 결과	or 연산 결과
지현	축구(True) 야구(False)	False	True
리나	축구(False) 야구(True)	False	True
민섭	축구(True) 야구(True)	True	True
경록	축구(False) 야구(False)	False	False

간단한 프로그래밍으로 확인해보자.

불리언 연산자 출력

```
1  # 축구 vs 야구
2  footbalLove = True        # 축구를 좋아합니다.
3  footbalHate = False       # 축구를 싫어합니다.
4  baseballLove = True       # 야구를 좋아합니다.
5  baseballHate = False      # 야구를 싫어합니다.
6
7  # 지현 – 축구(True)야구(False)
8  print(footbalLove and baseballHate)      # False
9  print(baseballHate and footbalLove)      # False
10 print(footbalLove or baseballHate)       # True
11 print(baseballHate or footbalLove)       # True
12
13 # 리나 – 축구(False)야구(True)
```

```
14 print(footbalHate and baseballLove)        # False
15 print(baseballLove and footbalHate)        # False
16 print(footbalHate or baseballLove)         # True
17 print(baseballLove or footbalHate)         # True
18
19 # 민섭 – 축구(True)야구(True)
20 print(footbalLove and baseballLove)        # True
21 print(baseballLove and footbalLove)        # True
22 print(footbalLove or baseballLove)         # True
23 print(baseballLove or footbalLove)         # True
24
25 # 경록 – 축구(False)야구(False)
26 print(footbalHate and baseballHate)        # False
27 print(baseballHate and footbalHate)        # False
28 print(footbalHate or baseballHate)         # False
29 print(baseballHate or footbalHate)         # False
```

결과

```
False
False
True
True
False
False
True
True
True
True
True
True
False
False
False
False
```

표 2-9 불리언 and 연산자

좌변	우변	연산 결과
True	True	True
True	False	False
False	True	False
False	False	False

표 2-10 불리언 or 연산자

좌변	우변	연산 결과
True	True	True
True	False	True
False	True	True
False	False	False

and 연산자는 좌/우변이 모두 True일 경우만 결과값이 True가 된다. 반면, or 연산사는 좌/우변 둘 중 하나만이라도 True일 경우 결과값이 True가 된다. 좌/우변의 순서가 바뀌어도 결과값은 동일하다.

2.11 in 연산자

문자열 내부에 어떤 문자열이 있는지 확인할 때 in 연산자를 사용하여 True or False를 확인할 수 있다.

구문

문자열 a in 문자열 b

in 연산자 출력

```
1  print("h" in "hello")
2  print("h" in "Hello")
```

결과

```
True

False
```

2.12 문자열 비교

문자열이 같음을 확인하는 것을 문자열 비교라고 한다.

구문

표현식 == 표현식

표현식 != 표현식

우선 코드를 작성하고 결과값이 어떻게 나올지 예측해본 다음 실제 소스코드를 돌려보자. 다음 과 같이 문자열을 비교할 수 있다는 정도만 이해하면 된다.

문자열의 비교 출력

```
1  print("hello" == "hello")
2  print("hello" == "helloo")
3
4  print("hello" != "hello")
5  print("hello" != "halloo")
```

결과

```
True
False
False
True
```

2.13 이스케이프 문자

이스케이프(**escape**) 문자(\로 이루어진 특수한 문자)를 이용하면 큰따옴표(" ")/작은따옴표(' ')를 문자열로 만들 때 손쉽게 코드를 작성할 수 있다.

표 2-11 **이스케이프 문자**

이스케이프 문자	설명
\"	큰따옴표를 의미합니다.
\'	작은따옴표를 의미합니다

```
1  # 이스케이프 문자를 사용하지 않습니다.
2  print('"파이썬은 배우기 쉽습니다" 라고 말했습니다.')
3  print("'파이썬은 배우기 쉽습니다' 라고 말했습니다.")
4
5  # 이스케이프 문자를 사용합니다.
6  print("\"파이썬은 배우기 쉽습니다\" 라고 말했습니다.")
7  print('\'파이썬은 배우기 쉽습니다\' 라고 말했습니다.')
```

결과

"파이썬은 배우기 쉽습니다" 라고 말했습니다.

'파이썬은 배우기 쉽습니다' 라고 말했습니다.

"파이썬은 배우기 쉽습니다" 라고 말했습니다.

'파이썬은 배우기 쉽습니다' 라고 말했습니다.

이외에도 다양한 이스케이프 문자를 활용할 수 있다.

표 2-12 다양한 이스케이프 문자

이스케이프 문자	설명
\n	줄바꿈을 의미합니다.
\t	탭을 의미합니다.
\\	백슬래쉬를 의미합니다

다양한 이스케이프 문자 출력

```
1  print("파이썬은 배우기 쉽습니다\n라고 말했습니다.")
2  print("파이썬은 배우기 쉽습니다\t 라고 말했습니다.")
3  print("파이썬은 배우기 쉽습니다\\ 라고 말했습니다.")
```

결과

파이썬은 배우기 쉽습니다

라고 말했습니다.

파이썬은 배우기 쉽습니다   라고 말했습니다.

파이썬은 배우기 쉽습니다\ 라고 말했습니다.

2.14 숫자 연산자

파이썬에서 숫자 형태로 이루어진 수를 나타내는 자료형을 "수치형 자료"라고 한다. 수치형 자료는 크게 정수(integer)와 부동소수점(float)으로 구분된다.

표 2-13 **수치형 자료**

항목	예시
정수(Integer)	1, 23, 456
부동소수점(float)	3.14

2.14.1 사칙 연산자

숫자 연산자 중에는 사칙 연산자가 있다. 덧셈, 뺄셈, 곱셈, 나눗셈이 사칙 연산이다. 코드를 통해 사칙 연산자에 대해 살펴보자.

표 2-14 **사칙 연산자**

기호	정의	예	결과값
+ (덧셈)	a와 b를 더합니다.	1 + 1	2
− (뺄셈)	a에서 b를 뺍니다.	2 − 1	1
× (곱셈)	두 숫자의 곱 또는 지정된 숫자만큼 반복합니다.	3 × 2	6
/ (나눗셈)	a를 b로 나눕니다.	4 / 2	2.0

사칙연산자 출력

```
1  print(1 + 1)
2  print(2 − 1)
3  print(3 * 2)
4  print(4 / 2)
```

결과

```
2
1
6
2.0
```

나머지 연산자는 소수점 이하의 자릿수를 떼어버리는 나누기 연산자이다.

나머지 연산자 출력

```
1  print(5 / 3)
2  print(5 // 3)
```

결과

```
1.6666666666666667
1
```

2.14.2 비교, 나머지, 제곱 연산자

비교, 나머지, 제곱 연산자는 같음, 다름과 크고, 작음을 나타낼 때 사용하는 연산자이다. 결과는 불(Bool) 타입, 참(True)과 거짓(False)을 나타내는 자료형이다. 나머지 연산자는 짝수, 홀수를 구분할 때 유용하게 사용된다. 예를 들어 어떤 정수형 변수를 2로 나누면 나머지 값은 1 아니면 0이기 때문에 값이 1이면 홀수, 0이면 짝수이다.

표 2-15 숫자 연산자

기호	정의	예	결과값
% (나머지 연산자)	나누고 난 뒤 나머지 값	12 % 5	2
< (작음)	a가 b보다 작음	2 > 1	True
> (큼)	a가 b보다 큼	3 < 1	False
<= (작거나 같음)	a가 b보다 작거나 같음	1 <= 4	True
>= (크거나 같음)	a가 b보다 크거나 같음	1 >= 5	False
= = (같음)	a, b의 값이 같음	7 = = 7	True
! = (같지 않음)	a, b의 값이 같지 않음	3 ! = 5	True
** (제곱)	같은 수를 여러 번 곱함	3 ** 3	27
( )	괄호 안을 먼저 계산	1 × (2 + 5)	7

비교/나머지/제곱 연산자 출력

```
1  print(12 % 5)
2  print(2 > 1)
3  print(3 < 1)
4  print(1 <= 4)
5  print(1 >= 5)
6  print(7 == 7)
```

```
7  print(3 != 5)
8  print(3**3)
9  print(1 * (2+5))
```

결과
2
True
False
True
False
True
True
27
7

2.15   복합 대입 연산자

계산과 대입이 결합되어 있는 연산자를 복합 대입 연산자라고 한다.

2.15.1 숫자

숫자 복합 대입 연산자 a += 10은 a = a+10과 같은 의미이다.

표 2-16 **복합 대입 연산자 - 숫자**

기호	정의
+=	덧셈 후 대입
-=	뺄셈 후 대입
*=	곱셈 후 대입
/=	나눗셈 후 대입
%/	나머지 구한 후 대입
** =	숫자 제곱 후 대입

복합 대입 연산자 - 숫자 출력

```
1  number = 10
2  number += 10
3  number += 20
4  number += 30
5  print("number:", number)
```

결과

```
number: 70
```

2.15.2 문자열

문자열의 경우 다음 두 가지 연산자 기호가 사용됩니다.

표 2-17 복합 대입 연산자 - 문자열

연산자 기호	정의
+=	문자열 연결 후 대입
×=	문자열 반복 후 대입

복합 대입 연산자 - 문자 출력

```
1  string = "안녕하세요"
2  string += "!"
3  string += "!"
4  print("string:", string)
```

결과

```
string: 안녕하세요!!
```

문자열, 숫자 등 하나의 값을 나타내는 자료형에 대해 살펴보았다. 이제 여러 개의 값을 나타내는 자료형인 리스트, 딕셔너리, 튜플에 대해 배워보자.

3.1 리스트

문자열, 숫자, 불리언 등은 어떤 하나의 값을 나타내는 자료형이다. 이와 반대로 여러 개의 값을 사용할 수 있게 해주는 자료형이 있다. 리스트, 딕셔너리, 튜플 등이 대표적인 예이다. 먼저 리스트에 대해 알아보자.

구문

리스트명 = [항목1, 항목2, 항목3]

리스트는 여러 가지 형태를 가지고 있다. list_a처럼 아무것도 포함하지 않아 비어 있는 리스트 ([ ]), list_b처럼 숫자를 가질 수도 있고, list_c처럼 문자열을 가질 수도 있다. list_d처럼 숫자와 문자열을 함께 가질 수도 있으며, list_e처럼 리스트 자체를 요소값으로 가질 수도 있다. 즉, 리스트 안에는 어떠한 자료형도 포함시킬 수 있다.
또한 list_f처럼 range( ) 함수를 사용하면 숫자를 하나하나 입력하지 않고도 다음과 같이 만들 수 있다.

리스트 출력

```
1  list_a = [ ]
2  list_b = [3, 6, 9, 12, 15]
3  list_c = ['python', 'is', 'easy', 'to','learn']
4  list_d = [1004, 486, 'Happy', 'is', 'the','best']
5  list_e = [7942, ['Happy', 'is'],'the','best']
6  list_f = list(range(1,10))
7
8  print(list_a)
9  print(list_b)
10 print(list_c)
11 print(list_d)
12 print(list_e)
13 print(list_f)
```

```
[ ]
[3, 6, 9, 12, 15]
['python', 'is', 'easy', 'to', 'learn']
[1004, 486, 'Happy', 'is', 'the', 'best']
[7942, ['Happy', 'is'], 'the', 'best']
[1, 2, 3, 4, 5, 6, 7, 8, 9]
```

리스트도 문자열처럼 인덱싱과 슬라이싱이 가능하다. 리스트의 값을 인덱싱, 슬라이싱할 수 있는지 확인해보자.

리스트 – 인덱싱 출력

```
1  a = [1, 2, 3]
2  print(a[0])
3  print(a[2])
4  print(a[-1])
```

앞에서 문자열을 공부할 때 이미 배웠지만 인덱스는 0부터 시작하기 때문에 a[1]이 리스트의 a의 첫 번째 요소가 아니라 a[0]이 리스트 a의 첫 번째 요소이다. a[-1]은 문자열과 동일하게 리스트 a의 마지막 요소이다.

결과

```
1
3
3
```

리스트의 슬라이싱은 문자열의 슬라이싱과 동일하게 사용한다.

리스트 – 슬라이싱 출력 ①

```
1  # 문자열 슬라이스
2  a = "12345"
3  print(a[0:2])
4
5  # 리스트 슬라이싱
6  b = [1, 2, 3, 4, 5]
7  print(a[0:2])
8  c = ['H', 'A', 'P', 'P', 'Y']
9  print(b[0:2])
```

```
12
12
[1, 2]
```

또한, 슬라이싱은 다음과 같이 사용할 수 있다.

리스트 – 슬라이싱 출력 ②

```
1   a = [1, 2, 3, 4, 5]
2   b = a[:2]
3   c = a[2:]
4
5   print(a)
6   print(b)
7   print(c)
```

결과

```
[1, 2, 3, 4, 5]
[1, 2]
[3, 4, 5]
```

b 변수는 리스트 a의 첫 번째 요소부터 두 번째 요소인 a[1]까지 나타내는 리스트이다. a[2] 값인 3은 포함하지 않는다. c라는 변수는 리스트 a의 세 번째 요소부터 끝까지 나타내는 리스트이다. 리스트 역시 문자열과 동일하게 '+', '*' 기호를 사용해서 리스트를 더하거나 반복할 수 있다. 다음의 코드를 통해 직접 확인해보자.

리스트 – 연산자 출력

```
1   a = [1, 2, 3]
2   b = [4, 5, 6]
3
4   print(a + b)
5   print(a * 3)
```

결과

```
[1, 2, 3, 4, 5, 6]
[1, 2, 3, 1, 2, 3, 1, 2, 3]
```

리스트 요소를 추가할 때 append와 insert 구문을 사용한다. append는 "덧붙이다, 첨부하다"라는 뜻의 단어다. 이 뜻을 안다면 다음 예제가 바로 이해될 것이다. 즉, append(x)는 리스트의 맨 마지막에 x를 추가하는 함수이다.

구문
리스트A.append(요소)
리스트B.insert(위치, 요소)

리스트 - 요소 추가(append) 출력

```
1  a = [1, 2, 3]
2  a.append(4)
3  b = ['H', 'A', 'P', 'P']
4  b.append('Y')
5
6  print(a)
7  print(b)
```

결과

```
[1, 2, 3, 4]
['H', 'A', 'P', 'P', 'Y']
```

insert의 경우 insert(a, b)와 같은 형식의 구문으로 사용되며 a번째 위치에 b를 삽입하는 형태이다. 숫자 0부터 시작한다는 점을 기억하자.

리스트 - 요소 추가(insert) 출력

```
1  a = [1, 2, 3]
2  a.insert(3, 4)
3  b = ['H', 'A', 'P', 'P']
4  b.insert(4,'Y')
5
6  print(a)
7  print(b)
```

결과

```
[1, 2, 3, 4]
['H', 'A', 'P', 'P', 'Y']
```

리스트의 요소를 제거하기 위해 del, pop 함수를 사용한다. 다음 구문을 보면 인덱스로 제거하는 것을 알 수 있다. 즉, 요소의 위치를 기반으로 제거한다.

구문

```
del 리스트[인덱스]
리스트.pop(제거할 위치)
```

리스트 – 요소 제거(del) 출력

```
1  a = [1, 2, 3]
2  print(a)
3  del a[1]
4
5  b = ['H', 'A', 'P', 'P', 'Y']
6  print(b)
7  del b[-1]
8
9  print(a)
10 print(b)
```

결과

```
[1, 2, 3]
['H', 'A', 'P', 'P', 'Y']
[1, 3]
['H', 'A', 'P', 'P']
```

리스트 – 요소 제거(pop) 출력

```
1  a = [1,2,3,4]
2  a.pop(3)
3  print(a)
4
5  b = ['H', 'A', 'P', 'P', 'Y']
6  b.pop(-1)
7  print(b)
```

결과

```
[1, 2, 3]
['H', 'A', 'P', 'P']
```

다음은 자주 사용되는 리스트 관련 함수이다. 이런 함수들이 있다는 정도만 알고 있으면 된다.

표 2-18 리스트 관련 함수

종류	기능
sort( )	리스트 정렬
reverse( )	리스트 뒤집기
index( )	위치 반환
count( )	리스트에 포함된 요소 x의 개수
extend	리스트 확장

in 연산자를 사용하여 특정 값이 리스트 내부에 있는지 확인할 수 있다. 값이 있을 경우 True, 없을 경우 False로 값을 반환한다.

리스트 – 내부에 있는지 확인(in 연산자) 출력

```
1  # 리스트를 선언합니다.
2  list =['H', 'A', 'P', 'P', 'Y']
3
4  print('H' in list)
5  print('h' in list)
```

결과

```
True
False
```

3.2　딕셔너리

딕셔너리는 사전이라는 뜻의 단어로, 어떤 낱말과 대응하는 낱말이다. 쉽게 말해 "education"이라는 단어에 "교육"이라는 뜻이 대응되듯이 Key, Value를 한 쌍으로 갖는 자료형을 말한다.

그림 2-24 딕셔너리

다음과 같이 중괄호를 사용하여 키 : 값과 같은 형식으로 '문자열' 기반의 값을 저장한다.

주의사항으로 키(Key) 값에는 상수와 같이 고정된 값을 사용하고, 값(Value)에는 변수와 같이 변할 수 있는 값을 사용해야 한다.

구문

```
{
    키1 : 값1,
    키2 : 값2,
    ...
    키3 : 값3,
}
```

딕셔너리 출력

```
1  dic = {'name': '정지현', 'phone': '010-1234-5678', '생일': '0821'}
2
3  print(dic)
```

결과

```
{'name': '정지현', 'phone': '010-1234-5678', '생일': '0821'}
```

딕셔너리 쌍을 추가하는 방법을 다음의 예제를 통해 살펴보자.

딕셔너리 - 요소 추가하기 출력

```
1  dic_a = {1: 'a', 2: 'b'}
2  dic_a[3] = 'c'
3  print(dic_a)
4
5  dic_a['name'] = 'jihyun'
6  print(dic_a)
```

결과

```
{1: 'a', 2: 'b', 3: 'c'}
{1: 'a', 2: 'b', 3: 'c', 'name': 'jihyun'}
```

딕셔너리 dic_a에 dic_a[3] = 'c' 라고 입력하면 Key: Value가 각각 3: 'c' 가 추가된다.

마찬가지로 dic_a[name] = 'jihyun'이라고 입력하면 각각의 Key, Value가 추가되는 것을 볼 수 있다. 딕셔너리의 요소를 제거하기 위해서는 del dic_a[key]를 입력하여 Key에 해당하는 Key: Value 요소값이 제거된다.

```
1  del dic_a[1]
2  print(dic_a)
```

```
{2: 'b', 3: 'c', 'name': 'jihyun'}
```

다음은 자주 쓰이는 딕셔너리 관련 함수이다. 이런 함수들이 있다는 정도만 알고 필요할 때 사용하자.

표 2–19 딕셔너리 관련 함수

종류	정의
keys( )	Key 리스트 만들기
values( )	Value 리스트 만들기
items( )	Key, Value 쌍 얻기
clear( )	Key:Value 쌍 모두 지우기
get	Key로 value 얻기
in	Key가 딕셔너리 안에 있는지 조사

3.3   튜플

튜플(Tuple)은 여러 개의 값을 처리할 수 있다는 점이 리스트(list)와 유사하지만 몇 가지 차이점이 있다. 첫 번째, 리스트는 []로 선언하지만 튜플은 ()로 둘러싼다. 두 번째, 리스트는 요소값을 생성, 삭제, 수정 가능하지만 튜플은 그 값을 바꿀 수 없다.

튜플명 = (항목1, 항목2, 항목3)

요소값을 지우거나 변경하려고 하는 경우 어떻게 될까? 에러가 발생하게 된다.

```
1  tuple_a = (3, 6, 9, 'python', 'is', 'easy')
2  del tuple_a[0]
```

```
TypeError                        Traceback (most recent call last)
<ipython-input-11-8b74dfb1edc0> in <module>
      1 tuple_a = (3, 6, 9, 'python', 'is', 'easy')
----> 2 del tuple_a[0]

TypeError: 'tuple' object doesn't support item deletion
```

튜플 또한 리스트와 동일하게 인덱싱, 슬라이싱, 덧셈, 곱셈, 길이 구하기까지 가능하다.

튜플 – 인덱싱, 슬라이싱, 더하기, 곱하기, 길이 출력

```
1  tuple_a = (3, 6, 9, 12, 15)
2  tuple_b = ('python', 'is', 'easy', 'to', 'learn')
3  tuple_c = (1004, 486, 'Happy', 'is', 'the', 'best')
4  tuple_d = (7942, ['Happy', 'is'], 'the', 'best')
5
6  print(tuple_a[1])          # 인덱싱
7  print(tuple_b[1:])         # 슬라이싱
8  print(tuple_c + tuple_d)   # 더하기
9  print(tuple_b * 2)         # 곱하기
10 print(len(tuple_b))        # 길이 구하기
```

```
6
('is', 'easy', 'to', 'learn')
(1004, 486, 'Happy', 'is', 'the', 'best', 7942, ['Happy', 'is'], 'the', 'best')
('python', 'is', 'easy', 'to', 'learn', 'python', 'is', 'easy', 'to', 'learn')
5
```

파이썬의 중요한 구조인 제어문에 대해 살펴보자. 파이썬의 대표적인 제어문에는 if, while, for 등이 있다. 프로그래밍은 흔히 집 짓기에 비유된다. 앞서 살펴본 자료형이 나무, 돌, 시멘트 등의 재료에 해당한다면, 제어문은 집의 골격이 되는 철근에 해당한다.

4.1 조건문

세상을 살아가면서 우리는 다양한 선택을 한다. 점심은 뭘 먹을지, 휴가는 어디로 갈지 등의 선택의 갈림길에서 고민하게 된다. 프로그램도 선택의 기로에 서는 순간이 있다. 바로 조건문을 만날 때다.

그림 2-25 조건문

4.1.1 if 조건문

조건에 따라 코드를 실행하거나, 실행하지 않게 만들고 싶을 때 if 조건문을 사용한다. 코드의 실행 흐름을 결정한다는 뜻이다.

구문

```
if 〈조건〉:
    조건이 참일 때 실행
```

다음의 코드를 실행시키고 임의의 숫자를 입력해보자. 결과값을 보면 if 조건에 해당하는 구문이 실행됨을 확인할 수 있다.

```
1   # 입력값을 받습니다.
2   number = input("정수 입력)")
3   number = int(number)
4
5   # 짝수 조건입니다.
6   if number % 2 == 1:
7       print("홀수입니다")
8
9   # 홀수 조건입니다.
10  if number % 2 == 0:
11      print("짝수입니다")
```

결과

정수 입력)3

홀수입니다

4.1.2 else 조건문

if 조건문은 뒤에 else 구문을 붙여 사용할 수 있다. 이처럼 if 구문 뒤에 else 구문을 붙인 것을 if else 조건문이라고 부르기도 한다. 그럼 어떠한 경우에 사용하는지 알아보자.

구문

```
if <조건>:
    조건이 참일 때 실행
else:
    조건이 거짓일 때 실행
```

임의의 숫자를 입력한다. 두 가지 조건 중 True일 경우 if 조건문이 실행되고, False일 경우 else 구문이 실행됨을 확인할 수 있다.

else 구문 출력

```
1   # 입력값을 받습니다.
2   number = input("정수 입력)")
3   number = int(number)
4
```

```
5   # 짝수 조건
6   if number % 2 == 1:
7       print("홀수입니다")
8   else:
9   # 홀수 조건
10      print("짝수입니다")
```

결과

정수 입력〉8

짝수입니다

4.1.3 elif 조건문

딱 두 가지만으로 구분되지 않는 것도 있다. 가까운 예로 계절은 4개, 요일은 7개다. 따라서 3개 이상의 조건을 연결해서 사용하는 방법이 필요하다. 그것이 바로 elif 구문이다.

구문

```
if 〈조건1〉:
        조건이 참일 때 실행할 문장
elif 〈조건2〉:
        조건2 참일 때 실행할 문장
elif 〈조건3〉:
        조건3 참일 때 실행할 문장
elif 〈조건4〉:
        조건4 참일 때 실행할 문장
else:
        모든 조건이 거짓일 때 실행할 문장
```

다음 예제는 임의의 달을 입력받아 계절을 알려주는 소스코드이다(12월이 넘어가는 달에 대한 예외 처리는 따로 하지 않았다). 이런 식으로 3개 이상의 조건이 있는 경우 다음과 같이 사용할 수 있다고 개념을 이해하면 된다.

elif 구문

```
1   # 입력값을 받습니다.
2   month = input("계절을 확인할 달을 입력해 주세요)")
3   month = int(month)
```

```
4
5   if 3 <= month <= 5:
6       print("계절은 봄입니다.")
7   elif 6 <= month <= 8:
8       print("계절은 여름입니다.")
9   elif 9 <= month <= 11:
10      print("계절은 가을입니다.")
11  else:
12      print("계절은 겨울입니다.")
```

결과

계절을 확인할 달을 입력해 주세요> 4

계절은 봄입니다.

TIP

pass 예약어

프로그래밍을 하다 보면 일단 골격을 만들고 차근차근 만들어야겠다고 생각하는 경우가 있다. 이때 골격은 일반적으로 조건문, 반복문, 함수, 클래스 등의 기본 구문을 말한다. 다음과 같이 프로그래밍의 뼈대만 잡았다고 가정하고 실행해보자.

pass 예약어 출력

```
1   # 입력값을 받습니다.
2   month = input("계절을 확인할 달을 입력해 주세요>")
3   month = int(month)
4
5   # 짝수 조건
6   if 3 <= month <= 5:
7   # 아직 미구현 상태입니다. 향후 구현 예정
8       elif 6 <= month <= 8:
9   # 아직 미구현 상태입니다. 향후 구현 예정
10      elif 9 <= month <= 11:
11  # 아직 미구현 상태입니다. 향후 구현 예정
12      else:
13  # 아직 미구현 상태입니다. 향후 구현 예정
```

```
File "<ipython-input-10-2655e7837dad>", line 8
    elif 6 <= month <= 8:
       ^
IndentationError: expected an indented block
```

해당 오류는 들여쓰기가 잘못되었다는 에러이다. if 다음 줄에는 반드시 들여쓰기 이후에 코드가 와야 하기 때문에 오류가 발생했다. 이럴 때 pass를 사용하면 아무 의미 없는 코드를 작성해서 에러 없이 지나갈 수 있다.

pass 예약어 출력

```
1    # 입력값을 받습니다.
2    month = input("계절을 확인할 달을 입력해 주세요)")
3    month = int(month)
4
5    # 짝수 조건입니다.
6    if 3 <= month <= 5:
7    # 아직 미구현 상태입니다. 향후 구현 예정
8        pass
9    elif 6 <= month <= 8:
10   # 아직 미구현 상태입니다. 향후 구현 예정
11       pass
12   elif 9 <= month <= 11:
13   # 아직 미구현 상태입니다. 향후 구현 예정
14       pass
15   else:
16   # 아직 미구현 상태입니다. 향후 구현 예정
17       pass
```

결과

계절을 확인할 달을 입력해 주세요> 3

4.2　반복문

반복문은 프로그램의 진행을 바꿀 때 사용하는 구문으로 반복이 필요할 경우에 사용한다. 비슷한 형태의 작업을 손쉽게 반복할 수 있다. 조건문에 비해 형태가 조금 복잡해서 어렵게 느껴질 수 있는데, 여러 번 직접 입력해서 프로그래밍 해보면 익숙해진다.

그림 2-26 반복문

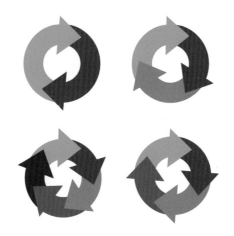

4.2.1　for 반복문

for 반복문부터 살펴보자. 구문은 다음과 같다.

구문

```
for 요소를 담을 변수 in 반복할 수 있는 것:
    실행할 코드
```

리스트와 사용할 때는 다음과 같이 사용한다.

for 반복문 – 리스트와 함께 사용 출력

```
1  array = [1,2,3,4,5,6]
2
3  for var in array:
4  print(var)
```

리스트 array에 숫자를 넣고, var라는 변수에 array가 반복되면서 사용된다.

```
1
2
3
4
5
6
```

다음과 같이 인덱스 값을 같이 나타내면서 사용할 수도 있다. 데이터 분석을 할 때 인덱스 값을 통해 데이터를 다루는 일이 종종 있다.

for 반복문 – 리스트와 함께 사용(인덱스) 출력

```
1  array = [1,2,3,4,5,6]
2
3  for i,var in enumerate(array):
4    print("Index :", i, "List :", var)
```

결과

```
Index : 0 List : 1
Index : 1 List : 2
Index : 2 List : 3
Index : 3 List : 4
Index : 4 List : 5
Index : 5 List : 6
```

딕셔너리와 함께 사용할 경우에는 내부에 있는 Key가 변수에 들어간다. 즉, 딕셔너리 내부에서 [Key] 형태를 사용해 값에 접근한다.

for 반복문 – 딕셔너리와 함께 사용 출력

```
1  dic = {
2  'name': '정지현',
3  'phone': '010-1234-5678',
4  '생일': '0821'
5  }
```

```
6
7  for key in dic:
8      print(key, dic[key])
```

name 정지현

phone 010-1234-5678

생일 0821

4.2.2 while 반복문

리스트, 딕셔너리 내부에 있는 요소값을 반복해서 사용할 때 for 반복문을 활용한다. for 반복문 말고 while 반복문도 있다. while 반복문은 조건문이기 때문에 여러 가지 조건 표현식으로 표현할 수 있다.

구문

```
while 표현식:
    실행할 코드
```

while 반복문 출력

```
1  i = 1
2
3  while i < 5:
4      print(i, "번째 반복입니다.")
5      i += 1
```

결과

1 번째 반복입니다.

2 번째 반복입니다.

3 번째 반복입니다.

4 번째 반복입니다.

while 반복문을 사용할 때 표현식이 True(참)인 경우 문장을 계속 반복하기 때문에 무한루프에 빠지지 않게 주의해야 한다.

4.3 제어문

반복문을 사용할 때 중간에 빠져나올 수는 없을까? 그럴 때 사용하는 구문이 break, continue 이다.

- break: 반복문을 벗어날 때 사용
- continue: 현재 반복을 생략, 다음 반복으로 넘어갈 때 사용

while 반복문을 통해 무한 반복문을 만들고 y 또는 Y를 입력하면 break를 통해 무한루프를 빠져 나온다.

break 출력

```
1  i = 1
2
3  # 무한 반복합니다.
4  while True:
5      # 몇 번째 반복인지 출력합니다.
6      print(i, "번째 반복문입니다.")
7      i += 1
8
9      # 반복을 종료합니다.
10     input_text = input("〉 종료하시겠습니까?(종료하실 경우 y or Y):")
11     if input_text == ('y' or 'Y'):
12         print("반복을 종료합니다.")
13         break
```

결과

1 번째 반복문입니다.
〉 종료하시겠습니까?(종료하실 경우 y or Y):n
2 번째 반복문입니다.
〉 종료하시겠습니까?(종료하실 경우 y or Y):n
3 번째 반복문입니다.
〉 종료하시겠습니까?(종료하실 경우 y or Y):y
반복을 종료합니다.

이번에는 continue를 사용해서 반복을 생략하고 다음 반복으로 넘어가보자.

continue 출력

```
1   # 리스트를 선언합니다.
2   array = list(range(1,11))
3
4   # 반복문을 실행합니다.
5   for number in array:
6
7       # number가 짝수이면 다음 반복으로 넘어갑니다.
8       if number % 2 == 0:
9       continue
10
11      # 출력합니다.
12      print("홀수:", number)
```

결과

```
홀수: 1
홀수: 3
홀수: 5
홀수: 7
홀수: 9
```

파이썬을 비롯한 프로그래밍에서는 효율적인 처리를 위해 함수를 사용한다. 함수는 프로그램에서 불필요한 반복을 방지하고, 프로그램의 흐름을 체계적으로 파악할 수 있게 한다. 매개변수와 반환값을 중심으로 파이썬에서 자주 사용하는 함수를 알아보자.

5.1 함수

입력(Input)된 값으로 어떤 기능을 실행 후 결과값을 리턴하는 것을 말한다. 이전 print( ) 함수를 설명하면서 예를 들었던 와플 굽는 과정을 생각하면 쉽다. 값(밀가루 반죽)을 입력받아 와플로 만들어주는(출력) 와플틀을 함수라고 생각하면 된다.

그림 2-27 함수 예: 와플

밀가루 반죽(입력)   와플틀(함수)   와플(출력)

5.1.1 함수를 사용하는 이유

- 똑같은 내용을 반복해서 작성해야 하는 경우 유용하다(예: 구구단 출력).
- 프로그램 흐름을 기능별로 일목요연하게 볼 수 있다(예: 회원가입, 로그인, 게시물 생성, 수정, 삭제).

그림 2-28 함수를 사용하는 이유

함수의 구조

함수의 구조는 **def** 명령어에 원하는 함수명( )을 입력하는 구조로 이루어져 있다. 다음의 구문을 보면 함수명에 매개변수 없이도 생성할 수 있다. 매개변수는 함수에 입력받을 변수이다.

구문

```
def 함수명( ):
    〈수행할 문장1〉
    〈수행할 문장2〉
    ...

def 함수명(매개변수):
    〈수행할 문장1〉
    〈수행할 문장2〉
    ...
```

다음의 예제를 살펴보자.

함수의 구조 - 매개변수 없음 출력

```
1  # 함수를 선언합니다.
2  def func_print( ):
3      print("파이썬 프로그래밍")
4      print("함수에 대해서 배우고 있습니다.")
5
6  # 함수를 호출합니다.
7  func_print( )
```

func_print라는 이름의 함수는 입력값(매개변수)을 받지 않고 2줄의 print( ) 함수를 출력한다.

결과

파이썬 프로그래밍
함수에 대해서 배우고 있습니다.

5.2 매개변수

매개변수란 함수에 입력으로 전달된 값을 말한다. 예를 들면 와플(리턴값)을 만들기 위해서는 밀가루 반죽을 와플틀(함수)에 넣어야 한다. 여기서 밀가루가 매개변수의 역할을 한다.

함수의 구조 – 매개변수 있음 출력

```python
1  # 함수를 선언합니다.
2  def multiple_table(n):
3      array = list(range(1,10))
4
5      for number in array:
6          print(number * n)
7
8  # 함수를 호출합니다.
9  multiple_table(3)
```

multiple_table() 함수를 호출할 때 3을 입력해 구구단 3단이 출력되는 함수이다. 함수를 호출할 때 입력하는 숫자에 따라 원하는 숫자의 구구단을 출력할 수 있다.

결과

```
3
6
9
12
15
18
21
24
27
```

매개변수 사용 시 주의사항

매개변수가 있는 함수는 다음과 같은 경우 에러가 발생한다.

- 매개변수를 넣지 않은 경우
- 매개변수의 수량과 다르게 넣을 경우

매개변수를 넣지 않은 경우 출력

```
1   # 함수를 선언합니다.
2   def multiple_table_1(a):
3       array = list(range(1,10))
4
5       for number in array:
6           print(number * a)
7
8   # 1) 매개변수를 입력하지 않고 함수를 호출합니다.
9   multiple_table_1()
```

결과

```
TypeError                               Traceback (most recent call last)
<ipython-input-11-7b5839b270c6> in <module>
      7
      8 # 1) 매개변수를 입력하지 않고 함수를 호출합니다.
----> 9 multiple_table_1()

TypeError: multiple_table_1() missing 1 required positional argument: 'a'
```

매개변수의 수량과 다르게 넣은 경우 출력

```
1   def multiple_table_2(a, b):
2       print(a * b)
3
4   # 매개변수의 수량과 맞지 않은 상태에서 함수를 호출합니다.
5   multiple_table_2(7)
```

결과

```
TypeError                               Traceback (most recent call last)
```

```
⟨ipython-input-12-e784dc3903ea⟩ in ⟨module⟩
      3
      4 # 매개변수의 수량과 맞지 않은 상태에서 함수를 호출합니다.
──⟩ 5 multiple_table_2(7)


TypeError: multiple_table_2() missing 1 required positional argument: 'b'
```

5.2.2 가변 매개변수

입력값의 숫자가 상황마다 변경되는 경우에는 어떻게 할까? 파이썬은 가변 매개변수를 사용해서 원하는 만큼의 매개변수를 받을 수 있다.

구문

```
def 함수명( * 매개변수):
    ⟨수행할 문장1⟩
    ⟨수행할 문장2⟩
     ...
```

가변 매개변수 출력

```
1  # 가변 매개변수
2  def func_sum( * num):
3     result = 0
4
5     for i in num:
6         result += i
7     print(result)
8
9  # 매개변수 5개
10 func_sum(1,2,3,4,5)
11
12 # 매개변수 10개
13 func_sum(1,2,3,4,5,6,7,8,9,10)
```

결과

```
15
55
```

다만, 다음과 같은 제약 사항이 있으니 주의해야 한다.

- 가변 매개변수는 하나만 사용할 수 있다.
- 가변 매개변수 뒤에는 일반 매개변수가 올 수 없다.

5.2.3 초기값이 설정된 매개변수

가변 매개변수 함수와 달리 매개변수에 초기값을 미리 설정해서 사용할 수 있다.

초기값이 설정된 매개변수 출력

```
1  def func_print_return(string, n=3):
2
3      # 반복문
4      for i in range(n):
5          print(i, string)
6
7  func_print_return("열심히 파이썬을 배우고 있습니다.")
```

반복문에서 range() 함수를 사용하였다. for 반복문에서 range() 함수를 사용하여 반복 횟수를 정할 수 있다.

결과

```
0 열심히 파이썬을 배우고 있습니다.
1 열심히 파이썬을 배우고 있습니다.
2 열심히 파이썬을 배우고 있습니다.
```

5.3   반환값

함수의 결과값으로 함수 내부에서 return이라는 예약어를 통해 사용한다. 실행했던 해당 위치로 돌아가고 함수는 종료한다. 예를 들어 와플틀(함수)을 통해 만들어진 와플이 반환값이 된다.

리턴

```
1  # 함수를 선언합니다.
2  def func_print_return():
3      print("리턴값을 호출하기 전입니다.")
4      return
5      print("리턴값을 호출한 이후입니다.")
6
7  func_print_return()
```

결과

리턴값을 호출하기 전입니다.

5.3.2 변수와 함께 리턴

변수와 함께 리턴되는 경우 해당 값이 리턴되면서 함수를 실행했던 위치로 돌아가고, 다음과 같이 리턴된 값을 다른 변수 sum에 입력해서 사용할 수 있다.

변수와 함께 리턴 출력

```
1  # 가변 매개변수 함수를 선언합니다.
2  def func_sum(*num):
3      result = 0
4
5      for i in num:
6          result += i
7      # result 값을 반환합니다.
8      return result
9
10 sum = func_sum(1,2,3,4,5,6,7,8,9,10)
11 print(sum)
```

결과

55

함수나 변수 또는 클래스를 모아 놓은 파일을 의미하는 모듈에 대해 알아보자. 모듈을 파이썬에서 불러와 사용함으로써 효율성을 높인다. 모듈을 어떻게 만들고 사용하는지 배워보자.

6.1　모듈

모듈은 변수, 함수, 클래스 등을 모아서 패키지(Package)한 것을 말한다. 파이썬은 모듈 기능을 활용해 코드를 분리하고 공유한다. 모듈은 크게 '내장(내부/표준) 모듈' 과 '외부 모듈'로 나뉜다. 파이썬에 기본적으로 내장되어 있는 모듈을 '내장(내부/표준) 모듈'이라고 부르고, 다른 사람들이 만들어서 공개한 모듈을 '외부 모듈'이라고 부른다. 프로그램은 여러 모듈을 활용하여 작성한다는 점에서 컨테이너로 지어진 집이라고 보면 된다.

그림 2-29 **모듈 예: 컨테이너**

6.2　내부 모듈

파이썬에는 다양한 '내장(내부/표준)' 모듈이 존재한다. 그중에서 math 내장 모듈을 활용해 필요한 구문을 배워보자.

6.2.1 import 구문

import 구문은 모듈을 가져올 때 사용한다.

구문
import 모듈명

import 구문 출력

```
1  # math 내장 모듈을 불러옵니다.
2  import math
3
4  # sin,cos,tan 값을 출력합니다.
5  print("sin :", math.sin(1))
6  print("cos :", math.cos(1))
7  print("tan :", math.tan(1))
8
9  # 소수점 올림/내림
10 print("내림 :", math.floor(9.9))
11 print("올림 :", math.ceil(9.1))
```

결과

```
sin : 0.8414709848078965
cos : 0.5403023058681398
tan : 1.557407724654902
내림 : 9
올림 : 10
```

이처럼 기본적으로 연산이 필요한 경우 math 내장 모듈을 import로 불러와서 쉽게 sin, cos, tan 값을 구할 수 있다.

from 구문

from 구문은 모듈을 가져올 때 필요한 기능(변수, 함수)만 가져와서 사용할 때 권장된다.

구문
from 모듈명 import 가져오고 싶은 것(변수, 함수)

from 구문 출력

```
1  from math import floor, ceil
2
3  # 소수점 올림/내림
4  print("내림 :", floor(9.9))
5  print("올림 :", ceil(9.1))
```

결과

내림 : 9

올림 : 10

as 구문

as 구문은 모듈의 이름을 임의로 짧게 줄이거나, 이름의 중복 및 충돌을 막기 위해 사용한다.

구문
import 모듈명 as 사용하고 싶은 임의의 이름

as 구문 출력

```
1  import math as m
2
3  # 소수점 올림/내림
4  print("내림 :", m.floor(9.9))
5  print("올림 :", m.ceil(9.1))
```

결과

내림 : 9

올림 : 10

더 많은 내부 모듈은 Python Documentation contents에서 직접 확인할 수 있다.

그림 2-30 **파이썬 문서**

[출처: https://docs.python.org/3/contents.html]

6.3   외부 모듈

파이썬 언어에서 기본적으로 제공해준 것이 아니라, 다른 사람들이 만들어 배포하는 모듈을 '외부 모듈'이라고 부른다. 앞으로 데이터 분석 실습을 위해 다양한 외부 모듈을 활용할 예정이다.

외부 모듈을 사용하기 위해 다음 구문을 사용해서 모듈을 설치한다.

구문

```
pip install 외부 모듈명
```

외부 모듈 설치

```
1  pip install numpy
```

여기서 pip는 Python Package Index의 약자로 파이썬으로 작성된 패키지를 설치할 때 사용한다.

```
Requirement already satisfied: numpy in /Users/jihyun/miniconda3/envs/datascience/
lib/python3.7/site-packages (1.17.4)
Note: you may need to restart the kernel to use updated packages.
```

설치하고자 하는 모듈이 외부 모듈인 경우 다음과 같이 이미 설치되어 있다는 것을 확인할 수 있다.

지금까지 데이터 분석을 위한 파이썬의 기초를 배웠다. 다음 장에서는 데이터 분석에서 자주 사용되는 외부 모듈에 대해서 학습한다. 학습 전에 필요한 외부 모듈들을 미리 설치하자. pip install 명령어는 Mac은 터미널 창, 윈도우는 Anaconda Prompt를 실행해 설치한다. conda activate data_science 명령어를 입력하여 우리가 만든 가상 환경을 활성화한다. conda env list 명령어를 통해 가상 환경이 활성화되었는지 확인할 수 있다. data_science가 아닌 다른 이름으로 가상 환경을 만들었다면 해당 가상 환경을 활성화한다. 데이터 분석에 필요한 외부 모듈들을 다음의 명령어를 통해서 한 번에 설치한다.

```
pip install numpy pandas seaborn matplotlib scipy statsmodels sklearn
```

설치가 완료되면 라이브러리 버전을 확인하자. 라이브러리가 업데이트되는 경우 특정 함수가 동작하지 않거나 코드가 실행되지 않을 수 있다. 다음의 코드를 통해 확인할 수 있다.

```python
 1 #----------------------------------------
 2 #
 3 # 라이브러리 버전을 체크합니다.
 4 #
 5 #----------------------------------------
 6 print('-' * 100)
 7 print("- 라이브러리 버전 체크")
 8 print('-' * 100)
 9
10 import sys
11 print("Python 버전: {}".format(sys.version))
12
13 import pandas as pd
```

```
14 print("pandas version: {}".format(pd.__version__))
15
16 import matplotlib
17 print("matplotlib version: {}".format(matplotlib.__version__))
18
19 import numpy as np
20 print("NumPy version: {}".format(np.__version__))
21
22 import scipy as sp
23 print("SciPy version: {}".format(sp.__version__))
24
25 import sklearn
26 print("scikit-learn version: {}".format(sklearn.__version__))
27
28 import seaborn as sns
29 print("seaborn version: {}".format(sns.__version__))
30
31 import statsmodels as sm
32 print("statsmodels version: {}".format(sm.__version__))
```

결과

라이브러리 버전 체크

Python 버전: 3.7.9 (default, Aug 31 2020, 07:22:35)

[Clang 10.0.0]

pandas version: 1.1.5

matplotlib version: 3.3.3

NumPy version: 1.19.4

SciPy version: 1.5.4

scikit-learn version: 0.23.2

seaborn version: 0.11.0

statsmodels version: 0.12.1

다양한 파이썬 라이브러리 중 넘파이(NumPy), 판다스(Pandas)를 중심으로 데이터를 핸들링하는 방법을 알아보자. 이후 사이파이(SciPy), 사이킷런(scikit-learn)을 활용하여 데이터 분석을 보다 심도 있게 배운다.

그림 2-31 **다양한 라이브러리**

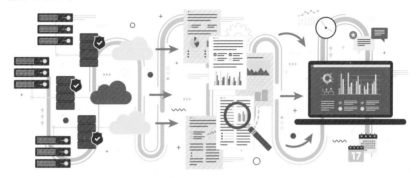

- 행렬/선형대수/통계: 넘파이(NumPy), 행렬 기반의 데이터 처리, 데이터 분석의 가장 기본이 되는 라이브러리
- 데이터 프로세싱: 판다스(Pandas), 2차원 데이터 처리에 효율적인 라이브러리
- 시각화: 맷플롯립(Matplotlib)/시본(Seaborn), 2차원과 3차원 데이터 그래프를 통한 시각화
- 수학/과학/통계 분석: 사이파이(SciPy), 통계 과학 분석에 많이 사용되는 라이브러리
- 머신러닝: 사이킷런(Scikit-Learn), 머신러닝에 가장 핵심이 되는 라이브러리

파이썬을 이용한 데이터 분석에 자주 사용되는 라이브러리에 대해 살펴보자. 라이브러리란 외부 모듈이라고 생각하면 된다. 여러 라이브러리 중 가장 기본이 되는 넘파이부터 학습하자.

넘파이는 Numerical Python을 의미하며 파이썬에 배열, 리스트 등과 선형대수, 통계 데이터를 다룰 때 자주 사용한다. 넘파는 배열처럼 데이터 분석의 핵심이기 때문에 효과적으로 다루는 방법을 배워야 한다.

넘파이에서는 다음과 같은 기능을 제공한다.

- 다차원 배열 ndarray를 통해 빠른 배열을 계산한다.
- C, C++, 포트란으로 작성한 코드를 연결할 수 있는 호환 API를 제공한다. 넘파이 자체가 빠른 연산 속도를 제공하지만 수행 성능이 더 뛰어나야 하는 부분은 C/C++ 기반의 코드로 작성해서 넘파이에서 호출하는 방식으로 사용할 수 있다.
- 선형대수, 난수 생성 기능을 제공한다.

넘파이의 기능들이 너무나 방대하기 때문에 모든 것을 학습하기에는 상당히 많은 노력이 필요하다. 우리는 데이터 분석을 위해 기본적으로 알아야 하는 부분을 배워보자. 넘파이를 통해 배열 기반의 연산을 익힌 다음 판다스를 배우면 훨씬 더 효율적으로 데이터를 핸들링할 수 있다.

7.1 배열

배열(ndarray)은 넘파이의 핵심 기능으로, 다차원의 배열을 통해 내규모 데이터 집합을 생성 및 처리할 수 있는 빠르고 효율적인 자료형이다. 기본적으로 1차원 배열을 벡터(Vector), 2차원 배열을 행렬이라고 칭하기도 한다.

7.1.1 ndarray – 생성

배열을 생성하기 위해 array 함수를 사용한다. 넘겨 받을 데이터가 있는 넘파이 배열을 생성할 때 주로 리스트가 많이 사용된다.

---

ndarray 생성하기 출력

```
1  # numpy 모듈을 불러옵니다.
2  import numpy as np
3
4  # 1차원 형태입니다. / 벡터(Vector)
5  data_1 = [1, 2, 3, 4, 5]
6
7  # 2차원 형태입니다. / 행렬(Matrix)
8  data_2 = [[1, 2, 3],
9           [4, 5, 6]]
10
11 data_3 = [[1., 2, 3.0],
```

```
12              [4, 5.0, 6]]
13
14 vector_1 = np.array(data_1)
15 matrix_1 = np.array(data_2)
16 matrix_2 = np.array(data_3)
17
18 matrix_3 = np.array([[1, 2, 3],
19                       [4, 5, 6],
20                       [7 ,8, 9]])
21
22 print("vector_1: ", vector_1)
23 print("matrix_1: ", matrix_1)
24 print("matrix_2: ", matrix_2)
25 print("matrix_3: ", matrix_3)
```

결과

```
vector_1: [1 2 3 4 5]
matrix_1: [[1 2 3]
 [4 5 6]]
matrix_2: [[1. 2. 3.]
 [4. 5. 6.]]
matrix_3: [[1 2 3]
 [4 5 6]
 [7 8 9]]
```

7.1.2 ndarray – 배열 생성 함수

넘파이는 배열을 생성하기 위해 다양한 함수를 지원한다.

- array: 매개변수로 입력된 데이터에 따라 ndarray로 변환하고 자료형은 dtype으로 정하지 않은 경우 입력 데이터에 기반하여 정해진다.
- zeros: 요소값을 0으로 채운다.
- ones: 요소값을 1로 채운다.
- empty: 크기만 지정한 후 임의의 값이 채워진다.
- arrange: range 함수와 유사하지만 리스트가 아닌 ndarray를 반환한다.
- full: 특정 값으로 배열 크기와 매개변수를 채운다.

```
1  print("1) np.zeros(5): ", np.zeros(5))
2  print("2) np.zeors((2,5)): ", np.zeros((2,5)))
3  print("3) np.ones(5): ", np.ones(5))
4  print("4) np.empty((2,2,3)) :", np.empty((2, 2, 3 ))) # empty 함수는 크기만 지정한 후 임의의 값이 채워집니다.
5  print("5) np.arange(5) :", np.arange(5))
6  print("6) np.full((3, 3),7) : \n", np.full((3, 3),7)) # full 함수는 특정 값으로 배열 크기와 매개변수를 채울 수 있습니다.
```

결과

1) np.zeros(5): [0. 0. 0. 0. 0.]

2) np.zeors((2,5)): [[0. 0. 0. 0. 0.]

 [0. 0. 0. 0. 0.]]

3) np.ones(5): [1. 1. 1. 1. 1.]

4) np.empty((2,2,3)) : [[[-2.00000000e+000 -2.00000000e+000 2.96439388e-323]

  [0.00000000e+000 8.48798316e-313 1.58817677e-052]]

 [[5.64042000e-091 2.78857455e+179 2.36594554e+179]

  [1.72350245e-047 3.99910963e+252 8.38738135e-309]]]

5) np.arange(5) : [0 1 2 3 4]

6) np.full((3, 3),7):

 [[7 7 7]

 [7 7 7]

 [7 7 7]]

7.1.3 ndarray – 정보 확인

명시적으로 데이터 형을 정해놓지 않으면 matrix_2 = np.array(data_3)처럼 np.array가 호출될 때 적절한 자료형으로 설정한다. 다음의 소스코드를 통해 matrix_2의 타입이 float64로 지정된 것을 확인할 수 있다.

• dtype: 타입을 알려준다.
• ndim: 차원을 알려준다.
• shape: 행렬의 크기를 알려준다.
• size: 행렬의 개수를 알려준다.

```
1  # 내장 type 함수를 통해 ndarray type을 확인합니다.
2  print(type(vector_1))
3
4  # dtype: 타입을 알려줍니다.
5  print(vector_1.dtype)
6  print(matrix_1.dtype)
7  print(matrix_2.dtype)
8  print(matrix_3.dtype)
9
10 # ndim: 차원을 알려줍니다.
11 print(vector_1.ndim)
12 print(matrix_1.ndim)
13 print(matrix_2.ndim)
14 print(matrix_3.ndim)
15
16 # shape: 행렬의 크기를 알려줍니다.
17 print(vector_1.shape)
18 print(matrix_1.shape)
19 print(matrix_2.shape)
20 print(matrix_3.shape)
21
22 # size: 행렬의 개수를 알려줍니다.
23 print(vector_1.size)
24 print(matrix_1.size)
25 print(matrix_2.size)
26 print(matrix_3.size)
```

결과

```
<class 'numpy.ndarray'>
int64
int64
float64
int64
1
2
2
```

```
2
(5,)
(2, 3)
(2, 3)
(3, 3)
5
6
6
9
```

7.1.4 ndarray - dtype 함수

dtype 함수를 이용해 다차원의 배열을 생성할 때 데이터 값을 정할 수 있다.

---

ndarray - dtype 함수 출력

```
6   vec_dtype = np.array([1, 2, 3, 4, 5], dtype=np.int64)
matrix_dtype = np.array([[1,2,3],
                         [4,5,6]], dtype=np.float64)

print("vec_dtype: ", vec_dtype.dtype, vec_dtype, )
print("matrix_dtype: ", matrix_dtype.dtype, matrix_dtype)
```

많이 사용하는 정수, 부동소수점 이외에도 다양한 자료형이 있다. 더 많은 자료형이 필요한 경우 검색을 통해 직접 찾을 수 있다.

7.1.5 ndarray - astype 함수

astyp 함수를 이용해 배열의 자료형을 변경할 수 있다.

---

ndarray - astype 함수 출력

```
1   # 부동소수점 to 정수형
2   arr_float_1 = np.array([1.3, 2.3, 3.2, 4.9, 5.1], dtype=np.float64)
3   print(arr_float_1.dtype, ": ", arr_float_1)
4   arr_int = arr_float_1.astype(np.int64)
5   print(arr_int.dtype, ": ", arr_int)
6
```

```
7   # 문자열 to 부동소수점
8   arr_str = np.array(["1.37", "-7.3", "3.14", "7.79"], dtype=np.string_)
9   print(arr_str.dtype, ": ", arr_str)
10  # astype(float)으로 줄 경우 파이썬이 적절한 타입으로 정해줍니다.
11  arr_float_2 = arr_str.astype(float)
12  print(arr_float_2.dtype, ": ", arr_float_2)
```

결과

```
float64 : [1.3 2.3 3.2 4.9 5.1]
int64 : [1 2 3 4 5]
|S4 : [b'1.37' b'-7.3' b'3.14' b'7.79']
float64 : [1.3 2.3 3.2 4.9 5.1]
```

7.2　인덱싱

넘파이는 1차원부터 다차원 배열까지 부분 집합이나 개별 요소를 선택하기 위한 다양한 방법이 있다. 특히, 인덱싱과 슬라이싱 부분을 잘 알아두면 데이터를 핸들링할 때 큰 도움이 된다.

그림 2–32 **인덱싱**

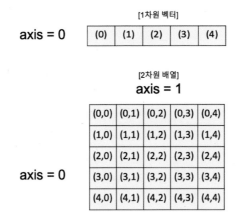

vector_1은 1차원 배열이다. 1차원 인덱싱은 0부터 시작한다는 것만 알고 있으면 손쉽게 위치를 파악할 수 있다. matrix_2는 5 × 5 크기의 2차원 배열이다. 〈그림 2–32〉를 참고하면 인덱싱도 손쉽게 확인할 수 있다.

```
1   # numpy 모듈을 불러옵니다.
2   import numpy as np
3
4   # 1차원 형태입니다.
5   vector_1 = np.array([1, 2, 3, 4, 5])
6
7   # 2차원 형태입니다.
8   matrix_2 = np.array([[1, 2, 3, 4, 5],
9                        [6, 7, 8, 9, 10],
10                       [11, 12, 13, 14, 15],
11                       [16, 17, 18, 19, 20],
12                       [21, 22, 23, 24, 25]])
13
14  # 1차원 형태 – 인덱싱입니다.
15  print("vector_1[1]: ", vector_1[1])
16  print("vector_1[-1]: ", vector_1[-1])
17
18  # 2차원 형태 – 인덱싱입니다.
19  print("matrix_2[1, 1]: ", matrix_2[1, 1])
20  print("matrix_2[2, -1]: ", matrix_2[2, -1])
```

결과

```
vector_1[1]: 2
vector_1[-1]: 5
matrix_2[1, 1]: 7
matrix_2[2, -1]: 15
```

7.3 슬라이싱

리스트에서 배웠던 것처럼 넘파이에서도 슬라이싱이 가능하다. 1차원 슬라이싱은 다음과 같다.

그림 2-33 슬라이싱 - 1차원 슬라이싱

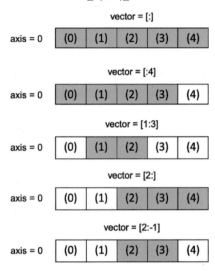

슬라이싱(Slicing) - 1차원 출력

```
1   # numpy 모듈을 불러옵니다.
2   import numpy as np
3
4   # 1차원 형태입니다.
5   vector = np.array([1, 2, 3, 4, 5])
6
7   print(vector[:])
8   print(vector[:4])
9   print(vector[1:3])
10  print(vector[2:])
11  print(vector[2:-1])
```

결과

```
[1 2 3 4 5]
[1 2 3 4]
[2 3]
[3 4 5]
[3 4]
```

2차원 배열은 다음과 같이 사용이 가능하다. 기본적으로 콜론(:)이 사용되면 전체 축을 지정한다.

그림 2-34 슬라이싱 – 2차원 배열

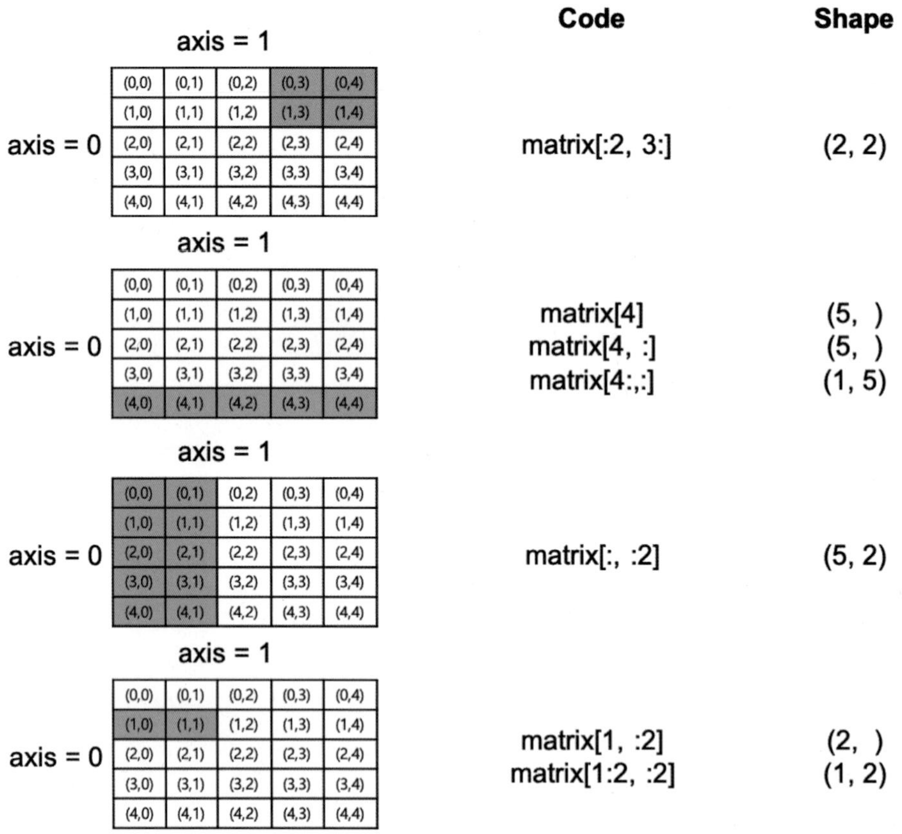

Code
Shape
axis = 1
axis = 0
matrix[:2, 3:]
(2, 2)
matrix[4]
matrix[4, :]
matrix[4:,:]
(5,)
(5,)
(1, 5)
matrix[:, :2]
(5, 2)
matrix[1, :2]
matrix[1:2, :2]
(2,)
(1, 2)

```python
1   # numpy 모듈을 불러옵니다.
2   import numpy as np
3
4   # 2차원 형태입니다.
5   matrix = np.array([[1, 2, 3, 4, 5],
6                      [6, 7, 8, 9, 10],
7                      [11, 12, 13, 14, 15],
8                      [16, 17, 18, 19, 20],
9                      [21, 22, 23, 24, 25]])
10
11  print(matrix[:2, 3:], matrix[:2, 3:].shape)
12
13  print(matrix[4], matrix[4].shape)
14  print(matrix[4, :], matrix[4, :].shape)
15  print(matrix[4:,:], matrix[4:,:].shape)
16
17  print(matrix[:, :2], matrix[:, :2].shape)
18
19  print(matrix[1, :2], matrix[1, :2].shape)
20  print(matrix[1:2, :2], matrix[1:2, :2].shape)
```

결과

```
[[ 4  5]
 [ 9 10]] (2, 2)
[21 22 23 24 25] (5,)
[21 22 23 24 25] (5,)
[[21 22 23 24 25]] (1, 5)
[[ 1  2]
 [ 6  7]
 [11 12]
 [16 17]
 [21 22]] (5, 2)
[6 7] (2,)
[[6 7]] (1, 2)
```

7.4 통계 및 수학 함수

넘파이는 통계 및 수학을 위한 여러 함수를 제공한다. 평균(mean), 표준편차(std), 분산(var), 합 (sum), 최소값(min), 최대값(max) 등의 함수를 사용한다.

통계 및 수학 함수 출력

```
1  # 2차원 형태입니다.
2  matrix = np.array([[1, 2, 3],
3                     [4, 5, 6],
4                     [7, 8, 9]])
5
6  print("합 :", np.sum(matrix))          # 합
7  print("합 :", matrix.sum( ))           # 합
8  print("평균:", matrix.mean( ))         # 평균
9  print("평균:", np.mean(matrix))        # 평균
10 print("표준편차 :", np.std(matrix))    # 표준 편차
11 print("분산:", np.var(matrix))         # 분산
12 print("최대값:", np.max(matrix))       # 최대값
13 print("최소값:", np.min(matrix))       # 최소값
14
15 # 열과 행에서 최대값, 최소값을 찾는 경우입니다.
16 # 열에서 찾습니다.
17 print("열에서 최대값 :", np.max(matrix, axis=0))   # 열에서 최대값
18 print("열에서 최소값 :", np.min(matrix, axis=0))   # 열에서 최소값
19 print("열에서 평균값 :", np.mean(matrix, axis=0))  # 열에서 평균값
20
21 # 행에서 찾습니다.
22 print("행에서 최대값 :", np.max(matrix, axis=1))   # 행에서 최대값
23 print("행에서 최소값 :", np.min(matrix, axis=1))   # 행에서 최소값
24 print("행에서 평균값 :", np.mean(matrix, axis=1))  # 행에서 평균값
```

결과

```
합: 45
합: 45
평균: 5.0
평균: 5.0
```

표준편차: 2.5819888897471611

분산: 6.666666666666667

최대값: 9

최소값: 1

열에서 최대값: [7 8 9]

열에서 최소값: [1 2 3]

열에서 평균값: [4. 5. 6.]

행에서 최대값: [3 6 9]

행에서 최소값: [1 4 7]

행에서 평균값: [2. 5. 8.]

7.5 난수 생성

파이썬 내장 함수의 random 함수 기능처럼 numpy.random 모듈을 통해 다양한 요소값을 임의로 생성할 수 있다. numpy.random은 내장 random 함수보다 훨씬 빠르다.

- seed: 난수 생성의 시드를 지정한다. 시드 값에 따라 정해진 난수를 알고리즘으로 생성한다.
- rand: 균등 분포에서 요소값을 추출한다.
- random: 실수 난수를 생성한다.
- randint: 최소/최대 범위 안에서 정수를 추출한다.
- randn: 정규분포(평균: 0, 표준편차: 1)에서 요소값을 추출한다.
- normal: 정규분포에서 요소값을 추출한다.
- uniform: 임의의 분포에서 표본을 추출한다.
- random_sample: 0.0 ~ 1.0 사이 실수를 랜덤으로 추출한다.
- standard_normal: 정규분포(평균: 0, 표준편차: 1)에서 요소값을 추출한다.
- choice: 랜덤하게 샘플을 선택한다.
- shuffle: 순서를 뒤섞는다.

난수 생성 함수들 출력

```
1  # 난수를 생성합니다.
2  # 초기값을 설정합니다.
3  np.random.seed(0)
4
```

```
 5 print("0과 1.0 사이에서 10개의 실수 난수 생성: ", np.random.random(10))

 6 print("1부터 45 사이에 6개 정수를 생성합니다. (로또와 동일): ", np.random.randint(0, 46, 6))

 7 print("평균이 0.0이고 표준편차가 1.0인 정규분포에서 5개의 수를 뽑음: ", np.random.normal(0.0, 1.0, 5))

 8 print("1.0보다 크고 5.0보다 작은 5개의 수를 뽑습니다. : ", np.random.uniform(1.0, 5.0, 5))

 9

10 print("0.0 ~ 1.0 사이 3개의 실수를 랜덤으로 생성합니다.(random_sample) : \n", np.random.random_sample((3,3)))

11 print("0.0 ~ 1.0 사이 3개의 실수를 랜덤으로 생성합니다.(uniform) : \n", np.random.uniform(0.0, 1.0, (3,3)))

12 print("0.0 ~ 1.0 사이 3개의 실수를 랜덤으로 생성합니다.(rand) : \n", np.random.rand(3,3))

13

14 print("정규분포의 난수 생성(평균이 0이고 표준편차가 1인 난수 생성,standard_normal) : \n", np.

15      random.standard_normal((3,3)))

16 print("정규분포의 난수 생성(평균이 0이고 표준편차가 1인 난수 생성,normal) : \n", np.random.normal(0.0, 1.0,(3,3)))

17 print("정규분포의 난수 생성(평균이 0이고 표준편차가 1인 난수 생성,randn) : \n", np.random.randn(3,3))

18

19 print("1 ~ 3 사이에서 랜덤하게 샘플을 선택합니다. : ", np.random.choice([1,2,3], 3))

20

21 # shuffle 함수는 배열을 무작위로 섞습니다.

22 vector = [1,2,3,4,5]

23 np.random.shuffle(vector)

24 print("shuffle 함수로 무작위로 섞음: ", vector)
```

결과

0과 1.0 사이에서 10개의 실수 난수 생성: [0.5488135 0.71518937 0.60276338 0.54488318 0.4236548
0.64589411 0.43758721 0.891773   0.96366276 0.38344152]

1부터 45 사이에 6개 정수를 생성합니다. (로또와 동일): [38 39 23 24 17 37]

평균이 0.0이고 표준편차가 1.0인 정규분포에서 5개의 수를 뽑음: [−0.470771   0.973016 −1.27814912
1.43737068 −0.07770457]

1.0보다 크고 5.0보다 작은 5개의 수를 뽑습니다. : [4.20364301 3.08190992 3.71551812 3.88253062
3.32807917]

0.0 ~ 1.0 사이 3개의 실수를 랜덤으로 생성합니다.(random_sample) :
 [[0.53737323 0.75861562 0.10590761]
 [0.47360042 0.18633234 0.73691818]
 [0.21655035 0.13521817 0.32414101]]

0.0 ~ 1.0 사이 3개의 실수를 랜덤으로 생성합니다.(uniform) :
 [[0.14967487 0.22232139 0.38648898]
 [0.90259848 0.44994999 0.61306346]

[0.90234858 0.09928035 0.96980907]]
0.0 ~ 1.0 사이 3개의 실수를 랜덤으로 생성합니다.(rand) :

 [[0.65314004 0.17090959 0.35815217]

 [0.75068614 0.60783067 0.32504723]

 [0.03842543 0.63427406 0.95894927]]
정규분포의 난수 생성(평균이 0이고 표준편차가 1인 난수 생성,standard_normal) :

 [[1.08963016 1.25441407 1.41910204]

 [-0.74385608 -2.5174371 -1.50709602]

 [1.14907613 -1.19357825 1.14104245]]
정규분포의 난수 생성(평균이 0이고 표준편차가 1인 난수 생성,normal) :

 [[1.50944508 1.06777513 -0.68658948]

 [0.01487332 -0.3756659 -0.03822364]

 [0.36797447 -0.0447237 -0.30237513]]
정규분포의 난수 생성(평균이 0이고 표준편차가 1인 난수 생성,randn) :

 [[-2.2244036   0.72400636 0.35900276]

 [1.07612104 0.19214083 0.85292596]

 [0.01835718 0.42830357 0.99627783]]
1 ~ 3 사이에서 랜덤하게 샘플을 선택합니다. : [3 1 3]
shuffle 함수로 무작위로 섞음: [1, 2, 5, 3, 4]

7.6 정렬

sort( ), argsort( ) 함수를 사용해서 N차원의 데이터 구조를 정렬할 수 있다. 다음의 소스코드를 보고 실제로 어떻게 사용할 수 있는지 확인하자.

정렬 - sort( ) 출력

```
1  # 난수를 생성기의 시드값에 따라 정해진 난수를 생성합니다.
2  np.random.seed(1)
3
4  # 표준편차가 1, 평균값이 0인 정규분포에서 랜덤으로 숫자를 결정합니다.
5  # 1차원입니다.
6  vector = np.random.randn(5)
7
8  print("1차원 배열 sort( ) 정렬 전: ", vector)
```

```
9  vector.sort()
10 print("1차원 배열 sort() 정렬 후: ", vector)
11
12 # 2차원입니다.
13 matrix_1 = np.random.randn(5, 5)
14 print("2차원 배열 sort() 정렬 전: \n", matrix_1)
15 matrix_1.sort()
16 print("2차원 배열 sort() 정렬 후: \n", matrix_1)
17
18 # 특정 축을 기준으로 정렬합니다.
19 matrix_2 = np.random.randn(5, 5)
20 print("2차원 배열 axis=0 축 기준 정렬 전: \n", matrix_2)
21 matrix_2.sort(axis=0)
22 print("2차원 배열 axis=0 축 기준 정렬 후: \n", matrix_2)
23
24 matrix_3 = np.random.randn(5, 5)
25 print("2차원 배열 axis=1 축 기준 징렬 전: \n", matrix_3)
26 matrix_3.sort(axis=1)
27 print("2차원 배열 axis=1 축 기준 정렬 후: \n", matrix_3)
28
29 # 첫 번째 행만 정렬합니다.
30 matrix_4 = np.random.randn(5, 5)
31 print("2차원 배열 첫 번째 행만 정렬 전: \n", matrix_4)
32 matrix_4[:,0].sort()
33 print("2차원 배열 첫 번째 행만 정렬 후: \n", matrix_4)
```

결과

1차원 배열 sort() 정렬 전: [1.62434536 −0.61175641 −0.52817175 −1.07296862 0.86540763]
1차원 배열 sort() 정렬 후: [−1.07296862 −0.61175641 −0.52817175 0.86540763 1.62434536]

2차원 배열 sort() 정렬 전:
 [[−2.3015387   1.74481176 −0.7612069   0.3190391 −0.24937038]
 [1.46210794 −2.06014071 −0.3224172 −0.38405435 1.13376944]
 [−1.09989127 −0.17242821 −0.87785842 0.04221375 0.58281521]
 [−1.10061918 1.14472371 0.90159072 0.50249434 0.90085595]
 [−0.68372786 −0.12289023 −0.93576943 −0.26788808 0.53035547]]

2차원 배열 sort( ) 정렬 후:

```
[[-2.3015387  -0.7612069  -0.24937038  0.3190391   1.74481176]
 [-2.06014071 -0.38405435 -0.3224172   1.13376944  1.46210794]
 [-1.09989127 -0.87785842 -0.17242821  0.04221375  0.58281521]
 [-1.10061918  0.50249434  0.90085595  0.90159072  1.14472371]
 [-0.93576943 -0.68372786 -0.26788808 -0.12289023  0.53035547]]
```

2차원 배열 axis=0 축 기준 정렬 전:

```
[[-0.69166075 -0.39675353 -0.6871727  -0.84520564 -0.67124613]
 [-0.0126646  -1.11731035  0.2344157   1.65980218  0.74204416]
 [-0.19183555 -0.88762896 -0.74715829  1.6924546   0.05080775]
 [-0.63699565  0.19091548  2.10025514  0.12015895  0.61720311]
 [ 0.30017032 -0.35224985 -1.1425182  -0.34934272 -0.20889423]]
```

2차원 배열 axis=0 축 기준 정렬 후:

```
[[-0.69166075 -1.11731035 -1.1425182  -0.84520564 -0.67124613]
 [-0.63699565 -0.88762896 -0.74715829 -0.34934272 -0.20889423]
 [-0.19183555 -0.39675353 -0.6871727   0.12015895  0.05080775]
 [-0.0126646  -0.35224985  0.2344157   1.65980218  0.61720311]
 [ 0.30017032  0.19091548  2.10025514  1.6924546   0.74204416]]
```

2차원 배열 axis=1 축 기준 정렬 전:

```
[[ 0.58662319  0.83898341  0.93110208  0.28558733  0.88514116]
 [-0.75439794  1.25286816  0.51292982 -0.29809284  0.48851815]
 [-0.07557171  1.13162939  1.51981682  2.18557541 -1.39649634]
 [-1.44411381 -0.50446586  0.16003707  0.87616892  0.31563495]
 [-2.02220122 -0.30620401  0.82797464  0.23009474  0.76201118]]
```

2차원 배열 axis=1 축 기준 정렬 후:

```
[[ 0.28558733  0.58662319  0.83898341  0.88514116  0.93110208]
 [-0.75439794 -0.29809284  0.48851815  0.51292982  1.25286816]
 [-1.39649634 -0.07557171  1.13162939  1.51981682  2.18557541]
 [-1.44411381 -0.50446586  0.16003707  0.31563495  0.87616892]
 [-2.02220122 -0.30620401  0.23009474  0.76201118  0.82797464]]
```

2차원 배열 첫 번째 행만 정렬 전:

```
[[-0.22232814 -0.20075807  0.18656139  0.41005165  0.19829972]
 [ 0.11900865 -0.67066229  0.37756379  0.12182127  1.12948391]
```

[1.19891788   0.18515642 −0.37528495 −0.63873041   0.42349435]

[0.07734007 −0.34385368   0.04359686 −0.62000084   0.69803203]

[−0.44712856   1.2245077   0.40349164   0.59357852 −1.09491185]]

2차원 배열 첫 번째 행만 정렬 후:

[[−0.44712856 −0.20075807   0.18656139   0.41005165   0.19829972]

[−0.22232814 −0.67066229   0.37756379   0.12182127   1.12948391]

[0.07734007   0.18515642 −0.37528495 −0.63873041   0.42349435]

[0.11900865 −0.34385368   0.04359686 −0.62000084   0.69803203]

[1.19891788   1.2245077   0.40349164   0.59357852 −1.09491185]]

주어진 하나 이상의 숫자(Key)를 기준으로 데이터를 정렬할 때는 argsort( )를 사용한다.

정렬 – argsort( ) 출력

```
1  np.random.seed(2)
2
3  # 2차원 배열을 생성합니다.
4  matrix = np.random.randn(5, 5)
5  print("랜덤으로 생성합니다.된 2차원 배열: \n", matrix)
6
7  # 기준이 되는 1차원 배열을 생성합니다.
8  vector = np.array([5, 3, 1, 2, 4])
9
10 # matrix 배열에 첫 번째 열에 vector 배열의 요소값을 넣어줍니다.
11 matrix[0] = vector
12 print("matrix 배열에 첫 번째 열에 vector 배열의 요소값 대입: \n", matrix)
13 print("argsort( )로 정렬된 배열: \n", matrix[:, matrix[0].argsort( )])
```

결과

랜덤으로 생성된 2차원 배열:

[[−0.41675785 −0.05626683 −2.1361961   1.64027081 −1.79343559]

[−0.84174737   0.50288142 −1.24528809 −1.05795222 −0.90900761]

[0.55145404   2.29220801   0.04153939 −1.11792545   0.53905832]

[−0.5961597   −0.0191305   1.17500122 −0.74787095   0.00902525]

[−0.87810789 −0.15643417   0.25657045 −0.98877905 −0.33882197]]

matrix 배열에 첫 번째 열에 vector 배열의 요소값 대입:

[[5.   3.   1.   2.   4.   ]

[−0.84174737   0.50288142 −1.24528809 −1.05795222 −0.90900761]

```
[ 0.55145404  2.29220801  0.04153939 −1.11792545  0.53905832]
[−0.5961597  −0.0191305   1.17500122 −0.74787095  0.00902525]
[−0.87810789 −0.15643417  0.25657045 −0.98877905 −0.33882197]]
```
argsort( )로 정렬된 배열:
```
[[ 1.          2.          3.          4.          5.        ]
[−1.24528809 −1.05795222  0.50288142 −0.90900761 −0.84174737]
[ 0.04153939 −1.11792545  2.29220801  0.53905832  0.55145404]
[ 1.17500122 −0.74787095 −0.0191305   0.00902525 −0.5961597 ]
[ 0.25657045 −0.98877905 −0.15643417 −0.33882197 −0.87810789]]
```

7.7   배열의 크기 바꾸기

배열의 크기를 바꾸기 위해 reshape( ) 함수를 사용한다. reshape( ) 함수는 딥러닝에서도 자주 사용된다. 실습을 통해 5 × 4 배열을 reshape( ) 함수를 통해 여러 모양으로 바꿔보자.

배열의 크기 바꾸기 reshape( ) 출력

```
1  # (5 , 4)
2  data = [[1, 2, 3, 4],
3          [5, 6, 7, 8],
4          [9 ,10, 11, 12],
5          [13, 14, 15, 16],
6          [17, 18, 19, 20]]
7
8  matrix = np.array(data)
9  print("matrix.shape: ", matrix.shape)
10
11 print("matrix.reshape(2,10): \n", matrix.reshape(2,10))
12
13 # 주의사항. 배열의 크기를 변경할 때 행과 열의 개수는 동일해야 합니다.
14 # 따라서 함수를 사용해서 크기를 먼저 확인합니다.
15 print("matrix.size: ", matrix.size)
16
17 # reshape 자주 사용되는 −1 매개변수는 해당하는 열의 개수에 맞게 변경해줍니다.
18 print("reshape(1, −1): \n", matrix.reshape(1, −1))
```

```
19 print("reshape(2, -1): \n", matrix.reshape(2, -1))
20 print("reshape(4, -1): \n", matrix.reshape(4, -1))
21 print("reshape(5, -1): \n", matrix.reshape(5, -1))
22
23 # 1차원 배열로 변경해줍니다.
24 print("reshape(-1): \n", matrix.reshape(-1))
```

결과

```
matrix.shape: (5, 4)
matrix.reshape(2,10):
 [[ 1  2  3  4  5  6  7  8  9 10]
 [11 12 13 14 15 16 17 18 19 20]]
matrix.size: 20
reshape(1, -1):
 [[ 1  2  3  4  5  6  7  8  9 10 11 12 13 14 15 16 17 18 19 20]]
reshape(2, -1):
 [[ 1  2  3  4  5  6  7  8  9 10]
 [11 12 13 14 15 16 17 18 19 20]]
reshape(4, -1):
 [[ 1  2  3  4  5]
 [ 6  7  8  9 10]
 [11 12 13 14 15]
 [16 17 18 19 20]]
reshape(5, -1):
 [[ 1  2  3  4]
 [ 5  6  7  8]
 [ 9 10 11 12]
 [13 14 15 16]
 [17 18 19 20]]
reshape(-1):
 [ 1  2  3  4  5  6  7  8  9 10 11 12 13 14 15 16 17 18 19 20]
```

7.8 벡터나 행렬 전치하기

벡터나 행렬을 전치하기 위해 transpose( ), T, swapaxes( ) 함수를 사용한다. 배열 전치는 데이터를 복사하지 않고 전치된 즉, 모양이 바뀐 뷰를 반환을 통해 보여준다. 5 × 4 배열을 만들어 실습을 통해 살펴보자.

벡터나 행렬 전치(transpose, swapaxes) 출력

```
1  # (5 , 4)
2  data = [[1, 2, 3, 4],
3          [5, 6, 7, 8],
4          [9 ,10, 11, 12],
5          [13, 14, 15, 16],
6          [17, 18, 19, 20]]
7
8  matrix = np.array(data)
9
10 print("matrix: \n", matrix)
11 print("matrix.T : \n", matrix.T)
12 print("matrix.transpose( ): \n", matrix.transpose( ))
13 print("np.transpose(matrix): \n", np.transpose(matrix))
14 print("matrix.swapaxes(0, 1): \n", matrix.swapaxes(0, 1))
15 print("np.swapaxes(matrix, 0, 1): \n", np.swapaxes(matrix, 0, 1))
16 print("matrix 데이터는 복사되지 않았습니다: \n", matrix)
```

결과

```
matrix:
 [[ 1  2  3  4]
 [ 5  6  7  8]
 [ 9 10 11 12]
 [13 14 15 16]
 [17 18 19 20]]
matrix.T :
 [[ 1  5  9 13 17]
 [ 2  6 10 14 18]
 [ 3  7 11 15 19]
 [ 4  8 12 16 20]]
```

```
matrix.transpose( ):
[[ 1  5  9 13 17]
 [ 2  6 10 14 18]
 [ 3  7 11 15 19]
 [ 4  8 12 16 20]]
np.transpose(matrix):
[[ 1  5  9 13 17]
 [ 2  6 10 14 18]
 [ 3  7 11 15 19]
 [ 4  8 12 16 20]]
matrix.swapaxes(0, 1):
[[ 1  5  9 13 17]
 [ 2  6 10 14 18]
 [ 3  7 11 15 19]
 [ 4  8 12 16 20]]
np.swapaxes(matrix, 0, 1):
[[ 1  5  9 13 17]
 [ 2  6 10 14 18]
 [ 3  7 11 15 19]
 [ 4  8 12 16 20]]
matrix 데이터는 복사되지 않았습니다:
[[ 1  2  3  4]
 [ 5  6  7  8]
 [ 9 10 11 12]
 [13 14 15 16]
 [17 18 19 20]]
```

7.9 행렬 펼치기

flatten( ) 함수를 사용해서 행렬을 1차원 배열로 손쉽게 구조를 변경할 수 있다. flatten( ) 함수는 classification에서 배열을 1차원으로 구조를 변경할 때 자주 사용한다.

flatten(행렬 펼치기) 출력

```
1  # (5 , 4) 구조
2  data = [[1, 2, 3, 4],
3          [5, 6, 7, 8],
4          [9 ,10, 11, 12],
5          [13, 14, 15, 16],
6          [17, 18, 19, 20]]
7
8  matrix = np.array(data)
9
10 print(matrix.shape)
11 print(matrix.flatten( ))
12
13 # flatten( ) 함수를 사용해도 matrix 2차원 배열 자체는 변화가 없습니다.
14 print(matrix)
15
16 # flatten( ) 함수를 사용하면 1차원 배열로 변경됩니다.
17 vec_flatten = matrix.flatten( )
18 print(vec_flatten.ndim)
19 print(vec_flatten)
```

결과

```
(5, 4)
[ 1  2  3  4  5  6  7  8  9 10 11 12 13 14 15 16 17 18 19 20]
[[ 1  2  3  4]
 [ 5  6  7  8]
 [ 9 10 11 12]
 [13 14 15 16]
 [17 18 19 20]]
1
[ 1  2  3  4  5  6  7  8  9 10 11 12 13 14 15 16 17 18 19 20]
```

7.10 산술 연산 및 선형대수

행렬의 곱셈, 분할 행렬식 등에 대해 살펴보자. 산술 연산은 각각의 요소값을 기준으로 계산된다.

산술 연산 및 선형대수 ① 출력

```
1  # (3, 3)
2  matrix_1 = np.array([[1, 2, 3],
3                       [4, 5, 6],
4                       [7, 8, 9]])
5
6  matrix_2 = np.array([[2, 4, 6],
7                       [8, 10, 12],
8                       [14, 16, 18]])
9
10 # 2차원 배열에 사칙 연산을 계산합니다.
11 print(matrix_1 + 2)
12 print(matrix_1 - 2)
13 print(matrix_1 / 2)
14 print(matrix_1 * 2)
15
16 # 2차원 배열끼리 사칙 연산을 계산합니다.
17 print(matrix_1 + matrix_2)
18 print(matrix_1 - matrix_2)
19 print(matrix_1 / matrix_2)
20 print(matrix_1 * matrix_2)
```

결과

```
[[ 3  4  5]
 [ 6  7  8]
 [ 9 10 11]]
[[-1  0  1]
 [ 2  3  4]
 [ 5  6  7]]
[[0.5 1.  1.5]
 [2.  2.5 3. ]
 [3.5 4.  4.5]]
```

```
[[ 2  4  6]
 [ 8 10 12]
 [14 16 18]]
[[ 3  6  9]
 [12 15 18]
 [21 24 27]]
[[-1 -2 -3]
 [-4 -5 -6]
 [-7 -8 -9]]
[[0.5 0.5 0.5]
 [0.5 0.5 0.5]
 [0.5 0.5 0.5]]
[[  2   8  18]
 [ 32  50  72]
 [ 98 128 162]]
```

산술 연산을 위한 함수 add( ), subtract( )를 사용해보고, 2차원 행렬의 요소값을 곱하지 않고 dot( ) 함수를 통해 행렬 곱셈을 배워보자.

산술 연산 및 선형대수 ② 출력

```
1  # (3, 3)
2  matrix_1 = np.array([[1, 2, 3],
3                       [4, 5, 6],
4                       [7, 8, 9]])
5
6  matrix_2 = np.array([[2, 4, 6],
7                       [8, 10, 12],
8                       [14, 16, 18]])
9
10 # (3, 0)의 벡터를 더하는 경우입니다.
11 print(matrix_1 + [10, 10, 10])
12
13 # (3 , 1)의 벡터를 더하는 경우입니다.
14 print(matrix_1 + [[10], [10], [10]])
15
16
```

```
17  # 행렬의 덧셈과 뺄셈입니다.
18  # add와 subtract 함수를 사용합니다.
19  print(np.add(matrix_1, matrix_2))
20  print(np.subtract(matrix_1, matrix_2))
21
22  # 행렬의 곱셈입니다.
23  # dot 함수를 사용합니다.
24  print(np.dot(matrix_1, matrix_2))
25
26  # @ 연산자 사용은 파이썬 3.5 이상 버전 가능합니다.
27  print(matrix_1 @ matrix_2)
```

결과

```
(3, 3)
[[11 12 13]
 [14 15 16]
 [17 18 19]]
[[11 12 13]
 [14 15 16]
 [17 18 19]]
[[ 3  6  9]
 [12 15 18]
 [21 24 27]]
[[-1 -2 -3]
 [-4 -5 -6]
 [-7 -8 -9]]
[[ 60  72  84]
 [132 162 192]
 [204 252 300]]
[[ 60  72  84]
 [132 162 192]
 [204 252 300]]
```

7.11 불리언

배열 간의 비교 연산은 불리언 값(True, False)으로 반환한다.

7.11.1 배열 간의 비교 연산

반환된 불리언 배열은 요소값을 찾기 위한 색인으로 사용해서 원하는 값들을 확인할 수 있다.

배열 간의 비교 연산 출력

```
1  # (3, 3)
2  matrix_1 = np.array([[1, 4, 13],
3                       [4, 5, 16],
4                       [7, 16, 19]])
5
6  matrix_2 = np.array([[1, 4, 6],
7                       [8, 5, 12],
8                       [14, 16, 9]])
9  # 배열 간의 비교 연산입니다.
10 print(matrix_1 > matrix_2)
11 print(matrix_1 >= matrix_2)
12 print(matrix_1 == matrix_2)
13 print(matrix_1 != matrix_2)
14 print(matrix_1 < matrix_2)
15 print(matrix_1 <= matrix_2)
16
17 # 반환된 불리언 배열을 인덱스로 하여 해당 요소값을 확인합니다.
18 print(matrix_1[matrix_1 > matrix_2])
19 print(matrix_1[matrix_1 >= matrix_2])
20 print(matrix_1[matrix_1 == matrix_2])
21 print(matrix_1[matrix_1 != matrix_2])
22 print(matrix_1[matrix_1 < matrix_2])
23 print(matrix_1[matrix_1 <= matrix_2])
```

```
[[False False  True]
 [False False  True]
 [False False  True]]
[[ True  True  True]
 [False  True  True]
 [False  True  True]]
[[ True  True False]
 [False  True False]
 [False  True False]]
[[False False  True]
 [ True False  True]
 [ True False  True]]
[[False False False]
 [ True False False]
 [ True False False]]
[[ True  True False]
 [ True  True False]
 [ True  True False]]
[13 16 19]
[ 1  4 13  5 16 16 19]
[ 1  4  5 16]
[13  4 16  7 19]
[4  7]
[ 1  4  4  5  7 16]
```

결과에서 확인한 바와 같이 인덱싱하려는 배열의 크기가 동일해야 한다.

7.11.2 불리언 값으로 인덱싱

몸무게가 70kg 이상인 남자들을 불리언 값으로 인덱싱해보자.

불리언(Boolean) 값으로 인덱싱 출력

```
1  # (10, )
2  # 1차원 배열을 만듭니다.
3  vector_1 = np.array([70, 71.3, 72.1, 73, 68, 59, 55, 66, 60, 80])
```

```
4   vector_2 = np.array(["하준", "도윤", "준우", "지호", "제균", "시우", "주원", "민준", "지현", "봉기"])

5

6   # True, False로 값들을 리턴합니다.

7   result_bool = vector_1 > 70

8   print(result_bool)

9

10  # 리턴된 True, False 값을 인덱스 값으로 데이터를 조회합니다.

11  print(vector_2[result_bool])
```

결과

```
[False True True True False False False False False True]
['도윤' '준우' '지호' '봉기']
```

판다스는 데이터 분석에 있어서 가장 많이 사용하는 파이썬 라이브러리 중 하나이다. 데이터를 분석할 때 넘파이, 판다스로 데이터를 가공한 후 분석 라이브러리인 statsmodels(통계 분석에서 사용), 사이킷런(머신러닝에서 사용)을 활용해 시각화하는 것이 일반적이다.

넘파이와는 달리 판다스는 2차원의 표 형식 행(Row) × 열(Column)로 데이터를 다루기 때문에 좀 더 편리하게 사용할 수 있는, 데이터 분석을 위한 핵심 라이브러리이다. 판다스는 내용이 너무나 방대하기 때문에 해당 기능을 전부 설명하려면 책 한 권 정도의 분량이 필요하다. 따라서 여기서는 판다스의 핵심인 데이터프레임(DataFrame), 시리즈(Series)와 같은 핵심 객체를 배운다. 데이터를 분석하는 대부분의 시간을 데이터 핸들링에 사용하기 때문에 판다스를 잘 익혀두면 데이터 분석에 큰 도움이 된다.

판다스는 넘파이를 기반으로 만들어진 라이브러리로 데이터프레임이라는 효율적인 자료 구조를 지원한다. 데이터를 가공하고 처리할 수 있기 때문에 넘파이보다 다차원의 데이터를 핸들링하기 더 효율적이다. 판다스는 csv 등과 같이 여러 데이터를 import하여 데이터프레임으로 로딩해서 처리할 수 있다.

그림 2-35 판다스(Pandas)

[출처:https://pandas.pydata.org/]

8.1 시리즈

시리즈(Series)는 객체를 담을 수 있는 1차원 배열 같은 자료 구조를 가지고 있다. 인덱스를 키 (key) 값으로 갖는다. 인덱스는 데이터를 고유하게 식별하는 키(key)이다.

8.1.1 시리즈 생성

1차원 배열 타입으로 시리즈를 다음과 같이 생성할 수 있다.

시리즈 - 생성하기 출력

```
1  # 판다스 모듈을 불러옵니다.
2  import pandas as pd
3
4  # 인덱스 값을 따로 지정하지 않은 경우입니다.
5  series_list_1 = pd.Series([1,3,5,7,9])
6  print(series_list_1)
7  print(series_list_1.index)
8  print(series_list_1.values)
9
10 # 인덱스 값을 따로 지정한 경우입니다.
11 series_list_2 = pd.Series([2,4,6,8,10], index=['a','b','c','d','e'])
12 print(series_list_2)
13 print(series_list_2.index)
14 print(series_list_2.values)
```

결과

```
0    1
1    3
2    5
3    7
4    9
dtype: int64
RangeIndex(start=0, stop=5, step=1)
[1 3 5 7 9]
a    2
b    4
```

```
c    6
d    8
e   10
dtype: int64
Index(['a', 'b', 'c', 'd', 'e'], dtype='object')
[ 2  4  6  8 10]
```

왼쪽에 인덱스 즉, 키(Key) 값을 보여주고 오른쪽에 해당하는 키(Key)의 요소값을 보여준다. 기본적으로 인덱스를 따로 지정하지 않을 경우 0부터 설정된다.

index, values 함수를 통해서 인덱스, 요소값을 확인할 수 있다. 또한, 딕셔너리 타입으로도 선언할 수 있다.

시리즈 – 생성하기(딕셔너리) 출력

```
1  # 딕셔너리 자료형으로 Series 객체를 생성합니다.
2  dict_data = {'치킨': 16000, '피자': 20000, '햄버거': 10000, '탕수육': 25000}
3
4  series_list_a = pd.Series(dict_data)
5  print(series_list_a)
6
7  # 리스트 타입으로 인덱스 값을 지정합니다.
8  delivery_foods = ['치킨','피자', '탕수육','짜장면']
9  series_list_b = pd.Series(dict_data, index=delivery_foods)
10 print(series_list_b)
```

결과

```
치킨      16000
피자      20000
햄버거     10000
탕수육     25000
dtype: int64
치킨      16000.0
피자      20000.0
탕수육     25000.0
짜장면     NaN
dtype: float64
```

결과를 보면 delivery_foods에 있는 값 중 '짜장면'에 대한 값은 NaN(Not a Number)으로 표시된다. 판다스에서는 누락된 값을 NaN으로 취급한다. 시리즈라는 자료형이 있다는 것과 인덱스로 요소값에 접근할 수 있다는 정도로 이해하고 넘어가자. 실질적으로 시리즈보다는 데이터프레임으로 데이터 핸들링을 더 자주 한다.

8.1.2 단일 값 및 여러 값 선택

생성된 시리즈 타입의 인덱스를 사용해서 해당하는 요소값을 선택해보자.

시리즈 – 단일 값 및 여러 값 선택 출력

```
1  # 단일 값을 찾습니다.
2  print(series_list_a['치킨'])
3
4  # 여러 값을 찾습니다.
5  print(series_list_a[['치킨','햄버거']])
6
7  # 조건에 해당하는 값을 찾습니다.
8  print(series_list_a[series_list_a > 19000])
9
10 # 인덱스 유무를 확인합니다.
11 print('치킨' in series_list_a)
```

결과

```
16000
치킨      16000
햄버거     10000
dtype: int64
피자      20000
탕수육     25000
dtype: int64
True
```

인덱스를 활용해 해당 값부터 조건을 사용해서 원하는 값을 확인할 수 있다.

8.2 데이터프레임

시리즈가 인덱스를 가지는 1차원 배열이었다면, 데이터프레임(DataFrame)은 '행(Row)×열(Column)'로 구성된 2차원의 표 형식으로 데이터를 다루기 때문에 훨씬 더 쉽게 데이터를 핸들링할 수 있다(데이터베이스의 테이블, 엑셀 스프레드시트 형식과 유사하다).

그림 2-36 네이터프레임의 구조

열(Column)

행(Index)

	Sex	Age	Name
0	M	21	Jihyun
1	M	25	Kyoungrok
2	W	23	Mina
3	W	20	Minseon

데이터프레임을 만드는 방법은 다양하기 때문에 가장 기본적인 형태부터 자주 사용되는 csv 파일을 불러오는 방법까지 배워보자.

데이터프레임 – 만들기(개별적으로 만들기)

```
# 판다스 모듈을 불러옵니다.
import pandas as pd

# 비어 있는 DataFrame에 개별적으로 만듭니다.
df_profile = pd.DataFrame()

df_profile['Sex'] = ['M','M','W','W']
df_profile['Age'] = [21,25,23,20]
df_profile['Name'] = ['Jihyun', 'Kyoungrok', 'Mina','Minseon']

df_profile
```

그림 2-37 실행 결과

	Sex	Age	Name
0	M	21	Jihyun
1	M	25	Kyoungrok
2	W	23	Mina
3	W	20	Minseon

데이터프레임 – 만들기(list, ndarray) 출력

```
1  import numpy as np
2
3  # 리스트로 컬럼을 지정합니다.
4  list_col = ['Sex', 'Age', 'Name']
5
6  # 3 × 3, 2차원 리스트를 생성합니다.
7  list_a = [['M', 21, 'Jihyun'],
8            ['M', 25, 'Kyoungrok'],
9            ['W', 23, 'Mina']]
10
11 # ndarray를 생성합니다.
12 array_a = np.array(list_a)
13
14 # 리스트로 Data Frame 만듭니다.
15 df_list = pd.DataFrame(list_a, columns=list_col)
16
17 # ndarray로 data frame 만듭니다.
18 df_array = pd.DataFrame(array_a, columns=list_col)
19
20 print(df_list)
21 print(df_array)
22 print(df_list.shape, df_array.shape)
```

```
   Sex  Age  Name
0  M    21   Jihyun
1  M    25   Kyoungrok
```

```
2        W        23        Mina
         Sex      Age       Name
0        M        21        Jihyun
1        M        25        Kyoungrok
2        W        23        Mina

(3, 3) (3, 3)
```

데이터 핸들링을 할 때 데이터프레임을 개별적으로 자주 만들지는 않지만, 필요한 경우 예시와 같이 개별적으로 데이터프레임에 추가하는 방법으로 사용한다. 주피터 노트북을 사용해서 코드를 실행한 경우, 브라우저에서 좀 더 보기 좋은 표 형태로 출력된다. 딕셔너리를 활용하면 개별적으로 만드는 것보다 이해가 쉽다.

데이터프레임 – 만들기(딕셔너리를 활용)

```
1  # 딕셔너리를 활용하여 Data Frame을 만듭니다.
2  data_dic = {'category': ['fried-chicken', 'pizza', 'hamburg', 'ramen', 'jjajangmyeon'],
3              'price': [20000, 16000, 5000, 4000, 8000],
4              'size': [10, 8, 1, 1, 1]}
5  df_food_delivery = pd.DataFrame(data_dic)
6  df_food_delivery
```

결과

그림 2-38 실행 결과

	category	price	size
0	fried-chicken	20000	10
1	pizza	16000	8
2	hamburg	5000	1
3	ramen	4000	1
4	jjajangmyeon	8000	1

반대로 데이트프레임을 넘파이 ndarray, 리스트, 딕셔너리로 변환 가능하다. 머신러닝, 딥러닝의 라이브러리의 경우 넘파이 배열을 사용한다.

데이터프레임을 리스트, 넘파이 ndarray, 딕셔너리로 변환 출력

```
1   # Data Frame을 리스트로 변환합니다.
2   df_to_list = df_devery_foods.values.tolist()
3   print(type(df_to_list))
4
5   # Data Frame을 넘파이 ndarray로 변환합니다.
6   df_to_ndarray = df_devery_foods.values
7   print(type(df_to_ndarray))
8
9   # Data Frame을 딕셔너리로 변환합니다.
10  df_to_dic = df_devery_foods.to_dict('list')
11  print(type(df_to_dic))
12
13  print(df_to_list, "\n")
14  print(df_to_ndarray, "\n")
15  print(df_to_dic, "\n")
```

결과

```
<class 'list'>
<class 'numpy.ndarray'>
<class 'dict'>
[['fried-chicken', 20000, 10], ['pizza', 16000, 8], ['hamburg', 5000, 1], ['ramen', 4000, 1],
['jjajangmyeon', 8000, 1]]

[['fried-chicken' 20000 10]
 ['pizza' 16000 8]
 ['hamburg' 5000 1]
 ['ramen' 4000 1]
 ['jjajangmyeon' 8000 1]]

{'category': ['fried-chicken', 'pizza', 'hamburg', 'ramen', 'jjajangmyeon'], 'price': [20000,
16000, 5000, 4000, 8000], 'size': [10, 8, 1, 1, 1]}
```

8.3 　 실습

Kaggle, 'Spotify global 2019 most-streamed tacks'에서 csv 파일을 다운로드 받는다. 스포티파이 (Spotify)는 세계 1위 음원 스트리밍 업체이다. 우선 캐글(`https://www.kaggle.com/`)로 이동한다(회원 가입을 하지 않았다면 회원 가입부터 진행한다). 오른쪽 상단에 있는 [Search]를 클릭한다.

그림 2-39 캐글(kaggle)

클릭한 뒤 **'Spotify global 2019 most-streamed tracks**를 검색하고 Enter 를 누른다.

그림 2-40 검색 – Spotify global 2019 most-streamed tracks

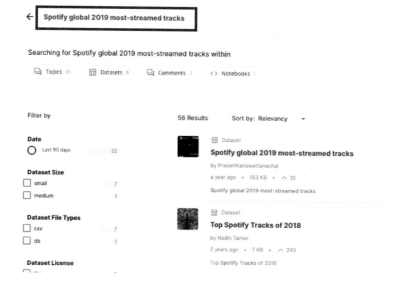

[Download]를 누른다(로그인 한 상태에서 [Download]를 누르면 정상적으로 다운로드 된다).

그림 2-41 다운로드 - Spotify global 2019 most-streamed tracks

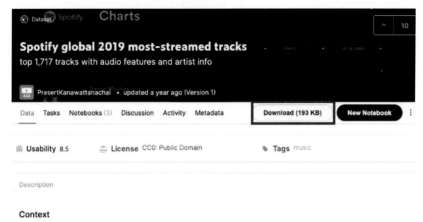

(URL: https://www.kaggle.com/prasertk/spotify-global-2019-moststreamed-tracks)

현재 코드를 실행하고 있는 장소에서 새로운 폴더 '**data**'를 만들고 해당 data 폴더에 압축을 푼다. csv 파일을 읽어오기 위해서는 지정된 경로(filepath) 즉, 파일 경로가 가장 중요하다.

csv 파일을 읽어오기 전 csv 파일을 열어 구분이 어떻게 되어 있는지 살펴보자. 에디터 프로그램(EditPlus, Atom, Visual Studio Code, PyCharm 등)으로 쉽게 확인할 수 있다.

그림 2-42 CSV 파일 | Spotify global 2019 most-streamed tracks

```
spotify_global_2019_most_streamed_tracks_audio_features.csv
1    Country,Rank,Track_id,Streams,Track Name,Artist,URL,acousticness,danceability,energy,in
2    global,1.0,25sgk305KZfyuqVBQIahim,1166185736,Sweet but Psycho,Ava Max,https://open.spoti
3    global,2.0,2Fxmhks0bxGSBdJ92vM42m,1052358787,bad guy,Billie Eilish,https://open.spotify.
4    global,3.0,6ocbgoVGwYJhOv1GgI9NsF,789094044,7 rings,Ariana Grande,https://open.spotify.c
5    global,4.0,1rgnBhdG2JDFTbYkYRZAku,764208309,Dance Monkey,Tones and I,https://open.spoti
6    global,5.0,6v3KW9xbzN5yKLt9YKDYA2,763064359,Señorita,Shawn Mendes,https://open.spotify.c
7    global,6.0,5w9c2J52mkdntKOmRLeM2m,715027898,Con Calma,Daddy Yankee,https://open.spotify.
8    global,7.0,2VxeLyX666F8uXCJ0dZF8B,714097238,Shallow,Lady Gaga,https://open.spotify.com/t
9    global,8.0,7qEHsqek33rTcFNT9PFqLf,661930419,Someone You Loved,Lewis Capaldi,https://open
10   global,9.0,2dpaYNEQHiRxtZbfNsse99,620829467,Happier,Marshmello,https://open.spotify.com/
11   global,10.0,6MWtB6iiXyIwun0YzU6DFP,615519053,Wow.,Post Malone,https://open.spotify.com/t
12   global,11.0,5p7ujcrUXASCNwRaWNHR1C,605653817,Without Me,Halsey,https://open.spotify.com/
13   global,12.0,5iwz1NiezX7WWjnCgY5TH4,591435651,Calma - Remix,Pedro Capó,https://open.spoti
14   global,13.0,6Qs4SX09dwPj5GKvVOv8Ki,560659214,Dancing With A Stranger (with Normani),Sam
15   global,14.0,6vBdBCoOhKHiYDDOcorfNo,501130662,Goodbyes (Feat. Young Thug),Post Malone,htt
16   global,15.0,70eFcWOvlMObDhURTqT4Fv,499741532,Beautiful People (feat. Khalid),Ed Sheeran,
17   global,16.0,6u7jPi22kF8CTQ3rb9DHE7,490147372,Old Town Road (feat. Billy Ray Cyrus) - Rem
18   global,17.0,2ksOAxtIxY8yElEWw8RhgK,486837636,China,Anuel AA,https://open.spotify.com/tra
19   global,18.0,2TH65lNHgvLxCKXM3apjxI,478232047,Callaita,Bad Bunny,https://open.spotify.com
20   global,19.0,2JvzF1RMd7lE3KmFlsyZD8,471425764,MIDDLE CHILD,J. Cole,https://open.spotify.c
```

다운로드 받은 csv 파일은 콤마(,)로 구분되어 있어 read_csv( ) 함수를 이용할 때 read_csv(경로&파일명.csv)로 사용한다. csv 파일이 탭(\t)으로 구분된 경우 read_csv('경로&파일명.csv', sep='\t')로 사용해야 한다.

데이터프레임 – 만들기(CSV 파일)

```
1  # csv 파일을 불러와서 만듭니다.
2  # csv 파일을 불러와서 df_spotify 데이터프레임에 담습니다.
3  df_spotify = pd.read_csv('data/spotify_global_2019_most_streamed_tracks_audio_
4                           features.csv')
5  df_spotify
```

결과

그림 2-43 실행 결과

	Country	Rank	Track_id	Streams	Track Name	Artist	
0	global	1.0	25sgk305KZfyuqVBQIahim	1166185736	Sweet but Psycho	Ava Max	https://open.spotify.com/track/25sgk305K
1	global	2.0	2Fxmhks0bxGSBdJ92vM42m	1052358787	bad guy	Billie Eilish	https://open.spotify.com/track/2Fxmhks0bx
2	global	3.0	6ocbgoVGwYJhOv1GgI9NsF	789094044	7 rings	Ariana Grande	https://open.spotify.com/track/6ocbgoVGwY
3	global	4.0	1rgnBhdG2JDFTbYkYRZAku	764208309	Dance Monkey	Tones and I	https://open.spotify.com/track/1rgnBhdG2J
4	global	5.0	6v3KW9xbzN5yKLt9YKDYA2	763064359	Señorita	Shawn Mendes	https://open.spotify.com/track/6v3KW9xbzN
...	...	...	...	...	...	...	
1712	global	1713.0	27SdWb2rFzO6GWiYDBTD9j	554971	Cheap Thrills	Sia	https://open.spotify.com/track/27SdWb2rFzC
1713	global	1714.0	0kLA41xkWzzYzMlEGFuDkP	544655	HaifischNikez Allstars	LX	https://open.spotify.com/track/0kLA41xkWz
1714	global	1715.0	79hJaqmVdohltPBNN6BULM	536886	Stayin' Alive - From "Saturday Night Fever" So...	Bee Gees	https://open.spotify.com/track/79hJaqmVdi
1715	global	1716.0	7rLegaz7zKB6EtDNzcsIKE	536447	Medley da Gaiola - Dennis DJ Remix	MC Kevin o Chris	https://open.spotify.com/track/7rLegaz7zK
1716	global	1717.0	0kCqaybZgYcLYxzZymmBoc	524230	Quem Pegou, Pegou - Ao Vivo	Henrique & Juliano	https://open.spotify.com/track/0kCqaybZgY

1717 rows × 24 columns

행이 많은 데이터프레임을 다룰 경우 전체 데이터셋을 다 보여주지 않는다. 주로 큰 데이터프레임을 다룰 때는 head( ) 함수를 사용해 상위 5개 행만 출력해서 볼 수 있다.

```
1  # 상위 5개 행(row)을 출력합니다.
2  df_spotify.head()
```

결과

그림 2-44 실행 결과

	Country	Rank	Track_id	Streams	Track Name	Artist	URL
0	global	1.0	25sgk305KZfyuqVBQlahim	1166185736	Sweet but Psycho	Ava Max	https://open.spotify.com/track/25sgk305KZfyuqV...
1	global	2.0	2Fxmhks0bxGSBdJ92vM42m	1052358787	bad guy	Billie Eilish	https://open.spotify.com/track/2Fxmhks0bxGSBdJ...
2	global	3.0	6ocbgoVGwYJhOv1Ggl9NsF	789094044	7 rings	Ariana Grande	https://open.spotify.com/track/6ocbgoVGwYJhOv1...
3	global	4.0	1rgnBhdG2JDFTbYkYRZAku	764208309	Dance Monkey	Tones and I	https://open.spotify.com/track/1rgnBhdG2JDFTbY...
4	global	5.0	6v3KW9xbzN5yKLt9YKDYA2	763064359	Señorita	Shawn Mendes	https://open.spotify.com/track/6v3KW9xbzN5yKLt...

5 rows × 24 columns

판다스는 csv 파일 이외에도 여러 포맷으로 된 파일을 읽을 수 있다. 대표적으로 read_csv( ), read_excel( ), read_html( ), read_json( ), read_sas( ), read_sql( )가 있다.

head( ) 함수를 사용해서 5개의 행 값만 확인했을 때 인덱스가 0부터 시작하는 것을 알 수 있다. 디폴트 값은 5개다. head(원하는 숫자)를 입력하면 입력한 숫자만큼 행을 보여준다.

pd.read_csv( ) 함수로 csv 파일을 읽어 들여 df_spotify라는 이름을 가진 데이터프레임 객체에 반환했다. df_spotify 데이터 값들을 살펴보자.

· head( ): 행을 출력한다.
· index( ): 인덱스의 시작과 끝을 출력한다.
· columns: 컬럼을 출력한다.
· values: 데이터프레임의 값들을 보여준다.
· shape: 데이터프레임의 형태를 보여준다.
· info( ): 인덱스, 컬럼별 총 데이터 건수, Null 건수, 자료형을 보여준다.
· describe( ): 컬럼별 수치형 자료의 총 건수, 중간값, 평균값, 최대값, 최소값, 25~75퍼센트의 값을 보여준다.

```
1  print(df_spotify.index, "\n")

2  print("————————————")

3  print(df_spotify.columns,"\n")

4  print("————————————")

5  print(df_spotify.values,"\n")

6  print("————————————")

7  print(df_spotify.shape,"\n")

8  print("————————————")

9  print(df_spotify.info(),"\n")

10 print("————————————")
```

결과

```
RangeIndex(start=0, stop=1717, step=1)


————————————

Index(['Country', 'Rank', 'Track_id', 'Streams', 'Track Name', 'Artist', 'URL',
       'acousticness', 'danceability', 'energy', 'instrumentalness',
       'liveness', 'loudness', 'speechiness', 'valence', 'tempo',
       'time_signature', 'duration_ms', 'key', 'mode', 'Artist_id',
       'Artist_popularity', 'Artist_follower', 'Artist_img'],
       dtype='object')


————————————

[['global' 1.0 '25sgk305KZfyuqVBQIahim' ... 87 1025358
  'https://i.scdn.co/image/4b914c6470c8458674538afe1b90b8ce4e777e96']
 ['global' 2.0 '2Fxmhks0bxGSBdJ92vM42m' ... 98 18867904
  'https://i.scdn.co/image/2622edec99d68d1d141886be593c88cbe509f6d8']
 ['global' 3.0 '6ocbgoVGwYJhOv1GgI9NsF' ... 97 40958727
  'https://i.scdn.co/image/b1dfbe843b0b9f54ab2e588f33e7637d2dab065a']
 ...
 ['global' 1715.0 '79hJaqmVdohltPBNN6BULM' ... 79 2834719
  'https://i.scdn.co/image/1d5a05673975ba0c378cd280344e000b0b865620']
 ['global' 1716.0 '7rLegaz7zKB6EtDNzcslKE' ... 84 1139072
  'https://i.scdn.co/image/984dfbcdcf7880b022478b4433ae006b2a108b03']
 ['global' 1717.0 '0kCqaybZgYcLYxzZymmBoc' ... 84 9577443
  'https://i.scdn.co/image/f9e65e111cbb16276d2c27dcdd5b8759b23f6d10']]
```

```
——————————————
(1717, 24)


——————————————
<class 'pandas.core.frame.DataFrame'>
RangeIndex: 1717 entries, 0 to 1716
Data columns (total 24 columns):
Country              1717 non-null object
Rank                 1717 non-null float64
Track_id             1717 non-null object
Streams              1717 non-null int64
Track Name           1717 non-null object
Artist               1717 non-null object
URL                  1717 non-null object
acousticness         1717 non-null float64
danceability         1717 non-null float64
energy               1717 non-null float64
instrumentalness     1717 non-null float64
liveness             1717 non-null float64
loudness             1717 non-null float64
speechiness          1717 non-null float64
valence              1717 non-null float64
tempo                1717 non-null float64
time_signature       1717 non-null int64
duration_ms          1717 non-null int64
key                  1717 non-null int64
mode                 1717 non-null int64
Artist_id            1717 non-null object
Artist_popularity    1717 non-null int64
Artist_follower      1717 non-null int64
Artist_img           1717 non-null object
dtypes: float64(10), int64(7), object(7)
memory usage: 322.1+ KB
None


——————————————
```

```
1  df_spotify.describe()
```

그림 2-45 실행 결과

	Rank	Streams	acousticness	danceability	energy	instrumentalness	liveness	loudness	speech
count	1717.000000	1.717000e+03	1717.000000	1717.000000	1717.000000	1717.000000	1717.000000	1717.000000	1717.00
mean	859.000000	5.166175e+07	0.257652	0.675438	0.624354	0.014577	0.174317	-6.477624	0.12
std	495.799523	1.047532e+08	0.256975	0.154163	0.172298	0.085988	0.135992	2.777252	0.11
min	1.000000	5.242300e+05	0.000037	0.151000	0.013700	0.000000	0.019700	-25.166000	0.02
25%	430.000000	1.763026e+06	0.051900	0.584000	0.525000	0.000000	0.097200	-7.595000	0.04
50%	859.000000	9.623926e+06	0.171000	0.694000	0.646000	0.000000	0.123000	-5.991000	0.08
75%	1288.000000	4.829352e+07	0.385000	0.787000	0.747000	0.000022	0.198000	-4.696000	0.18
max	1717.000000	1.166186e+09	0.979000	0.974000	0.978000	0.956000	0.959000	-1.339000	0.85

기본적으로 데이터프레임을 head()로 불러오고 위에 함수들을 사용해서 데이터 구조를 살펴보는 것이 데이터 분석의 기본 단계라고 할 수 있다.

8.4   인덱싱, 슬라이싱, 불리언

기존에 배웠던 인덱싱과 슬라이싱 기법 또한 데이터프레임의 데이터 구조에서 사용 가능하다. 'Artist' 컬럼을 확인해보자.

```
1  df_spotify['Artist']
```

```
0          Ava Max
1          Billie Eilish
2          Ariana Grande
3          Tones and I
4          Shawn Mendes
          ...
1712       Sia
1713       LX
1714       Bee Gees
1715       MC Kevin o Chris
```

```
1716        Henrique & Juliano
Name: Artist, Length: 1717, dtype: object
```

왼쪽은 인덱스, 오른쪽은 인덱스에 해당하는 요소값들이 출력되는 것을 확인할 수 있다. 또한, DataFrame[컬럼명]의 경우 시리즈 타입으로 반환해준다.

```
1  # DataFrame['컬럼명']의 경우 Series 타입으로 반환합니다.
2  print(type(df_spotify['Artist']))
```

결과

```
<class 'pandas.core.series.Series'>
```

```
1  df_spotify[['Rank','Artist']]
```

결과

그림 2-46 실행 결과

	Rank	Artist
0	1.0	Ava Max
1	2.0	Billie Eilish
2	3.0	Ariana Grande
3	4.0	Tones and I
4	5.0	Shawn Mendes
...	...	...
1712	1713.0	Sia
1713	1714.0	LX
1714	1715.0	Bee Gees
1715	1716.0	MC Kevin o Chris
1716	1717.0	Henrique & Juliano

1717 rows × 2 columns

데이터프레임에서는 'Rank', 'Artist' 두 컬럼뿐 아니라 그 이상 원하는 만큼 선택해서 볼 수 있다.

```
1  # 1개의 컬럼값입니다.
2  print(df_spotify['Artist'].values)
3  print(type(df_spotify['Artist'].values))
4  # 1차원 ndarray입니다.
5  print(df_spotify['Artist'].values.shape)
```

```
6
7  # 2개의 컬럼값입니다.
8  print(df_spotify[['Rank','Artist']].values)
9  print(type(df_spotify[['Rank','Artist']].values))
10 # 2차원 ndarray입니다.
11 print(df_spotify[['Rank','Artist']].values.shape)
```

결과

```
['Ava Max' 'Billie Eilish' 'Ariana Grande' ... 'Bee Gees'
 'MC Kevin o Chris' 'Henrique & Juliano']
<class 'numpy.ndarray'>
(1717,)
[[1.0 'Ava Max']
 [2.0 'Billie Eilish']
 [3.0 'Ariana Grande']
 ...
 [1715.0 'Bee Gees']
 [1716.0 'MC Kevin o Chris']
 [1717.0 'Henrique & Juliano']]
<class 'numpy.ndarray'>
(1717, 2)
```

특정 컬럼의 값들은 values를 사용해서 확인할 수 있다. values의 값을 보면 넘파이의 ndarray 타입이다.

```
1  df_spotify[0:3]
```

결과

그림 2-47 실행 결과

	Country	Rank	Track_id	Streams	Track Name	Artist	URL	acousticness	danceability	energy
0	global	1.0	25sgk305KZfyuqVBQlahim	1166185736	Sweet but Psycho	Ava Max	https://open.spotify.com/track/25sgk305KZfyuqV...	0.0691	0.719	0.704
1	global	2.0	2Fxmhks0bxGSBdJ92vM42m	1052358787	bad guy	Billie Eilish	https://open.spotify.com/track/2Fxmhks0bxGSBdJ...	0.3280	0.701	0.425
2	global	3.0	6ocbgoVGwYJhOv1Ggl9NsF	789094044	7 rings	Ariana Grande	https://open.spotify.com/track/6ocbgoVGwYJhOv1...	0.5920	0.778	0.317

3 rows × 24 columns

슬라이싱 기법을 사용해서 원하는 데이터만 볼 수 있다.

```
1  df_spotify[0:3].values
```

```
array([['global', 1.0, '25sgk305KZfyuqVBQIahim', 1166185736,
        'Sweet but Psycho', 'Ava Max',
        'https://open.spotify.com/track/25sgk305KZfyuqVBQIahim', 0.0691,
        0.7190000000000001, 0.7040000000000001, 0.0, 0.166, −4.724,
        0.0476, 0.628, 133.002, 4, 187436, 1, 1,
        '4npEfmQ6YuiwWlGpUmaq3F', 87, 1025358,
        'https://i.scdn.co/image/4b914c6470c8458674538afe1b90b8ce4e777e96'],
       ['global', 2.0, '2Fxmhks0bxGSBdJ92vM42m', 1052358787, 'bad guy',
        'Billie Eilish',
        'https://open.spotify.com/track/2Fxmhks0bxGSBdJ92vM42m',
        0.32799999999999996, 0.701, 0.425, 0.13, 0.1, −10.965, 0.375,
        0.562, 135.128, 4, 194088, 7, 1, '6qqNVTkY8uBg9cP3Jd7DAH', 98,
        18867904,
        'https://i.scdn.co/image/2622edec99d68d1d141886be593c88cbe509f6d8'],
       ['global', 3.0, '6ocbgoVGwYJhOv1GgI9NsF', 789094044, '7 rings',
        'Ariana Grande',
        'https://open.spotify.com/track/6ocbgoVGwYJhOv1GgI9NsF',
        0.5920000000000001, 0.778, 0.317, 0.0, 0.0881,
        −10.732000000000001, 0.33399999999999996, 0.327, 140.048, 4,
        178627, 1, 0, '66CXWjxzNUsdJxJ2JdwvnR', 97, 40958727,
        'https://i.scdn.co/image/b1dfbe843b0b9f54ab2e588f33e7637d2dab065a']],
      dtype=object)
```

슬라이싱 또한 values를 사용해서 값을 확인할 수 있다. 해당 데이터셋에서 Artist가 BTS인 것만 검색하고 싶다면 다음과 같이 확인할 수 있다.

```
1  # 특정 조건을 만족하는 데이터 값입니다.
2  # Artist가 BTS인 것만 검색합니다.
3
4  df_spotify[df_spotify.Artist == 'BTS']
```

```
1  df_spotify[df_spotify['Artist'] == 'BTS']
```

그림 2-48 실행 결과

	Country	Rank	Track_id	Streams	Track Name	Artist	URL	acousticness	danceability
86	global	87.0	5KawlOMHjWeUjQtnuRs22c	261504425	Boy With Luv (feat. Halsey)	BTS	https://open.spotify.com/track/5KawlOMHjWeUjQt...	0.0923	0.645
464	global	465.0	314ZkcV7oLWG8yWE7LABvH	42873724	Make It Right (feat. Lauv)	BTS	https://open.spotify.com/track/314ZkcV7oLWG8yW...	0.0304	0.584
676	global	677.0	5hnbE5BF2e8BCk9OMR1UVC	18801822	Mikrokosmos	BTS	https://open.spotify.com/track/5hnbE5BF2e8BCk9...	0.1250	0.580
678	global	679.0	4c1WgUnHXq2LEncGHKgj1I	18648089	Dream Glow (BTS World Original Soundtrack) - P...	BTS	https://open.spotify.com/track/4c1WgUnHXq2LEnc...	0.0967	0.735
681	global	682.0	6KUE0HSSudAp9AOycaF6SH	18423901	Make It Right	BTS	https://open.spotify.com/track/6KUE0HSSudAp9AO...	0.0104	0.638
710	global	711.0	7IthOBXNue2IvedLRfkod8	16442038	HOME	BTS	https://open.spotify.com/track/7IthOBXNue2Ived...	0.0142	0.633
725	global	726.0	6JdS5rJvJaRA7B1tcm7kxZ	15134946	Dionysus	BTS	https://open.spotify.com/track/6JdS5rJvJaRA7B1...	0.0400	0.502
778	global	779.0	0eeeyCAGnGZInPtpkdYiPa	12992565	Jamais Vu	BTS	https://open.spotify.com/track/0eeeyCAGnGZInPt...	0.2260	0.608
883	global	884.0	2isSdmQfVv32j2haL6hk9x	8775556	Intro : Persona	BTS	https://open.spotify.com/track/2isSdmQfVv32j2h...	0.0278	0.469
1057	global	1058.0	5XkyZyKMdFungjDb9cUKc3	4383131	A Brand New Day (BTS World Original Soundtrack...	BTS	https://open.spotify.com/track/5XkyZyKMdFungjD...	0.3390	0.804
1265	global	1266.0	70sKIAQgaVN2zWEEyOpyMZ	1921011	All Night (BTS World Original Soundtrack) [Pt. 3]	BTS	https://open.spotify.com/track/70sKIAQgaVN2zWE...	0.1930	0.725

11 rows × 24 columns

결과를 보면 모든 11행이 출력되었다. 두 방법 모두 동일한 결과가 출력된다. 즉, 점(.)으로 컬럼을 지정할 수 있다는 것을 이해하면 된다.

출력된 결과를 살펴보면 총 리스트(1717) 중에서 BTS 곡이 11개다. 가장 높은 순위는 Boy With Luv(feat. Halsey) 곡으로 87위로 Rank 되어 있다.

다음은 'Artist_popularity'가 92보다 큰 것들만 출력해보자(데이터셋 기준 BTS의 'Artist_popularity'의 값은 93이다).

```
1  # Artist_popularity가 92보다 큰 것들만 출력합니다.
2
3  df_popularity = df_spotify[df_spotify.Artist_popularity > 92]
4  df_popularity[['Artist_popularity', 'Rank', 'Streams','Artist', 'Artist_follower']]
```

df_spotify에서 'Artist_popularity' 가 92보다 큰 값들을 df_popularity DataFrame에 대입한 다음 df_popularity에서 'Artist_popularity', 'Rank', 'Streams','Artist', 'Artist_follower'의 컬럼만 출력한다.

그림 2-49 실행 결과

	Artist_popularity	Rank	Streams	Artist	Artist_follower
1	98	2.0	1052358787	Billie Eilish	18867904
2	97	3.0	789094044	Ariana Grande	40958727
4	94	5.0	763064359	Shawn Mendes	23152263
5	95	6.0	715027898	Daddy Yankee	15857952
9	100	10.0	615519053	Post Malone	21335421
...	...	...	...	...	...
1691	94	1692.0	665862	Young Thug	4744074
1694	95	1695.0	656653	Bass Santana	17294420
1696	95	1697.0	646319	XXXTENTACION	17294420
1701	94	1702.0	623835	Nicky Jam	10569805
1708	93	1709.0	585551	Queen	22898929

452 rows × 5 columns

가장 많은 곡이 리스트에 있는 가수는 누구일까? value_counts( )를 통해 확인할 수 있다.

```
1  # 가장 많은 곡이 리스트에 있는 가수를 보고자 합니다.
2
3  df_spotify_rank = df_spotify['Artist'].value_counts()
4  df_spotify_rank
```

```
Post Malone       45
Juice WRLD        31
Ariana Grande     28
Billie Eilish     27
Taylor Swift      27
                  ..
Lauren Jauregui    1
ILLENIUM           1
Mel & Kim          1
Adele              1
Pedro Sampaio      1
Name: Artist, Length: 488, dtype: int64
```

결과를 살펴보니 Post Malone(45곡), Juice WRLD(31곡), Ariana Grande(28곡) 순이다. 그렇다면 BTS는 몇 곡이 리스트에 있을까? in 연산자를 사용해서 df_spotify_rank에 'BTS'가 있는지 먼저 확인해보자.

```
1  'BTS' in df_spotify_rank
```

결과

```
True
```

예상했던 대로 BTS가 df_spotify_rank 데이터프레임에 있는 것을 확인할 수 있다. 그러면 인덱스를 활용해서 BTS가 해당하는 값을 확인해보자.

```
1  df_spotify_rank[df_spotify_rank.index == 'BTS']
```

결과

```
BTS    11
Name: Artist, dtype: int64
```

BTS의 11곡이 리스트에 있는 것을 확인할 수 있다. values로 보면 상위권인 것을 알 수 있다.

```
1  df_spotify_rank.values
```

결과

```
array([45, 31, 28, 27, 27, 25, 25, 24, 24, 23, 20, 18, 18, 18, 17, 17, 17,
       16, 16, 16, 15, 14, 14, 14, 13, 12, 12, 12, 11, 11, 11, 11, 11, 11,
       11, 10, 10, 10, 10, 10, 10,  9,  9,  9,  9,  8,  8,  8,  8,  8,  8,
        8,  8,  8,  7,  7,  7,  7,  7,  7,  7,  7,  7,  6,  6,  6,  6,  6,
       ...
        1,  1,  1,  1,  1,  1,  1,  1,  1,  1,  1,  1,  1,  1,  1,  1,  1,
        1,  1,  1,  1,  1,  1,  1,  1,  1,  1,  1,  1])
```

한 가지 조건에 원하는 컬럼만 보고 싶을 때는 다음과 같이 조건 뒤에 원하는 컬럼을 명시하면 된다. 템포(tempo)가 평균(122)보다 큰 조건으로 다음의 컬럼을 확인해보자.

```
1  # tempo: The overall estimated tempo of a track in beats per minute (BPM).
2
3  print(df_spotify.tempo.mean())
4  df_spotify[df_spotify['tempo'] > 122][['Rank','Track Name','Artist', 'tempo']].head()
```

그림 2-50 실행 결과

```
122.14755562026787
```

	Rank	Track Name	Artist	tempo
0	1.0	Sweet but Psycho	Ava Max	133.002
1	2.0	bad guy	Billie Eilish	135.128
2	3.0	7 rings	Ariana Grande	140.048
10	11.0	Without Me	Halsey	136.041
11	12.0	Calma - Remix	Pedro Capó	126.899

복합 조건에 원하는 컬럼만 보고 싶을 때는 다음과 같이 각각의 조건을 괄호( )로 표시하고, &
기호로 AND 조건을 나타낸다. OR 조건인 경우는 |로 나타낸다.

```
1   # energy column: energetic tracks feel fast, loud, and noisy.
2   df_spotify[ (df_spotify['Artist'] == 'BTS') & (df_spotify['energy'] > 0.8)][['Rank','Track Name',
3               'Artist','energy']].head( )
```

그림 2-51 실행 결과

	Rank	Track Name	Artist	energy
86	87.0	Boy With Luv (feat. Halsey)	BTS	0.862
676	677.0	Mikrokosmos	BTS	0.858
725	726.0	Dionysus	BTS	0.910
883	884.0	Intro : Persona	BTS	0.870

8.5 인덱스의 설정과 리셋

지금까지 판다스를 배우면서 인덱스가 얼마나 중요한 기능인지 확인해보았다. 이제 인덱스를
다른 값으로 변경하거나, 리셋은 어떻게 하는지 예제를 통해 살펴보자.

reindex, reset_index 출력

```
1   df_reindex = pd.DataFrame(np.arange(16).reshape((4, 4)), index=['a', 'b', 'c','d'],
2                             columns=['Seoul', 'Busan', 'Incheon','Ulsan'])
3   df_reindex.head( )
```

그림 2-52 실행 결과

	Seoul	Busan	Incheon	Ulsan
a	0	1	2	3
b	4	5	6	7
c	8	9	10	11
d	12	13	14	15

```
1 df_new_reindex = df_reindex.reindex(['b','c','a', 'd','e'])
2 df_new_reindex
```

reindex를 사용할 경우 새로운 색인에 맞춰 재배열한다. 없는 값들은 NaN으로 표시된다.

그림 2-53 실행 결과

	Seoul	Busan	Incheon	Ulsan
b	4.0	5.0	6.0	7.0
c	8.0	9.0	10.0	11.0
a	0.0	1.0	2.0	3.0
d	12.0	13.0	14.0	15.0
e	NaN	NaN	NaN	NaN

리셋은 reset_index을 사용한다. 다음의 코드를 보면서 확인해보자. 우선 Artist 컬럼이 BTS인 데이터를 읽어 df_artist_bts에 대입한다.

```
1 # reset index
2
3 df_artist_bts = df_spotify[df_spotify.Artist == 'BTS']
4 df_artist_bts.head()
```

그림 2-54 실행 결과

	Country	Rank	Track_id	Streams	Track Name	Artist	URL	acousticness	danceability
86	global	87.0	5KawIOMHjWeUjQtnuRs22c	261504425	Boy With Luv (feat. Halsey)	BTS	https://open.spotify.com/track/5KawIOMHjWeUjQt...	0.0923	0.645
464	global	465.0	314ZkcV7oLWG8yWE7LABvH	42873724	Make It Right (feat. Lauv)	BTS	https://open.spotify.com/track/314ZkcV7oLWG8yW...	0.0304	0.584
676	global	677.0	5hnbE5BF2e8BCk9OMR1UVC	18801822	Mikrokosmos	BTS	https://open.spotify.com/track/5hnbE5BF2e8BCk9...	0.1250	0.580
678	global	679.0	4c1WgUnHXq2LEncGHKgj1l	18648089	Dream Glow (BTS World Original Soundtrack) - P...	BTS	https://open.spotify.com/track/4c1WgUnHXq2LEnc...	0.0967	0.735
681	global	682.0	6KUE0HSSudAp9AOycaF6SH	18423901	Make It Right	BTS	https://open.spotify.com/track/6KUE0HSSudAp9AO...	0.0104	0.638

5 rows × 24 columns

인덱스를 확인해보면 Rank를 기반으로 지정되어 있다. reset_index를 사용해 기존 인덱스를 유지하는 방법과 기존 인덱스를 삭제하고 새로운 인덱스만 넣는 두 가지 방법을 실행해보자.

```
1  print(df_artist_bts.index)
2
3  # reset_index(기존 인덱스 유지)
4  df_reset_index_1 = df_artist_bts.reset_index(inplace=False)
5
6  # reset_index(기존 인덱스 삭제, drop=True)
7  df_reset_index_2 = df_artist_bts.reset_index(inplace=False, drop=True)
```

결과

```
Int64Index([86, 464, 676, 678, 681, 710, 725, 778, 883, 1057, 1265], dtype='int64')
```

```
1  df_reset_index_1.head()
```

결과

그림 2-55 실행 결과

	index	Country	Rank	Track_id	Streams	Track Name	Artist	URL	acousticness	danceabi
0	86	global	87.0	5KawIOMHjWeUjQtnuRs22c	261504425	Boy With Luv (feat. Halsey)	BTS	https://open.spotify.com/track/5KawIOMHjWeUjQt...	0.0923	0.6
1	464	global	465.0	314ZkcV7oLWG8yWE7LABvH	42873724	Make It Right (feat. Lauv)	BTS	https://open.spotify.com/track/314ZkcV7oLWG8yW...	0.0304	0.5
2	676	global	677.0	5hnbE5BF2e8BCk9OMR1UVC	18801822	Mikrokosmos	BTS	https://open.spotify.com/track/5hnbE5BF2e8BCk9...	0.1250	0.5
3	678	global	679.0	4c1WgUnHXq2LEncGHKgj1I	18648089	Dream Glow (BTS World Original Soundtrack) - P...	BTS	https://open.spotify.com/track/4c1WgUnHXq2LEnc...	0.0967	0.7
4	681	global	682.0	6KUE0HSSudAp9AOycaF6SH	18423901	Make It Right	BTS	https://open.spotify.com/track/6KUE0HSSudAp9AO...	0.0104	0.6

5 rows × 25 columns

```
1  df_reset_index_2.head()
```

결과

그림 2-56 실행 결과

	Country	Rank	Track_id	Streams	Track Name	Artist	URL	acousticness	danceability	en
0	global	87.0	5KawIOMHjWeUjQtnuRs22c	261504425	Boy With Luv (feat. Halsey)	BTS	https://open.spotify.com/track/5KawIOMHjWeUjQt...	0.0923	0.645	0
1	global	465.0	314ZkcV7oLWG8yWE7LABvH	42873724	Make It Right (feat. Lauv)	BTS	https://open.spotify.com/track/314ZkcV7oLWG8yW...	0.0304	0.584	0
2	global	677.0	5hnbE5BF2e8BCk9OMR1UVC	18801822	Mikrokosmos	BTS	https://open.spotify.com/track/5hnbE5BF2e8BCk9...	0.1250	0.580	0
3	global	679.0	4c1WgUnHXq2LEncGHKgj1I	18648089	Dream Glow (BTS World Original Soundtrack) - P...	BTS	https://open.spotify.com/track/4c1WgUnHXq2LEnc...	0.0967	0.735	0
4	global	682.0	6KUE0HSSudAp9AOycaF6SH	18423901	Make It Right	BTS	https://open.spotify.com/track/6KUE0HSSudAp9AO...	0.0104	0.638	0

5 rows × 24 columns

8.6 데이터프레임 – column 추가하기

데이터프레임에 column은 [] 연산자를 사용해서 추가할 수 있다. df_spotify_2 데이터프레임을 생성하고 새로운 column Rank_a를 추가하고 0을 대입해보자.

데이터프레임 – column 추가 출력

```
1  df_spotify_2 = pd.DataFrame(df_spotify,copy= True)
2  df_spotify_2['Rank_a'] = 0
3  df_spotify_2.head()
```

결과

그림 2-57 실행 결과

time_signature	duration_ms	key	mode	Artist_id	Artist_popularity	Artist_follower	Artist_img	Rank_a
4	187436	1	1	4npEfmQ6YuiwW1GpUmaq3F	87	1025358	https://i.scdn.co/image/4b914c6470c8458674538a...	0
4	194088	7	1	6qqNVTkY8uBg9cP3Jd7DAH	98	18867904	https://i.scdn.co/image/2622edec99d68d1d141886...	0
4	178627	1	0	66CXWjxzNUsdJxJ2JdwvnR	97	40958727	https://i.scdn.co/image/b1dfbe843b0b9f54ab2e58...	0
4	209755	6	0	2NjfBq1NflQcKSeiDooVjY	92	484241	https://i.scdn.co/image/c128f5ef4d210a67610acd...	0
4	190800	9	0	7n2wHs1TKAczGzO7Dd2rGr	94	23152263	https://i.scdn.co/image/6bd59cfbd3e1e6394af710...	0

맨 오른쪽 끝에 Rank_a columns이 추가되고 0이 할당된 것을 볼 수 있다. 이처럼, 데이터프레임에 새로운 column은 [] 연산자를 이용해 아주 간단하게 추가할 수 있다. 이번에는 기존 column을 기반으로 연산을 추가하여 새로운 column들을 만들어보자.

```
1  df_spotify_2['Rank_b'] = df_spotify_2['Rank'] * 10
2  df_spotify_2['Streams_and_Artist_follower'] = df_spotify_2['Streams']
3  + df_spotify_2['Artist_follower']
4  df_spotify_2.head()
```

결과

그림 2-58 실행 결과

node	Artist_id	Artist_popularity	Artist_follower	Artist_img	Rank_a	Rank_b	Streams_and_Artist_follower
1	4npEfmQ6YuiwW1GpUmaq3F	87	1025358	https://i.scdn.co/image/4b914c6470c8458674538a...	0	10.0	1167211094
1	6qqNVTkY8uBg9cP3Jd7DAH	98	18867904	https://i.scdn.co/image/2622edec99d68d1d141886...	0	20.0	1071226691
0	66CXWjxzNUsdJxJ2JdwvnR	97	40958727	https://i.scdn.co/image/b1dfbe843b0b9f54ab2e58...	0	30.0	830052771
0	2NjfBq1NflQcKSeiDooVjY	92	484241	https://i.scdn.co/image/c128f5ef4d210a67610acd...	0	40.0	764692550
0	7n2wHs1TKAczGzO7Dd2rGr	94	23152263	https://i.scdn.co/image/6bd59cfbd3e1e6394af710...	0	50.0	786216622

새로운 Rank_b, Streams_and_Artist_follower 두 필드가 추가되었다. 기존 컬럼의 값 또한 변경이 가능하다. Rank_b 컬럼에 0.1을 곱하여 값을 변경해보자. Rank_b 컬럼의 모든 값이 0.1이 곱한 값으로 업데이트된 것을 확인할 수 있다.

```
1  df_spotify_2['Rank_b'] = df_spotify_2['Rank_b'] * 0.01
2  df_spotify_2.head()
```

결과

그림 2-59 실행 결과

node		Artist_id	Artist_popularity	Artist_follower	Artist_img	Rank_a	Rank_b	Streams_and_Artist_follower
	1	4npEfmQ6YuiwW1GpUmaq3F	87	1025358	https://i.scdn.co/image/4b914c6470c8458674538a...	0	0.1	1167211094
	1	6qqNVTkY8uBg9cP3Jd7DAH	98	18867904	https://i.scdn.co/image/2622edec99d68d1d141886...	0	0.2	1071226691
	0	66CXWjxzNUsdJxJ2JdwvnR	97	40958727	https://i.scdn.co/image/b1dfbe843b0b9f54ab2e58...	0	0.3	830052771
	0	2NjfBq1NflQcKSeiDooVjY	92	484241	https://i.scdn.co/image/c128f5ef4d210a67610acd...	0	0.4	764692550
	0	7n2wHs1TKAczGzO7Dd2rGr	94	23152263	https://i.scdn.co/image/6bd59cfbd3e1e6394af710...	0	0.5	786216622

8.7　데이터프레임 - 삭제하기

drop 함수를 사용해서 행(row), 열(column)을 쉽게 삭제할 수 있다. 데이터프레임에서 axis=0은 행, axis=1은 열을 의미한다. drop 함수를 사용해서 삭제할 때 axis의 값을 어떻게 정할지 잘 기억해두자.

그림 2-60 행(row), 열(column) axis 구분

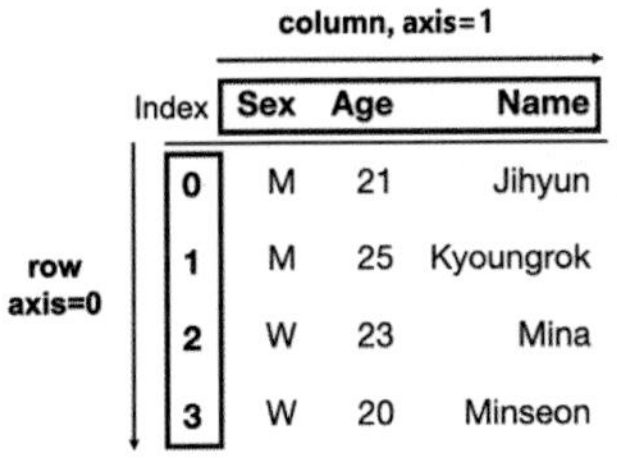

```
1  df_drop_spotify = df_spotify_2.drop(0)
2  df_drop_spotify.head()
```

결과

그림 2-61 실행 결과

	Country	Rank	Track_id	Streams	Track Name	Artist
1	global	2.0	2Fxmhks0bxGSBdJ92vM42m	1052358787	bad guy	Billie Eilish
2	global	3.0	6ocbgoVGwYJhOv1GgI9NsF	789094044	7 rings	Ariana Grande
3	global	4.0	1rgnBhdG2JDFTbYkYRZAku	764208309	Dance Monkey	Tones and I

3 rows × 27 columns

drop(숫자)을 넣고 해당하는 인덱스의 행을 삭제한다. 기본적으로 axis를 넣지 않고 drop 함수를 사용하는 경우 디폴트(axis=0)인 행으로 인식한다. 다음 코드처럼 명시적으로 axis=0이라고 사용해도 결과는 동일하다.

```
1  df_drop_spotify_2 = df_spotify_2.drop(0, axis=0)
```

여러 행을 삭제할 때는 drop([인덱스a, 인덱스b, … 인덱스z])과 같은 형식으로 코드를 작성한다.

```
1  df_drop_spotify_3 = df_spotify_2.drop([0,1,2])
2  df_drop_spotify_3.head(3)
```

결과

그림 2-62 실행 결과

	Country	Rank	Track_id	Streams	Track Name	Artist	URL	acous
3	global	4.0	1rgnBhdG2JDFTbYkYRZAku	764208309	Dance Monkey	Tones and I	https://open.spotify.com/track/1rgnBhdG2JDFTbY...	
4	global	5.0	6v3KW9xbzN5yKLt9YKDYA2	763064359	Señorita	Shawn Mendes	https://open.spotify.com/track/6v3KW9xbzN5yKLt...	
5	global	6.0	5w9c2J52mkdntKOmRLeM2m	715027898	Con Calma	Daddy Yankee	https://open.spotify.com/track/5w9c2J52mkdntKO...	

3 rows × 27 columns

이번엔 열, Track_id를 삭제해보자.

```
1 df_drop_spotify_4 = df_spotify_2.drop('Track_id', axis=1)
2 df_drop_spotify_4.head(3)
```

그림 2-63 실행 결과

	Country	Rank	Streams	Track Name	Artist	URL	acousticness	danceability
0	global	1.0	1166185736	Sweet but Psycho	Ava Max	https://open.spotify.com/track/25sgk305KZfyuqV...	0.0691	0.719
1	global	2.0	1052358787	bad guy	Billie Eilish	https://open.spotify.com/track/2Fxmhks0bxGSBdJ...	0.3280	0.701
2	global	3.0	789094044	7 rings	Ariana Grande	https://open.spotify.com/track/6ocbgoVGwYJhOv1...	0.5920	0.778

여러 열을 drop 함수를 써서 삭제해보자.

```
1 df_drop_spotify_5 = df_spotify_2.drop(['Country','Streams','Track_id','URL'], axis=1)
2 df_drop_spotify_5.head(3)
```

그림 2-64 실행 결과

	Rank	Track Name	Artist	acousticness	danceability	energy	instrumentalness	liveness	loudness	speechiness	...	duration_
0	1.0	Sweet but Psycho	Ava Max	0.0691	0.719	0.704	0.00	0.1660	-4.724	0.0476	...	187
1	2.0	bad guy	Billie Eilish	0.3280	0.701	0.425	0.13	0.1000	-10.965	0.3750	...	194
2	3.0	7 rings	Ariana Grande	0.5920	0.778	0.317	0.00	0.0881	-10.732	0.3340	...	178

데이터프레임의 데이터가 훨씬 깔끔해졌다. drop 함수를 사용하면 보고 싶은 열들만 볼 수 있다. drop 함수를 사용해서 실제 df_spotify_2의 데이터가 삭제되었을까? 결론은 아니다. 실제로는 drop 함수의 실행된 결과만 반환된다.

```
1 df_spotify_2.head()
```

그림 2-65 실행 결과

	Country	Rank	Track_id	Streams	Track Name	Artist	URL
0	global	1.0	25sgk305KZfyuqVBQlahim	1166185736	Sweet but Psycho	Ava Max	https://open.spotify.com/track/25sgk305KZfyuqV...
1	global	2.0	2Fxmhks0bxGSBdJ92vM42m	1052358787	bad guy	Billie Eilish	https://open.spotify.com/track/2Fxmhks0bxGSBdJ...
2	global	3.0	6ocbgoVGwYJhOv1Ggl9NsF	789094044	7 rings	Ariana Grande	https://open.spotify.com/track/6ocbgoVGwYJhOv1...
3	global	4.0	1rgnBhdG2JDFTbYkYRZAku	764208309	Dance Monkey	Tones and I	https://open.spotify.com/track/1rgnBhdG2JDFTbY...
4	global	5.0	6v3KW9xbzN5yKLt9YKDYA2	763064359	Señorita	Shawn Mendes	https://open.spotify.com/track/6v3KW9xbzN5yKLt...

5 rows × 27 columns

drop 함수를 쓴다고 사용한 데이터프레임의 데이터가 삭제되는 것은 아니다. 실제로 데이터프레임을 삭제하고 싶으면 inplace=True 옵션을 사용해서 실제 데이터를 삭제할 수 있다.

```
1  df_spotify_2.drop(['Country','Streams','Track_id','URL'], axis=1, inplace=True)
2  df_spotify_2.head(3)
```

그림 2-66 실행 결과

	Rank	Track Name	Artist	acousticness	danceability	energy	instrumentalness	liveness	loudness	speechiness	...
0	1.0	Sweet but Psycho	Ava Max	0.0691	0.719	0.704	0.00	0.1660	-4.724	0.0476	...
1	2.0	bad guy	Billie Eilish	0.3280	0.701	0.425	0.13	0.1000	-10.965	0.3750	...
2	3.0	7 rings	Ariana Grande	0.5920	0.778	0.317	0.00	0.0881	-10.732	0.3340	...

3 rows × 23 columns

8.8 데이터 추출

라벨을 사용해서 데이터를 추출할 때는 loc를, 정수 인덱스를 사용해서 데이터를 추출할 때는 iloc를 사용한다. 코드를 보면서 loc 사용법에 대해 살펴보자.

8.8.1 loc

코드를 보면서 loc 사용법에 대해 살펴보자

데이터 추출(loc)

```
1  df_spotify.loc[0]
```

결과

```
Country                                        global
Rank                                                1
Track_id                         25sgk305KZfyuqVBQIahim
Streams                                    1166185736
Track Name                            Sweet but Psycho
Artist                                        Ava Max
URL                https://open.spotify.com/track/25sgk305KZfyuqV…
acousticness                                   0.0691
danceability                                    0.719
energy                                          0.704
instrumentalness                                    0
liveness                                        0.166
loudness                                       −4.724
speechiness                                    0.0476
valence                                         0.628
tempo                                         133.002
time_signature                                      4
duration_ms                                    187436
key                                                 1
mode                                                1
Artist_id                        4npEfmQ6YuiwW1GpUmaq3F
Artist_popularity                                  87
Artist_follower                               1025358
Artist_img          https://i.scdn.co/image/4b914c6470c8458674538a…
Name: 0, dtype: object
```

```
1  df_spotify.loc[0,'Artist']
```

결과

```
'Ava Max'
```

loc는 인덱스를 기반으로 데이터를 추출한다. 따라서 [ ] 괄호 안의 값을 보면 [행 : 열]을 찾아서 데이터를 추출할 수 있다.

```
1  # 인덱스 86번의 데이터 중 Rank, Artist, Track Name을 확인합니다.
2  df_spotify.loc[86,['Rank','Artist','Track Name']]
```

결과

```
Rank                               87
Artist                            BTS
Track Name    Boy With Luv (feat. Halsey)
Name: 86, dtype: object
```

행, 열은 원하는 만큼 선택하여 데이터를 추출할 수 있다. BTS의 인덱스를 확인해서 Rank, Artist, Track Name 데이터를 추출해보자.

```
1  df_spotify[df_spotify['Artist'] == 'BTS'].index
```

결과

```
Int64Index([86, 464, 676, 678, 681, 710, 725, 778, 883, 1057, 1265], dtype='int64')
```

```
1  df_spotify.loc[[86, 464, 676, 678, 681, 710, 725, 778, 883, 1057, 1265],['Rank','Artist','Track Name']]
```

결과

그림 2-67 실행 결과

	Rank	Artist	Track Name
86	87.0	BTS	Boy With Luv (feat. Halsey)
464	465.0	BTS	Make It Right (feat. Lauv)
676	677.0	BTS	Mikrokosmos
678	679.0	BTS	Dream Glow (BTS World Original Soundtrack) - P...
681	682.0	BTS	Make It Right
710	711.0	BTS	HOME
725	726.0	BTS	Dionysus
778	779.0	BTS	Jamais Vu
883	884.0	BTS	Intro : Persona
1057	1058.0	BTS	A Brand New Day (BTS World Original Soundtrack...
1265	1266.0	BTS	All Night (BTS World Original Soundtrack) [Pt. 3]

loc 또한 슬라이싱을 사용해서 데이터를 추출할 수 있다. 다양한 예제로 사용법을 알아보자.

```
1  df_spotify.loc[0:2,['Rank','Track Name','Artist']]
```

결과

그림 2-68 실행 결과

	Rank	Track Name	Artist
0	1.0	Sweet but Psycho	Ava Max
1	2.0	bad guy	Billie Eilish
2	3.0	7 rings	Ariana Grande

```
1  # Rank와 Artist의 모든 행을 보고 싶을 경우입니다.
2  df_spotify.loc[:,['Rank','Track Name','Artist']]
```

결과

그림 2-69 실행 결과

	Rank	Track Name	Artist
0	1.0	Sweet but Psycho	Ava Max
1	2.0	bad guy	Billie Eilish
2	3.0	7 rings	Ariana Grande
3	4.0	Dance Monkey	Tones and I
4	5.0	Señorita	Shawn Mendes
...	...	...	...
1712	1713.0	Cheap Thrills	Sia
1713	1714.0	HaifischNikez Allstars	LX
1714	1715.0	Stayin' Alive - From "Saturday Night Fever" So...	Bee Gees
1715	1716.0	Medley da Gaiola - Dennis DJ Remix	MC Kevin o Chris
1716	1717.0	Quem Pegou, Pegou - Ao Vivo	Henrique & Juliano

1717 rows × 3 columns

```
1  # BTS 곡의 행(row) 인덱스를 지정하고 모든 열을 보고 싶을 경우입니다.
2  df_spotify.loc[[86, 464, 676, 678, 681, 710, 725, 778, 883, 1057, 1265],:]
```

그림 2-70 실행 결과

	Country	Rank	Track_id	Streams	Track Name	Artist	URL	acousticness	danceability
86	global	87.0	5KawlOMHjWeUjQtnuRs22c	261504425	Boy With Luv (feat. Halsey)	BTS	https://open.spotify.com/track/5KawlOMHjWeUjQt...	0.0923	0.645
464	global	465.0	314ZkcV7oLWG8yWE7LABvH	42873724	Make It Right (feat. Lauv)	BTS	https://open.spotify.com/track/314ZkcV7oLWG8yW...	0.0304	0.584
676	global	677.0	5hnbE5BF2e8BCk9OMR1UVC	18801822	Mikrokosmos	BTS	https://open.spotify.com/track/5hnbE5BF2e8BCk9...	0.1250	0.580
678	global	679.0	4c1WgUnHXq2LEncGHKgj1l	18648089	Dream Glow (BTS World Original Soundtrack) - P...	BTS	https://open.spotify.com/track/4c1WgUnHXq2LEnc...	0.0967	0.735
681	global	682.0	6KUE0HSSudAp9AOycaF6SH	18423901	Make It Right	BTS	https://open.spotify.com/track/6KUE0HSSudAp9AO...	0.0104	0.638
710	global	711.0	7lthOBXNue2lvedLRfkod8	16442038	HOME	BTS	https://open.spotify.com/track/7lthOBXNue2lved...	0.0142	0.633
725	global	726.0	6JdS5rJvJaRA7B1tcm7kxZ	15134946	Dionysus	BTS	https://open.spotify.com/track/6JdS5rJvJaRA7B1...	0.0400	0.502
778	global	779.0	0eeeyCAGnGZInPtpkdYiPa	12992565	Jamais Vu	BTS	https://open.spotify.com/track/0eeeyCAGnGZInPt...	0.2260	0.608
883	global	884.0	2isSdmQfVv32j2haL6hk9x	8775556	Intro : Persona	BTS	https://open.spotify.com/track/2isSdmQfVv32j2h...	0.0278	0.469
1057	global	1058.0	5XkyZyKMdFungjDb9cUKc3	4383131	A Brand New Day (BTS World Original Soundtrack...	BTS	https://open.spotify.com/track/5XkyZyKMdFungjD...	0.3390	0.804
1265	global	1266.0	70sKIAQgaVN2zWEEyOpyMZ	1921011	All Night (BTS World Original Soundtrack) [Pt. 3]	BTS	https://open.spotify.com/track/70sKIAQgaVN2zWE...	0.1930	0.725

위와 같이 콜론(:)을 통해 행 또는 열의 범위를 전체로 지정할 수 있다.

8.8.2 iloc

iloc를 이용하면 정수 인덱스로 데이터를 추출할 수 있다.

데이터 추출(iloc)

```
1  # 행(인덱스 3번째 ~ 5번째), 열(1번 ~ 5번째) 데이터입니다.
2
3  df_spotify.iloc[3:6, 1:6]
```

그림 2-71 실행 결과

	Rank	Track_id	Streams	Track Name	Artist
3	4.0	1rgnBhdG2JDFTbYkYRZAku	764208309	Dance Monkey	Tones and I
4	5.0	6v3KW9xbzN5yKLt9YKDYA2	763064359	Señorita	Shawn Mendes
5	6.0	5w9c2J52mkdntKOrnRLeM2m	715027898	Con Calma	Daddy Yankee

iloc 또한 [행, 열]의 방법으로 데이터를 추출하는 것을 확인할 수 있다.

```
1  # 콤마(,)로 행과 열을 지정해서 데이터를 가져올 수 있습니다.
2
3  df_spotify.iloc[[86, 464, 676, 678, 681, 710, 725, 778, 883, 1057, 1265], [1,4, 5]]
```

결과

그림 2-72 실행 결과

	Rank	Track Name	Artist
86	87.0	Boy With Luv (feat. Halsey)	BTS
464	465.0	Make It Right (feat. Lauv)	BTS
676	677.0	Mikrokosmos	BTS
678	679.0	Dream Glow (BTS World Original Soundtrack) - P...	BTS
681	682.0	Make It Right	BTS
710	711.0	HOME	BTS
725	726.0	Dionysus	BTS
778	779.0	Jamais Vu	BTS
883	884.0	Intro : Persona	BTS
1057	1058.0	A Brand New Day (BTS World Original Soundtrack...	BTS
1265	1266.0	All Night (BTS World Original Soundtrack) [Pt. 3]	BTS

여러 행과 열의 데이터를 가지고 올 때는 콤마(,)를 사용한다.

```
1  # 콜론(:)을 사용하면 전체의 의미입니다.
2  # 행은 범위를 주었고 열은 전체 선택하였습니다.
3
4  df_spotify.iloc[1:3,:]
```

결과

그림 2-73 실행 결과

	Country	Rank	Track_id	Streams	Track Name	Artist	URL	acousticness	danceability	energy
1	global	2.0	2FxmhksObxGSBdJ92vM42m	1052358787	bad guy	Billie Eilish	https://open.spotify.com/track/2FxmhksObxGSBdJ...	0.328	0.701	0.425
2	global	3.0	6ocbgoVGwYJhOv1Ggl9NsF	789094044	7 rings	Ariana Grande	https://open.spotify.com/track/6ocbgoVGwYJhOv1...	0.592	0.778	0.317

```
1  df_spotify.iloc[:, 1:6]
```

결과

그림 2-74 실행 결과

	Rank	Track_id	Streams	Track Name	Artist
0	1.0	25sgk305KZfyuqVBQlahim	1166185736	Sweet but Psycho	Ava Max
1	2.0	2Fxmhks0bxGSBdJ92vM42m	1052358787	bad guy	Billie Eilish
2	3.0	6oobgoVGwYJhOv1Ggl0NaF	780094044	7 rings	Ariana Grande
3	4.0	1rgnBhdG2JDFTbYkYRZAku	764208309	Dance Monkey	Tones and I
4	5.0	6v3KW9xbzN5yKLt9YKDYA2	763064359	Señorita	Shawn Mendes
...	...	...	...	...	...
1712	1713.0	27SdWb2rFzO6GWiYDBTD9j	554971	Cheap Thrills	Sia
1713	1714.0	0kLA41xkWzzYzMIEGFuDkP	544655	HaifischNikez Allstars	LX
1714	1715.0	79hJaqmVdohltPBNN6BULM	536886	Stayin' Alive - From "Saturday Night Fever" So...	Bee Gees
1715	1716.0	7rLegaz7zKB6EtDNzcslKE	536447	Medley da Gaiola - Dennis DJ Remix	MC Kevin o Chris
1716	1717.0	0kCqaybZgYcLYxzZymmBoc	524230	Quem Pegou, Pegou - Ao Vivo	Henrique & Juliano

1717 rows × 5 columns

loc와 마찬가지고 콜론(:)은 해당하는 행 또는 열의 전체를 선택한다.

지금까지 데이터를 핸들링하여 원하는 정보만 추출해 보았다. iloc, loc를 통해 데이터를 추출할 때 실제 df_spotify 데이터프레임의 데이터 그 자체가 변경되지 않는다. df_spotify.head( )를 실행해서 데이터프레임 그 자체는 변화가 없다는 것을 확인할 수 있다.

8.9   정렬

데이터 정렬 기능은 판다스에서 자주 사용되는 기능 중 하나이다. 다음의 두 가지 방법으로 데이터를 정렬할 수 있다.

- sort_values( ): 입력된 파라미터 기준으로 오름차순, 내림차순으로 정렬한다. 기본적으로 오름차순으로 정렬된다.
- sort_index( ): 알파벳순으로 데이터를 정렬한다. 기본적으로 오름차순으로 정렬된다.

새로운 df_sort 데이터프레임을 생성한 뒤 정렬 기능에 대해 살펴보자.

```
1  df_sort = df_spotify[['Rank','Streams','Track Name','Artist','Artist_popularity',
2                         'Artist_follower']]
3  df_sort.head()
```

결과

그림 2-75 실행 결과

	Rank	Streams	Track Name	Artist	Artist_popularity	Artist_follower
0	1.0	1166185736	Sweet but Psycho	Ava Max	87	1025358
1	2.0	1052358787	bad guy	Billie Eilish	98	18867904
2	3.0	789094044	7 rings	Ariana Grande	97	40958727
3	4.0	764208309	Dance Monkey	Tones and I	92	484241
4	5.0	763064359	Señorita	Shawn Mendes	94	23152263

```
1  # ascending을 따로 설정하지 않은 경우 기본은 ascending=True, 오름차순으로 정렬합니다.
2  df_sort.sort_values(by='Streams').head()
```

결과

그림 2-76 실행 결과

	Rank	Streams	Track Name	Artist	Artist_popularity	Artist_follower
1716	1717.0	524230	Quem Pegou, Pegou - Ao Vivo	Henrique & Juliano	84	9577443
1715	1716.0	536447	Medley da Gaiola - Dennis DJ Remix	MC Kevin o Chris	84	1139072
1714	1715.0	536886	Stayin' Alive - From "Saturday Night Fever" So...	Bee Gees	79	2834719
1713	1714.0	544655	HaifischNikez Allstars	LX	71	64625
1712	1713.0	554971	Cheap Thrills	Sia	90	15317280

Streams 컬럼을 기준으로 정렬하였다. 옵션에 ascending을 따로 설정하지 않았기 때문에 디폴트로 오름차순으로 정렬되었다. 컬럼 2개 이상을 기준으로 정렬할 수 있다. 이번에는 내림차순(ascending=False)으로 정렬해보자.

```
1  df_sort_values = df_sort.sort_values(by=['Artist_popularity','Streams'],ascending=False)
2  df_sort.sort_values(by=['Artist_popularity','Streams'],ascending=False)
```

그림 2-77 실행 결과

	Rank	Streams	Track Name	Artist	Artist_popularity	Artist_follower
9	10.0	615519053	Wow.	Post Malone	100	21335421
13	14.0	501130662	Goodbyes (Feat. Young Thug)	Post Malone	100	21335421
25	26.0	428712946	Circles	Post Malone	100	21335421
31	32.0	405953336	Better Now	Post Malone	100	21335421
33	34.0	395449434	rockstar (feat. 21 Savage)	Post Malone	100	21335421
...	...	...	...	...	...	...
1321	1322.0	1499777	She Got Me	Luca Hänni	57	39750
1336	1337.0	1395314	Spirit in the Sky	Keiino	56	16925
1348	1349.0	1282044	Too Late For Love	John Lundvik	56	19341
1474	1475.0	842008	Spicy - with Diplo & Charli XCX	Herve Pagez	55	4085
1343	1344.0	1337496	Monster Mash	Bobby "Boris" Pickett	47	11162

이번에는 sort_index로 알파벳, 숫자 순으로 정렬해보자. 우선 `df_sort_values.head( )` 명령어를 실행시켜 인덱스가 정렬되어 있는 상태인 것을 확인한다.

```
1  df_sort_values.head()
```

그림 2-78 실행 결과

	Rank	Streams	Track Name	Artist	Artist_popularity	Artist_follower
9	10.0	615519053	Wow.	Post Malone	100	21335421
13	14.0	501130662	Goodbyes (Feat. Young Thug)	Post Malone	100	21335421
25	26.0	428712946	Circles	Post Malone	100	21335421
31	32.0	405953336	Better Now	Post Malone	100	21335421
33	34.0	395449434	rockstar (feat. 21 Savage)	Post Malone	100	21335421

```
1  df_sort_values.sort_index().head()
```

그림 2-79 실행 결과

	Rank	Streams	Track Name	Artist	Artist_popularity	Artist_follower
0	1.0	1166185736	Sweet but Psycho	Ava Max	87	1025358
1	2.0	1052358787	bad guy	Billie Eilish	98	18867904
2	3.0	789094044	7 rings	Ariana Grande	97	40958727
3	4.0	764208309	Dance Monkey	Tones and I	92	484241
4	5.0	763064359	Señorita	Shawn Mendes	94	23152263

sort_index( )를 실행하면 옵션 ascending 정하지 않았기 때문에 행이 오름차순으로 정렬된 것을 확인할 수 있다. 이제 열을 알파벳순으로 정렬해보자. 옵션 axis=1을 통해 열을 지정했다.

```
1  df_sort_values.sort_index(axis=1).head( )
```

결과

그림 2-80 실행 결과

	Artist	Artist_follower	Artist_popularity	Rank	Streams	Track Name
9	Post Malone	21335421	100	10.0	615519053	Wow.
13	Post Malone	21335421	100	14.0	501130662	Goodbyes (Feat. Young Thug)
25	Post Malone	21335421	100	26.0	428712946	Circles
31	Post Malone	21335421	100	32.0	405953336	Better Now
33	Post Malone	21335421	100	34.0	395449434	rockstar (feat. 21 Savage)

8.10 통계 및 수학 함수

판다스에서는 기본적인 통계 및 수학 함수를 제공한다. 데이터프레임의 행, 열의 데이터를 어떻게 통계 및 수학 함수를 통해 활용할 수 있는지 알아보자.

우선 기존에 만들었던 df_artist_bts 데이터프레임을 사용하여 BTS 음원의 Stream 횟수를 여러 방면으로 살펴보자.

통계 및 수학 함수 출력

```
1  # 리스트에 있는 BTS 음원 Stream 횟수
2
3  print("BTS 음원 모든 곡의 Stream 총 횟수: ", df_artist_bts['Streams'].sum( ))
4  print("BTS 음원 중 한 곡의 minimum Stream 횟수: ", df_artist_bts['Streams'].min( ))
5  print("BTS 음원 중 한 곡의 maximum Stream 횟수: ", df_artist_bts['Streams'].max( ))
6  print("BTS 음원 중 한 곡의 minimum Stream의 index: ", df_artist_bts['Streams'].idxmin( ))
7  print("BTS 음원 중 한 곡의 maximum Stream의 index: ", df_artist_bts['Streams'].idxmax( ))
8  print("BTS 음원 모든 곡의 Stream 횟수의 평균: ", df_artist_bts['Streams'].mean( ))
9  print("BTS 음원 모든 곡의 Stream 중간값: ", df_artist_bts['Streams'].median( ))
```

결과

BTS 음원 모든 곡의 Stream 총 횟수: 419901208

BTS 음원 중 한 곡의 minimum Stream 횟수: 1921011

BTS 음원 중 한 곡의 maximum Stream 횟수: 261504425

BTS 음원 중 한 곡의 minimum Stream의 index: 1265

BTS 음원 중 한 곡의 maximum Stream의 index: 86

BTS 음원 모든 곡의 Stream 횟수의 평균: 38172837.09090909

BTS 음원 모든 곡의 Stream 중간값: 16442038.0

이처럼 해당하는 컬럼의 전체 데이터를 가지고 값을 구할 수 있다는 것을 확인했다. BTS의 모든 곡(11곡)을 4억 1,990만 번 이상 전 세계 사람들이 들었다. 또한, BTS 모든 곡의 Stream이 평균적으로 3800만 번이 넘었다. 대단한 수치다.

이렇게 하나하나 사용하는 방법 말고 describe( )로 한눈에 데이터를 보는 방법도 있다.

```
1 df_artist_bts.describe()
```

결과

그림 2-81 실행 결과

	Rank	Streams	acousticness	danceability	energy	instrumentalness	liveness	loudness	speechiness	valence	tempo	time_sig
count	11.000000	1.100000e+01	11.000000	11.000000	11.000000	11.000000	11.000000	11.000000	11.000000	11.000000	11.000000	11.0
mean	728.545455	3.817284e+07	0.108618	0.629364	0.736455	0.000021	0.170500	-5.476636	0.167655	0.527909	122.822000	3.9
std	302.115661	7.483497e+07	0.105153	0.099007	0.146617	0.000071	0.085952	1.710503	0.156064	0.182304	32.488069	0.3
min	87.000000	1.921011e+06	0.010400	0.469000	0.470000	0.000000	0.050200	-7.874000	0.042800	0.241000	81.000000	3.0
25%	678.000000	1.088406e+07	0.029100	0.582000	0.694000	0.000000	0.105000	-7.058500	0.054500	0.410000	101.279500	4.0
50%	711.000000	1.644204e+07	0.092300	0.633000	0.740000	0.000000	0.180000	-4.766000	0.107000	0.541000	119.991000	4.0
75%	831.500000	1.872496e+07	0.159000	0.685000	0.860000	0.000000	0.193000	-4.550000	0.231500	0.659500	142.469500	4.0
max	1266.000000	2.615044e+08	0.339000	0.804000	0.910000	0.000236	0.319000	-2.769000	0.444000	0.798000	176.084000	4.0

데이터셋에 이름을 올린 가수는 총 몇 명일까? unique( )를 사용하면 쉽게 확인할 수 있다.

```
1 # unique() - 유일값을 확인할 수 있습니다.
2
3 unique = df_spotify['Artist'].unique()
4 unique
```

결과

```
array(['Ava Max', 'Billie Eilish', 'Ariana Grande', 'Tones and I',
       'Shawn Mendes', 'Daddy Yankee', 'Lady Gaga', 'Lewis Capaldi',
       'Marshmello', 'Post Malone', 'Halsey', 'Pedro Capó', 'Sam Smith',
       'Ed Sheeran', 'Lil Nas X', 'Anuel AA', 'Bad Bunny', 'J. Cole',
       'Panic! At The Disco', 'Travis Scott', 'benny blanco', 'Lizzo',
       ...
       ... 중략
       ...
       'Dennis DJ', 'Cauty', 'Saweetie', 'Loredana', 'Don Patricio',
```

'Luan Santana', 'Ufo361', 'Twenty One Pilots', 'MC Du Black',

'Hozier', 'The Cratez', 'Farid Bang', 'Julia Michaels',

'Norm Ender', 'Pentatonix', 'Ultimo', 'KC Rebell', 'Rammstein',

보기 좋게 데이터프레임으로 변경해보자. 총 488명의 가수들의 곡들이 데이터셋에 있는 것을 확인할 수 있다.

```
1  df_unique = pd.DataFrame(unique)
2  df_unique
```

결과

그림 2-82 실행 결과

	0
0	Ava Max
1	Billie Eilish
2	Ariana Grande
3	Tones and I
4	Shawn Mendes
...	...
483	Bruno Mars
484	a-ha
485	Humberto & Ronaldo
486	LX
487	Bee Gees

488 rows × 1 columns

8.11 함수 적용 - apply lambda

판다스에서는 apply lambda를 이용해서 한 번에 데이터를 핸들링할 수 있다. 처음 파이썬을 접하면 조금 생소할 수 있으나 속도면에서 장점이 있다. 따라서 대용량 처리에 이를 사용하면 효율적으로 데이터를 가공할 수 있다. 예제를 통해 apply lambda의 기능을 살펴보자.

먼저 df_lambda 데이터프레임을 생성한 뒤 Streams의 중간값을 구하고, 람다식을 이용해서 입력된 값(x)에 중간값을 빼주고 그 결과값을 Stream_counts 열에 입력한다.

구문
lambda [입력값] : [입력값을 가지고 연산 처리. 연산 결과 반환]

lambda x에 Streams 컬럼에 해당하는 값들이 하나하나 입력된다. 그 입력된 x 값을 중간값을 가지고 있는 변수(steram_median)의 값에 뺄셈을 해준다. x − streams_median 뺄셈한 값이 df_lambda['Stream_counts']에 입력된다. 실제 코드를 실행해보자.

함수 적용 – apply lambda

```
1  df_lambda = pd.DataFrame(df_spotify.copy= True)
2  df_lambda.head()
```

결과

그림 2-83 실행 결과

	Country	Rank	Track_id	Streams	Track Name	Artist	URL	acous
0	global	1.0	25sgk305KZfyuqVBQlahim	1166185736	Sweet but Psycho	Ava Max	https://open.spotify.com/track/25sgk305KZfyuqV...	
1	global	2.0	2Fxmhks0bxGSBdJ92vM42m	1052358787	bad guy	Billie Eilish	https://open.spotify.com/track/2Fxmhks0bxGSBdJ...	
2	global	3.0	6ocbgoVGwYJhOv1Ggl9NsF	789094044	7 rings	Ariana Grande	https://open.spotify.com/track/6ocbgoVGwYJhOv1...	
3	global	4.0	1rgnBhdG2JDFTbYkYRZAku	764208309	Dance Monkey	Tones and I	https://open.spotify.com/track/1rgnBhdG2JDFTbY...	
4	global	5.0	6v3KW9xbzN5yKLt9YKDYA2	763064359	Señorita	Shawn Mendes	https://open.spotify.com/track/6v3KW9xbzN5yKLt...	

5 rows × 24 columns

```
1  print("평균값: ", df_lambda['Streams'].mean())
2  print("중간값: ", df_lambda['Streams'].median())
3
4  streams_median = df_spotify['Streams'].median()
```

```
5  streams_median= int(streams_median)
6  df_lambda['Stream_counts'] = df_lambda['Streams'].apply(lambda x: x – streams_median)
7  df_lambda[['Streams','Stream_counts']].head()
```

그림 2-84 실행 결과

```
평균값:  51661752.19510774
중간값:  9623926.0
```

	Streams	Stream_counts
0	1166185736	1156561810
1	1052358787	1042734861
2	789094044	779470118
3	764208309	754584383
4	763064359	753440433

계산된 전체 값들이 일괄적으로 Stream_counts 컬럼에 입력되었다. 이제 Stream_count가 0보다 적은 곡들의 정보를 살펴보자.

```
1  df_lambda[df_lambda['Stream_counts'] < 0][['Rank','Streams','Stream_counts','Track Name',
2                      'Artist']].head()
```

그림 2-85 실행 결과

	Rank	Streams	Stream_counts	Track Name	Artist
859	860.0	9588477	-35449	Norman fucking Rockwell	Lana Del Rey
860	861.0	9584863	-39063	Panini	Lil Nas X
861	862.0	9530455	-93471	Affalterbach	Shindy
862	863.0	9445521	-178405	My Type	Saweetie
863	864.0	9392629	-231297	GANG GANG	JACKBOYS

Rank 860 이후부터는 중간값보다 Stream_count가 작다는 것을 확인할 수 있다. 이번에는 람다 식에서 if 조건문을 사용해보자. df_lambda 각각의 Stream 값에서 중간값을 뺀 값이 0보다 크면 Above_median, 그렇지 않은 경우는 Under_median으로 값을 Stream_level에 전부 입력해본다.

그림 2-86 함수 적용 lambda

lambda x: 'Above_median' if 0 < x - streams_median else 'Under_median'

```
1  # 람다식에서 if 조건문을 사용합니다.
2  df_lambda['Stream_level'] = df_lambda['Streams'].apply(lambda x: 'Above_median'
3                                        if 0< x - streams_median else 'Under_median')
4  df_lambda[['Streams','Stream_counts','Stream_level']].head()
```

결과

그림 2-87 실행 결과

	Streams	Stream_counts	Stream_level
0	1166185736	1156561810	Above_median
1	1052358787	1042734861	Above_median
2	789094044	779470118	Above_median
3	764208309	754584383	Above_median
4	763064359	753440433	Above_median

```
1  df_lambda[['Streams','Stream_counts','Stream_level']].tail()
```

결과

그림 2-88 실행 결과

	Streams	Stream_counts	Stream_level
1712	554971	-9068955	Under_median
1713	544655	-9079271	Under_median
1714	536886	-9087040	Under_median
1715	536447	-9087479	Under_median
1716	524230	-9099696	Under_median

상/하위 행 5줄을 확인한 결과 정상적으로 Stream_level 컬럼에 Above_median, Under_median 값들이 입력된 것을 알 수 있다. 그렇다면 BTS의 11곡들은 어떤지 한 번 살펴보자.

그림 2-89 실행 결과

	Streams	Stream_counts	Track Name	Artist	Stream_level
86	261504425	251880499	Boy With Luv (feat. Halsey)	BTS	Above_median
464	42873724	33249798	Make It Right (feat. Lauv)	BTS	Above_median
676	18801822	9177896	Mikrokosmos	BTS	Above_median
678	18648089	9024163	Dream Glow (BTS World Original Soundtrack) - P...	BTS	Above_median
681	18423901	8799975	Make It Right	BTS	Above_median
710	16442038	6818112	HOME	BTS	Above_median
725	15134946	5511020	Dionysus	BTS	Above_median
778	12992565	3368639	Jamais Vu	BTS	Above_median
883	8775556	-848370	Intro : Persona	BTS	Under_median
1057	4383131	-5240795	A Brand New Day (BTS World Original Soundtrack...	BTS	Under_median
1265	1921011	-7702915	All Night (BTS World Original Soundtrack) [Pt. 3]	BTS	Under_median

11곡 중 3곡을 제외하고는 8곡은 중간값보다 많이 스트리밍된 것을 확인할 수 있다. 여기에 나온 것뿐만 아니라 다양한 방법으로 직접 데이터를 핸들링하면서 판다스를 익히기 바란다. 예제에서는 설명하지 않았지만 에너지 넘치는 곡들을 찾고 싶다면 energy 컬럼을 활용할 수 있다. energy 내림차순으로 정렬한 뒤 가수의 인기도나 스트리밍된 횟수를 보면서 나만의 곡들을 찾을 수 있다.

지금까지 넘파이, 판다스를 이용해 데이터를 생성하고 읽고 핸들링하는 방법에 대해 배웠다. 여기서는 시각화를 위한 부분, 통계 과학, 머신러닝을 위한 패키지들을 따로 다루진 않았다. 내용이 너무 방대하기 때문에 앞으로 각 챕터별로 해당 패키지들의 기능을 상세히 알아보자.

PART 03

회귀

종속 변수가 존재할 때 사용하는 데이터 분석 방법론인 지도학습은 크게
회귀와 분류로 나누어진다. 이번 파트에서는 종속 변수가 수치형일 때
사용하는 회귀(regression)에 대해 배운다. 구체적으로는 t-검정, 분산 분석,
상관 분석, 선형 회귀분석 등의 방법론을 알아본다.

데이터 분석에서 종속 변수가 존재하는 경우 지도학습(supervised learning) 또는 예측 분석 (predictive analysis)의 방법으로 해결할 수 있음을 배웠다. 지도학습은 다시 종속 변수가 양적 변수(quantitative variable)인 회귀(regression)와 종속 변수가 질적 변수(qualitative variable)인 분류 (classification)로 나뉜다. 회귀는 종속 변수가 양적 변수일 때 즉, 숫자의 형태를 가지고 있을 때 이를 분석하기 위한 방법이다.

표 3-1 회귀의 프레임워크

반응 변수		설명 변수	대표 방법론
있음	회귀	범주형	• T-검정
			• 분산 분석
		수치형	• 상관 분석
		수치형/범주형	• 선형 회귀
	분류	범주형	• 카이제곱 검정 • 피셔의 정합 검정 • 코크란-맨틀-핸첼 검정 • 맥니마 검정
		수치형/범주형	• 로지스틱 회귀 • 포아송 회귀 • 서포트 벡터 머신 • 선형 판별 분석
	수치형 /범주형	수치형/범주형	• K최근접 이웃 • 트리 기반 모형
없음		수치형	• 주성분 분석 • 군집 분석
		범주형	• 연관성 분석

회귀는 설명 변수가 질적 변수인 경우 t-검정 또는 분산 분석(ANOVA) 등의 방법론을 사용하여 해결할 수 있고, 설명 변수에 양적 변수가 포함되어 있는 경우 선형 회귀분석(linear regression) 등의 방법론을 사용하여 해결한다.

t-검정(t-test)은 독립 변수가 2개, 종속 변수가 수치형일 때 사용하는 분석 방법론이다. 단일표본 t-검정, 독립 표본 t-검정, 대응표본 t-검정으로 분류된다.

표 3-2 t-검정의 유형

유형	설명	예제
단일표본 t-test (one sample t-test)	특정 집단의 평균을 어떤 숫자와 비교	수질 정화시설 pH 농도가 기준치에 부합하는 지 확인
독립 표본 t-test (independent t-test = two sample t-test)	서로 다른 두 그룹 간 평균 비교	남성과 여성 간 소득 차이 비교
대응표본 t-test (paired t-test)	한 집단의 처리(사건) 전후 평균 비교	학생들의 과외를 하기 전후의 성적 변화

t-검정은 모집단에서 임의 추출된 표본의 평균을 특정 상수 또는 다른 모집단에서 추출된 다른 집단의 평균과 비교하는 방법이다. t-검정에는 단일 모집단에서 추출된 표본의 평균과 특정 상수를 비교하는 단일 표본 t-검정이 있고, 서로 다른 두 집단에서 추출된 표본의 평균을 비교하는 독립 표본 t-검정이 있다. 또한 한 관측치에 대한 전후 비교에 주로 사용되는 대응 표본 t-검정 방법이 있다.

그림 3-1 t-검정의 분석 방법론 선택을 위한 의사결정 흐름도

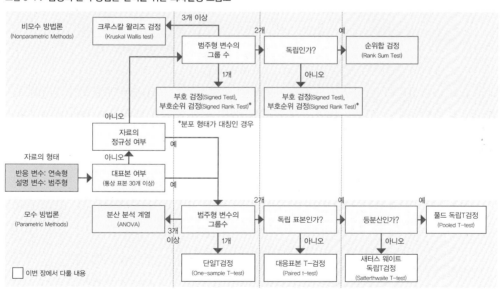

t-검정은 임의 추출된 표본의 평균을 이용해 모집단의 평균을 추정하여 비교하는 방법으로 표본 평균이 정규분포를 따름을 가정한다. 표본 크기가 큰 경우 표본 평균의 분포는 정규분포를 따르기 때문에 대표본인 경우 유연하게 이용할 수 있다. 만약 표본의 크기가 작다면 자료의 정규성 검정이 선행되어야 한다. 자료가 정규성을 만족하지 않는다면 비모수 검정 방법을 이용한다.

2.1 단일 표본 t-검정

단일 표본 t-검정(one sample t-test)은 단일 그룹의 평균이 어떤 상수와 같은지 검정하기 위한 방법이다. 반응 변수와 설명 변수 관점에서 설명하면 반응 변수는 연속형으로 평균 비교 대상이 되는 변수이다. 설명 변수는 그룹 변수로 남/여와 같을 수 있으나 단일 표본 t-검정은 단일 집단과 상수를 비교하기 때문에 **그룹 변수는 모두 같다**고 보아도 무관하다.

그림 3-2 단일 표본 t-검정의 의사결정 흐름도

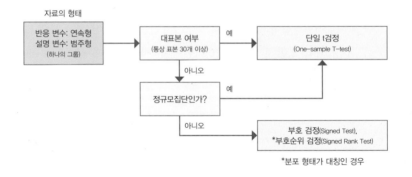

단일 표본 t-검정은 표본 평균의 분포를 이용한 검정 방법으로 표본 평균의 분포가 정규분포를 따르는 경우 이용할 수 있다. 경험적으로 표본의 수가 30개 이상인 경우 표본 평균이 정규분포를 따른다고 알려져 있기 때문에 표본의 수를 먼저 확인한다. 만약 30개 미만이면 자료에 대한 정규성을 확인하고 자료가 정규성을 만족하면 t-검정을 계속해서 수행한다. 자료가 정규분포를 따르지 않는다면 비모수 검정을 수행한다.

2.2   실습

평소 감자칩을 즐겨 먹던 민선 씨는 어느 날 감자칩의 중량이 예전보다 줄어든 느낌을 받았다. 오늘따라 특히 심한 것 같아 며칠 전에 산 감자칩 봉지의 중량과 오늘 산 것을 비교해보니 표시된 중량은 똑같았다. 하지만 실제 중량은 무려 6g이나 차이를 보여 중량이 실제로 맞는지 의심하게 됐다.

그림 3-3 단일 표본 t-검정 예: 감자칩

민선 씨는 감자칩의 중량이 허위 표기 되었다는 것을 증명하기 위해 가설 검정을 이용하기로 했다.

■ 감자칩의 중량에 대한 검정

민선 씨는 본인의 생각이 옳다면, 소비자 고발 프로그램에 신고하기로 한다.

하지만 방송사는 근거 없는 주장을 믿어줄 만큼 만만한 곳이 아니다.

그래서 얼마 전 배운 통계 검정 을 이용해 자기 주장이 옳다는 것을 증명하기로 한다.

■ 수집 데이터

표기된 중량을 확인해보니 90g이었다. 표기된 중량과 실제 중량 간에 유의 차가 있는지 확인하기 위해 가설을 세웠다.

표 3-3 수집 데이터

	1	2	3	4	5	6	7	8	9	10
관측값	89.03	95.07	88.26	90.07	90.6	87	87.67	88.8	90.46	81.33

- 1단계: 가설 설정 단계

  그림 3-4 가설 설정 단계

  H_0: 감자칩의 표시된 중량 (90g) =   실제 중량(기존에 알려진 사실)

  H_1: 감자칩의 표시된 중량 (90g) ≠   실제 중량(주장하고 싶은 것)

- 2단계: 검정 통계량 선택

  감자칩에 명시되어 있는 중량과 실제 중량의 평균에 차이가 있는지 확인하고 싶다.

  평균에 대한 가설 검정에서 이용되는 "T-statistics"를 이용한다.

- 3단계: 기각역 설정

  Null Hypothesis(귀무가설, 영가설)를 기각하기 위한 구간을 선택한다.

  일반적으로 유의 수준 alpha(제1종 오류의 확률) = 0.05를 주로 이용한다.

  N(표본 수) = 10, Alpha = 0.05이므로 기각역을 계산하면 양측 검정은 관측된 중량이 기준 중량과 다른 경우 (〈, 〉)를 의미한다. 따라서 기각역이 클 경우와 작을 경우를 고려해 +, − 모두 존재한다.

  그림 3-5 기각역 설정

  ∨ T-value는 excel의 "T.INV.2T" 함수를 이용해 쉽게 계산할 수 있다.

  ∨ T.INV.2T(유의 확률, 자유도)

  * t 분포의 자유도는 표본수 − 1이다.

  ∨ T.INV.2T(0.05,9) = (±) 2.262

- 4단계: p-value 계산

  p-value(유의 확률)는 관측된 데이터에 근거해 귀무가설을 기각했을 때 제1종 오류의 확률이다.

  그 값이 작을수록 귀무가설(H_0)에 반하는 강한 증거가 된다.

  대부분의 통계 패키지는 p-value를 자동으로 지원한다.

  그림 3-6 p-value 계산

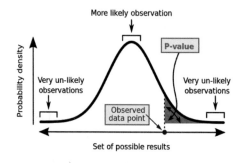

그림 3-7 t-value, p-value

```
one_sample = stats.ttest_1samp(potato_chip, 90)
print('Statistic(t-Value) : %.3f  P-value : %.4f' % one_sample)
```

〈그림 3-6〉의 observed data point가 〈그림 3-7〉의 t-value가 된다.

• 5단계: 가설 검정

가설 검정은 두 가지 방법으로 할 수 있다.

- **p-value와 유의 확률 비교:** p-value가 유의 확률보다 작으면 귀무가설을 기각할 수 있다.
- **기각역과 t-value 비교:** 앞서 구한 기각역 ($\pm$ 2.262)과 t-value (-1.07)를 비교해 t-value의 절대값이 더 크면 귀무가설을 기각할 수 있다.

코드로 작성하면 다음과 같다. 우선 단일 표본 t-검정에 필요한 모듈을 import한다. 감자칩에 대한 데이터를 potato_chip에 넣는다. scipy의 ttest_1samp()를 통해 단일 표본 t-검정을 실시한다.

```
1  # 연산 처리를 위한 패키지입니다.
2  import numpy as np
3  import pandas as pd
4  import scipy as sp
5  from scipy import stats
6
7  # 시각화를 위한 패키지입니다.
8  from matplotlib import pyplot as plt
9  import seaborn as sns
10
11 # 그래프를 실제로 그리기 위한 설정입니다.
12 %matplotlib inline
13
14 # 경고 메시지를 무시합니다.
15 import warnings
16 warnings.filterwarnings('ignore')
17
18 # 감자칩 데이터입니다.
19 potato_chip = np.array([89.03, 95.07, 88.26, 90.07, 90.6, 87, 87.67, 88.8, 90.46, 81.33])
20
21 # 단일 표본 t-test를 실시합니다.
```

```
22 # scipy의 ttest_1samp 사용, potato_chip: 감자칩 데이터, 90: 귀무가설의 기대값 중량 90g에 해당합니다.
23 one_sample = stats.ttest_1samp(potato_chip, 90)
24
25 print('Statistic(t-value) : %.3f  p-value : %.4f, % one_sample)
```

결과

```
Statistic(t-value) : -1.071  p-value : 0.3120
```

p-value와 유의 확률 값의 결과 귀무가설을 기각할 수 없다.

그림 3-8 귀무가설 기각역, 유의 수준

$$|-1.07|(\text{t-value}) \ < \ |\pm 2.262|(\text{기각역})$$
$$0.3120(\text{p-value}) \ > \ 0.05 \ \ (\text{유의 수준})$$

귀무가설 H_0를 기각할 수 없다.

표본 데이터를 Seaborn의 distplot을 사용해서 히스토그램을 시각화한다. 90g에 대부분의 데이터가 관측되는 것을 확인할 수 있다.

```
1 # kde(Kerner Density Estimation): 구해진 히스토그램을 정규화한 뒤 확률 밀도 함수로 사용합니다.
2
3 ax = sns.distplot(potato_chip, kde=False, fit=stats.norm, label="potato_chip", color = 'blue')
4 ax.set(xlabel = "The weight for the snack")
5 plt.legend()
6 plt.show()
```

그림 3-9 실행 결과

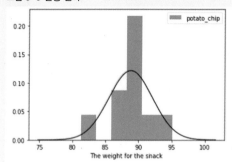

rug=True 값을 주면 빗금으로 실제 데이터가 표시된다.

```
1  # rug=True 값을 주면 빗금으로 해당 데이터의 위치가 표시됩니다.
2
3  ax = sns.distplot(potato_chip, kde=False, fit=stats.norm, label="potato_chip", color
4                    = 'green', rug=True)
5  ax.set(xlabel = "The weight for the snack")
6  plt.legend( )
7  plt.show( )
```

그림 3-10 실행 결과

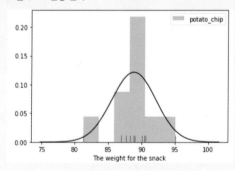

2.3 독립 표본 t-검정

독립 표본 t-검정(independent sample t-test)은 서로 독립된 두 집단 간 평균 비교에 사용하는 방법이다. 반응 변수와 설명 변수 관점에서는 **반응 변수가 연속형**이고, **설명 변수가 범주형(그룹의 수 2개)**인 경우 사용한다.

그림 3-11 독립 표본 t-검정의 의사결정 흐름도

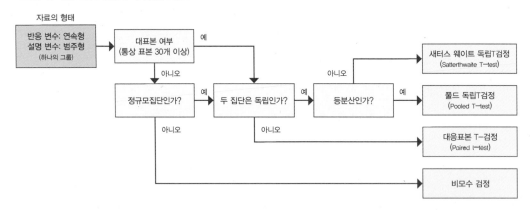

관측치가 대표본($n \geq 30$)인 경우 자료의 정규성에 대한 검토 없이 두 집단이 독립인지 여부를 검토한다. 만약 소표본($n < 30$)이라면 자료 정규분포를 따르는지 검토하고 자료가 정규분포를 따르지 않는 경우 비모수 검정을 수행한다. 대표본, 소표본 판단은 **각 그룹별 관측치 수**를 기준으로 판단한다.

두 집단은 서로 **독립임을 가정**한다. 대부분 독립성 가정을 만족하지만 **같은 관측치에 대해 전-후 비교를 하는 경우는 독립성 가정을 만족하지 않는다.**

두 집단의 분산이 동일한지 여부에 따라 다른 검정 통계량을 사용한다. 등분산인 경우 풀드 독립 t-검정(pooled t-test)을 이용하고, 두 집단의 분산이 다른 경우(이분산) 새터스 웨이트 독립 t-검정(satterthwaite t-test)을 수행한다.

통계 패키지를 이용할 경우, 두 집단의 분산이 같은지에 대한 검정을 기본으로 수행한다. 이때 **귀무가설(H_0)은 "두 집단은 분산이 동일하다"** 즉, **등분산임을 가정**한다. 따라서 유의 확률이 유의 수준보다 작다면(p-value < 0.05) 통계학적으로 두 집단의 분산이 같다고 말할 수 없음을 의미한다.

등분산 여부를 판단하는 이유는 다음과 같다.

그림 3-12 두 집단의 분산이 같은 경우(등분산)

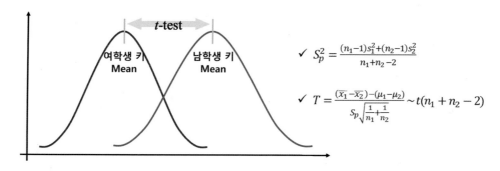

$$S_p^2 = \frac{(n_1-1)s_1^2+(n_2-1)s_2^2}{n_1+n_2-2}$$

$$T = \frac{(\overline{x_1}-\overline{x_2})-(\mu_1-\mu_2)}{S_p\sqrt{\frac{1}{n_1}+\frac{1}{n_2}}} \sim t(n_1+n_2-2)$$

두 집단의 표본분산이 같은 경우엔 T 통계량의 표본 표준편차 부분이 달라진다. 등분산 여부에 따라 통계량에 차이가 나타나는 이유는 산포의 정도가 다른 두 집단의 표본을 동등 비교한다는 것이 공정하지 않기 때문이다. 두 집단의 분산이 같은 경우 Pooled 방법을 이용한다.

그림 3-13 두 집단의 분산이 다른 경우(이분산)

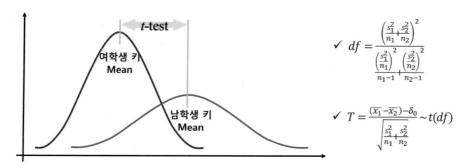

$$df = \frac{\left(\frac{s_1^2}{n_1}+\frac{s_2^2}{n_2}\right)^2}{\frac{\left(\frac{s_1^2}{n_1}\right)^2}{n_1-1}+\frac{\left(\frac{s_2^2}{n_2}\right)^2}{n_2-1}}$$

$$T = \frac{(\overline{x_1}-\overline{x_2})-\delta_0}{\sqrt{\frac{s_1^2}{n_1}+\frac{s_2^2}{n_2}}} \sim t(df)$$

두 집단의 분산이 다른 경우 자유도(degree of freedom)가 달라진다. 또한 T 통계량의 분모가 달라지며 이로 인해 등분산일 때와 다른 검정 결과가 얻어질 수 있다.

2.4 실습

A 유통은 이번 달에 새로운 프로모션을 기획했다. 기획자는 이 프로모션이 매출 증가에 큰 도움을 줄 것이라고 한다. 하지만 이에 대한 정확한 효과를 측정해야 지속적으로 이 프로모션을 시행할지 여부를 결정할 수 있다고 한다.

promotion.csv 파일을 불러와서 df_independent_ttest 데이터 프레임에 담는다.

```
1 df_independent_ttest = pd.read_csv('data/ttest/promotion.xlsx')
2 df_independent_ttest.head()
```

결과

그림 3-14 실행 결과

	Store	promotion	profit
0	1	NO	2100
1	2	YES	3000
2	3	YES	2200
3	4	YES	2600
4	5	NO	1700

프로모션을 진행했을 경우와 그렇지 않은 경우의 평균값을 포함한 데이터는 다음과 같다.

```
1 df_independent_ttest[df_independent_ttest['promotion'] == 'NO']['profit'].describe()
```

결과

그림 3-15 실행 결과

	profit
count	52.000000
mean	1923.076923
std	347.887397
min	1400.000000
25%	1675.000000
50%	1900.000000
75%	2125.000000
max	2800.000000

```
1 df_independent_ttest[df_independent_ttest['promotion'] == 'YES']['profit'].describe()
```

그림 3-16 실행 결과

	profit
count	48.000000
mean	2906.250000
std	331.602332
min	2200.000000
25%	2600.000000
50%	2900.000000
75%	3125.000000
max	3600.000000

독립 표본 t-검정을 실행한다. 등분산 검정은 레빈(Levene), 플리그너(Fligner), 바틀렛(Bartlett) 등 다양한 방법을 사용할 수 있다.

```
1   # 프로모션 실시, 미실시 profit 데이터를 추출합니다.
2   arr_yes = df_independent_ttest[df_independent_ttest['promotion'] == 'YES']['profit']
3   arr_no = df_independent_ttest[df_independent_ttest['promotion'] == 'NO']['profit']
4
5   # 등분산 검정 레빈(Levene)입니다.
6   levene = stats.levene(arr_yes, arr_no,)
7   print('levene result(F) : %.3f \np-value : %.3f' % (levene))
8
9   # 등분산 검정 플리그너(Fligner)입니다.
10  fligner = stats.fligner(arr_yes, arr_no,)
11  print('fligner Result(F) : %.3f \np-value : %.3f' % (fligner))
12
13  # 등분산 검정 바틀렛(Bartlett)입니다.
14  bartlett = stats.bartlett(arr_yes, arr_no,)
15  print('bartlett Result(F) : %.3f \np-value : %.3f' % (bartlett))
16
17  # 독립 표본 t 검정, equal_var = True 분산 차이는 없습니다.
18  ind_ttest_result = stats.ttest_ind(arr_no, arr_yes, equal_var = True)
19  print('Statistic(t-value) : %.3f  p-value : %.28f' % ind_ttest_result)
```

결과

```
levene result(F) : 0.258
p-value : 0.612
fligner Result(F) : 0.179
p-value : 0.672
bartlett Result(F) : 0.111
p-value : 0.739
Statistic(t-value) : -14.439  p-value : 0.0000000000000000000000000527
```

결과는 p-value가 0.5보다 크므로 등분산성 조건을 만족한다. 또한 p-value가 0.05보다 작기 때문에 유의미하다고 할 수 있다.

2.5   대응 표본 t 검정

대응 표본 t-검정(paired sample t-test)은 같은 개체에 대해 특정 처리를 가하기 전과 후를 비교하는 데에 주로 사용하는 평균 비교 방법이다.

그림 3-17 대응 표본 t-검정의 의사결정 흐름도

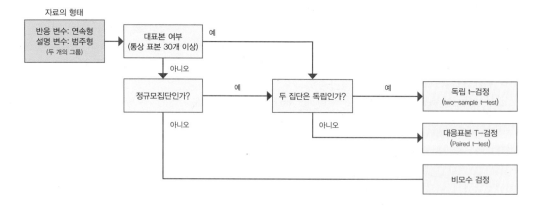

2.6 실습

S 전자는 이번에 새로운 광고 모델로 떠오르는 아이돌 스타 A양을 기용했다. 하지만 A양의 모델료가 상당히 비싸기 때문에 회사 입장에서는 계속해서 A양을 기용하는 것이 매출 증가에 실질적으로 도움이 되는지 확인해 재계약 여부를 결정하려고 한다.

tvads.csv 파일을 불러와서 df_paired_ttest 데이터 프레임에 담는다.

```
1  df_paired_ttest = pd.read_csv('data/ttest/tvads.csv')
2  df_paired_ttest.head()
```

결과

그림 3-18 실행 결과

	store	before	after
0	1	290	326
1	2	304	306
2	3	282	328
3	4	293	322
4	5	288	314

before는 광고를 하기 전, after는 광고를 한 후의 값이다. ttest_rel( )를 사용해 대응 표본 t-검정을 실시한다.

```
1  before = np.array(df_paired_ttest['before'])
2  after = np.array(df_paired_ttest['after'])
3
4  # 대응 표본 t 검정
5  paired_ttest_result = stats.ttest_rel(after, before)
6  print('Statistic(t-value) : %.3f  p-value : %.28f' % paired_ttest_result)
```

결과

```
Statistic(t-value) : 13.532   p-value : 0.0000000000000000005472565823
```

p-value가 0.05보다 작기 때문에 광고하기 전보다 광고한 이후 매출 증가에 유의미한 결과가 있었다고 볼 수 있다.

```
1  # 평균
2  diff_result = after - before
3  diff_result.mean()
```

결과

33.29090909090909

광고 이후 평균적으로 33.29의 매출 증가가 있었다. 시각화를 통해 before, after의 데이터 분포도를 히스토그램을 살펴보자.

```
1  plt.figure(figsize=(16,12))
2
3  ax1 = plt.subplot(221)
4  ax1 = sns.distplot(before, kde=False, fit=stats.gamma, label="before", color = 'blue')
5  ax1.set(xlabel = "The number of customers", title = "TV ads, Before")
6  plt.legend()
7
8  ax2 = plt.subplot(222)
9  ax2 = sns.distplot(after, kde=False, fit=stats.gamma, label="after", color = 'red')
10 ax2.set(xlabel = "The number of customers", title = "TV ads, After")
11
12 plt.legend()
13 plt.show()
```

결과

그림 3-19 실행 결과

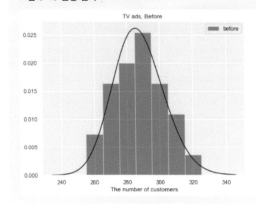
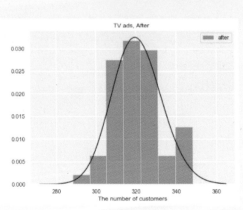

다음과 같이 before, after를 겹쳐서 보게 되면 더 분명한 차이를 확인할 수 있다.

```
1  ax3 = plt.subplots()
2  ax3 = sns.distplot(before, kde=False, fit=stats.gamma, label="before",color = 'blue')
3  ax3 = sns.distplot(after, kde=False, fit=stats.gamma, label="after", color = 'red')
4  ax3.set(xlabel = "The number of customers", title = "TV ads, Before vs After")
5
6  plt.legend()
7  plt.show()
```

결과

그림 3-20 실행 결과

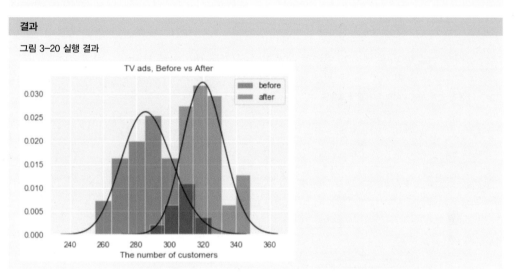

분산 분석(Analysis of Variance; ANOVA)은 독립 변수가 범주형, 종속 변수가 수치형일 때 사용하는 분석 방법론이다. 앞에서 학습한 독립 변수가 2개일 때 사용하는 t–검정은 분산 분석의 일종이다.

3.1 의의 및 유형

분산 분석은 연속형 반응 변수와 범주형 설명 변수를 갖는 데이터를 분석하는 방법 중 하나이다.

그림 3-21 분산 분석(ANOVA)의 의사결정 흐름도

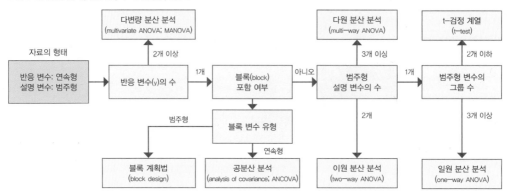

분산 분석은 범주형 설명 변수의 집단(수준, 그룹)에 따라 연속형 반응 변수의 평균 차이가 있는지 통계학적으로 검정하는 방법이다. 앞서 살펴본 t–검정의 확장으로 설명 변수의 집단이 3개 이상인 경우 이용한다.

표 3-4 세 공정 A, B, C의 불량률 측정 자료

공정 (설명 변수)		A(집단 1)	B(집단 2)	C(집단 3)
	반복 수			
불량률 (반응 변수)	1	2.05	1.92	3.15
	2	1.95	1.31	3.12
	3	2.27	1.54	3.25
	4	1.93	1.57	2.68
	5	1.96	1.67	3.24

분산 분석은 〈표 3-4〉와 같이 각 공정(설명 변수, 요인)의 종류(A, B, C)에 따른 불량률(반응 변수)의 차이가 통계학적으로 유의한지 검정하기 위한 방법이다. 공정의 종류 A, B, C를 수준(level) 또는 처리(treatment)라고 한다. 〈표 3-4〉는 각 공정에 대해 4번 불량률을 측정한 반복이 5이고, 반복 수가 같은 데이터로 일원 분산 분석(one-way ANOVA, 또는 일원 배치법)이 적합하다.

표 3-5 분산 분석의 유형

유형	반응 변수의 수	설명 변수의 수
일원 분산 분석 (one-way ANOVA)	1개 연속형 변수	1개 범주형 변수
이원 분산 분석 (two-way ANOVA)	1개 연속형 변수	2개 범주형 변수
다원 분산 분석 (multi-way ANOVA)	1개 연속형 변수	3개 이상 범주형 변수
다변량 분산 분석 (multivariate ANOVA; MANOVA)	2개 이상 연속형 변수	1개 이상 범주형 변수
공분산 분석 (analysis of covariance; ANCOVA)	1개 연속형 변수	2개 이상 범주형/연속형 변수
다변량 공분산 분석 (multivariate ANOVA; MANCOVA)	2개 이상 연속형 변수	2개 이상 범주형/연속형 변수

분산 분석은 공통적으로 연속형 설명 변수와 범주형 설명 변수를 갖는 데이터에 적합한 분석 방법이다. 이때 연속형 설명 변수의 개수, 범주형 설명 변수의 개수, 반복 측정 여부 등에 따라 일원 분산 분석, 이원 분산 분석, 다원 분산 분석, 다변량 분산 분석 등으로 구분된다.

또한 알고자 하는 설명 변수의 효과를 정확하게 파악하기 위해 블록(block)이나 공변량(covariates)을 이용하여 실험의 정도를 높일 수 있다. 분산 분석은 실험계획법(experiment design)이라는 영역에서 주로 사용되는 방법이다.

3.2 일원 분산 분석

일원 분산 분석은 연속형 반응 변수 1개와 범주형 설명 변수 1개를 갖는 데이터를 검정하기 위한 방법이다. 주로 범주형 설명 변수의 수준 수가 3개 이상인 경우 주로 사용한다(2개 이하인 경우 t-검정).

그림 3-22 일원 분산 분석의 의사결정 흐름도

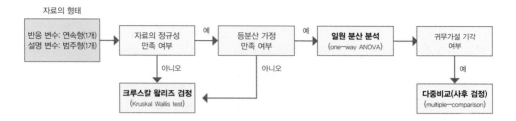

일원 분산 분석은 반응 변수의 정보 중 설명 변수로 설명되지 않는 영역 즉, 오차(error)에 대해 각각의 오차는 독립(독립성)이고 평균이 0이며 분산이 각 수준에 따라 모두 같은(등분산 가정) 정규분포(정규성 가정)를 따른다는 것으로 가정한다. 이 가정을 만족하지 않는 경우 비모수 검정을 선택하는 것이 타당하다.

■ **오차에 대한 가정 세 가지**

- 각 집단 간의 자료는 독립이다.
- 각 집단의 자료는 정규분포를 따른다.
- 각 집단의 모분산은 동일하다.

일원 분산 분석은 오차와 처리의 분산비를 이용해 처리 효과가 유의한지 검정한다. "각 수준 중 적어도 하나는 효과가 있는가"를 검증하는 방법이다. 따라서 검정 결과가 유의한 경우 각 수준 간에 유의차가 존재하는 쌍을 찾는 다중비교(multiple comparison; 사후 검정) 절차가 필요하다.

〈표 3-4〉에 대해 분산 분석 결과가 유의했다면, 각 공정 A, B, C 중 어떤 공정들이 유의미한 차이를 보였는지 확인하는 절차가 필요하다.

■ **일원 분산 분석 모형**

일원 분산 분석은 그룹의 수가 3개 이상인 하나의 범주형 설명 변수를 갖는 데이터에 적합한 분석 방법이다. 전제되는 가정은 앞서 설명했듯 서로 독립인 오차항은 평균이 0이고 분산이 σ^2인 정규분포를 따른다. 분산 분석은 정규모집단 가정에 대해 강건한(robust) 모형으로 정규성을 다소 이탈한다고 해서 큰 문제가 발생하지는 않는다고 알려져 있다.

그림 3-23 일원 분산 분석 모형

모형

$$y_{ij} = \mu_i + \epsilon_{ij}$$
$$= \mu + \alpha_i + \epsilon_{ij}, i = 1, ..., n_i.$$

y_{ij}: i번째 처리를 받은 n_i개의 개체 중 j번째 개체에 대한 반응 변수의 값

μ: 전체 모평균

μ_i: i번째 처리의 모평균

$\alpha_i (= \mu_i - \mu)$: i번째 처리의 효과

ϵ_{ij}: 오차항으로 **서로 독립인 확률 변수**, $\epsilon_{ij} \sim N(0, \sigma^2)$

가정: 각 처리 수준에서 모분산은 동일

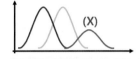

✓ ANOVA의 등분산 검정은 주로 Bartlett, Brown & Forsythe, Levene, O'Brien 등의 방법이 이용된다.

■ 일원 분산 분석 모형의 가설

일원 분산 분석의 가설은 "모든 처리 수준에서 모평균이 모두 같다"로 최소 하나 이상의 처리 수준에서 유의차를 보이면 귀무가설은 기각된다. 즉, 분산 분석은 어떤 그룹 간에 차이가 있다는 사실은 알려주지 않는다. 단지 우리가 비교하고자 하는 집단들 간에 모평균의 차이가 유의 수준하에 존재한다는 것을 말한다. 이런 이유로 어떤 집단에 차이가 있는지 살펴보기 위한 검정 절차가 별도로 필요하다.

그림 3-24 일원 분산 분석 모형의 가설

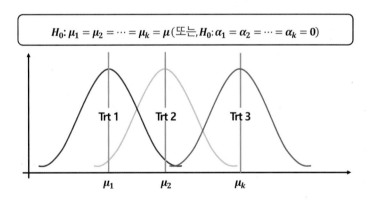

$$H_0: \mu_1 = \mu_2 = \cdots = \mu_k = \mu \,(\text{또는}, H_0: \alpha_1 = \alpha_2 = \cdots = \alpha_k = 0)$$

Trt 1   Trt 2   Trt 3

μ_1 μ_2 μ_k

■ 일원 분산 분석의 검정 통계량

분산 분석은 **반응 변수의 변동(total sum of squares; TSS)**을 각 그룹 간 차이에 의한 변동(**sum of squares for treatment; SST**)과 **그룹 간 차이 외 변동(sum of squares for error; SSE)**으로 분해하고, 이때 평균적인 각 그룹 간 차이(SST)가 그룹 간 차이 외 변동(SSE)보다 크면 클 수록 각 그룹간 평균차가 통계학적으로 유의미하다.

그림 3-25 일원 분산 분석의 검정 통계량

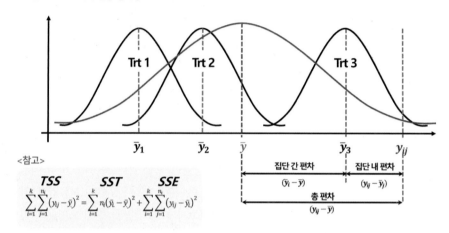

표 3-6 일원 분산 분석의 분산 분석 표

요인 (Factor)	자유도 (Degree of Freedom)	제곱합 (Sum of Square)	평균제곱 (Mean Square)	F value
처리 (Treatment)	$k-1$	SST	$MST = \dfrac{SST}{k-1}$	$F = \dfrac{MST}{MSE}$
오차 (Error)	$n-k$	SSE	$MSE = \dfrac{SSE}{n-k}$	
총 (Total)	$n-1$	TSS		

분산 분석은 검정 통계량으로 F-통계량을 이용한다. F-통계량은 각 처리와 오차에 대한 평균제곱합의 비로 구성되어 있다. 이때 처리 평균제곱(Mean Square for Treatments; MST)이 오차 평균제곱(Mean Square for Errors; MSE)보다 커질수록 각 그룹별 반응 변수 평균의 차이가 유의미함을 의미하기 때문에 F-통계량 값은 커지게 설계되어 있다. F-통계량 값이 사전에 설정한 유의 수준(각 그룹별 평균이 모두 같은데 다르다고 할 확률)에 도달할 정도로 유의미하게 커지면 각 그룹별 평균의 차이가 없다는 귀무가설이 기각된다.

3.3 실습

최고 반도체는 최근 새로운 기계 도입을 위해 4개 업체를 선정했다. 실험적으로 각 공정의 일부 라인에 4가지 종류의 새로운 기계를 도입했다. 최고 반도체는 도입 결과로 얻어진 데이터를 이용해 어떤 업체의 제품을 이용하는 것이 품질 관리에 더 효과적인지 확인하여 공급 업체를 선정하고자 한다.

그림 3-26 **일원 분산 분석 예**

가설
H_0 : 각 설비에 따른 불량률의 차이가 없다.
H_1 : 각 설비에 따른 불량률의 차이가 있다.

각 업체 기계별 불량률의 유의미한 차이가 있는지 확인한다. 즉, 4개 업체의 집단간 불량률(수치)의 차이를 검정하는 것이 일원 분산 분석이다.

```
1  # 데이터 핸들링을 위한 패키지입니다.
2  import numpy as np
3  import pandas as pd
4
5  # 통계를 위해 사용하는 패키지입니다.
6  from scipy import stats
7  import statsmodels.api as sm
8  from statsmodels.formula.api import ols
9
10 # 시각화를 위한 패키지입니다.
11 from matplotlib import pyplot as plt
12 import seaborn as sns
```

```
13
14  # 그래프를 실제로 그리기 위한 설정입니다.
15  %matplotlib inline
16
17  # 경고 메시지를 무시합니다.
18  import warnings
19  warnings.filterwarnings('ignore')
```

```
1  # csv 파일을 불러와서 df_f_oneway 데이터 프레임에 담습니다.
2  df_f_oneway = pd.read_csv('data/anova/factory.csv')
3  df_f_oneway
```

결과

그림 3-27 실행 결과

	machine	type	defRate
0	1	3	0.001999
1	2	1	0.005974
2	3	4	0.007828
3	4	1	0.006121
4	5	1	0.005887
...	...	...	...
295	296	2	0.002640
296	297	4	0.007573
297	298	2	0.003870
298	299	1	0.005815
299	300	1	0.006372

300 rows × 3 columns

엑셀 파일을 불러와서 df_f_oneway 데이터프레임에 저장한 데이터를 확인한다.

변수 설명

Machine: 기계 고유 번호

Type: 공급 업체 종류

defRate: 불량률

지금은 불량률의 유의미한 차이를 확인하는 것이 목적이기 때문에 defRate에 초점을 맞춰 분석한다. 먼저 데이터 검토 및 변수별 기초 통계값에 대해 알아보자.

```
1  # 데이터셋에 대한 정보를 확인합니다.
2  df_f_oneway.info()
```

결과

```
<class 'pandas.core.frame.DataFrame'>
RangeIndex:  300 entries, 0 to 299
Data columns (total 3 columns):
machine      300 non-null int64
type         300 non-null int64
defRate      300 non-null float64
dtypes: float64(1), int64(2)
memory usage: 7.2 KB
```

```
1  # 결측치가 있는지 확인합니다.
2  df_f_oneway.isnull().sum()
```

결과

```
machine      0
type         0
defRate      0
dtype: int64
```

```
1  # 업체별 데이터 개수를 확인합니다.
2  df_f_oneway['type'].value_counts()
```

결과

```
3    78
2    77
1    75
4    70
Name: type, dtype: int64
```

```
1  # 기술 통계량을 확인합니다.
2  df_f_oneway.describe()
```

그림 3-28 실행 결과

	machine	type	defRate
count	300.000000	300.000000	300.000000
mean	150.500000	2.476667	0.004636
std	86.746758	1.104622	0.002418
min	1.000000	1.000000	0.000704
25%	75.750000	1.750000	0.002357
50%	150.500000	2.000000	0.003865
75%	225.250000	3.000000	0.006799
max	300.000000	4.000000	0.008727

데이터셋을 불러온 후, 가장 먼저 데이터를 살펴보고 결측값은 없는지 확인한다. 또한 기초 통계 확인을 통해 평균, 표준편차, min, max 값들을 보면서 특이사항은 없는지 본다. 기초 통계는 describe() 함수를 사용해서 쉽게 확인할 수 있다. 여기서 중간값, 왜도, 첨도, 결측값도 함께 추가해서 하나의 데이터 프레임 형태로 살펴보자.

```
1  # 왜도를 계산합니다.
2  def skew(x):
3      return stats.skew(x)
4
5  # 첨도를 계산합니다.
6  def kurtosis(x):
7      return stats.kurtosis(x)
8
9  # 기술 통계를 살펴보면 평균 불량률의 경우 3번 업체가 가장 낮은 것으로 확인됩니다.
10 df_desc_stat = df_f_oneway.groupby("type")['defRate'].describe()
11
12 skew_results = []
13 kurtosis_results = []
14 null_results = []
15
16 for i in range(1,5):
17     skew_results.append(skew(df_f_oneway[df_f_oneway['type'] == i]['defRate']))
18     kurtosis_results.append(kurtosis(df_f_oneway[df_f_oneway['type'] == i]['defRate']))
19     null_results.append(df_f_oneway[df_f_oneway['type'] == i]['defRate'].isnull().sum())
```

```
20
21 df_desc_stat['median'] = df_f_oneway.groupby("type")['defRate'].median()
22 df_desc_stat['skew'] = skew_results
23 df_desc_stat['kurtosis'] = kurtosis_results
24 df_desc_stat['missing'] = null_results
25
26 df_desc_stat.head()
```

그림 3-29 실행 결과

	count	mean	std	min	25%	50%	75%	max	median	skew	kurtosis	missing
type												
1	75.0	0.006029	0.000460	0.005062	0.005724	0.005986	0.006344	0.007295	0.005986	0.284333	-0.245942	0
2	77.0	0.002996	0.000522	0.002097	0.002640	0.002976	0.003368	0.004074	0.002976	0.203093	-0.770529	0
3	78.0	0.001946	0.000454	0.000704	0.001689	0.001986	0.002248	0.002917	0.001986	-0.369573	0.398896	0
4	70.0	0.007946	0.000420	0.006821	0.007650	0.007940	0.008278	0.008727	0.007940	-0.389347	-0.232690	0

시중에 나와 있는 통계 프로그램처럼 손쉽게 기초 통계 데이터를 확인할 수 있다. 이제 데이터를 시각화하여 형태를 살펴보자. 기술 통계를 살펴본 결과 3번 업체가 평균(mean) 불량률(defRate)이 가장 낮게 나온 것을 볼 수 있다. 파이썬에서는 데이터를 다양한 형태로 시각화할 수 있다. 대표적으로 matplotlib, seaborn 패키지가 많이 사용된다.

```
1  # boxplot을 통해 type별로 유의미한 차이가 있을지 확인합니다.
2  # 상자의 중심은 중앙값, 윗단과 아랫단은 각각 75%, 25%의 사분의 점입니다.
3  sns.boxplot(x = "type", y = "defRate", data = df_f_oneway)
4  plt.show()
```

그림 3-30 실행 결과

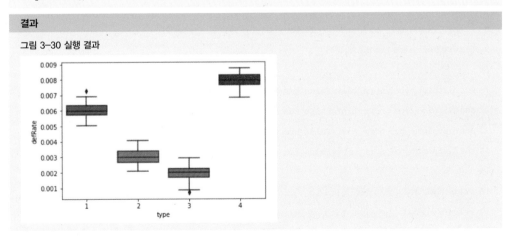

```
1  # violinplot도 boxplot과 함께 type별로 유의미한 차이가 있을지 확인할 때 사용합니다.
2  # boxplot과 다르게 밀도를 추정할 수 있습니다.
3  sns.violinplot(x = "type", y = "defRate", data = df_f_oneway)
4  plt.show()
```

결과

그림 3-31 실행 결과

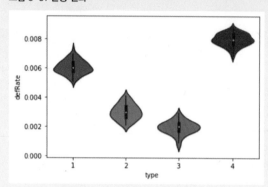

boxplot, violinplot을 보면 type 간의 유의미한 차이가 있을 것 같은 형상을 보인다. 히스토그램으로 살펴보자.

```
1  # 히스토그램
2
3  type1 = np.array(df_f_oneway[df_f_oneway['type'] == 1]['defRate'])
4  type2 = np.array(df_f_oneway[df_f_oneway['type'] == 2]['defRate'])
5  type3 = np.array(df_f_oneway[df_f_oneway['type'] == 3]['defRate'])
6  type4 = np.array(df_f_oneway[df_f_oneway['type'] == 4]['defRate'])
7
8  figure, ((ax1, ax2), (ax3, ax4)) = plt.subplots(nrows=2, ncols=2)
9  figure.set_size_inches(16,12)
10
11 sns.distplot(type1, norm_hist=False, kde=False, label="type1", rug=True, color = 'blue', ax=ax1)
12 sns.distplot(type2, norm_hist=False, kde=False, label="type2", rug=True, color = 'red', ax=ax2)
13 sns.distplot(type3, norm_hist=False, kde=False, label="type3", rug=True, color = 'green', ax=ax3)
14 sns.distplot(type4, norm_hist=False, kde=False, label="type4", rug=True, color = 'orange', ax=ax4)
15
16 ax1.set(ylabel='defRate', title = "type1")
17 ax2.set(ylabel='defRate', title = "type2")
```

```
18 ax3.set(ylabel='defRate', title = "type3")
19 ax4.set(ylabel='defRate', title = "type4")
20
21 plt.show()
```

결과

그림 3-32 실행 결과

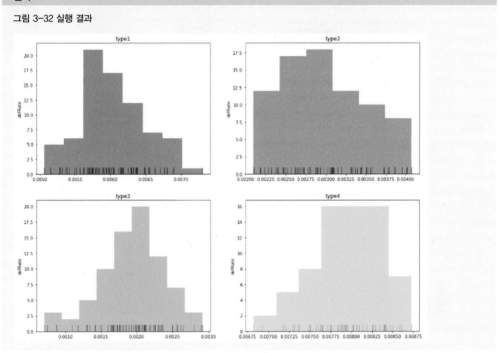

```
1  # 한 번에 보기
2  plt.figure(figsize=(16,6))
3
4  ax5 = sns.distplot(type1, hist=True, norm_hist=False, kde=False, label="type1", color = 'blue')
5  ax5 = sns.distplot(type2, hist=True, norm_hist=False, kde=False, label="type2", color = 'red')
6  ax5 = sns.distplot(type3, hist=True, norm_hist=False, kde=False, label="type3", color = 'green')
7  ax5 = sns.distplot(type4, hist=True, norm_hist=False, kde=False, label="type4", color = 'orange')
8  ax5.set(xlabel="defRate")
9
10 plt.legend()
11 plt.show()
```

그림 3-33 실행 결과

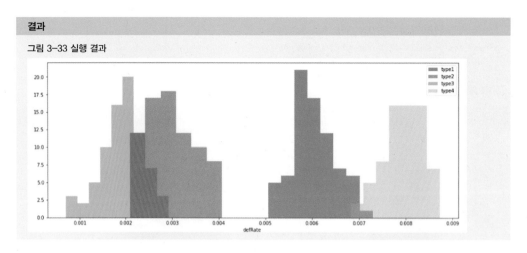

히스토그램을 통해서 살펴본 결과 type3 업체가 불량률(defRate)이 낮은 것을 확인할 수 있다.

Seaborn

seaborn 그래프에 대한 옵션 값은 `https://seaborn.pydata.org/index.html`에서 상세히 확인할 수 있다.

그림 3-34 seaborn 문서

seaborn 0.10.0   Gallery Tutorial API Site ▾ Page ▾   Search

seaborn: statistical data visualization

Seaborn is a Python data visualization library based on matplotlib. It provides a high-level interface for drawing attractive and informative statistical graphics.

For a brief introduction to the ideas behind the library, you can read the introductory notes. Visit the installation page to see how you can download the package. You can browse the example gallery to see what you can do with seaborn, and then check out the tutorial and API reference to find out how.

To see the code or report a bug, please visit the github repository. General support issues are most at home on stackoverflow, where there is a seaborn tag.

Contents

- Introduction
- Release notes
- Installing
- Example gallery
- Tutorial
- API reference

Features

- Relational: API | Tutorial
- Categorical: API | Tutorial
- Distribution: API | Tutorial
- Regression: API | Tutorial
- Multiples: API | Tutorial
- Style: API | Tutorial
- Color: API | Tutorial

© Copyright 2012-2020, Michael Waskom. Created using Sphinx 2.3.1.   Back to top

지금까지 데이터 검토 및 기초 통계량을 확인했다. 또한, 시각화를 통해서 업체들 간의 불량률의 차이를 살펴봤다. 이제 일원 분산 분석을 실시한다. 독립 변수는 공급 업체(type), 종속 변수는 불량률(defRate)이기 때문에 machine 컬럼은 삭제하고 두 컬럼만 남겨두었다.

```
1  # ANOVA 일원 분산 분석 - machine 컬럼을 삭제합니다.
2  df_one_anova = df_f_oneway.drop('machine',axis=1)
3  df_one_anova.head()
```

결과

그림 3-35 실행 결과

	type	defRate
0	3	0.001999
1	1	0.005974
2	4	0.007828
3	1	0.006121
4	1	0.005887

scipy 패키지를 사용해서 ANOVA 일원 분산 분석을 실시한다.

```
1  # scipy.stats으로 ANOVA를 실시합니다.
2  type1 = df_one_anova[df_one_anova['type'] == 1]['defRate']
3  type2 = df_one_anova[df_one_anova['type'] == 2]['defRate']
4  type3 = df_one_anova[df_one_anova['type'] == 3]['defRate']
5  type4 = df_one_anova[df_one_anova['type'] == 4]['defRate']
6
7  oneway_anova_result = stats.f_oneway(type1, type2, type3, type4)
8  oneway_anova_result
9
10 print(f'F-value : {oneway_anova_result[0]:.4f} p-value : {oneway_anova_result[1]:.3f}')
11 if oneway_anova_result[1] < 0.05:
12     print("p-value < 0.05 이므로 귀무가설 기각.")
13
14 print(oneway_anova_result)
```

```
F-value : 2583.2187 p-value : 0.000

p-value < 0.05이므로 귀무가설 기각.

F_onewayResult(statistic=2583.2186675488333, p-value=7.222326767238711e-212)
```

p-value < 0.05이므로 '각 설비에 따른 불량률의 차이가 없다'는 귀무가설은 기각된다.

p-value(p-value=7.222326767238711e-212)를 보면 숫자 옆에 생소한 e-212가 보인다. e는 파이썬에서는 10의 승수를 의미한다. 즉, $7.222326767238711 * 10^{-212}$의 값으로 0에 매우 가까운 작은 값이다.

다음은 statsmodels 패키지(통계를 위해 주로 사용)를 사용해서 더 보기 쉽게 만들어보자.

```
1  # statsmodels 패키지를 사용하여 일원 분산 분석을 실시합니다.
2  df_model = pd.DataFrame(df_f_oneway, columns=['defRate', 'type'])
3
4  results = ols('defRate ~ C(type)', data = df_model).fit()
5  results.summary()
```

그림 3-36 실행 결과

OLS Regression Results

Dep. Variable:	defRate	R-squared:	0.963
Model:	OLS	Adj. R-squared:	0.963
Method:	Least Squares	F-statistic:	2583.
Date:	Fri, 03 Apr 2020	Prob (F-statistic):	7.22e-212
Time:	07:35:38	Log-Likelihood:	1877.6
No. Observations:	300	AIC:	-3747.
Df Residuals:	296	BIC:	-3732.
Df Model:	3		
Covariance Type:	nonrobust		

결과를 해석해보자.

- R-squared: 결정계수, 모델의 설명력 (0~1 사이 값), 1에 가까울수록 모델의 설명력이 높음
- Prob (F-satistic): p-value

여기서는 두 지표에 대해서만 설명한다. 나머지 지표들은 단순 선형 회귀에서 다루자.

Prob(F-satistic) 값은 기계의 종류에 따라 불량률이 다른지에 대한 검정 결과이다. 귀무가설은 '기계의 종류에 따라 불량률의 차이 없음'이다. 따라서 p-value 〈 0.05이므로 귀무가설이 기각되는 것을 알 수 있다. R-squared 값은 모형이 얼마나 불량률을 잘 설명하고 있는지 보여주는 지표이다. 이를 통해 제품의 종류가 설명할 수 있는 부분이 전체의 약 96%인 것을 알 수 있다. R-squared 값을 설명력이라고 하며 이 값이 클수록 생성한 모형의 영향력이 크다고 할 수 있다.

결론적으로 각 기계의 종류에 따른 불량률의 차이가 있다는 것을 알 수 있다. 그러나 이 결과를 통해서는 어느 기계가 우수한지 여부를 판단하기 어렵다. 4개의 기계 종류 중 단 하나만 불량률이 달라도 귀무가설이 기각될 수 있기 때문이다.

```
1  one_anova_table = sm.stats.anova_lm(results, typ=2)
2  one_anova_table
```

결과

그림 3-37 실행 결과

	sum_sq	df	F	PR(>F)
C(type)	0.001684	3.0	2583.218668	7.222327e-212
Residual	0.000064	296.0	NaN	NaN

PR(〉F) 값도 p-value를 의미한다. 간단히 일원 분산 분석의 p-value만 확인할 경우 anova_lm( ) 함수를 사용해서 구하면 된다.

분산 분석의 경우 각 집단(이 경우 기계의 종류) 내의 분산이 서로 동일하다는 가정이 필요하다. 이를 '등분산 가정'이라고 한다. 이 지표를 통해서 등분산 가정을 만족하는지 여부를 판단할 수 있다. 이때 귀무가설은 '기계별 불량률의 분산은 동일하다'이다.

```
1  # 기본 가정 중 등분산성을 검정합니다.
2  # 등분산 검정 레빈(Levene)입니다.
3  levene = stats.levene(type1, type2, type3, type4)
4  print('levene result(F) : %.3f \np-value : %.3f' % (levene))
5
6  # 분산의 동질성 검정 기준 - default : <median>. <mean>으로 변경할 경우 다음과 같이 mean으로 설정합니다.
7  levene = stats.levene(type1, type2, type3, type4, center = 'mean')
8  print('levene result(F) : %.3f \np-value : %.3f' % (levene))
9
```

```
10 # 등분산 검정 플리그너(Fligner)입니다.
11 fligner = stats.fligner(type1, type2, type3, type4)
12 print('fligner Result(F) : %.3f \np-value : %.3f' % (fligner))
13
14 # 등분산 검정 바틀렛(Bartlett)입니다.
15 bartlett = stats.bartlett(type1, type2, type3, type4)
16 print('bartlett Result(F) : %.3f \np-value : %.3f' % (bartlett))
```

결과

```
levene result(F) : 1.731
p-value : 0.161
fligner Result(F) : 5.074
p-value : 0.166
bartlett Result(F) : 3.608
p-value : 0.307
```

등분산 검정 결과 p-value > 0.05이기 때문에 이 경우 기계별 불량률 정도가 통계적으로 유의한 차이를 갖지 않음을 알 수 있다. 즉, 등분산성 가정을 만족하는 것으로 판단할 수 있다.

```
1  # reject: True인 경우, type1과 type2의 불량률의 차이가 없다는 귀무가설을 기각합니다.
2  from statsmodels.stats.multicomp import pairwise_tukeyhsd
3
4  posthoc = pairwise_tukeyhsd(df_f_oneway['defRate'], df_f_oneway['type'], alpha=0.05)
5  posthoc.summary()
```

결과

그림 3-38 실행 결과

Multiple Comparison of Means - Tukey HSD, FWER=0.05

group1	group2	meandiff	p-adj	lower	upper	reject
1	2	-0.003	0.001	-0.0032	-0.0028	True
1	3	-0.0041	0.001	-0.0043	-0.0039	True
1	4	0.0019	0.001	0.0017	0.0021	True
2	3	-0.0011	0.001	-0.0012	-0.0009	True
2	4	0.005	0.001	0.0048	0.0051	True
3	4	0.006	0.001	0.0058	0.0062	True

이 matrix는 각 type별 불량률의 차이가 유의한지 1:1로 비교해본 결과이다.

앞서 기술 통계와 시각화를 통해 3번 기계가 가장 낮은 불량률을 보인 것을 확인했다. 따라서 3번 기계가 다른 기계와 통계학적으로 유의미한 불량률의 차이를 보이는지 보면, 1, 2, 4번 모두에 대해 p-value < 0.05로 통계학적 유의차를 알 수 있다. 즉, 3번 기계가 가장 낮은 불량률을 나타낸다고 유의 수준 0.05에서 이야기할 수 있다.

```
1  df_desc_stat[['mean']]
```

결과

그림 3-39 실행 결과

	mean
type	
1	0.006029
2	0.002996
3	0.001946
4	0.007946

3번 기계의 경우 평균적으로 약 0.19%의 불량률을 나타내는 것을 알 수 있다. 사후 검정 결과 3번 회사의 제품이 가장 낮은 불량률을 보였고, 이 회사의 제품을 반도체 공정에 도입하는 것이 좋을 것으로 판단된다.

3.4   다중 비교

다중 비교(multiple comparison)는 일원 분산 분석 결과가 유의한 경우, 어느 집단 간에 유의미한 차이가 존재하는지 확인하기 위한 방법이다. 다중 비교 방법은 검정의 다중성 보정 대상에 따라 20종 이상의 방법이 존재하지만, 크게 유의 수준을 보정하는 방법, 검정 통계량을 보정하는 방법, 분포를 보정하는 방법으로 총 3가지 유형으로 구분할 수 있다.

표 3-7 다중 비교의 유형과 특징

보정 유형	설명 및 대표 방법론
유의 수준 보정	비교 반복 수 증가에 따라 유의 수준을 감소시켜 통제 (대표 방법론: Bonferroni 방법)
검정 통계량 보정	검정 통계량을 비교 반복 수가 증가할수록 작아지도록 통제 (대표 방법론: Scheffe 방법)
분포 보정	반복 수 증가가 유의 수준에 영향을 주지 않는 분포를 이용 (대표 방법론: Tukey, Dunnett 법)

표 3-8 다중 비교의 주요 방법

다중 비교 방법	설명 및 주의사항
최소유의차 (Least Significant Difference; LSD)	반복 수가 다른 경우 또는 귀무가설이 기각되는 경우 사용
다중범위검정 (Multiple range test)	등분산성과 반복 수가 같다는 가정에서 고안되어 다른 방법에 비해 평균차 검출 확률이 높음 자주 이용되지만, 1종 오류가 높을 가능성이 있어 좋은 방법이 되지 못함
HSD (Honestly Significant Difference)	반복 수가 같다는 가정에서 고안된 방법으로 Fisher의 LSD보다 더욱 엄격한 검정으로 유의차로 판단되는 경우가 적음
Scheffe's Method	반복 수가 다른 경우에도 사용 가능하며 Tukey 방법보다 더 일반적이며, 융통성이 있는 경우로, 검정력이 다소 감소함

3.5   이외 분산 분석 방법론

분산 분석 방법은 반응 변수의 수와 설명 변수의 수, 반복 측정 여부에 따라 다양하게 확장된다.

3.5.1   이원 분산 분석

일원 분산 분석의 확장으로 범주형 설명 변수가 2개로 늘어난 경우에 적합한 분석 방법이다. 이원 분산 분석은 크게 각 범주형 설명 변수의 그룹에 대한 반복 측정이 있는 경우와 그렇지 않은 경우로 나눌 수 있다. 실험 설계 관점에선 두 범주형 변수의 상호작용이 의심스러운 경우 반복 측정을 통해 이를 확인하는 것이 좋다. 반복 측정이 없는 경우엔 상호작용 효과에 대한 검증이 불가능하고 각각에 대한 주효과만 확인할 수 있다. 이원 분산 분석도 일원 분산 분석과 같이 등분산성, 정규성, 독립 표본 가정을 따라야 한다.

3.5.2   공분산 분석

분산 분석의 설명 변수의 유형을 확장한 경우로 범주형 변수 외에 연속형 변수를 설명 변수로 추가한 모형이다. 예를 들면 마케팅 캠페인의 일환으로 쿠폰의 종류를 달리하여 각각에 대해 임의 선정된 10명의 고객에게 발송했을 때, 각 쿠폰 종류에 따라 평균 구매 금액 차가 있는지 검정할 수 있다. 이때 연령에 따라 쿠폰 민감도가 달라질 수 있다. 가격 민감도가 높은 젊은 고객은 더욱 반응을 잘할 수 있다. 이런 경우 쿠폰 종류에 따른 구매 금액 차이 외에 나이의 영향으로 정확한 효과 측정이 방해받을 수 있다. 이런 경우 통제 변수로 나이를 포함하는 것은 실험의 정도를 높이기 위한 좋은 방법이 될 수 있다.

3.5.3 다원 분산 분석

이원 분산 분석의 확장으로 범주형 설명 변수가 3개 이상인 경우에 적합한 분석 방법이다. 앞선 예에서 쿠폰 외에 다른 고객 등급, 거주 지역 등 다양한 변수를 포함하고자 하는 경우에 적합하다.

3.5.4 다변량 분산 분석

반응 변수의 수가 2개 이상인 경우에 해당하는 모형이다. 구매 금액뿐만 아니라 구매 빈도의 변화도 있는지 확인할 수 있다. 이런 경우 다변량 분산 분석을 사용하면 된다.

3.5.5 다변량 공분산 분석

반응 변수가 2개 이상이고, 범주형 설명 변수와 연속형 설명 변수가 포함된 경우로 앞서 설명한 모든 예의 결합 형태에 해당한다. 한 번에 반응 변수 하나씩 분산 분석을 여러 번 실행하는 것에 비해 여러 가지 강점이 있다. 반응 변수 간 데이터의 공분산 구조를 사용하여 평균의 동일성을 동시에 검정할 수 있는 방법이다. 또한 반응 변수들이 상관되어 있는 경우, 너무 작아서 개별 분산 분석을 통해 차이를 탐지할 수 있다는 장점이 있다.

상관 분석(correlation analysis)은 수치형인 두 변수 간의 관계를 분석하는 방법론이다. T-검정, 분산 분석, 선형 회귀분석이 모두 독립 변수와 종속 변수를 가정하는 반면, 상관 분석에서는 독립 변수, 종속 변수를 구별하지 않는다. 상관 분석은 다양한 데이터 분석을 실시하기에 앞서 데이터 간의 관계를 살펴보기 위해 많이 활용된다.

상관 분석은 두 연속형 변수의 선형 상관관계를 분석하는 방법이다. 따라서 반응 변수와 설명 변수를 구분하는 것은 의미가 없다. 두 연속형 변수 간 상관관계는 상관계수(correlation coefficient)를 통해 알 수 있다.

4.1 상관계수의 유형

상관계수는 크게 피어슨 상관계수(Pearson's correlation coefficient)와 스피어만 순위 상관계수(Spearman's rank correlation coefficient)가 있다. 피어슨 상관계수는 두 연속형 확률 변수의 모상관계수가 이변량 정규분포를 따른다는 분포 가정이 필요하다. 만약 두 확률 변수의 분포가 이변량 정규분포로부터 멀리 벗어나 있거나 데이터에 이상치가 존재한다면 이용할 수 없다. 분포 가정을 만족하지 않는 경우 비모수 분석법이 스피어만 상관계수를 이용한다.

4.2 공분산과 상관계수

〈그림 3-40〉과 같이 X, Y 두 연속형 변수가 관찰되었다고 가정하자. 이때 두 변수가 선형 관계인지 파악하기 위해서는 각 변수의 평균선(−청색, −적색)을 기준으로 좌측 하단과 우측 상단에 점이 분포해 있는지 확인한다. 이를 위해서 좌측 하단과 우측 상단에 분포한 점들에는 '+'를 그렇지 않은 점들에는 '−'를 주고 이 값이 크면 클수록 두 변수는 강한 선형 상관관계를 갖는다고 말할 수 있다. 이때 데이터 양에 따른 값 증가를 보정하면 다음과 같다. 사실 이 식은 두 변수의 **공분산(covariance)**과 동일하다.

$$Cov(Y, X) = \frac{1}{n-1} \sum_{i=1}^{n} (y_i - \overline{y})(x_i - \overline{x})$$

그림 3-40 공분산과 상관계수

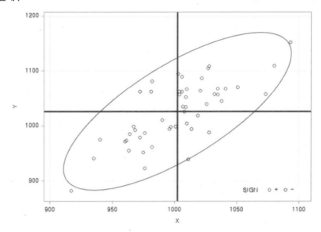

식을 통해서 공분산 값이 커지면 커질수록 선형 상관관계가 강하다는 것을 알 수 있다. 또한 이 값이 작으면 작을수록 이 두 변수는 음의 상관관계(한 변수가 증가하면 다른 변수는 감소하는)를 갖는다. 또한 이 값이 0에 가깝다는 의미는 두 변수가 선형 상관관계가 없음을 의미한다.

그림 3-41 상관계수

$$\rho_{xy} = Corr(X,Y) = \frac{\sigma_{xy}}{\sigma_x \sigma_y}$$

- 공분산을 각 확률 변수의 표준편차로 나눠준 값
- 측정 단위와 무관하게 항상 -1에서 1 사이의 값을 가짐

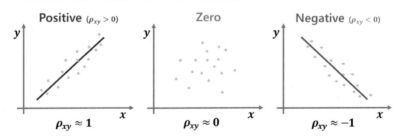

하지만 공분산을 이용한 선형 관계 파악은 그 정도를 다른 변수들과 비교할 수 없다. 어떤 변수들이 더 큰 선형 상관관계를 갖는지 파악하기 위해서는 공분산을 표준화하는 작업이 필요다. 공분산의 표준화를 위해서는 X, Y 두 변수의 공분산을 구하기 전에 두 변수를 표준화하면 각 변수의 단위에 영향을 받지 않는 상관계수를 구할 수 있다. 두 변수를 표준화한 공분산은 두 변수의 공분산을 각 변수의 표준편차로 나눈 것과 같다.

상관계수는 −1에서 1 사이의 값을 갖는다. 상관계수가 1에 가까울수록 양의 상관관계를 갖는 것을 의미하고, −1에 가까울수록 음의 상관관계를 갖는 것을 의미한다. 0인 경우, 두 변수는 선형 상관관계가 없음을 의미한다. 하지만 선형 상관관계가 없다고 해서 두 변수가 관계가 없다는 뜻은 아니다. 그렇기 때문에 상관 분석에서는 항상 산점도를 이용한 사전 확인이 필요하다.

그림 3-42 피어슨 상관계수

$$r_{xy} = \frac{s_{xy}}{s_x s_y} = \frac{\sum_{i=1}^{n}(x_i - \bar{x})(y_i - \bar{y})}{\sqrt{\sum_{i=1}^{n}(x_i - \bar{x})^2 \sum_{i=1}^{n}(y_i - \bar{y})^2}}$$

- S_{xy}(표본 공분산) $= \frac{1}{n-1}\sum_{i=1}^{n}(x_i - \bar{x})(y_i - \bar{y})$
- 모상관계수(ρ_{xy})의 추정치로 표본 상관계수(r_{xy})를 이용
- 표본 상관계수는 product-moment correlation coefficient (피어슨의 적률 상관계수) 라고도 함

피어슨 상관계수(Pearson's Correlation Coefficient)는 두 확률 변수의 상관관계 규명에 제일 흔히 쓰는 방법이다. 앞서 살펴보았듯 상관계수는 공분산과 두 확률 변수의 분산으로 이뤄진다. 따라서 공분산과 분산들의 추정량인 표본 공분산과 표본 분산을 이용해 추정할 수 있다.

그림 3-43 모상관계수에 대한 검정 방법

- **Null hypothesis (귀무가설)**

$$H_0: \rho = 0 \text{ (모상관계수는 0이다.)}$$

- **검정 통계량**

$$T = \sqrt{n-2}\frac{r}{1-r^2} \sim t(n-2)$$

- **기각역**

귀무가설과 대립가설	기각역
$(a)\ H_0: \rho \leq 0\ vs.\ H_1: \rho > 0$	$T \geq t_\alpha(n-2)$
$(b)\ H_0: \rho \geq 0\ vs.\ H_1: \rho < 0$	$T \leq -t_\alpha(n-2)$
$(c)\ H_0: \rho = 0\ vs.\ H_1: \rho \neq 0$	$|T| \geq t_{\alpha/2}(n-2)$

모상관계수에 대한 검정은 그림과 같이 "모상관계는 0이다"라는 가설에 대한 검정이다. 이때 검정 통계량은 T분포를 따른다.

4.3 실습

그림 3-44 **아이스크림 판매량에 따른 전기 요금의 변화**

	1	2	3	4	5	6	7	8	9	10	11	12	13	14	15
아이스크림 판매량	26	28	31	29	32	27	29	29	29	31	27	33	38	30	23
전기요금	3555	3612	4193	3856	4230	3599	3869	3910	3884	4160	3685	4423	5065	3945	3082

아이스크림 판매량과 전기 요금은 서로 인과관계를 갖지 않는다. 두 변수 중 어떤 변수도 서로에 영향을 주지 않지만 두 변수 모두 기온에 영향을 받을 가능성이 높기 때문에 기온이 높아지면 두 변수는 동시에 증가하는 선형 상관관계를 가질 가능성이 높다.

그림 3-45 **산점도를 이용한 사전 확인(필수)**

비선형 관계를 가질 수 있으므로 항상 산점도를 이용해 선형 관계를 가지는지 확인함

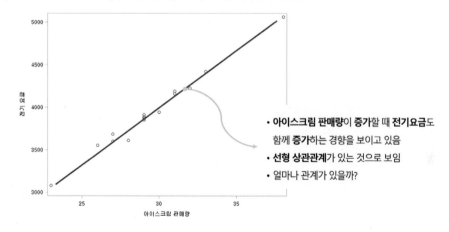

- **아이스크림 판매량**이 **증가**할 때 **전기요금**도 함께 **증가**하는 경향을 보이고 있음
- **선형 상관관계**가 있는 것으로 보임
- 얼마나 관계가 있을까?

그림 3-46 피어슨 상관계수에 대한 가설 검정 결과

피어슨 상관 계수, N = 15 H0: Rho=0 가정하에서 Prob > |r|		
	icecream	electric_charges
icecream 아이스크림 판매량	1.00000	0.99315 <.0001
electric_charges 전기 요금	0.99315 <.0001	1.00000

- 상관계수는 0.99315로 **강한 선형 상관관계**를 보이고 있음(x가 증가할 때 y도 증가하는 추세를 가짐)
- 상관계수 값 아래에 있는 값은 "ρ (모 상관계수) = 0" 이라는 귀무가설에 대한 가설검정 결과
- **p-value < 0.05**이므로 이 경우 모 상관계수는 0이 라는 귀무가설을 기각함(**유의한 상관관계**)

선형 회귀분석

회귀분석은 연속형 종속 변수와 1개 이상의 범주형/연속형 독립 변수 간 관계를 분석하는 기법이다. 선형 회귀분석(linear regression analysis)은 독립 변수가 범주형이거나 수치형이고, 종속 변수가 수치형일 때 사용하는 방법론이다. 선형 회귀분석은 독립 변수의 형태에 제약이 없어 폭넓게 활용되며, 통계학습과 기계학습을 막론하고 가장 기본적이고 핵심적인 분석 방법론 중 하나이다.

5.1 회귀분석의 유형

회귀분석은 종속 변수/독립 변수의 개수, 종속 변수와 독립 변수 간 관계의 선형성 여부에 따라 단순 선형 회귀, 다중 선형 회귀, 일반 선형 모형, 비선형 회귀로 구분된다.

표 3-9 회귀분석의 유형

유형	종속 변수의 개수	독립 변수의 개수	종속 변수와 독립 변수 간 관계의 선형성
단순 선형 회귀 (simple linear regression)	1개	1개	선형
다중 선형 회귀 (multiple linear regression)	1개	2개 이상	선형
일반 선형 모형 (general linear model)	2개 이상	1개 이상	선형
비선형 회귀 (non-linear regression)	1개	1개 이상	비선형

앞서 살펴본 분산 분석 모형들은 회귀모형의 특수한 경우라고 할 수 있다. 회귀모형은 크게 설명 변수가 하나인 **단순 선형 회귀모형(simple linear regression)**과 설명 변수가 2개 이상인 **다중 선형 회귀모형(multiple linear regression)**이 있다. 회귀모형은 연속형 설명 변수뿐만 아니라 범주형 설명 변수도 가변수(dummy variable) 형태로 포함할 수 있다. 이때 가변수만을 설명 변수로 이용할 경우 앞서 살펴본 분산 분석 모형과 같다. 회귀모형도 분산 분석 모형과 동일하게 오차의 분포에 대한 가정을 포함하고 있다. 따라서 회귀 진단을 통한 오차의 추정치인 잔차(residual) 분석을 수행한다.

선형 회귀는 반응 변수와 설명 변수의 선형 관계를 전제로 모형을 적합한다. 하지만 현실 세계에 선형 관계로 설명되는 현상은 극히 드물다.

"All models are wrong, but some are useful"이라는 말이 있듯 모든 모형은 정확한 사실 관계를 말하지 않는다. 현상을 단순화하고 영향력을 추정할 수 있게 도와줄 뿐이다.

회귀모형은 인과관계를 말하지 않는다. 인과관계가 있다는 것을 전제로 모형을 통해 그 관계의 정도와 불확실성 정도 등을 파악하는 것이다. 만약 대상 변수의 인과관계에 대한 연구 없이 모형을 만든다면 앞서 상관 분석에 살펴봤던 예처럼 전기 사용량을 줄이기 위해서 아이스크림을 팔지 말아야 한다는 말도 안 되는 결론을 내릴 수 있다.

표 3-10 우리전자 마케팅 담당자의 고민

업체 번호	1	2	3	4	5	6	7	8	9	10	11	12	13	14	15
광고 선전비	1.5	3.0	2.0	4.1	1.2	3.9	2.4	5.3	2.9	3.5	4.9	1.7	0.2	2.3	2.0
매출	150.9	153.4	152.1	153.5	151.6	154.5	151.9	155.8	154.1	154.3	155.7	152.3	150.3	153.1	152.4
업체 번호	16	17	18	19	20	21	22	23	24	25	26	27	28	29	30
광고 선전비	3.3	2.7	1.9	1.7	5.1	1.3	3.2	4.8	0.5	2.6	0.6	3.0	5.2	4.6	2.7
매출	154.4	153.2	152.5	152.3	155.9	151.4	153.0	155.5	150.8	152.5	150.4	152.2	156.1	155.6	152.7

우리전자 마케팅 담당자는 캠페인 예산 확보를 위해 사장실에 들어갔다. 사장님에게 광고 선전비 집행을 위한 예산 편성을 위해 3억을 요청했다. 하지만 사징님은 광고 선전비로 매년 2~3억씩 지출하고 있는데 효과가 있는 건지 잘 모르겠다며 차라리 신제품 개발에 투자하는 게 더 나을 것 같다고 했다. 그리고는 광고 선전 효과가 얼마나 되는지 조사해 오라고 지시했다. 담당자는 광고 선전 효과 확인을 위해 매출이 비슷한 동종업체 30개의 광고 선전비 지출 금액과 매출 간 관계를 분석하고자 한다.

해당 예제는 전형적인 단순 선형 회귀 문제이다. 이제 단순 선형 회귀분석에 대해 배워보자.

5.2 단순 선형 회귀

단순 선형 회귀(simple linear regression) 모형은 연속형 반응 변수와 설명 변수 하나를 갖는 모형이다. 반응 변수를 y라고 하고 설명 변수를 x라고 하자. 이때 두 변수는 인과관계를 갖고 있어 x 변화에 따라 y가 변한다고 가정한다. 실제 상황에서는 y에 사소한 영향을 주는 요인이 더 있을 수 있다. 또한 이 두 변수의 관계는 관찰 범위에 한정한 선형 관계일 수도 있다. 따라서 $y = f(x)$라는 미지의 함수를 $f(x) \approx \beta_0 + \beta_1 x$라는 근사 선형식으로 가정해보자. 이 둘의 관계를 완벽한 선형 모형으로 나타낼지라도 오차가 발생하게 된다. 따라서 이상적인 선형 회귀모형에도 오차가 존재한다.

$$y = \beta_0 + \beta_1 x + \varepsilon_i \qquad \varepsilon_i \overset{i,i,d.}{\sim} N(0, \sigma^2)$$

(i.i.d. : "Independent and identically distributed random variables"의 약자)

여기서 β_1와 β_0는 알려지지 않은 상수로, 회귀계수(regression coefficient)라고 한다. 각각은 기울기(slope)와 절편(intercept)을 나타낸다. ε_i는 i번째 관측치의 오차를 의미한다. 회귀모형은 오차항을 확률 변수로 가정하고 오차항에 대해 독립성, 정규성, 등분산성 가정을 전제로 한다. β_1은 x가 한 단위 변할 때 y의 변화를 의미하고 β_0는 $x=0$일 때 y의 기댓값을 나타낸다.

5.2.1 기본 가정

- 선형성(linearity): 반응 변수 y와 설명 변수 x는 선형 관계에 있음
- 독립성(independence): 각각의 오차항은 서로 독립
- 등분산성(constant variance): 오차항의 분산은 모두 같음
- 정규성(normality): 오차항은 정규분포를 따름

통상 선형성은 모형 적합 전에 산점도(scatter plot)를 통해 확인한다. 오차항과 관련된 가정은 모형적합 후 잔차(오차의 추정치) 분석을 통해 확인한다.

회귀분석의 첫 절차는 산점도를 그리는 것이다. 산점도를 통해서 선형성을 만족하는지 확인할 수 있다. 또한 비선형 관계를 갖는다면 산점도를 통해 적절한 변수 변환(variable transformation) 방법을 적용하여 선형 모형으로 적합하는 것이 가능하다.

그림 3-47 산점도

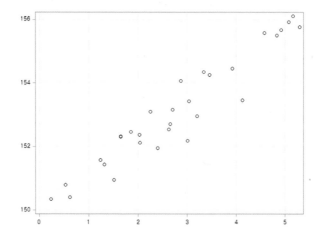

육안으로 확인했을 때는 약간의 오차가 존재하지만 전반적으로 선형성을 갖고 있음을 확인할 수 있다. 선형 모형을 설정해보자.

$$매출 = \beta_0 + \beta_1 \times 광고\ 선전비 + \varepsilon_i$$

이와 같은 모형 설정이 가능하다. 미지의 모수 β_0와 β_1은 어떻게 추정할 수 있을까?

5.2.2 회귀계수 추정

회귀계수를 추정하는 가장 이상적인 방법은 무엇일까? 주어진 데이터에 대해 오차가 최소가 되는 β_0와 β_1을 찾아내는 것일 확률이 높다. 이때 흔히 사용하는 방법이 최소제곱법(least square method)이다. 자세한 유도 과정은 생략하고 원리를 간단히 설명하자면 오차가 최소가 되도록 하는 것이다. 관계식은 다음과 같다.

$$\varepsilon_i = y_i - \beta_0 - \beta_1 x_i \qquad i = 1, 2, \cdots n$$

해당 식은 i번째 관측된 데이터의 오차를 나타낸 것이다. 유도된 회귀선과 실측된 y 값들의 거리가 최소가 되어야 한다.

제곱이나 절댓값을 통해 산출할 수 있겠지만 미분 가능한 함수를 얻기 위해 다음과 같이 제곱합을 이용한다.

$$\sum_{i=1}^{n} \varepsilon_i^2 = \sum_{i=1}^{n} (y_i - \beta_0 - \beta_1 x_i)^2$$

해당 식이 최소가 되는 점을 편미분을 통해 구하면 다음과 같이 유도된다.

$$\hat{\beta}_1 = \frac{\sum_{i=1}^{n}(x_i - \bar{x})(y_i - \bar{y}_i)}{\sum_{i=1}^{n}(x_i - \bar{x})^2} = \frac{s_{xy}}{s_{xx}}$$

$$\hat{\beta}_0 = \bar{y} - \hat{\beta}_1 \bar{x}$$

해당 식은 오차 제곱합을 각 회귀계수에 대해 편미분하여 그 값이 0이 되도록 도출한 것이다. 이 방법을 통해 우리는 회귀식을 추정할 수 있다. 대부분의 경우 통계 패키지를 통해 쉽게 산출할 수 있으니 자세한 공식이나 유도 과정을 굳이 숙지할 필요는 없다.

$$\hat{y}_i = \hat{\beta}_0 + \hat{\beta}_1 x_i = 149.98 + 1.12 \times x_i$$

해당 식에서 $\hat{y}_i$은 최소제곱법으로 추정된 회귀식을 통해 예측된 값이다.

그림 3-48 추정된 회귀선과 실측치

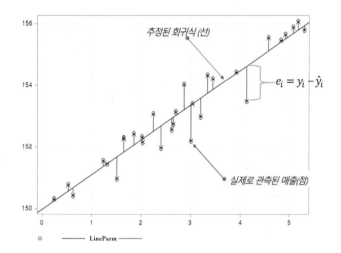

앞서 우리가 추정한 회귀식과 실제 값을 나타낸 그래프이다. 그래프를 보면 실측값과 회귀선상의 값(예측값)이 다른 것을 알 수 있다. 이 차이를 잔차(residual)라고 한다. 잔차는 오차와 다르다. 오차는 이상적인 회귀식이 반응 변수와 설명 변수 관계를 선형 모형으로 근사하여 발생하는 차이이다. 반면 잔차는 추정값과 실제 데이터 값의 차이이다. 유도된 회귀식이 이상적인 회귀식과 매우 유사하다면, 잔차는 오차에 대한 좋은 추정값이 된다. 실제 오차는 알 수 없다. 때문에 잔차를 이용해 모형을 평가하고 가정을 검토한다.

회귀분석은 두 가지 측면에서 장점을 갖는다. 첫째, 회귀모형을 통해 설명 변수가 반응 변수에 얼마나 영향을 주는지 추정할 수 있다. 둘째, 예측에 이용할 수 있다. 회귀분석을 통해서 새로운 x에 대해 y를 추정할 수 있다.

5.2.3 유의성 검정

회귀모형 유의성은 크게 모형 유의성과 계수 유의성으로 구분할 수 있다. 모형 유의성은 모형에 포함된 모든 기울기가 0인지 검정하는 분산 분석 문제이다. 계수 유의성은 각 계수 값이 0인지 검정하는 T−검정 문제이다. 단순 선형 회귀모형은 설명 변수가 하나다. 즉, 모형 유의성과 계수 유의성 검정이 같다.

■ 회귀모형 유의성

회귀모형 유의성은 모든 기울기 $\beta_1 = \beta_2 = \cdots = \beta_p = 0$을 검정하는 것과 같다(이때 p는 전체 설명 변수 개수이다). 단순 선형 회귀모형은 $p = 1$인 경우로 $\beta_1 = 0$인지 검정한다.

단일표본 T−검정을 이용해도 같은 결과를 얻을 수 있지만 확장성을 고려해 F−검정으로 알아보자.

$$H_0: \beta_1 = 0 \qquad H_1: \beta_1 \neq 0$$

설명에 앞서 회귀모형 유의성 검정을 위한 분산 분해 과정을 살펴보자.

그림 3-49 유의성 검정을 위한 분산 분해

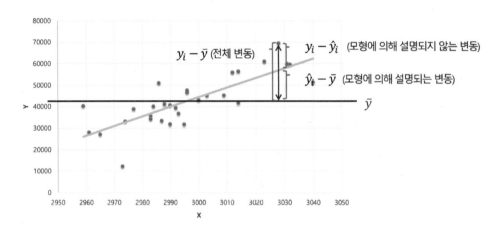

반응 변수 전체 변동을 나타내는 총제곱합(total sum of squares; TSS)은 회귀모형으로 설명되는 변동과 설명되지 않는 변동으로 나눌 수 있다(분산 분석과 같다). 모형이 설명하는 변동은 회귀 제곱합(regression sum of squares; SSR)으로 표현하고 설명되지 않는 변동은 잔차 제곱합(residual sum of squares; SSE)으로 표현한다. 각각을 수식으로 표현하면 다음과 같다.

$$\sum_{i=1}^{n} (y_i - \bar{y})^2 = \sum_{i=1}^{n} (y_i - \hat{y}_i)^2 + \sum_{i=1}^{n} (\hat{y}_i - \bar{y})^2$$

모형 유의성은 분산 분석과 같이 각각을 자유도로 나눈 평균 변동을 기준으로 평가한다. 회귀 모형으로 설명되는 평균 변동이 오차로 설명되는 평균 변동보다 통계학적으로 유의한 수준으로 클수록 모형의 유의성은 높아진다. 모형 유의성 검정을 위한 분산 분석 표는 다음과 같다.

표 3-11 **유의성 검정을 위한 분산 분석 표**

요인 (Factor)	자유도 (Degree of Freedom)	제곱합 (Sum of Square)	평균제곱 (Mean Square)	F value
회귀 (Regression)	1	SSR	$MSR = \dfrac{SSR}{1}$	$F = \dfrac{MSR}{MSE}$
잔차 (Residual)	n−2	SSE	$MSE = \dfrac{SSE}{n-2}$	
총 (Total)	n−1	SST		

회귀모형의 모든 기울기가 0인지 검정하기 위한 검정 통계량은 다음과 같다.

$$\text{검정 통계량:} \ F = \frac{MSR}{MSE}$$

기각역은 다음과 같다.

$$F \geq F(k, n-2 : \alpha)$$

통계 패키지를 이용해 앞선 [우리전자 마케팅담당자의 고민] 데이터에 적용한 결과이다.

표 3-12 **통계 패키지 결과**

Analysis of Variance					
Source	DF	Sum of Squares	Mean Square	F value	Pr 〉 F
Model	1	76.76981	76.76981	292.57	〈.0001
Error	28	7.34724	0.26240		
Corrected Total	29	84.11705			

통계 패키지 결과를 살펴보면 Pr 〉 F 항목의 유의 확률이 유의 수준 0.05보다 훨씬 작아 유의 수준 0.05하에서 귀무가설 $\beta_1 = 0$은 기각된다. 즉, 모형 통계학적 유의성이 확보된 것이다.

■ 회귀계수 유의성

회귀모형 유의성은 모형에 속한 모든 기울기가 0인지 아닌지를 검정한다. 하지만 모형이 유의하다고 해도 각 기울기가 모두 유의미하다고 말할 수 없다. 따라서 각 회귀계수에 대한 유의성 검정을 통해 각 변수의 중요도 및 유의성을 확인할 수 있다. 이때 각 기울기 유의성은 T−검정을 통해 얻을 수 있다. 기울기 유의성 검정은 오차의 분포가 $N(0, \sigma^2)$을 따른다는 가정하에 가능하다.

그림 3-50 회귀직선의 기울기 β_1에 대한 검정

• 검정통계량

$$T = \frac{\hat{\beta}_1 - 0}{\sqrt{\hat{\sigma}^2 / \sum_{i=1}^n (x_i - \bar{x})^2}} \quad (단, \hat{\sigma}^2 = \frac{\sum_{i=1}^n (y_i - \hat{y}_i)^2}{n-2})$$

귀무가설과 대립가설	기각역
$H_0 : \beta_1 = 0 \ vs. \ H_1 : \beta_1 \neq 0$	$|T| \geq t_{\alpha/2}(n-2)$

• β에 대한 100(1−α)% 신뢰 구간

$$\left(\hat{\beta}_1 \pm t_{\frac{\alpha}{2}}(n-2) \frac{\hat{\sigma}}{\sqrt{\sum_{i=1}^n (x_i - \bar{x})^2}} \right)$$

통계 패키지를 이용하면 다음과 같은 표를 얻을 수 있다.

표 3-13 통계 패키지 결과

Parameter Estimates					
Variable	DF	Parameter Estimate	Standard Error	t-value	Pr ⟩ |t|
Intercept	1	149.98984	0.20667	725.76	⟨.0001
광고 선전비	1	1.12368	0.06569	17.10	⟨.0001

해당 표에서 p−value를 살펴보면 절편과 광고 선전비 모두 유의 수준 0.05하에서 귀무가설이 기각되는 것을 알 수 있다. 즉, 광고 선전비에 대한 기울기 모두 통계학적으로 유의미한 것을 알수 있다.

5.2.4 회귀모형의 평가

평균제곱근 오차(Root Mean Square Error)는 추정 모형의 예측 정확도 평가를 위한 지표이다. 예측치와 실측치의 차인 잔차를 이용해 만든다.

$$RMSE(Root \ Mean \ Squre \ Error) = \sqrt{\frac{1}{n} \sum_{i=1}^n (y_i - \hat{y}_i)^2}$$

RMSE는 회귀선을 기준으로 실측치가 평균적으로 얼마나 벗어나 있는지 나타내는 값이다. 이 값이 작을수록 좋은 모형이라고 할 수 있다. 하지만 RMSE는 y 값의 단위에 영향을 받아 절대적인 측도로는 부적합하다.

그림 3-51 결정계수

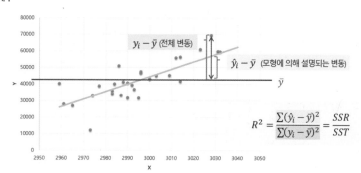

결정계수(coefficient of determination)는 반응 변수의 전체 변동 중에 회귀모형으로 설명되는 변동의 비율을 의미한다. 이 값이 1에 가까울수록 모형의 "설명력"이 높다고 한다. 만약 이 값이 0.8이라면 반응 변수의 전체 변동 중 약 80%가 모형에 의해 설명할 수 있다는 것을 의미한다.

5.2.5 실습

Kaggle에 있는 House Sales in King County, USA 데이터셋을 활용하여 선형 회귀분석을 학습한다. 데이터셋은 다음 링크를 통해 다운로드 받을 수 있다.

그림 3-52 캐글 데이터셋, House Sale in King County, USA

[출처: https://www.kaggle.com/harlfoxemhousesalesprediction]

데이터셋에서 추출할 수 있는 변수는 다음과 같다.

독립 변수(X)

id: 고유한 id 값

date: 집이 매각된 날짜

bedrooms: 침실 수

bathrooms: 욕실 수

sqft_living: 집의 평방 피트

sqft_lot: 부지의 평방 피트

floors: 집의 총 층수

waterfront: 물가가 보이는 집

condition: 상태가 얼마나 좋은지 여부

grade: 주택에 부여되는 등급

sqft_above: 지하실을 제외한 집의 평방 피트

sqft_basement: 지하실의 평방 피트

yr_built: 지어진 연도

yr_renovated: 리모델링된 연도

lat: 위도 좌표

long: 경도 좌표

sqft_living15: 2015년 당시 거실 면적(일부 개조를 의미하고, 부지 면적에 영향을 미칠 수도 있고 아닐 수도 있음)

sqft_lot15: 2015년 당시 부지 면적(일부 개조를 의미함)

종속 변수(y)

price: 주택 가격

데이터를 가져오기 위해 데이터셋을 다운로드 받은 후 csv 파일을 불러와 df에 저장한다.

```
1  # 데이터 핸들링을 위한 패키지입니다.
2  import numpy as np
3  import pandas as pd
4
5  # 통계학습을 위한 패키지입니다
6  from scipy import stats
7  import statsmodels.api as sm
8  from statsmodels.formula.api import ols
9
10 # 기계학습을 위한 패키지입니다.
```

```
11 import sklearn.linear_model
12 from sklearn.model_selection import train_test_split
13
14 # 시각화를 위한 패키지입니다.
15 from matplotlib import pyplot as plt
16 import seaborn as sns
17
18 # 그래프를 실제로 그리기 위한 설정입니다.
19 %matplotlib inline
20
21 # 경고 메시지를 무시합니다.
22 import warnings
23 warnings.filterwarnings('ignore')
```

```
1  # csv 파일을 불러와서 df(DataFrame)에 담습니다.
2
3  df = pd.read_csv('./data/regression/kc_house_data.csv')
4
5  # index를 1로 시작하도록 수정합니다.
6  df.index += 1
7  df
```

결과

그림 3-53 실행 결과

	id	date	price	bedrooms	bathrooms	sqft_living	sqft_lot	floors	waterfront	view	...	grade
1	7129300520	20141013T000000	221900.0	3	1.00	1180	5650	1.0	0	0	...	7
2	6414100192	20141209T000000	538000.0	3	2.25	2570	7242	2.0	0	0	...	7
3	5631500400	20150225T000000	180000.0	2	1.00	770	10000	1.0	0	0	...	6
4	2487200875	20141209T000000	604000.0	4	3.00	1960	5000	1.0	0	0	...	7
5	1954400510	20150218T000000	510000.0	3	2.00	1680	8080	1.0	0	0	...	8
...	...	...	...	...	...	...	...	...	...	...	...	...
21609	263000018	20140521T000000	360000.0	3	2.50	1530	1131	3.0	0	0	...	8
21610	6600060120	20150223T000000	400000.0	4	2.50	2310	5813	2.0	0	0	...	8
21611	1523300141	20140623T000000	402101.0	2	0.75	1020	1350	2.0	0	0	...	7
21612	291310100	20150116T000000	400000.0	3	2.50	1600	2388	2.0	0	0	...	8
21613	1523300157	20141015T000000	325000.0	2	0.75	1020	1076	2.0	0	0	...	7

21613 rows × 21 columns

가져온 데이터에 결측치가 있는지 확인한다.

```
1  df.isnull().sum()
```

그림 3-54 실행 결과

```
id                0
date              0
price             0
bedrooms          0
bathrooms         0
sqft_living       0
sqft_lot          0
floors            0
waterfront        0
view              0
condition         0
grade             0
sqft_above        0
sqft_basement     0
yr_built          0
yr_renovated      0
zipcode           0
lat               0
long              0
sqft_living15     0
sqft_lot15        0
dtype: int64
```

info()를 통해 컬럼의 수와 int, float와 같은 숫자형인지 object 타입인지 탐색적 데이터 분석 (EDA)을 할 수 있다.

```
1  df.info()
```

그림 3-55 실행 결과

```
<class 'pandas.core.frame.DataFrame'>
RangeIndex: 21613 entries, 1 to 21613
Data columns (total 21 columns):
id               21613 non-null int64
date             21613 non-null object
price            21613 non-null float64
bedrooms         21613 non-null int64
bathrooms        21613 non-null float64
sqft_living      21613 non-null int64
sqft_lot         21613 non-null int64
floors           21613 non-null float64
waterfront       21613 non-null int64
view             21613 non-null int64
condition        21613 non-null int64
grade            21613 non-null int64
sqft_above       21613 non-null int64
sqft_basement    21613 non-null int64
yr_built         21613 non-null int64
yr_renovated     21613 non-null int64
zipcode          21613 non-null int64
lat              21613 non-null float64
long             21613 non-null float64
sqft_living15    21613 non-null int64
sqft_lot15       21613 non-null int64
dtypes: float64(5), int64(15), object(1)
memory usage: 3.5+ MB
```

보통 describe( )을 통해 기본적인 기술 통계값을 확인할 수 있다. 여기서는 중간값, 결측치, 왜도, 첨도까지 보기 위해 다음과 같이 코드를 작성한다.

```
1  # 중간값, 결측치, 왜도, 첨도를 표시합니다.
2  df_stats = df.describe( ).T
3
4  skew_results = [ ]
5  kurtosis_results = [ ]
6  null_results = [ ]
7  median_results = [ ]
8
9  for idx, val in enumerate(df_stats.index):
10     median_results.append(df[val].median( ))
11     skew_results.append(df[val].skew( ))
12     kurtosis_results.append(df[val].kurtosis( ))
13     null_results.append(df[val].isnull( ).sum( ))
14
15 df_stats['median'] = median_results
16 df_stats['missing'] = null_results
17 df_stats['skewness'] = skew_results
18 df_stats['kurtosis'] = kurtosis_results
19 df_stats
```

결과

그림 3-56 실행 결과

	count	mean	std	min	25%	50%	75%	max	median	missing	skewness	kurtosis
id	21613.0	4.580302e+09	2.876566e+09	1.000102e+06	2.123049e+09	3.904930e+09	7.308900e+09	9.900000e+09	3.904930e+09	0	0.243329	-1.260542
price	21613.0	5.400881e+05	3.671272e+05	7.500000e+04	3.219500e+05	4.500000e+05	6.450000e+05	7.700000e+06	4.500000e+05	0	4.024069	34.585540
bedrooms	21613.0	3.370842e+00	9.300618e-01	0.000000e+00	3.000000e+00	3.000000e+00	4.000000e+00	3.300000e+01	3.000000e+00	0	1.974300	49.063653
bathrooms	21613.0	2.114757e+00	7.701632e-01	0.000000e+00	1.750000e+00	2.250000e+00	2.500000e+00	8.000000e+00	2.250000e+00	0	0.511108	1.279902
sqft_living	21613.0	2.079900e+03	9.184409e+02	2.900000e+02	1.427000e+03	1.910000e+03	2.550000e+03	1.354000e+04	1.910000e+03	0	1.471555	5.243093
sqft_lot	21613.0	1.510697e+04	4.142051e+04	5.200000e+02	5.040000e+03	7.618000e+03	1.068800e+04	1.651359e+06	7.618000e+03	0	13.060019	285.077820
floors	21613.0	1.494309e+00	5.399889e-01	1.000000e+00	1.000000e+00	1.500000e+00	2.000000e+00	3.500000e+00	1.500000e+00	0	0.616177	-0.484723
waterfront	21613.0	7.541757e-03	8.651720e-02	0.000000e+00	0.000000e+00	0.000000e+00	0.000000e+00	1.000000e+00	0.000000e+00	0	11.385108	127.632494
view	21613.0	2.343034e-01	7.663176e-01	0.000000e+00	0.000000e+00	0.000000e+00	0.000000e+00	4.000000e+00	0.000000e+00	0	3.395750	10.893022
condition	21613.0	3.409430e+00	6.507430e-01	1.000000e+00	3.000000e+00	3.000000e+00	4.000000e+00	5.000000e+00	3.000000e+00	0	1.032805	0.525764
grade	21613.0	7.656873e+00	1.175459e+00	1.000000e+00	7.000000e+00	7.000000e+00	8.000000e+00	1.300000e+01	7.000000e+00	0	0.771103	1.190932
sqft_above	21613.0	1.788391e+03	8.280910e+02	2.900000e+02	1.190000e+03	1.560000e+03	2.210000e+03	9.410000e+03	1.560000e+03	0	1.446664	3.402304
sqft_basement	21613.0	2.915090e+02	4.425750e+02	0.000000e+00	0.000000e+00	0.000000e+00	5.600000e+02	4.820000e+03	0.000000e+00	0	1.577965	2.715574
yr_built	21613.0	1.971005e+03	2.937341e+01	1.900000e+03	1.951000e+03	1.975000e+03	1.997000e+03	2.015000e+03	1.975000e+03	0	-0.469805	-0.657408
yr_renovated	21613.0	8.440226e+01	4.016792e+02	0.000000e+00	0.000000e+00	0.000000e+00	0.000000e+00	2.015000e+03	0.000000e+00	0	4.549493	18.701152
zipcode	21613.0	9.807794e+04	5.350503e+01	9.800100e+04	9.803300e+04	9.806500e+04	9.811800e+04	9.819900e+04	9.806500e+04	0	0.405661	-0.853479
lat	21613.0	4.756005e+01	1.385637e-01	4.715590e+01	4.747100e+01	4.757180e+01	4.767800e+01	4.777760e+01	4.757180e+01	0	-0.485270	-0.676313
long	21613.0	-1.222139e+02	1.408283e-01	-1.225190e+02	-1.223280e+02	-1.222300e+02	-1.221250e+02	-1.213150e+02	-1.222300e+02	0	0.885053	1.049501
sqft_living15	21613.0	1.986552e+03	6.853913e+02	3.990000e+02	1.490000e+03	1.840000e+03	2.360000e+03	6.210000e+03	1.840000e+03	0	1.108181	1.597096
sqft_lot15	21613.0	1.276846e+04	2.730418e+04	6.510000e+02	5.100000e+03	7.620000e+03	1.008300e+04	8.712000e+05	7.620000e+03	0	9.506743	150.763110

해당 결과값에서 종속 변수(타겟) price의 왜도(skewness)가 4.02로 왼쪽으로 치우쳐 있는 것을 확인할 수 있다. 자연로그를 활용하여 분포를 조정할 필요가 있다.

```
1  df['price'].hist()
```

그림 3-57 실행 결과

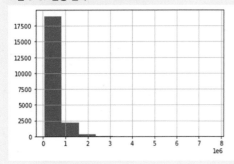

```
1  np.log(df['price']).hist()
```

그림 3-58 실행 결과

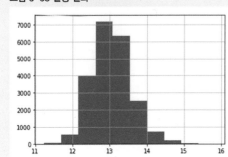

```
1  np.log(df['price']).skew()
```

0.42807247557592526

자연로그를 취해서 종속 변수(price)의 분포가 정규분포 형태를 띄는 것을 확인할 수 있다(선형 회귀분석 시 자연로그를 적용할 예정이다).

다음 함수를 통해 object 타입과 int64, float64 타입을 분류해서 데이터를 살펴보자. df_obj. head( ) 함수를 통해서 확인해보면 date의 전처리가 필요한 것을 알 수 있다.

```
1  def separate_dtype(df):
2      df_obj = df.select_dtypes(include=['object'])
3      df_numr = df.select_dtypes(include=['int64', 'float64'])
4      return [df_obj, df_numr]
5
6  (df_obj, df_numr) = separate_dtype(df)
```

```
1  df_obj.head()
```

결과

그림 3-59 실행 결과

	date
1	20141013T000000
2	20141209T000000
3	20150225T000000
4	20141209T000000
5	20150218T000000

date 컬럼을 앞에서 4자리만 추출하고 타입을 int64로 변경하고 컬럼명을 date2로 저장하자.

```
1  df_obj['date2'] = df_obj['date'].apply(lambda x: x[0:4])
2  df['date2'] = df_obj['date2'].astype('int64')
3  df['date2']
```

결과

그림 3-60 실행 결과

```
1          2014
2          2014
3          2015
4          2014
5          2015
         ...
21609      2014
21610      2015
21611      2014
21612      2015
21613      2014
Name: date2, Length: 21613, dtype: int64
```

date2(집이 매각된 연도)와 yr_built(지어진 연도)의 기간 차이를 비교해서 sold-build_years라는 새로운 변수를 추가하자.

```
1  df['sold-built_years'] = df.apply(lambda x: ((x['date2']) - (x['yr_built'])), axis=1)
2  df['sold-built_years']
```

그림 3-61 실행 결과

```
1          59
2          63
3          82
4          49
5          28
          ..
21609       5
21610       1
21611       5
21612      11
21613       6
Name: sold-built_years, Length: 21613, dtype: int64
```

지금까지 데이터의 전체적인 파악 및 전처리를 했다. 이제 시각화를 통해 데이터의 특징을 살펴보자.

히스토그램(histogram)을 통해 각각의 독립 변수 데이터의 분포를 확인할 수 있다.

```
1  df.hist(figsize=(22,18), density=True)
2  plt.show()
```

그림 3-62 실행 결과

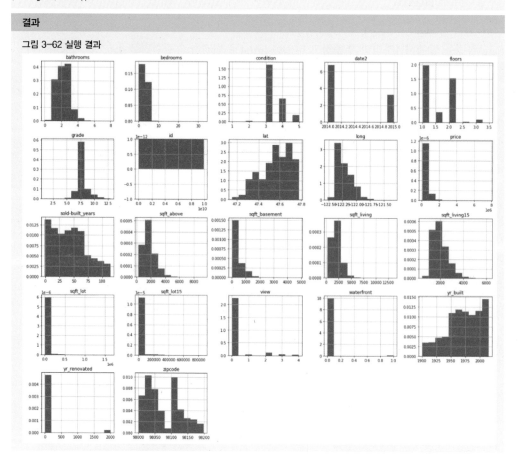

종속 변수(price)와 선형 관계가 있을 것 같은 독립 변수들을 선정하여 산점도(Scatter plot) 그래프를 그려보자.

```
1 df_pairplot = df[['price','bedrooms','sqft_living','waterfront','view','yr_built',
2                    'sold-built_years','date2']]
3
4 sns.pairplot(df_pairplot)
5 plt.show()
```

그림 3-63 실행 결과

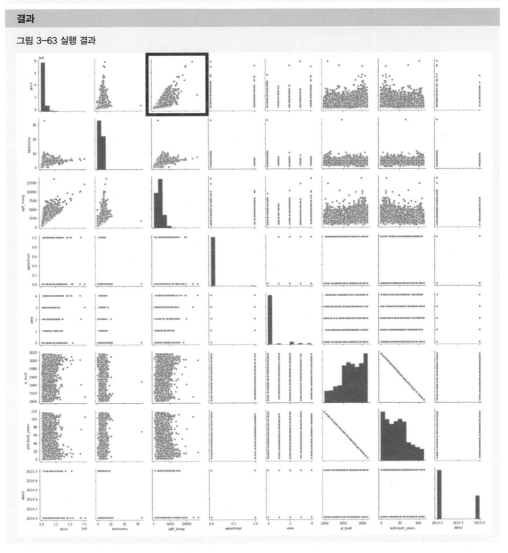

산점도를 통해서 종속 변수(price)와 독립 변수들 사이의 선형 관계를 대략적으로 파악할 수 있다. 특히, 다른 변수들과는 달리 price와 sqft_living 간의 선형 관계를 볼 수 있다.

히트맵(Heatmap)을 통해 종속 변수(price)와 상관관계가 높은 독립 변수들은 무엇인지 확인해보자. 또한 독립 변수들 간에 상관관계가 높은 것들은 어떤 것인지 살펴본다.

```
1   # 반대쪽 삼각형은 안 보이게 설정합니다.
2   # fmt = 실제 값 표시 .2f = 소수점 둘째 자리입니다.
3
4   df_corr = df.corr()
5   cmap = sns.diverging_palette(240, 10, n=9, as_cmap=True)
6
7   mask = np.zeros_like(df_corr, dtype=np.bool)
8   mask[np.triu_indices_from(mask)] = True
9
10  plt.figure(figsize=(16,12))
11
12  sns.heatmap(df.corr(), annot=True, mask=mask, cmap=cmap, linewidths=.5, fmt = '.2f', anno
13          t_kws={"size":10})
```

결과

그림 3-64 실행 결과

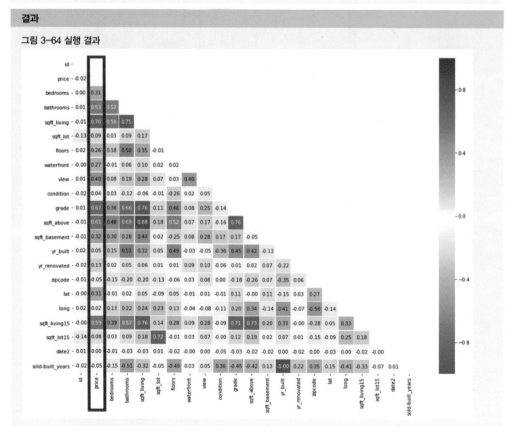

price와 상관관계가 높은 변수들만 추려서 확인해보자.

```
1   # price와 상관관계가 높은 독립 변수들입니다.
2
3   df_corr.sort_values(by='price', ascending=False)[['price']]
```

그림 3-65 실행 결과

	price
price	1.000000
sqft_living	0.702035
grade	0.667434
sqft_above	0.605567
sqft_living15	0.585379
bathrooms	0.525138
view	0.397293
sqft_basement	0.323816
bedrooms	0.308350
lat	0.307003
waterfront	0.266369
floors	0.256794
yr_renovated	0.126434
sqft_lot	0.089661
sqft_lot15	0.082447
yr_built	0.054012
condition	0.036362
long	0.021626
date2	0.003576
id	-0.016762
zipcode	-0.053203
sold-built_years	-0.053951

독립 변수들 간의 상관관계를 확인해본 결과 sqft_living, sqft_above, sqft_living15 세 변수들이 상관관계가 높게 나왔다. 세 변수들의 데이터 분포를 보자.

```
1   living = df[['sqft_living','sqft_living15','sqft_above']]
2
3   # 한 번에 봅니다.
4   plt.figure(figsize=(12,6))
5
6   ax = sns.distplot(df['sqft_living'], hist=True, norm_hist=False, kde=False, label=
```

```
 7                    "sqft_living", color = 'blue')
 8  ax = sns.distplot(df['sqft_living15'], hist=True, norm_hist=False, kde=False, label=
 9                    "sqft_living15", color = 'green')
10  ax = sns.distplot(df['sqft_above'], hist=True, norm_hist=False, kde=False, label=
11                    "sqft_above", color = 'red')
12  ax.set(xlabel="sqft_living / sqft_living15 / sqft_above")
13
14  plt.legend()
15  plt.show()
```

결과

그림 3-66 실행 결과

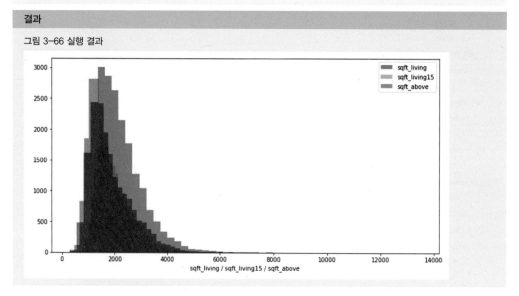

그림에서 보듯이 세 변수들의 분포가 비슷하다는 것을 알 수 있다. 따라서 다중공선성이 존재할 경우 이 중 price와 상관관계가 가장 높은 sqft_living으로 분석한다.

설명 변수(X) 1개, 반응 변수(y) 1개일 때 사용하는 대표적인 방법론으로 단순 선형 회귀분석이 있다. 종속 변수(price)와 가장 상관관계가 높은 sqft_living 변수를 독립 변수로 단순 선형 회귀분석을 실시한다.

설명 변수(X)를 sqf_living로 하고 반응 변수(y)로 price를 했을 때 두 변수 간의 선형관계를 확인해보자.

```
1  sns.jointplot(x='sqft_living', y='price', data=df, kind='reg')
2  plt.show( )
```

그림 3-67 실행 결과

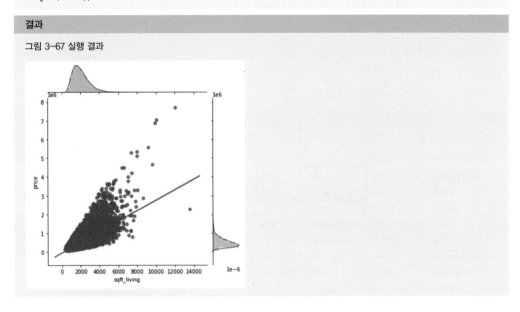

회귀분석을 할 때는 항상 상수항을 추가해야 한다. add_constant 함수를 사용해서 상수항을 추가한다.

```
1  X = df[['sqft_living']]
2  y = df[['price']]
3
4  # 상수항을 추가합니다.
5  X = sm.add_constant(X, has_constant="add")
6  X.head( )
```

그림 3-68 실행 결과

	const	sqft_living
1	1.0	1180
2	1.0	2570
3	1.0	770
4	1.0	1960
5	1.0	1680

fit() 함수를 통해 선형 모델에 적합시킨다. 해당 결과를 result_model에 저장하고 summary() 함수를 통해서 결과를 확인한다.

```
1  # 모델 fit
2  model = sm.OLS(y, X)
3  result_model = model.fit()
4  result_model.summary()
```

결과

그림 3-69 실행 결과

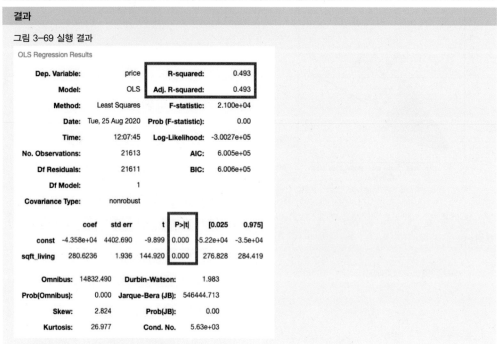

주요 항목별 세부 내용은 다음과 같다.

- Dep. Variable: 종속 변수, 타겟값
- Model: 학습 모델 / OLS(Ordinary Least Squares), 잔차 제곱합(손실)을 최소로 하는 파라미터를 선택하는 방법
- Method: Least Squares / 잔차 제곱합(손실)을 최소로 하는 파라미터를 선택하는 방법
- No. Observations: 데이터셋 크기
- Df Residuals: 데이터셋 크기 – 추정된 파라미터 수를 뺀 것
- Df Model: 독립 변수의 숫자
- Covariance Type: 공분산 종류(default: nonrobust)
- R-squared: 결정계수, 모델의 설명력(0~1 사이 값), 1에 가까울수록 모델의 설명력이 높음

- Adj. R-squared: 조정된 결정계수, 조정된 모델의 설명력
- Std. error: 계수의 표준 오차
- F-statistic: F value
- Prob (F-statistic): p-value
- Log-Likelihood: 최대 로그 우도
- 아카이케 정보 기준 (Akaike's Information Criterion; AIC): 모델의 성능지표로 작을수록 좋은 모델
- Coef.: 계수값
- P>|t|: p-value

P>|t|(p-value) 항목의 유의 확률이 유의 수준 0.05보다 훨씬 작아 유의 수준 0.05하에서 귀무가설은 기각된다. 즉, 모형 통계학적 유의성이 확보된다.

시각화를 통해 실제 타겟값과 모델을 통해 추정한 값, 잔차(residual)를 확인해보자.

```
1   # 잔차를 확인합니다.
2   result_model.resid.plot()
3   plt.show()
```

결과

그림 3-70 실행 결과

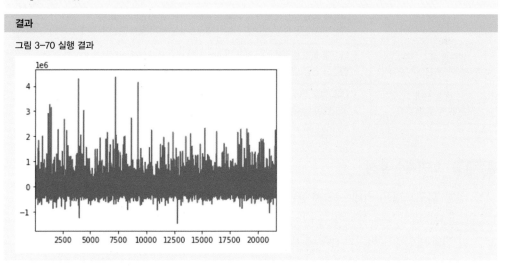

5.3 다중 선형 회귀

다중 선형 회귀(multiple linear regression) 모형은 단순 선형 회귀모형의 확장으로 연속형 반응 변수 하나에 설명 변수가 둘 이상인 모형을 말한다. 설명 변수가 늘어나므로 추가 검토해야 할 문제는 설명 변수의 정보 중첩으로 발생하는 다중공선성(multicollinearity) 문제와 너무 많은 설명 변수를 포함해 발생하는 차원의 저주 문제 등이 있다. 이번에는 범주형 변수를 설명 변수로 포함한 회귀모형에 대해서도 논의할 것이다.

다중 선형 회귀모형 구조는 단순 선형 회귀모형의 구조를 확장한 것과 같다.

$$Y = \beta_0 + \beta_1 X_1 + \beta_2 X_2 + \cdots + \beta_p X_p + \varepsilon \qquad \varepsilon \overset{iid}{\sim} N(0, \sigma^2)$$

다중 선형 회귀모형 역시 단순 선형 회귀모형과 같이 모형의 선형성 가정을 만족해야 한다. 오차 역시 정규성, 독립성, 등분산성을 모두 만족해야 한다. 그 외에도 설명 변수의 증가로 추가 고려해야 할 사항이 몇 가지 더 있다.

표 3-14 **다중 선형 회귀분석 시 고려 사항**

고려 사항	설명
다중공선성 (multicollinearity)	• 모형에 포함된 설명 변수의 정보 중첩(상관관계를 가짐)으로 발생 • 공선성 확인을 통해 변수를 선택하거나 주성분 분석 등을 통한 차원 축소 방법으로 해결
범주형 설명 변수 (qualitative predictors)	• 다수의 설명 변수를 사용하면 범주형 설명 변수가 모형에 포함되는 경우가 존재 • 범주형 설명 변수를 어떻게 다룰 것인가와 관련한 문제
변수 선택 (variable selection)	• 너무 많은 변수는 모형 과적합(overfitting) 야기 • 불필요한 변수를 제거하여 과적합을 막고 모형을 보다 강건(robust)하게 만드는 방법

5.3.1 회귀계수 추정

다중 선형 회귀모형은 최대우도 추정법(Maximum Likelihood Estimation)과 OLS(Ordinary Least Squares) 방법 등을 통해 회귀모수 $\beta_0, \cdots, \beta_p$를 추정할 수 있다. 모수를 추정을 위한 유도과정은 이 책의 범위를 넘어서기 때문에 생략한다. 추정 회귀식은 다음과 같다.

$$\hat{Y} = \hat{\beta}_0 + \hat{\beta}_1 X_1 + \cdots + \hat{\beta}_p X_p$$

5.3.2 유의성 검정

회귀식의 기울기를 통해 단순 선형 회귀모형의 유의미성을 파악할 수 있다. 만약 기울기인 β_1이 0이면 설명 변수는 반응 변수에 통계적으로 유의미한 영향을 주지 않는 것을 의미하기 때문이다. 이런 모형에 대한 검정의 가설은 다음과 같다.

$$H_0 : \beta_1 = \beta_2 = \cdots = \beta_p = 0 \qquad H_1 : \beta_i \text{ 가 모두 0은 아니다.}$$

해당 가설은 일반적인 회귀식의 유의성 검정에 대한 귀무가설과 대립가설이다. 단순 선형 회귀의 경우 설명 변수가 1개인($p = 1$) 경우다. 해당 가설은 분산 분석 모형에 대한 가설과 매우 유사하다. 모형에 대한 유의성 검정은 분산 분석과 같이 F−검정을 한다.

표 3-15 **유의성 검정을 위한 분산 분석 표**

요인 (Factor)	자유도 (Degree of Freedom)	제곱합 (Sum of Square)	평균제곱 (Mean Square)	F value
회귀 (Regression)	p	SSR	$MSR = \dfrac{SSR}{p-1}$	$F = \dfrac{MSR}{MSE}$
잔차 (Residual)	n − p − 1	SSE	$MSE = \dfrac{SSE}{n-p}$	
총 (Total)	n − 1	SST		

원리는 동일하다 설명 변수에 의해 설명되는 변동과 그렇지 않은 변동의 평균제곱을 이용한다.

$$\text{검정 통계량: } F = \frac{MSR}{MSE}$$

기각역은 다음과 같다.

$$F \geq F(k, n - p - 1 : \alpha)$$

분산 분석 표와 그 원리에 대한 이해만 있으면 충분하다. 통계 패키지를 이용해 앞선 예제 모형을 적합한 결과이다.

5.3.3 실습

id를 제외한 모든 독립 변수를 사용해서 다중 선형 회귀분석을 한다. 그후 선별한 독립 변수들로 다시 다중 선형 회귀분석을 해보자.

```
1  df_reg = df[['price',
2                'bedrooms',
3                'bathrooms',
4                'sqft_living',
5                'sqft_lot',
6                'floors',
7                'waterfront',
8                'view',
9                'condition',
10               'grade',
11               'sqft_above',
12               'sqft_basement',
13               'yr_built',
14               'yr_renovated',
15               'zipcode',
16               'lat',
17               'long',
18               'sqft_living15',
19               'sqft_lot15',
20               'date2',
21               'sold-built_years']]
```

```
1  df_kc_reg = sm.add_constant(df_reg, has_constant='add')
2  feature_columns = list(df_kc_reg.columns.difference(['price']))
3
4  X = df_kc_reg[feature_columns]
5  y = df_kc_reg.price
6
7  # 회귀모형
8  multi_linear_model = sm.OLS(y, X)
9  result_model_1 = multi_linear_model.fit()
10 result_model_1.summary()
```

그림 3-71 실행 결과

OLS Regression Results

Dep. Variable:	price	R-squared:	0.701
Model:	OLS	Adj. R-squared:	0.701
Method:	Least Squares	F-statistic:	2816.
Date:	Tue, 25 Aug 2020	Prob (F-statistic):	0.00
Time:	12:07:47	Log-Likelihood:	-2.9455e+05
No. Observations:	21613	AIC:	5.891e+05
Df Residuals:	21594	BIC:	5.893e+05
Df Model:	18		
Covariance Type:	nonrobust		

	coef	std err	t	P>|t|	[0.025	0.975]
bathrooms	4.125e+04	3245.693	12.710	0.000	3.49e+04	4.76e+04
bedrooms	-3.598e+04	1887.302	-19.064	0.000	-3.97e+04	-3.23e+04
condition	2.767e+04	2348.964	11.781	0.000	2.31e+04	3.23e+04
const	-5.46e+07	6.59e+06	-8.282	0.000	-6.75e+07	-4.17e+07
date2	1.938e+04	1952.648	9.926	0.000	1.56e+04	2.32e+04
floors	7322.7479	3587.535	2.041	0.041	290.915	1.44e+04
grade	9.61e+04	2147.594	44.750	0.000	9.19e+04	1e+05
lat	6.053e+05	1.07e+04	56.511	0.000	5.84e+05	6.26e+05
long	-2.147e+05	1.31e+04	-16.387	0.000	-2.4e+05	-1.89e+05
sold-built_years	1.1e+04	976.503	11.265	0.000	9086.338	1.29e+04
sqft_above	70.7696	2.248	31.482	0.000	66.363	75.176
sqft_basement	39.8489	2.640	15.094	0.000	34.674	45.024
sqft_living	110.6122	2.264	48.855	0.000	106.174	115.050
sqft_living15	21.7694	3.439	6.330	0.000	15.028	28.511
sqft_lot	0.1249	0.048	2.612	0.009	0.031	0.219
sqft_lot15	-0.3794	0.073	-5.191	0.000	-0.523	-0.236
view	5.251e+04	2135.068	24.596	0.000	4.83e+04	5.67e+04
waterfront	5.837e+05	1.73e+04	33.705	0.000	5.5e+05	6.18e+05
yr_built	8381.0966	977.492	8.574	0.000	6465.141	1.03e+04
yr_renovated	20.7777	3.648	5.696	0.000	13.628	27.928
zipcode	-582.8028	32.905	-17.712	0.000	-647.298	-518.307

Omnibus:	18432.447	Durbin-Watson:	1.992
Prob(Omnibus):	0.000	Jarque-Bera (JB):	1903378.131
Skew:	3.576	Prob(JB):	0.00
Kurtosis:	48.414	Cond. No.	9.31e+17

결과를 보면 모든 독립 변수들의 $p > |t|$ (p-value) 유의 확률이 유의 수준 0.05보다 훨씬 작아 모형 통계학적 유의성이 확인된다. R-squared 값이 0.701로써 약 70%가 모형에 의해 설명된다는 것을 의미한다.

단수 선형 회귀와 달리 다중 선형 회귀분석에서는 모든 변수의 경우 다중공선성(multicollinearity) 문제를 확인해야 한다.

```
1  from statsmodels.stats.outliers_influence import variance_inflation_factor
2
3  df_vif = pd.DataFrame()
4  df_vif["VIF"] = np.round([variance_inflation_factor(df_reg.values, i) for i in range
5                            (df_reg.shape[1])], 2)
6  df_vif["features"] = df_reg.columns
7  df_vif.sort_values(by='VIF', ascending=False)
```

결과

그림 3-72 실행 결과

	VIF	features
10	inf	sqft_above
11	inf	sqft_basement
19	inf	date2
12	inf	yr_built
20	inf	sold-built_years
3	inf	sqft_living
14	4922845.94	zipcode
16	1388182.32	long
15	159610.79	lat
9	162.17	grade
8	35.37	condition
2	28.83	bathrooms
17	27.87	sqft_living15
1	23.75	bedrooms
5	17.36	floors
0	10.56	price
18	2.61	sqft_lot15
4	2.38	sqft_lot
7	1.61	view
6	1.28	waterfront
13	1.20	yr_renovated

설명 변수가 다수이기 때문에 모형에 포함된 설명 변수의 정보가 중첩(상관관계를 가짐)으로 다

중공선성 문제가 발생하는 것을 확인할 수 있다.

다음 독립 변수들을 선택해서 다중 선형 회귀분석을 실시해보자. 또한, 반응 변수(price)에 자연 로그를 취해 비대칭인 데이터의 분포를 완화한 상태에서 회귀분석을 한다.

- bedrooms(연속형)
- sqrt_living(연속형)
- waterfront(범주형)
- view(범주형)
- sold−built_years: date − yr_built(연속형)

```
1  df_reg = df[['bedrooms','sqft_living','waterfront','view','sold−built_years','price']]

2

3  df_kc_reg = sm.add_constant(df_reg, has_constant='add')

4  feature_columns = list(df_kc_reg.columns.difference(['price']))

5

6  X = df_kc_reg[feature_columns]

7

8  # y(price) 값이 높으므로 자연로그를 써서 비대칭인 값을 수정합니다.

9  y = np.log(df_kc_reg.price)

10

11 # 회귀모형

12 multi_linear_model = sm.OLS(y, X)

13 result_model_2 = multi_linear_model.fit()

14 result_model_2.summary()
```

그림 3-73 실행 결과

OLS Regression Results

Dep. Variable:	price	R-squared:	0.529
Model:	OLS	Adj. R-squared:	0.529
Method:	Least Squares	F-statistic:	4852.
Date:	Tue, 25 Aug 2020	Prob (F-statistic):	0.00
Time:	15:46:44	Log-Likelihood:	-8675.5
No. Observations:	21613	AIC:	1.736e+04
Df Residuals:	21607	BIC:	1.741e+04
Df Model:	5		
Covariance Type:	nonrobust		

	coef	std err	t	P>|t|	[0.025	0.975]
bedrooms	-0.0413	0.003	-12.647	0.000	-0.048	-0.035
const	12.1722	0.011	1128.098	0.000	12.151	12.193
sold-built_years	0.0025	8.96e-05	27.564	0.000	0.002	0.003
sqft_living	0.0004	3.62e-06	117.929	0.000	0.000	0.000
view	0.0785	0.004	21.269	0.000	0.071	0.086
waterfront	0.2885	0.031	9.285	0.000	0.228	0.349

Omnibus:	190.066	Durbin-Watson:	1.956
Prob(Omnibus):	0.000	Jarque-Bera (JB):	215.753
Skew:	-0.183	Prob(JB):	1.41e-47
Kurtosis:	3.325	Cond. No.	2.88e+04

결과를 보면 모든 독립 변수들의 P>|t|(p-value) 유의 확률이 유의 수준 0.05보다 훨씬 작아 모형 통계학적 유의성이 확인된다. 이제 다중공선성을 살펴보자.

```
1  df_vif = pd.DataFrame()
2  df_vif["VIF"] = np.round([variance_inflation_factor(df_reg.values, i) for i in range
3                            (df_reg.shape[1])], 2)
4  df_vif["features"] = df_reg.columns
5  df_vif.sort_values(by='VIF', ascending=False)
```

그림 3-74 실행 결과

	VIF	features
1	19.32	sqft_living
0	14.17	bedrooms
5	7.56	price
4	2.85	sold-built_years
3	1.48	view
2	1.24	waterfront

다중공선성 문제가 확실히 줄어들었음을 알 수 있다.

5.4 회귀모형의 가정 진단

회귀모형은 반응 변수와 설명 변수의 선형 관계를 전제로 한다. 또한 오차에 대한 독립성, 정규성, 등분산성 가정을 전제로 한다. 앞서 확인한 모형의 유의성과 계수의 유의성이 확보되었다고 해도 오차에 대한 가정을 만족하지 않으면 다른 대안을 찾아야 한다. 각각 가정에 대한 진단 방법과 해결 방안은 다음과 같다.

표 3-16 회귀모형의 가정 진단 방법 및 해결 방안

구분	진단 방법	해결 방안
선형성 (linearity)	산점도, 상관계수	변수 변환, 비선형 모형 적합
독립성 (independence)	Durbin–Watson AFC(Auto Correlation Function) 잔차 그래프	ARMA와 같은 시계열 모형을 이용하는 것이 좋음
정규성 (normality)	첨도와 왜도, Q–Q plot, 정규성 검정 (Shapiro–Wilk or K–S test)	변수 변환, 새로운 변수 투입, 모형 수정
등분산성 (constant variance)	잔차 등분산 그래프, White test 등	변수 변환, 가중회귀분석

5.4.1 선형성 진단

회귀모형은 반응 변수와 설명 변수가 선형 관계임을 기본으로 한다. 모형 적합에 앞서 두 변수가 선형 관계인지 확인해야 한다. 산점도를 이용해 종속 변수와 독립 변수가 서로 선형 관계인지 알 수 있다. 산점도의 경우 비선형 상관관계도 확인할 수 있다는 장점이 있다. 또한 상관계수를 이용하면 비선형 상관관계는 알 수 없지만, 선형 관계의 정도 및 유의성을 알 수 있다.

그림 3-75 선형성 가정을 만족하지 않을 경우 해결 방안

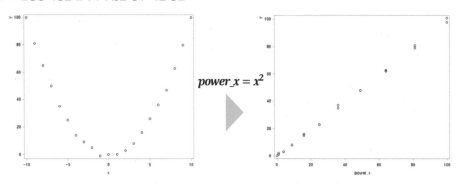

만약 선형성을 만족하지 않으면 변수 변환을 통해 선형성을 유도할 수 있다. 선형모형은 반응 변수와 설명 변수의 관계가 선형으로 표현 가능한가를 의미한다. 즉, 반응 변수와 설명 변수의 변수 변환을 통해 선형 관계로 표현 가능하다면 선형 모형이라고 할 수 있다.

5.4.2 오차항의 독립성 진단

오차의 독립성(independence) 문제는 관측치가 서로 상관되어 있을 때 발생할 수 있다. 시간에 따라 관측된 자료의 경우 시점 데이터가 시점 값에 영향을 주기도 한다. 독립성 문제를 진단하기 위한 방법으로 잔차 그래프 이용하기, ACF 그래프 이용하기, Durbin-Watson 통계량 이용하기 등이 있다.

그림 3-76 오차항의 독립성 진단

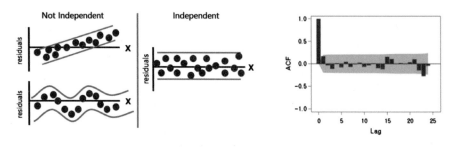

표준화 잔차가 랜덤하게 분포하지 않고 경향성을 갖는 경우, 잔차의 독립성을 의심해야 한다(잔차 간 자기상관의 가능성이 있다). ACF(Auto-Correlation Function)를 이용해 독립성 만족 여부를 확인할 수 있다. ACF 그래프에서 0 시차 이후에 신뢰구간(파란색 구간)을 벗어나는 시차가 존재하는 경우에도 독립성을 의심해봐야 한다.

시간에 따라 측정된 자료가 아닌 독립적으로 수집된 자료는 대체로 독립성 가정을 만족한다. 하지만 관측치 간 독립성이 보장되지 않는 경우 시계열 분석을 이용하는 것이 좋다. 그 외에도 회귀모형에 계절성을 반영한 가변수를 포함하거나 자기상관을 갖는 잔차에 대해서만 시계 모형을 적합하는 2-step 모델링 방법도 대안이 될 수 있다.

5.4.3 오차항의 등분산성 진단

오차항의 등분산성(constant variance)은 잔차 그래프와 등분산성 검정을 통해 알 수 있다. 잔차 그래프가 일정한 추세를 갖는 경우 등분산성 가정을 만족하지 않을 수 있다(잔차의 분산이 x가 증가함에 따라 증가하는 추세이다). 또한 잔차의 등분산성 검정을 통해 등분산성을 만족하는지 확인할 수 있다. 등분산성 검정의 "H_0: 잔차의 분산이 같다" 즉, 등분산이다. 따라서 유의 수준 0.05하에서 귀무가설이 기각될 경우 이분 분산임을 의미한다.

그림 3-77 오차항의 등분산성 진단

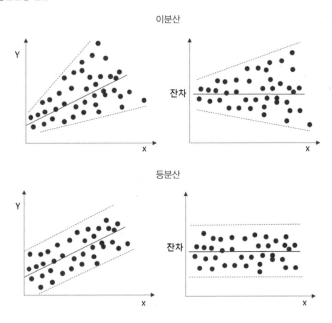

오차항의 정규성 진단

(좌) 오차항의 정규성(normality)은 잔차에 대한 Q–Q Plot을 이용한 시각적 확인 방법과 정규성 검정을 통한 확인 방법이 있다. Q–Q Plot을 이용한 방법은 표준화된 잔차가 Q–Q Plot의 대각선에 위치해 있으면 정규성 가정을 만족한다고 볼 수 있다. (우) 정규성 검정을 이용한 방법은 K–S 통계량, Cramer–von Mises 통계량 등을 이용할 수 있다. 통계 패키지를 이용해 검정을 수행하면 우측 도표가 나오는데, 각 검정의 귀무가설은 "H_0: 잔차의 분포는 정규분포를 따른다"이고 유의 수준 0.05하에서 p–value가 0.05보다 작으면 잔차는 정규분포를 따른다고 볼 수 없다.

그림 3-78 **오차항의 정규성 진단**

Q–Q plot을 이용한 방법

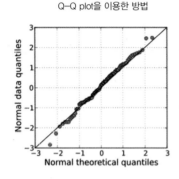

K–S 통계량을 이용한 정규성 검정

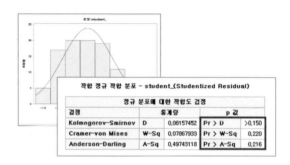

잔차가 정규성 가정을 만족하지 않는 경우, 모형에 고려되지 않은 중요한 설명 변수가 있을 수 있고 반응 변수와 종속 변수의 관계가 비선형의 패턴을 보이기 때문일 수도 있다. 따라서 변수 변환, 추가 설명 변수 등을 탐색하여 해결할 수 있다.

실습

회귀모형을 만족하기 위해서는 독립 변수와 설명 변수의 선형성, 오차항에 대한 독립성, 정규성, 등분산성 가정을 전제로 하고 있다. 다음 실습을 통해 가정들을 만족하는지 확인해보자.

■ **정규성 검정**

Q–Q 플롯

```
1  # Q-Q 도표
2  qqplot = sm.qqplot(result_model_2.resid, line = "s")
```

결과

그림 3-79 실행 결과

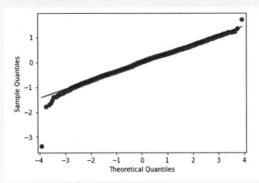

잔차 패턴 확인

```
1  fitted = result_model_2.predict()
2
3  resid = result_model_2.resid
4  pred = result_model_2.predict(X)
5  fig = plt.scatter(pred, resid, s=3)
6
7  # plt.xlim(2)
8  # plt.xlim(20, 140)
9  # plt.xlim(0.5)
10 plt.xlabel('Fitted values')
11 plt.ylabel('Residual')
```

결과

그림 3-80 실행 결과

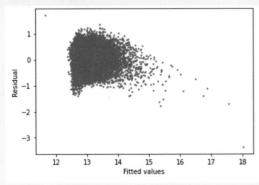

```
1  result_shapiro = stats.shapiro(result_model_2.resid)
2  print(f'F value : {result_shapiro[0]:.4f} / p-value : {result_shapiro[1]:.4f}')
3
4  if result_shapiro[1] < 0.05:
5      print("p-value < 0.05입니다.")
```

결과

```
F value : 0.9959 / p-value : 0.0000
p-value < 0.05입니다.
```

Q-Q 플롯, 잔차 패턴, 샤피로-윌크 검정을 통해 통해 정규성을 만족하는 것을 확인할 수 있다. 샤피로-윌크 검정은 p-value < 0.05이기 때문에 정규성을 만족한다고 할 수 있다.

■ 독립성 검정

잔차 그래프

```
1  # 잔차 그래프
2  result_model_2.resid.plot()
3  plt.show()
```

결과

그림 3-81 실행 결과

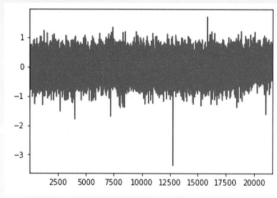

```
1  sm.graphics.tsa.plot_acf(result_model_2.resid)
2  plt.show()
```

결과

그림 3-82 실행 결과

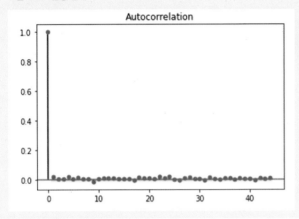

잔차 그래프와 ACF를 이용해 독립성 만족 여부를 확인할 수 있다. ACF 그래프에서 0 시차 이후에 파란색 구간을 벗어나는 시차가 존재하지 않다고 보이기 때문에 독립성을 만족한다고 볼 수 있다.

등분산성

```
1  sns.distplot(result_model_2.resid)
2  plt.show()
```

결과

그림 3-83 실행 결과

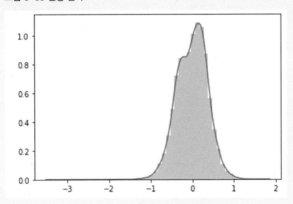

```
1  result_model_2.resid.plot()
2  plt.show()
```

그림 3-84 실행 결과

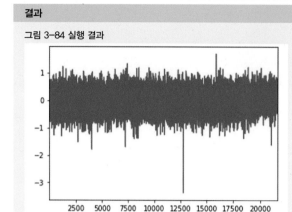

잔차 그래프를 통해서 오차의 등분산성 가정을 만족하는 것을 확인할 수 있다.

5.5   회귀모형의 평가

5.5.1   평균제곱오차

MSE(Mean Squared Error) 또는 MSD(Mean Squared Deviation)라고도 하며 다음과 같이 표현된다.

$$MSE = \frac{1}{n}\sum_{i=1}^{n}(y_i - \hat{y}_i)^2$$

모형을 통해 추정된 값 $\hat{y}_i$과 실측값 y_i의 차에 대한 제곱합의 평균으로 표현되며 이 값이 크면 모형의 예측력이 떨어짐을 의미하고 이 값이 작을수록 모형이 더 정확한 예측을 한다는 것을 알수 있다.

5.5.2 결정계수

결정계수(R^2 statistic)는 반응 변수 전체 변동 중 모형에 의해 설명되는 변동의 비를 말한다. 만약 결정계수가 0.8이면 반응 변수의 전체 변동 중 약 80%가 모형에 의해 설명되는 변동이라고 할 수 있다. 계산식은 다음과 같다.

$$R^2 = \frac{SSR}{SST} = \frac{\sum_{i=1}^{n}(y_i - \hat{y}_i)^2}{\sum_{i=1}^{n}(y_i - \bar{y})^2}$$

5.5.3 수정 결정계수

다중 선형 회귀모형은 하나 이상의 설명 변수를 이용한다. 결정계수는 설명 변수 수가 늘면 증가하는 경향이 있어, 변수 수를 무한정 증가시킬 경우 결정계수 값은 점점 커져 모형 설명력이 높아지는 착시 효과를 일으킬 수 있다. 하지만 모형에 포함된 변수 수가 불필요하게 증가하면, 모형은 주어진 데이터에 과적합(overfitting)되어 새로운 데이터가 편입될 경우 예측력이 떨어지거나 작은 데이터의 변화에도 과하게 반응해 안정성이 떨어지는 문제가 발생할 수 있다. 이런 문제를 보정하기 위해 수정 결정계수(adjusted R^2)는 편입 변수 수가 증가할수록 결정계수 값이 일정 수준 감소하게 변경된 모형 평가지표다.

$$adj.R^2 = 1 - \frac{\dfrac{SSE}{n-p-1}}{\dfrac{SST}{n-1}}$$

해당 식에서 n은 관측치 수를 의미하고 p는 모형에 포함된 설명 변수의 수를 의미한다. 해당 식에서 알 수 있듯 모형에 포함된 설명 변수 수가 증가할수록 수정된 결정계수 값은 작아지는 것을 알 수 있다. 수정 결정계수 역시 R^2와 해석은 같다.

5.5.4 Akaike 정보 기준

Akaike 정보 기준(Akaike's Information Criterion; AIC)은 값이 작을수록 더 나은 모델로 간주하며, AIC 값은 두 모델의 관측치 개수가 거의 동일할 때만 비교할 수 있는 방법이다.

5.5.5 Schwarz 베이지안 기준

Schwarz 베이지안 기준(Schwarz's Bayesian Criterion; SBC)은 BIC라고도 하며, 모델의 잔차 제곱합과 효과 수를 증가시키는 함수이다. 반응 변수와 효과 수에 대한 설명되지 않은 변동은 BIC 값의 증가로 이어진다. BIC 값이 낮으면 설명 변수 또는 적합 항목이 적거나, 아니면 둘 다 적다는 것을 의미하며 BIC는 AIC보다 자유 모수에 더 강력하게 패널티를 적용하는 성질이 있다.

5.5.6 MAPE

MAPE(Mean Absolute Percentage Error)는 MAPD(Mean Absolute Percentage Deviation)라고도 하며, 통계학에서 모형에 대한 예측 정확도를 측정하기 위해 이용한다. 기계학습 모형의 목적 함수로도 종종 사용되며, MAPE는 다음과 같이 실측치에 대한 오차의 비율로 표현된다.

$$MAPE = \frac{1}{n}\sum_{i=1}^{n}\left|\frac{y_i - \hat{y}_i}{y_i}\right|$$

실측치 y_i에 대한 잔차($y_i - \hat{y}_i$)의 절댓값의 평균비를 나타낸다. 만약 모형의 예측이 매우 정확해서 실측값과 예측값이 같으면 MAPE는 0이 된다.

5.5.7 평균제곱근 오차

평균제곱근 오차(Root Mean Square Error; RMSE)는 추정 모형의 예측 정확도 평가를 위한 지표이다. 예측치와 실측치의 차인 잔차를 이용해 만든다.

$$RMSE(Root\ Mean\ Squre\ Error) = \sqrt{\frac{1}{n}\sum_{i=1}^{n}(y_i - \hat{y}_i)^2}$$

RMSE는 회귀선을 기준으로 실측치가 평균적으로 얼마나 벗어나 있는지 나타내주는 값이다. 이 값이 작을수록 좋은 모형이라고 할 수 있다. 하지만 RMSE는 y값의 단위에 영향을 받아 절대적인 측도로는 부적합하다.

선형 회귀분석을 실시하는 과정에서 기본 가정을 위배하는 다양한 이슈에 부딪힐 수 있다. 이번에는 범주형 설명 변수가 존재하는 경우, 데이터에 이상치가 존재하는 경우, 독립 변수 간 선형 상관관계가 존재하는 경우 이를 극복하기 위한 방법에 대해 배운다.

6.1 질적 설명 변수

그림 3-85 가변수 (dummy variable)

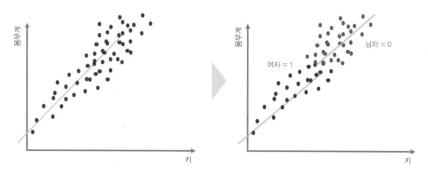

질적 설명 변수(qualitative variable)를 포함한 모형은 가변수(dummy variable) 또는 지시 변수(indicator variable) 형태로 변수를 변환해 모형에 포함하는 절차가 필요하다. 예를 들면 성별이라는 범주형 변수를 모형에 포함하고 싶다면 0 또는 1을 갖는 남성 여부 또는 여성 여부라는 변수를 생성해야 한다. 이때 추가생성 변수의 수 = 명목형 변수의 그룹 수 − 1이다. 남성일 때의 회귀식과 여성일 때의 회귀식을 각각 따로 적합하는 것과 같다.

그림 3-86 질적 설명 변수의 가변수 변환

Race (인종)	새롭게 생성되는 변수	
	Asian	Caucasian
African American (Reference)	0	0
Caucasian	0	1
Asian	1	0

가변수는 〈그림3-86〉과 같이 하나의 그룹을 참조(reference)로 지정하여 생성한다. 이때 변수의 각 그룹에 대한 영향력은 회귀계수에 대한 검정을 통해 확인할 수 있다. 참조 그룹은 나머지 참조 변수들이 0인 경우와 같기 때문에 절편 값의 유의성을 통해 추정할 수 있다. 과거에는 가변수 변환을 위해 많은 시간이 필요했지만 현재는 통계 패키지를 이용하면 명목형 변수는 대부분 자동으로 가변수 형태로 변환하여 모형을 적합하기 때문에 원리와 해석 방법에 대한 이해만 있다면 충분하다.

6.2 이상치

이상치(outlier)는 관찰된 데이터의 속성과 많이 동떨어진 데이터를 말한다. 이상치는 모형의 가정을 깨뜨리고 회귀모형에 편향(bias)을 발생시켜 모형의 정도를 낮추는 원인이다. 특히 최소제곱법으로 추정된 모형은 이상치에 민감하여 이상치를 제거해주는 것이 좋다. 이상치 유형으로는 지레점, 영향점, 특이값 등이 존재하며 각각의 영향은 Cook의 거리 Welsch & Kuh의 측도, Hadi의 영향력 측도 등을 통해 확인할 수 있다. 이상치를 제거할 수 없거나 탐색이 어려운 경우 로버스트 회귀모형을 이용해 그 영향력을 감소시킬 수 있다. 이상치 역시 산점도를 통한 탐색이 가능하다. 산점도를 통해 소수의 이상치가 발견된 경우 제거하는 것으로 해결 가능하지만 그래프와 같이 특정 값들이 뭉쳐서 회귀선을 이탈한 경우 누락된 설명 변수가 없는지 확인해야 한다.

그림 3-87 이상치

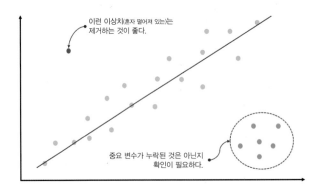

이런 이상치(혼자 떨어져 있는)는 제거하는 것이 좋다.

중요 변수가 누락된 것은 아닌지 확인이 필요하다.

6.3 다중공선성

다중공선성(multicollinearity)은 설명 변수들 간의 선형 종속(linear dependency)이 심한 경우를 말한다. 즉, 설명 변수들 간 정보의 중첩이 발생한 것이다. 설명 변수들 간 완전한 선형 종속 관계가 발생한 경우 완전 다중공선성(perfect multicollinearity)을 갖는다고 한다. 이런 경우, 최소 제곱법으로 추정된 모형이 유일한 해를 갖지 않기 때문에 안정성이 매우 떨어진다.

다중공선성 문제를 해결하는 방법은 크게 세 가지가 있다.

첫 번째는 산점도 행렬이나 상관 분석을 통해 다중공선성 문제가 발생한 설명 변수 조합을 찾고 각 조합에서 설명력이 제일 높은 변수만을 남기는 방법이다.

두 번째는 주성분 분석이나 오토인코더 등의 방법을 통해 각 변수로부터 중첩되지 않는 주요 정보들만 추출하는 방법이 다.

세 번째는 LASSO나 Ridge regression 등을 이용해 모형 자체적으로 다중공선성 문제를 상쇄시키는 방법이다. 물론 LASSO의 경우 변수 모형 적합 단계에서 각 설명 변수 가중치 조절을 통해 변수 선택 효과도 갖고 있다.

회귀를 실시하는 과정에서 독립 변수의 수가 너무 많을 경우 방법론의 효율적인 적용을 해칠 수 있다. 이번에는 독립 변수의 수를 줄일 수 있는 모형 선택(model selection)에 대해 배워보자. 대표적인 모형 선택의 방법론으로는 부분집합 선택, 수축, 차원 축소가 있다.

7.1   부분집합 선택

부분집합 선택(subset selection)은 다중공선성뿐 아니라 모형을 보다 강건(robust)하게 만드는 좋은 방법이다. 변수 선택을 이용해 영향도가 낮거나 불필요한 변수를 제거하면 모형은 새로운 현상이 발생했을 때 영향을 받는 설명 변수 수가 감소하여 외부 변동에 덜 민감해지기 때문에 안정성이 더 높아진다. 실무에서는 대부분의 시간이 모형 적합을 위한 변수를 생성하는 데 필요하다. 만약 변수 선택을 통해 예측에 필요한 변수가 줄어든다면 서버에 적재할 데이터의 양이 감소할 뿐만 아니라 예측을 위한 데이터 생성 시간 또한 줄일 수 있다.

표 3-17 **부분집합 선택 방법**

선택 방법	설명
Best subset selection	• 모든 가능한 축소 모형에 대해 회귀분석을 수행한 후, 특정 기준에 따라 모형을 선택하는 방법
전진 선택 Forward selection	• 절편만 포함하고 설명 변수는 없는 null model로부터 시작해, p개의 단순 선형 회귀 가장 낮은 잔차 제곱합이 발생하는 독립 변수를 하나씩 추가해 가는 방법
후진 제거 Backward elimination	• 모든 변수를 포함하는 완전한 모형으로부터 시작하여 가장 큰 p-value를 가지는 변수, 즉 통계적으로 중요도가 가장 낮은 변수를 하나씩 제거해 나가는 방법
단계적 선택 Stepwise selection	• 전진 선택법에 후진 제거법을 절충한 것으로 매 단계 선택과 제거를 반복하면서 모형에서 사용할 변수를 찾는 방법

회귀모형에서 가장 기본적으로 사용하는 변수 선택 방법은 전진 선택, 후진 선택, 단계적 선택 그리고 best subset selection이 있다. 가장 이상적인 방법은 best subset selection이지만 이 방법은 선택 대상 변수가 증가할수록 변수 선택을 위한 모형 적합 횟수가 기하급수적으로 증가하기 때문에 계산 비용이 제일 높은 방법이다. 이런 문제를 완화하기 위해서 전진 선택, 후진 선택, 단계적 선택이라는 방법이 제안된다.

7.2 수축

계수 추정치를 제한하거나 규칙화하는 기법을 사용하여 p개의 설명 변수 모두를 포함하는 모델을 적합하는 기법을 수축(Shrinkage)이라 한다. 수축 기법에는 능형 회귀와 라쏘가 있다.

7.2.1 능형 회귀

능형 회귀(ridge regression)에서 잔차최소제곱적합을 구하는 절차는 다음 식과 같다.

$$RSS = \sum_{i=1}^{n} \left(y_i - \beta_0 - \sum_{j=1}^{p} \beta_j x_{ij} \right)^2$$

한편, 능형 회귀계수 추정치는 다음 식을 최소로 하는 값이다.

$$\sum_{i=1}^{n} \left(y_i - \beta_0 - \sum_{j=1}^{p} \beta_j x_{ij} \right)^2 + \lambda \sum_{j=1}^{p} \beta_j^2 = RSS + \lambda \sum_{j=1}^{p} \beta_j^2$$

$\lambda \geq 0$는 별도로 결정되는 조율 모수(tuning parameter)이다. 수축 페널티라 불리는 두 번째 항은 모형의 계수가 0에 가까울 때 작아지므로, 새로이 추정되는 베타를 0으로 수축하는 효과가 있다. λ의 값 각각에 대해 다른 추정치 집합이 생성되므로, λ의 적절한 값을 선택하는 것이 중요하다.

그림 3-88 Ridge Regression에서의 Bias–Variance trade–off

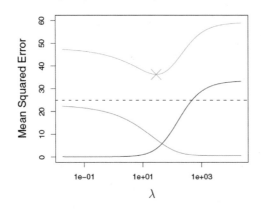 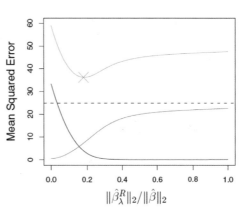

능형 회귀의 장점은 편향–분산 절충(Bias–Variance trade–off)으로 확인 가능하다. $\lambda = 0$일 때 계수추정치의 분산은 크지만 편향은 0(Unbiased Estimator), λ가 10 정도 될 때 편향은 아주 조금 증가하지만 분산은 현저하게 줄어든다. λ가 어떤 점을 넘어서면 분산 감소는 느려지고 편향이 크게 증가하게 되지만, 적절한 λ값에서는 MSE를 상당히 축소할 수 있다. 능형 회귀는 최소제곱 추정치가 높은 분산을 가지는 상황에서 가장 잘 동작한다. 하지만 능형 회귀는 최종 모델에 p개 설명 변수 모두를 포함하므로, 모델 해석에 어려움을 초래할 수 있다.

7.2.2 라쏘

라쏘(Least Absolute Shrinkage and Selection Operator; LASSO)는 능형 회귀의 단점을 극복하는 비교적 최신 기법이다. 라쏘 계수는 다음 식을 최소화한다.

$$\sum_{i=1}^{n}\left(y_i - \beta_0 - \sum_{j=1}^{p}\beta_j x_{ij}\right)^2 + \lambda\sum_{j=1}^{p}|\beta_j| = RSS + \lambda\sum_{j=1}^{p}|\beta_j|$$

λ가 충분히 클 경우, 계수 추정치들의 일부가 정확히 0이 되게 하는 효과가 있다. 라쏘는 변수 선택을 수행한다. 능형 회귀보다 해석하기 쉬운 모델을 제공한다.

7.3　차원 축소

원래의 설명 변수의 부분집합을 사용하거나, 계수들을 0으로 수축하여 분산을 제어할 수 있다. 그러나, 설명 변수를 변환한 후 변환된 변수를 사용해 최소제곱 모델을 적합할 수도 있다. $Z_1, Z_2, \cdots, Z_M$은 원래의 p개 설명 변수들의 M($<$p)개 선형 결합이라 하면, 어떤 상수들 $\phi_{1m}, \phi_{1m}, \cdots, \phi_{1m}, m = 1, \cdots, M$에 대해 다음과 같이 표현된다.

$$Z_m = \sum_{j=1}^{p}\phi_{jm}X_j$$

그 후에 최소제곱을 사용하여 선형 회귀 모델을 적합할 수 있다.

$$y_i = \theta_0 + \sum_{m=1}^{M}\theta_m z_{im} + \epsilon_i$$

회귀계수는 $\theta_0,\ \theta_1, \cdots, \theta_M$으로 추정된다. 상수 $\phi_{1m}, \phi_{2m}, \cdots, \phi_{pm}$,가 잘 선택된다면 차원 축소 (dimensionality reduction) 방법은 최소제곱 회귀보다 좋은 성능을 낸다. 차원 축소는 p+1개의 개수를 추정하는 문제를 M+1개의 계수를 추정하는 문제로 단순화하는 것이다. 차원 축소 목적을 위해 Principal Components Analysis(PCA, 주성분 분석)와 Partial Least Squares(PLS, 부분 최소제곱)가 사용된다.

PART 04

분류

분류(classification)는 회귀와 함께 지도학습의 유형이다. 분류는 종속
변수가 범주형일 때 사용하는 분석 방법론을 의미한다. 이번 파트에서는
로지스틱 회귀분석, 최근접 이웃, 서포트 벡터 머신, 의사결정나무, 앙상블
등의 분석 방법론을 학습한다.

분류는 종속 변수가 범주형인 방법론을 통칭한다. 분류는 종속 변수가 범주형이라는 측면에서 종속 변수가 수치형인 회귀와 대비된다. 분류는 장단점을 갖춘 다양한 방법론이 경합하는 분야이며, 최근에는 여러 방법론을 결합하거나 반복하는 앙상블 기법도 많이 활용되고 있다.

1.1　접근 방법

분류는 범주형 반응 변수를 갖는 분석 방법론을 통칭한다. 범주형 변수는 각 그룹이 순서 정보를 포함하고 있지 않은 명목(nominal) 변수와 순서 정보를 포함한 순위(ordinal) 변수로 구분할 수 있다. 분류 방법은 설명 변수의 유형(범주형, 수치형, 겸용)과 설명 변수 및 반응 변수의 그룹 유형(명목형, 순위형)에 따라 달리 적용된다.

표 4-18 **분류의 프레임워크**

반응 변수		설명 변수	대표 방법론
있음	회귀	범주형	• T-검정
			• 분산 분석
		수치형	• 상관 분석
		수치형/범주형	• 선형 회귀
	분류	범주형	• 카이제곱 검정 • 피셔의 정합 검정 • 코크란-맨틀-핸첼 검정 • 맥니마 검정
		수치형/범주형	• 로지스틱 회귀 • 포아송 회귀 • 서포트 벡터 머신 • 선형 판별 분석
	수치형/범주형	수치형/범주형	• K최근접 이웃 • 트리 기반 모형
없음		수치형	• 주성분 분석 • 군집 분석
		범주형	• 연관성 분석

1.2 다른 방법론의 사용

신용카드 대금을 이용해 채무 불이행 여부를 예측하는 문제는 우선 그 확률을 구하고, 주어진 임계치에 따라 분류를 결정할 수 있다. 신용카드 대금이 주어졌을 때, 채무 불이행 확률은 다음과 같이 나타낼 수 있다.

$$P(default{=}Yes\,|\,balance)$$

일반적으로 이 확률 값이 0.5보다 크면 1(Yes), 그렇지 않으면 0(No)으로 분류한다. 하지만 채무 불이행에 따른 비용이 큰 경우(더 중요한 경우), 보수적으로 채무 불이행 위험이 있는 사람을 예측해야 하기 때문에 임계치(Cut-off value)를 조정해 0.1, 0.2 등으로 쓰기도 한다.

$p(X) = p(Y{=}1\,|\,X)$와 X 사이의 관계를 어떻게 모델링할 수 있을까? 선형식을 이용할 경우 모형은 다음과 같다.

$$p(X) = \beta_0 + \beta_1 X$$

이처럼 확률과 선형식을 직접 연결하는 경우, 선형 함수의 결과값이 0보다 작거나 1보다 큰 문제가 발생할 수 있다.

그림 4-1 Linear Model and Probability

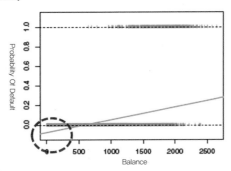

하지만 확률은 0과 1 사이의 정수여야 한다. 따라서 이런 문제를 막기 위해 모든 X 값에 대해 0과 1 사이의 값을 제공하는 함수를 이용하는 것이 $p(X)$를 모델링하는 것이 적절하다.

범주형 반응 변수를 포함한 모형은 기존 연속형 반응 변수를 포함한 모형과 분포 가정이 다르다. 또한 예측 관점에서도 범주형 반응 변수는 발생 가능한 값들이 제한적인 반면, 연속형 변수는 무한한 특징이 있다. 따라서 반응 변수에 대한 분포 가정을 달리하는 새로운 접근 방법이 필요하다.

로지스틱 회귀(logistic regression)분석은 종속 변수를 0과 1 사이로 산출하게 하는 로지스틱 (logistic) 함수를 사용하는 분류 방법론이다. 기계학습에서는 시그모이드(sigmoid) 함수로 불리는 로지스틱 함수는 최대우도 추정법을 사용하여 회귀계수를 추정한다.

2.1   로지스틱 회귀

로지스틱 회귀는 D. R. Cox가 1958년에 제안한 확률 모델로 독립 변수의 선형 결합을 이용하여 사건의 발생 가능성을 예측하는 데 사용되는 통계 기법이다. 로지스틱 회귀모형은 통상 반응 변수가 2개의 그룹을 갖는 범주형 변수일 때 사용한다(설명 변수는 모두 사용 가능하다). 로지스틱 회귀모형은 다음과 같은 식을 갖는다.

$$ln\left(\frac{p(x)}{1-p(x)}\right) = \beta_0 + \beta_1 X$$

해당 식의 좌변은 로그-오즈(log-odds) 또는 로짓(logit)이라고 한다. 각 회귀계수의 경우 최대우도 추정법을 이용해 얻을 수 있다. 선형 회귀와 달리 로지스틱 모형은 X가 한 단위 증가할 때 로그-오즈(log-odds)가 β_1만큼 증가하고, 오즈(odds)는 e^{β_1}배만큼 증가한다. 자연로그 ln은 밑이 자연상수 $e(2.7182818284\cdots)$인 로그 함수를 말한다.

2.2   로지스틱 함수

로지스틱 함수는 인수로 $-\infty$과 ∞ 사이의 값을 받을 수 있고, 결과로 0과 1 사이의 값을 반환하는 특성이 존재하기 때문에 보다 정확하게 확률을 표현할 수 있다. 로지스틱 함수를 이용해 선형식의 범위를 제한할 수 있다.

그림 4-2 로지스틱 함수

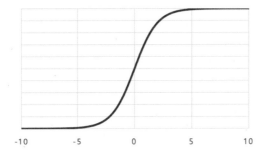

$$p(X) = \frac{e^{\beta_0 + \beta_1 X}}{1 + e^{\beta_0 + \beta_1 X}}$$

로지스틱 함수는 항상 S-형태를 카지므로 X 값에 상관없이 합리적인 예측값을 얻을 수 있다. 또한, 선형 회귀모형보다 확률의 범위를 더 정확하게 나타낼 수 있다.

2.3 오즈

오즈(odds)는 성공 확률을 실패 확률로 나눈 비를 나타내는 값으로 로지스틱 함수를 이용해 모형을 만들 때 쉽게 구할 수 있다. 앞서 살펴본 로지스틱 함수는 다음과 같이 나타낼 수 있다.

$$\frac{p(X)}{1 - p(X)} = e^{\beta_0 + \beta_1 X}$$

이때 $\frac{p(X)}{1-p(X)}$를 ∞오즈라고 하며 항상 0과 사이의 값을 가진다. Default 데이터에서 오즈가 0에 가까우면 연체 확률이 매우 낮고, ∞에 가까우면 연체 확률이 아주 높은 것을 의미한다. 만약 $p(X)$ = 0.2이면, odds = 0.2/(1−0.2) = ¼ 이므로 평균적으로 오즈가 ¼인 5명 중 1명이 연체한 것이다.

2.4 회귀계수 추정 및 적합도 검정

로지스틱 회귀모형은 최대우도 추정법(Maximum Likelihood Estimation; MLE)을 이용해 회귀계수를 추정한다. 최대우도 추정법은 최대가능도 추정법이라고도 하며 어떤 확률 변수에서 표집한 값들을 토대로 그 확률 변수의 모수를 구하는 방법이다. 앞선 예의 경우 예측한 각 개인의 연체 확률 $\hat{p}(x_i)$이 관측된 사람들의 연체 상태와 가능한 가깝게 일치하도록 β_0와 β_1을 추정하는 방법이다.

모수 추정을 위한 우도 함수(likelihood function)는 다음과 같다.

$$l(\beta_0, \beta_1) = \prod_{i:y_i=1} p(x_i) \prod_{i':y_{i'}=0} (1 - p(x_{i'}))$$

추정치 $\hat{\beta}_0$과 $\hat{\beta}_1$은 우도 함수를 최대화하도록 선택된다.

2.4.1 회귀계수에 대한 가설 검정

로지스딕 회귀모형의 개별 회귀계수 β에 대한 검정은 와드 검정 통계량(Wald test statistic)을 이용한 카이제곱 검정을 수행한다. 회귀모형과 같이 귀무가설은 개별 회귀계수가 0인지에 대한 검정이 이뤄진다. 주어진 유의 수준하에 귀무가설이 기각되면($p-value < a$) 해당 회귀계수는 0이 아님을 의미한다.

2.4.2 모형에 대한 가설 검정

모형에 대한 적합도 검정 방법은 절편(intercept; β_0)만 포함한 모형과 적합 모형을 비교해 절편만 포함한 모형보다 얼마나 유의미한지 비교하는 방법이다. 이 검정을 우도비 검정(likelihood ratio test)이라 한다. 귀무가설은 모형에 포함된 모든 기울기($\beta_1, \cdots, \beta_p$)가 0인지 알아보는 것이다. 즉, 귀무가설이 주어진 유의 수준 a하에 귀무가설이 기각되면($p-value < a$) 모형에 포함된 기울기 중 적어도 하나는 유의 수준 a에서 0이 아님을 의미한다.

2.5 다중 로지스틱 회귀

다중 로지스틱 회귀모형은 설명 변수가 둘 이상인 경우로, 앞서 살펴본 로지스틱 회귀모형과 동일하게 최대우도 추정법을 이용해 β 값들을 추정한다. 회귀모형은 다음과 같다.

$$\ln\left(\frac{p(X)}{1 - p(X)}\right) = \beta_0 + \beta_1 X_1 + \cdots + \beta_p X_p$$

로지스틱 회귀는 단순 선형 회귀의 확장과 유사하게 다중 로지스틱 회귀로 확장할 수 있다.

2.6 로지스틱 회귀모형의 특징

로지스틱 회귀모형은 회귀모형과 오차항에 대한 정규성, 등분산성, 선형성 가정이 없다. 그렇기 때문에 이에 대한 검토가 불필요하다는 장점이 있다. 반면에 모형 적합 방법 특성상 소표본인 경우 적합이 잘 되지 않을 수 있다. 또한 설명 변수 간 척도(scale) 차이가 큰 경우 모형 적합이 잘 되지 않는다.

모형 적합에서 주의할 점은 적합에 이용되는 데이터의 반응 변수 비율이 치우친 경우 모형 적합이 잘 되지 않을 수 있다는 것이다. 가령 사기 탐지(fraud detection)의 경우, 금융 사기 발생 건 자체가 매우 희박하게 일어나는 사건이기 때문에 모형 적합 시에 표본 추출 방법을 통해 사기=1, 정상=0의 비율을 일정하게 조정해 주는 방법을 사용하기도 한다.

2.7 실습

2.7.1 데이터셋

Kaggle, Titanic: Machine Learning from Disaster 데이터셋을 가지고 분류(Classification)를 해보자. 해당 데이터셋은 다음 URL이나 구글 검색을 통해 해당 페이지에서 다운로드 받을 수 있다.

그림 4-3 캐글 - 타이타닉

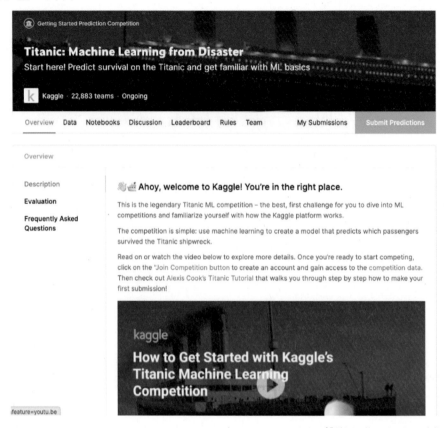

[Data] 클릭 〉[Download All] 버튼을 클릭해 다운로드를 받는다. 총 3개의 파일(gender_submission.csv, test.csv, train.csv)이 있다.

그림 4-4 타이타닉 데이터셋 다운로드

Summary

 › ☐ 3 files

 › ▥ 25 columns

그림 4-5 타이타닉 데이터셋

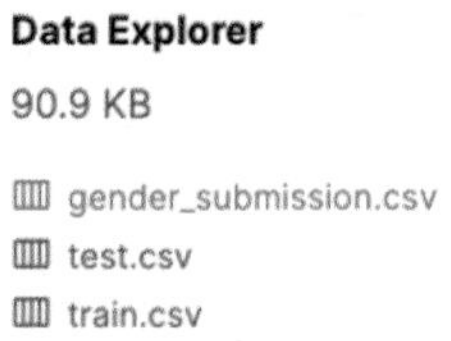

Data Explorer

90.9 KB

▦ gender_submission.csv
▦ test.csv
▦ train.csv

주요 독립 변수(x)와 종속 변수(y)는 다음과 같다.

독립 변수(x)
Pclass(좌석 등급) : 1 = 1등석, 2 = 2등석, 3 = 3등석
–사회적 계층을 대표(1등석 = Upper / 2등석 = Middle / 3등석 = Lower)
Sex(성별)
Age(나이)
Sibsp(형제 자매 / 배우자 수)
Parch(부모와 자식 수)
탑승한 부모, 자식 수(일부 아이들은 유모와 함께 탑승했기 때문에 그들의 값은 0)
Ticket(티켓 번호)
Fare(요금)
Cabin(객실 번호)
Embarked(정박 항구) : C = Cherbourg, Q = Queenstown, S = Southampton

종속 변수(y)
Survival(생존 여부): 0 = 사망, 1 = 생존

2.7.2 데이터 전처리

데이터 전처리 전 결측치 확인을 위해 missingno 모듈을 설치하자. source activate 생성한 가상 환경명을 입력한 뒤 `pip install missingno` 명령어를 실행한다. 이제 분석에 필요한 모듈을 import 한다. 다운로드 받은 3개의 csv 파일을 불러와서 각각의 데이터프레임에 저장한다. 파일을 불러오기 전 data 폴더를 생성한다. data 폴더에 classification 폴더를 새로 만든다. classification 폴더에 3개의 csv 파일을 옮긴 다음 코드를 실행한다.

```
1   # 연산 처리를 위한 패키지입니다.
2   import numpy as np
3   import pandas as pd
4
5   # 데이터 분석을 위한 패키지입니다.
6   import statsmodels.api as sm
7   from sklearn.preprocessing import LabelEncoder
8
9   # 시각화를 위한 패키지입니다.
10  from matplotlib import pyplot as plt
11  import seaborn as sns
12  import missingno as msno
13
14  # 그래프를 실제로 그리기 위한 설정입니다.
15  %matplotlib inline
16
17  # 경고 메시지를 무시합니다.
18  import warnings
19  warnings.filterwarnings('ignore')
```

```
1   df_train = pd.read_csv('./data/classification/train.csv')
2   df_test = pd.read_csv('./data/classification/test.csv')
3   df_gender = pd.read_csv('./data/classification/gender_submission.csv')
```

우선 train.csv 파일부터 확인한다. head( ) 함수를 사용해서 데이터를 살펴보자.

```
1   # train 데이터를 확인합니다.
2   df_train.head()
```

결과

그림 4-6 실행 결과

	PassengerId	Survived	Pclass	Name	Sex	Age	SibSp	Parch	Ticket	Fare	Cabin	Embarked
0	1	0	3	Braund, Mr. Owen Harris	male	22.0	1	0	A/5 21171	7.2500	NaN	S
1	2	1	1	Cumings, Mrs. John Bradley (Florence Briggs Th...	female	38.0	1	0	PC 17599	71.2833	C85	C
2	3	1	3	Heikkinen, Miss. Laina	female	26.0	0	0	STON/O2. 3101282	7.9250	NaN	S
3	4	1	1	Futrelle, Mrs. Jacques Heath (Lily May Peel)	female	35.0	1	0	113803	53.1000	C123	S
4	5	0	3	Allen, Mr. William Henry	male	35.0	0	0	373450	8.0500	NaN	S

PassengerID에 따른 Survived, 생존 여부를 확인할 수 있다. 그리고 해당 PassengerID에 다양한 정보를 확인할 수 있다.

Shape 함수를 통해 row와 columns 수를 확인하자. 891 rows, 12 columns인 것을 확인할 수 있다.

```
1  # row, columns
2  df_train.shape
```

결과

```
(891, 12)
```

마찬가지로 test 데이터도 살펴보자.

```
1  # test 데이터를 확인합니다.
2  df_test.head()
```

결과

그림 4-7 실행 결과

	PassengerId	Pclass	Name	Sex	Age	SibSp	Parch	Ticket	Fare	Cabin	Embarked
0	892	3	Kelly, Mr. James	male	34.5	0	0	330911	7.8292	NaN	Q
1	893	3	Wilkes, Mrs. James (Ellen Needs)	female	47.0	1	0	363272	7.0000	NaN	S
2	894	2	Myles, Mr. Thomas Francis	male	62.0	0	0	240276	9.6875	NaN	Q
3	895	3	Wirz, Mr. Albert	male	27.0	0	0	315154	8.6625	NaN	S
4	896	3	Hirvonen, Mrs. Alexander (Helga E Lindqvist)	female	22.0	1	1	3101298	12.2875	NaN	S

```
1  # row, columns
2  df_test.shape
```

결과

```
(418, 11)
```

Shape 함수를 통해 확인한 결과 columns 값은 11이다. 즉, test 데이터에는 train 데이터셋과 달리 컬럼 하나가 적다. 잘 살펴보면 Survived 컬럼이 포함되어 있지 않은 것을 확인할 수 있다. test 데이터에 Survived 값을 추가하자.

concat 명령어를 사용하여 train 데이터와 test 데이터를 합친다. df 데이터프레임에 저장하고 df 데이터프레임에 컬럼을 확인해보자.

```
1   # test 데이터에 Survived 값을 입력합니다.
2   df_test['Survived'] = df_gender['Survived']
3   df = pd.concat([df_train, df_test])
4   df.columns.tolist()
```

결과

```
['PassengerId',
 'Survived',
 'Pclass',
 'Name',
 'Sex',
 'Age',
 'SibSp',
 'Parch',
 'Ticket',
 'Fare',
 'Cabin',
 'Embarked']
```

```
1   # 컬럼 정렬
2   df = df[['PassengerId',
3           'Survived',
4           'Pclass',
5           'Name',
6           'Sex',
7           'Age',
8           'SibSp',
9           'Parch',
10          'Ticket',
11          'Fare',
12          'Cabin',
13          'Embarked']]
14
15  df.reset_index(drop=True)
16  df.reset_index()
17  df.index += 1
18  df.head()
```

그림 4-8 실행 결과

	PassengerId	Survived	Pclass	Name	Sex	Age	SibSp	Parch	Ticket	Fare	Cabin	Embarked
1	1	0	3	Braund, Mr. Owen Harris	male	22.0	1	0	A/5 21171	7.2500	NaN	S
2	2	1	1	Cumings, Mrs. John Bradley (Florence Briggs Th...	female	38.0	1	0	PC 17599	71.2833	C85	C
3	3	1	3	Heikkinen, Miss. Laina	female	26.0	0	0	STON/O2. 3101282	7.9250	NaN	S
4	4	1	1	Futrelle, Mrs. Jacques Heath (Lily May Peel)	female	35.0	1	0	113803	53.1000	C123	S
5	5	0	3	Allen, Mr. William Henry	male	35.0	0	0	373450	8.0500	NaN	S

train, test 데이터가 합쳐진 총 row, columns은 다음과 같다. Survived를 포함한 12개의 컬럼이 있는 것을 확인할 수 있다.

```
1  df.shape
```

```
(1309, 12)
```

데이터에 결측치가 있는지 확인하자. missingno 모듈을 사용하면 다음과 같이 Age, Cabin, Embarked에 결측치가 있는 것을 시각적으로 확인할 수 있다. 특히 Cabin의 경우 결측치가 다른 변수보다 많다.

```
1  # Missing data 시각적으로 확인합니다.
2  msno.matrix(df, figsize=(16,8))
```

그림 4-9 실행 결과

간단히 숫자로 결측치를 확인하면 다음과 같이 insull( ), sum( ) 함수를 사용해 컬럼별로 결측치 숫자를 확인할 수 있다.

```
1  df.isnull().sum()
```

결과

```
PassengerId     0
Survived        0
Pclass          0
Name            0
Sex             0
Age           263
SibSp           0
Parch           0
Ticket          0
Fare            1
Cabin        1014
Embarked        2
dtype: int64
```

분류를 쉽게 하기 위해 여기서는 null 값이 포함된 row들은 제거하고 진행한다. Cabin은 null 값이 많으니 컬럼 자체를 제외하자.

```
1  df_titanic = df.drop(['Cabin'], axis=1)
2  df_titanic = df_titanic.dropna()
3  df_titanic.isnull().sum()
```

결과

```
PassengerId     0
Survived        0
Pclass          0
Name            0
Sex             0
Age             0
SibSp           0
Parch           0
Ticket          0
```

```
Fare          0

Embarked      0

dtype: int64
```

```
1  df_titanic.shape
```

결과

```
(1043, 11)
```

2.7.3 탐색적 데이터 분석

탐색적 분석(Exploratory Data Analysis; EDA)을 통해 데이터를 좀 더 심도 있게 살펴보자. 기본적으로 info( ) 함수를 사용해 데이터셋의 컬럼명, 행의 개수, 데이터 타입 등의 정보를 확인할 수 있다.

```
1  df_titanic.info()
```

결과

```
〈class 'pandas.core.frame.DataFrame'〉
Int64Index: 1043 entries, 1 to 416
Data columns (total 11 columns):
PassengerId    1043 non-null int64
Survived       1043 non-null int64
Pclass         1043 non-null int64
Name           1043 non-null object
Sex            1043 non-null object
Age            1043 non-null float64
SibSp          1043 non-null int64
Parch          1043 non-null int64
Ticket         1043 non-null object
Fare           1043 non-null float64
Embarked       1043 non-null object
dtypes: float64(2), int64(5), object(4)
memory usage: 97.8+ KB
```

일반적으로 기술 통계 값은 describe( ) 함수를 사용해 확인할 수 있다. 하지만 중간값(median), 결측치(missing), 왜도(skewness), 첨도(kurtosis) 값은 알 수 없기 때문에 다음의 소스코드를 통해 살펴보자.

```
1  # 중간값, 결측치, 왜도, 첨도를 표시합니다.
2  df_stats = df_titanic.describe( ).T
3
4  skew_results = [ ]
5  kurtosis_results = [ ]
6  null_results = [ ]
7  median_results = [ ]
8
9  for idx, val in enumerate(df_stats.index):
10
11     median_results.append(df_titanic[val].median( ))
12     skew_results.append(df_titanic[val].skew( ))
13     kurtosis_results.append(df_titanic[val].kurtosis( ))
14     null_results.append(df_titanic[val].isnull( ).sum( ))
15
16 df_stats['median'] = median_results
17 df_stats['missing'] = null_results
19 df_stats['skewness'] = skew_results
20 df_stats['kurtosis'] = kurtosis_results
21 df_stats
```

결과

그림 4-10 실행 결과

	count	mean	std	min	25%	50%	75%	max	median	missing	skewness	kurtosis
PassengerId	1043.0	655.391179	377.527036	1.00	326.50	662.00	973.5000	1307.0000	662.00	0	-0.000728	-1.195035
Survived	1043.0	0.397891	0.489697	0.00	0.00	0.00	1.0000	1.0000	0.00	0	0.417831	-1.828928
Pclass	1043.0	2.209012	0.840685	1.00	1.00	2.00	3.0000	3.0000	2.00	0	-0.409915	-1.465153
Age	1043.0	29.813202	14.366254	0.17	21.00	28.00	39.0000	80.0000	28.00	0	0.406883	0.161351
SibSp	1043.0	0.504314	0.913080	0.00	0.00	0.00	1.0000	8.0000	0.00	0	2.806470	10.537440
Parch	1043.0	0.421860	0.840655	0.00	0.00	0.00	1.0000	6.0000	0.00	0	2.660404	9.339196
Fare	1043.0	36.603024	55.753648	0.00	8.05	15.75	35.0771	512.3292	15.75	0	4.122509	23.691411

Fare의 왜도(skewness) 값이 4.12로 왼쪽으로 치우쳐 있다. 히스토그램을 통해 살펴보자.

```
1  df_titanic['Fare'].hist()
```

결과

그림 4-11 실행 결과

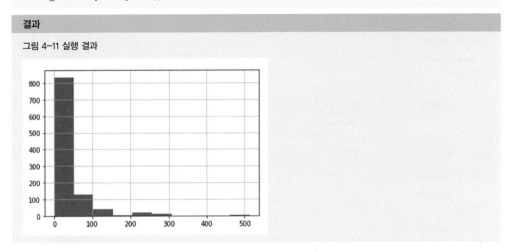

Fare 값은 이후 로지스틱 분석을 실시하기 전에 자연로그 값을 취해 고른 분포를 띄도록 조정한다.

범주형 데이터인 Pclass(좌석 등급), Sex(성별), Sibsp(형제 자매/배우자 수), Parch(부모와 자식 수) 값과 생존 여부를 groupby( ) 함수를 사용해 살펴보자.

```
1  df_titanic[['Pclass', 'Survived']].groupby(['Pclass'], as_index=True).mean().sort_values(by
2          ='Survived', ascending=False)
```

결과

그림 4-12 실행 결과

Pclass	Survived
1	0.595745
2	0.429119
3	0.270000

```
1  df_titanic[['Sex', 'Survived']].groupby(['Sex'], as_index=True).mean().sort_values(by
2          ='Survived', ascending=False)
```

그림 4-13 실행 결과

	Survived
Sex	
female	0.834197
male	0.141553

```
1  df_titanic[['SibSp', 'Survived']].groupby(['SibSp'], as_index=True).mean().sort_values(by=
2          'Survived', ascending=False)
```

그림 4-14 실행 결과

	Survived
SibSp	
1	0.525000
2	0.444444
0	0.354839
3	0.312500
4	0.181818
5	0.166667
8	0.000000

```
1  df_titanic[['Parch', 'Survived']].groupby(['Parch'], as_index=True).mean().sort_values(by=
2          'Survived', ascending=False)
```

그림 4-15 실행 결과

	Survived
Parch	
3	0.625000
2	0.577320
1	0.556250
0	0.343791
4	0.200000
5	0.166667
6	0.000000

생존 확률의 결과는 좌석 등급(Pclass)이 높은 1등석, 성별(Sex)은 여성, 형제 자매/배우자 수(Sibsp)는 1명, 부모와 자식 수(Parch)는 3명이 생존 확률이 높았다.

종속 변수(y), Survived 데이터가 균형(balance)을 이루고 있는지 확인한다. 종속 변수(y)의 특정 클래스의 수가 다른 클래스의 수보다 많을 때, 클래스 불균형 데이터를 사용해 분류 모델을 학습하면 분류 성능이 저하되는 문제가 발생한다. 이를 Imbalanced problem이라고 하며 의료, 제조/반도체, 카드/보험 등의 분야에서 발생하고 있는 문제이다.

```
1  df_titanic['Survived'].value_counts()
```

결과
```
0    628
1    415
Name: Survived, dtype: int64
```

```
1  total = df_titanic['Survived'].value_counts()[0] + df_titanic['Survived'].value_counts()[1]
2
3  print("Survied = 0 은", round(df_titanic['Survived'].value_counts()[0] / total * 100, 2), '퍼센트')
4  print("Survied = 1 은", round(df_titanic['Survived'].value_counts()[1] / total * 100, 2), '퍼센트')
```

결과
```
Survied = 0 은  60.21 퍼센트
Survied = 1 은  39.79 퍼센트
```

확인 결과 데이터가 어느 정도 균형을 이루고 있는 것을 알 수 있다. 균형을 맞추기 위한 Resampling method(Over sampling, Under sampling, Hybrid resampling)와 같은 방법은 사용하지 않아도 된다.

2.7.4 데이터 타입 분류

데이터 타입을 분류를 통해 전처리가 좀 더 쉽게 가능하다. 크게 수치형과 범주형&오브젝트 타입 데이터로 분류할 수 있다. separate_dtype 함수를 만들어서 데이터 타입을 분류해보자.

```
1  def separate_dtype(df):
2      df_catg = df.select_dtypes(include=['object'])
3      df_numr = df.select_dtypes(include=['int64', 'float64'])
4      return [df_catg, df_numr]
```

```
5
6  (df_catg, df_numr) = separate_dtype(df)
```

```
1  # 수치형 데이터 타입
2  df_numr.head()
```

결과

그림 4-16 실행 결과

	PassengerId	Survived	Pclass	Age	SibSp	Parch	Fare
1	1	0	3	22.0	1	0	7.2500
2	2	1	1	38.0	1	0	71.2833
3	3	1	3	26.0	0	0	7.9250
4	4	1	1	35.0	1	0	53.1000
5	5	0	3	35.0	0	0	8.0500

```
1  # 범주형&오브젝트 타입
2  df_catg.head()
```

결과

그림 4-17 실행 결과

	Name	Sex	Ticket	Cabin	Embarked
1	Braund, Mr. Owen Harris	male	A/5 21171	NaN	S
2	Cumings, Mrs. John Bradley (Florence Briggs Th...	female	PC 17599	C85	C
3	Heikkinen, Miss. Laina	female	STON/O2. 3101282	NaN	S
4	Futrelle, Mrs. Jacques Heath (Lily May Peel)	female	113803	C123	S
5	Allen, Mr. William Henry	male	373450	NaN	S

해당하는 범주형&오브젝트 타입은 다음과 같다. 가장 먼저 Name(이름)부터 살펴보자.

- Name(이름): Mr, Miss, Mrs, Master, Others
- Sex(성별): male, female
- Ticket(티켓 번호)
- Cabin(객실 번호)
- Embarked(정박 항구): C = Cherbourg, Q = Queenstown, S = Southampton

Name(이름)의 경우 자세히 살펴보면 콤마(,)와 점(.)을 기준으로 해서 중간의 호칭을 구분하고 있다. 다음의 코드를 실행하면 Miss, Mr, Mrs 등의 호칭을 확인할 수 있다.

```
1  df_titanic['Name'].value_counts()
```

```
Connolly, Miss. Kate                            2

Kelly, Mr. James                                2

Riihivouri, Miss. Susanna Juhantytar Sanni""    1

Davidson, Mr. Thornton                          1

Cor, Mr. Liudevit                               1

                                        ..

Appleton, Mrs. Edward Dale (Charlotte Lamson)   1

Nasser, Mrs. Nicholas (Adele Achem)             1

Weir, Col. John                                 1

Klasen, Mr. Klas Albin                          1

Wirz, Mr. Albert                                1

Name: Name, Length: 1041, dtype: int64
```

for 반복문을 사용해 콤마(,)와 점(.)을 기준으로 arr_title 리스트에 추가(append)하고, 그 결과를 Title이라는 새로운 컬럼에 넣어보자.

```
1  arr_title = list()

2  for s in df_titanic['Name'].values:

3      title = s.split(",")[1].split(".")[0].replace(" ", "")

4

5      arr_title.append(title)

6

7  df_titanic['Title'] = arr_title

8  df_titanic.tail()
```

결과

그림 4-18 실행 결과

	PassengerId	Survived	Pclass	Name	Sex	Age	SibSp	Parch	Ticket	Fare	Embarked	Title
410	1301	1	3	Peacock, Miss. Treasteall	female	3.0	1	1	SOTON/O.Q. 3101315	13.775	S	Miss
412	1303	1	1	Minahan, Mrs. William Edward (Lillian E Thorpe)	female	37.0	1	0	19928	90.000	Q	Mrs
413	1304	1	3	Henriksson, Miss. Jenny Lovisa	female	28.0	0	0	347086	7.775	S	Miss
415	1306	1	1	Oliva y Ocana, Dona. Fermina	female	39.0	0	0	PC 17758	108.900	C	Dona
416	1307	0	3	Saether, Mr. Simon Sivertsen	male	38.5	0	0	SOTON/O.Q. 3101262	7.250	S	Mr

value_counts( ) 함수를 사용해서 호칭의 개수를 확인하자.

```
1  df_titanic['Title'].value_counts()
```

결과

```
Mr            580
Miss          209
Mrs           169
Master         53
Rev             8
Dr              7
Col             4
Major           2
Mlle            2
Jonkheer        1
Dona            1
Mme             1
Ms              1
Don             1
theCountess     1
Sir             1
Capt            1
Lady            1
Name: Title, dtype: int64
```

Mr(남자)가 가장 많고, 여성은 Miss, Mrs로 구분되어 있다. 나머지 구분되어 있는 것들을 Others로 분류하여 Mr, Miss, Mrs, Master, Others로 구분해서 처리한다.

```
1  # Mr, Miss, Mrs, Master를 제외하고 나머지는 Others로 분류합니다.
2  df_titanic['Title'] = df_titanic['Title'].replace(['Rev','Dr','Col','Major','Sir','Don','Lady','theCountess'
3                      ,'Jonkheer','Dona','Capt'],'Others')
4
5  # 프랑스어 및 영어 Ms는 다음과 같이 처리합니다.
6  # Mlle → Miss  / Mme → Mrs / Ms → Miss
7
8  df_titanic['Title'] = df_titanic['Title'].replace('Mlle','Miss')
```

```
 9 df_titanic['Title'] = df_titanic['Title'].replace('Ms','Miss')
10 df_titanic['Title'] = df_titanic['Title'].replace('Mme','Mrs')
11
12 df_titanic['Title'].value_counts()
```

결과

```
Mr       580
Miss     212
Mrs      170
Master    53
Others    28
Name: Title, dtype: int64
```

Sex(성별)를 전처리하자. value_counts( ) 함수를 통해 male, female의 데이터 수를 확인할 수 있다.

```
 1 df_titanic['Sex'].value_counts()
```

결과

```
male      657
female    386
Name: Sex, dtype: int64
```

female = 0, male = 1로 처리하자. 이를 레이블 인코딩이라고 한다. 사이킷런의 LabelEncoder를 이용하면 쉽게 변환할 수 있다.

```
 1 # 사이킷런 LabelEncoder를 이용하면 쉽게 가능합니다.
 2
 3 enc = LabelEncoder( )
 4 enc.fit(df_titanic['Sex'])
 5 df_titanic['Sex'] = enc.transform(df_titanic['Sex'])
 6 df_titanic['Sex']
```

결과

```
1    1
2    0
3    0
4    0
5    1
```

```
      ..
410    0
412    0
413    0
415    0
416    1
Name: Sex, Length: 1043, dtype: int64
```

숫자로 인코딩된 값들은 다음과 같이 확인할 수 있다.

```
1  # 숫자로 인코딩된 값들
2  enc.classes_
```

```
array(['female', 'male'], dtype=object)
```

```
1  # 해당 값에 대한 숫자
2  enc.inverse_transform([0,1])
```

```
array(['female', 'male'], dtype=object)
```

Embarked(정박 항구)는 S(Southampton), C(Cherbourg), Q(Queenstown)로 분류되어 있다. 이를 C=0, Q=1, S=2로 레이블 인코딩 처리하자.

```
1  df_titanic['Embarked'].value_counts()
```

```
S    781
C    212
Q     50
Name: Embarked, dtype: int64
```

```
1  enc = LabelEncoder()
2  df_titanic['Embarked'] = enc.fit_transform(df_titanic['Embarked'])
3  df_titanic.head()
```

그림 4-19 실행 결과

	PassengerId	Survived	Pclass	Name	Sex	Age	SibSp	Parch	Ticket	Fare	Embarked	Title
1	1	0	3	Braund, Mr. Owen Harris	1	22.0	1	0	A/5 21171	7.2500	2	0
2	2	1	1	Cumings, Mrs. John Bradley (Florence Briggs Th...	0	38.0	1	0	PC 17599	71.2833	0	2
3	3	1	3	Heikkinen, Miss. Laina	0	26.0	0	0	STON/O2. 3101282	7.9250	2	1
4	4	1	1	Futrelle, Mrs. Jacques Heath (Lily May Peel)	0	35.0	1	0	113803	53.1000	2	2
5	5	0	3	Allen, Mr. William Henry	1	35.0	0	0	373450	8.0500	2	0

숫자로 인코딩된 값들과 해당 값에 대한 숫자를 알고 싶으면 위에서 사용했던, enc.classes_, enc. inverse_transform([0,1,2])을 사용해 확인할 수 있다.

2.7.5 범주형 변수 Dummy 처리

이제 Pclass, Sex, Title, Embarked 범주형 변수들을 dummy 처리하자. 보통 원-핫 인코딩(One-Hot Encoding)이라고 불리며 전에 했던 레이블 인코딩과는 다른 방식으로 0과 1로만 이루어진 열을 생성한다.

```
1  # Pclass, Dummy 처리
2  ohe_pclass = pd.get_dummies(df_titanic['Pclass'], prefix='Pclass')
3  ohe_pclass.head()
```

그림 4-20 실행 결과

	Pclass_1	Pclass_2	Pclass_3
1	0	0	1
2	1	0	0
3	0	0	1
4	1	0	0
5	0	0	1

이와 같이 Pclass라는 prefix 조건을 준 다음 원-핫 인코딩을 할 수 있다. 그리고 concat 함수를 사용해 기존에 데이터 프레임과 합쳐서 df_titanic에 저장한다.

```
1  df_titanic = pd.concat([df_titanic, ohe_pclass], axis=1)
2  df_titanic.head()
```

그림 4-21 실행 결과

	PassengerId	Survived	Pclass	Name	Sex	Age	SibSp	Parch	Ticket	Fare	Embarked	Title	Pclass_1	Pclass_2	Pclass_3
1	1	0	3	Braund, Mr. Owen Harris	1	22.0	1	0	A/5 21171	7.2500	2	Mr	0	0	1
2	2	1	1	Cumings, Mrs. John Bradley (Florence Briggs Th...	0	38.0	1	0	PC 17599	71.2833	0	Mrs	1	0	0
3	3	1	3	Heikkinen, Miss. Laina	0	26.0	0	0	STON/O2. 3101282	7.9250	2	Miss	0	0	1
4	4	1	1	Futrelle, Mrs. Jacques Heath (Lily May Peel)	0	35.0	1	0	113803	53.1000	2	Mrs	1	0	0
5	5	0	3	Allen, Mr. William Henry	1	35.0	0	0	373450	8.0500	2	Mr	0	0	1

Sex, Title, Embarked도 같은 방식으로 원-핫 인코딩을 한 다음 df_titanic 데이터 프레임에 합친 후의 결과다.

```
1  # Sex, Dummy 처리
2  ohe_sex = pd.get_dummies(df_titanic['Sex'], prefix='Sex')
3  df_titanic = pd.concat([df_titanic, ohe_sex], axis=1)
4
5  # Title, Dummy 처리
6  ohe_title = pd.get_dummies(df_titanic['Title'], prefix='Title')
7  df_titanic = pd.concat([df_titanic, ohe_title], axis=1)
8
9  # Embarked, Dummy 처리
10 ohe_embarked = pd.get_dummies(df_titanic['Embarked'], prefix='Embarked')
11 df_titanic = pd.concat([df_titanic, ohe_embarked], axis=1)
12 df_titanic.head()
```

그림 4-22 실행 결과

	PassengerId	Survived	Pclass	Name	Sex	Age	SibSp	Parch	Ticket	Fare	...	Sex_0	Sex_1	Title_Master	Title_Miss	Title_Mr	Title_Mrs	Title
1	1	0	3	Braund, Mr. Owen Harris	1	22.0	1	0	A/5 21171	7.2500	...	0	1	0	0	1	0	
2	2	1	1	Cumings, Mrs. John Bradley (Florence Briggs Th...	0	38.0	1	0	PC 17599	71.2833	...	1	0	0	0	0	1	
3	3	1	3	Heikkinen, Miss. Laina	0	26.0	0	0	STON/O2. 3101282	7.9250	...	1	0	0	1	0	0	
4	4	1	1	Futrelle, Mrs. Jacques Heath (Lily May Peel)	0	35.0	1	0	113803	53.1000	...	1	0	0	0	0	1	
5	5	0	3	Allen, Mr. William Henry	1	35.0	0	0	373450	8.0500	...	0	1	0	0	1	0	

5 rows × 25 columns

columns이 25개까지 늘어난 것을 확인할 수 있다.

시각화를 통해 데이터 특징 파악

지금까지 데이터를 전처리를 통해 데이터를 수치적으로 살펴보았다면, 이제는 시각화를 통해 데이터의 특징들을 파악해보자.

먼저 데이터 간 상관관계를 히트맵을 통해 분석해보자.

```
1  # Correlation 분석 heatmap으로 시각화
2  cmap = sns.diverging_palette(240, 10, n=9, as_cmap=True)
3
4  plt.figure(figsize=(20,16))
5  sns.heatmap(df_titanic.corr(), annot=True, cmap = cmap, linewidths=.5, fmt = '.2f',
6              annot_kws={"size":10})
7  plt.show()
```

결과

그림 4-23 실행 결과

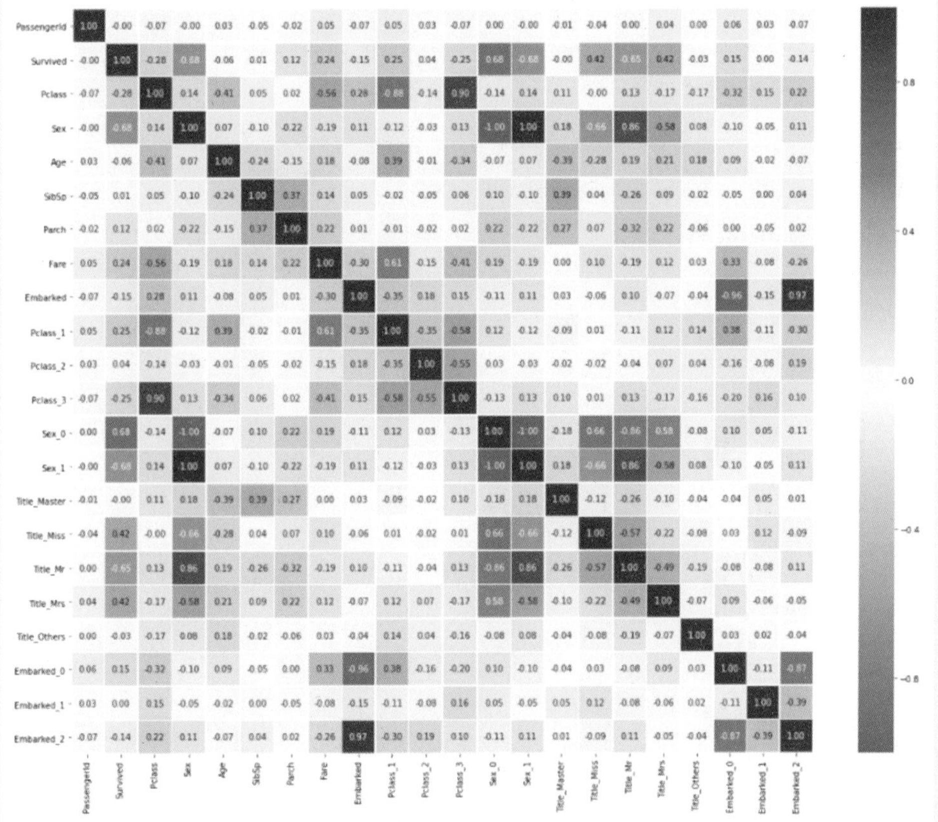

빨간색이 진할수록 상관관계가 높다는 것을 확인할 수 있다. 세세하게 살펴보면 변수들 간의 상관관계를 파악할 수 있지만, 좀 더 편하게 삼각형으로 모양을 변경하고 positive, negative 값이 0.2 이상인 상관관계만 따로 추려보자. 우선 positive부터 먼저 살펴본다.

```
1   # 반대쪽 삼각형은 안 보이게 설정합니다.
2   # fmt = 실제 값 표시 .2f = 소수점 둘째 자리입니다.
3
4   df_corr = df_titanic.corr()
5   mask = np.zeros_like(df_corr, dtype=np.bool)
6   mask[np.triu_indices_from(mask)] = True
7
8   df_corr_positive = df_corr[df_corr >= 0.2]
9   df_corr_negative = df_corr[(df_corr <= -0.2) & (df_corr <= 1.0) | (df_corr == 1.0)]
```

```
1   # Positive 상관관계 0.2 이상
2   plt.figure(figsize=(20,16))
3
4   sns.heatmap(df_corr_positive, annot=True, mask=mask, cmap=cmap, linewidths=.6,
5               fmt = '.2f', annot_kws={"size":10})
6   plt.show()
```

결과

그림 4-24 실행 결과

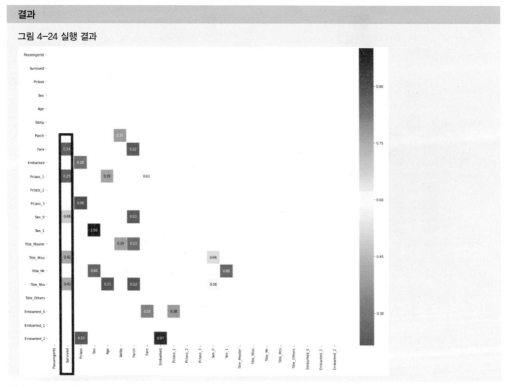

생존(Survived)에 가장 큰 영향을 끼치는 독립 변수는 Sex_0(여성), Title_Miss, Title_Mrs, Pclass_1, Fare 순으로 나타났다. 즉, 성별이 Survived와 positive 관점에서 가장 큰 상관관계가 있음을 알 수 있다.

```
1  # Negative 상관관계 - 0.2 이하
2  plt.figure(figsize=(20,16))
3
4  sns.heatmap(df_corr_negative, annot=True, mask=mask, cmap=cmap, linewidths=.5,
5            fmt = '.2f', annot_kws={"size":10})
6  plt.show()
```

결과

그림 4-25 실행 결과

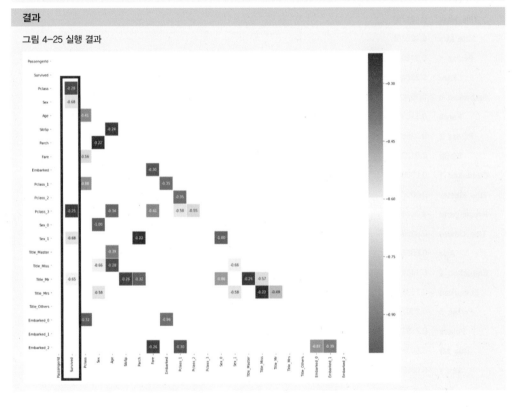

이와는 반대로 Sex, Sex_1, Title_Mr, Pclass, Pclass_3 순으로 negative 상관관계가 확인되었다. 즉, 남성이 대다수 사망했다는 것과 좌석 등급이 낮을수록 사망 확률이 높다고 짐작할 수 있다. 이를 한눈에 수치로 살펴보자.

```
1  df_corr.sort_values(by='Survived', ascending=False)[['Survived']]
```

결과

그림 4-26 실행 결과

	Survived
Survived	1.000000
Sex_0	0.683255
Title_Miss	0.421761
Title_Mrs	0.420865
Pclass_1	0.246069
Fare	0.238495
Embarked_0	0.154045
Parch	0.116394
Pclass_2	0.036859
SibSp	0.012254
Embarked_1	0.000967
Title_Master	-0.000787
PassengerId	-0.004425
Title_Others	-0.025946
Age	-0.055687
Embarked_2	-0.143412
Embarked	-0.153514
Pclass_3	-0.250729
Pclass	-0.279133
Title_Mr	-0.645696
Sex_1	-0.683255
Sex	-0.683255

확실히 성별(Sex)이 생존 여부(Survived)에 큰 영향을 끼치고 있다는 것을 확인할 수 있다.

이제 좀 더 상세히 종속 변수(Survied)와 상관관계를 barplot을 통해 살펴보자.

```
1 sns.barplot(x='Sex', y='Survived', data=df_titanic)
```

그림 4-27 실행 결과

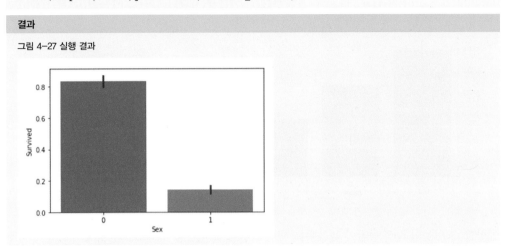

확실히 여성의 생존 확률이 남성보다 월등히 높은 것을 확인할 수 있다. 다음은 호칭별로 생존 확률을 살펴보자.

```
1 # 'Master', 'Miss', 'Mr', 'Mrs', 'Others' -> 0, 1, 2, 3, 4 순으로
2 sns.barplot(x='Title', y='Survived', data=df_titanic)
```

그림 4-28 실행 결과

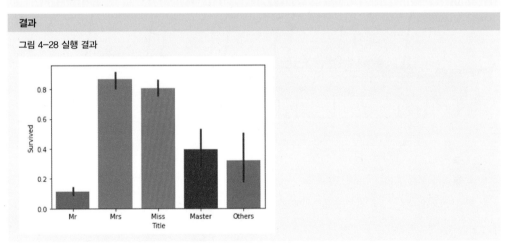

호칭 또한 여성(Mrs, Miss)이 남성(Mr)보다 생존 확률이 높았다. 다음은 Pclass(좌석 등급)을 살펴보자.

```
1  sns.barplot(x='Pclass', y='Survived', data=df_titanic)
```

결과

그림 4-29 실행 결과

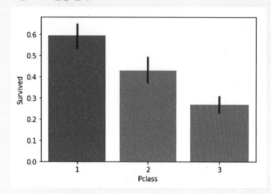

예상할 수 있듯이 좌석 등급이 높을수록 생존 확률이 높다. 1등석을 보면 중앙에 주로 분포하고 있으며 갑판 가까이에 있어 탈출이 용이해 보인다. 이에 반해 3등석은 배의 맨 앞/뒤에 위치하고 있어 갑판까지 거리가 멀다.

그림 4-30 타이타닉 좌석 등급별 배치도

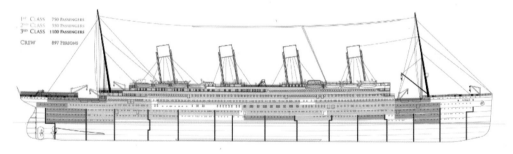

```
1  # 'Master', 'Miss', 'Mr', 'Mrs', 'Others' -> 0, 1, 2, 3, 4 순으로
2  sns.barplot(x='Sex', y='Survived', hue='Title', data=df_titanic)
```

그림 4-31 실행 결과

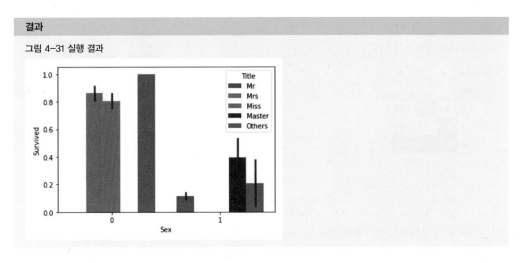

호칭과 성별을 함께 봐도 여성의 생존률이 더 높다.

```
1    sns.barplot(x='Pclass',y='Survived', hue='Sex', data=df_titanic)
```

그림 4-32 실행 결과

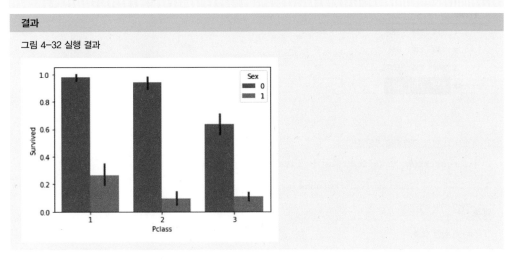

좌석 등급과 성별을 함께 볼 경우, 좌석 등급이 1, 2인 경우 생존 확률이 높았으며 특히 1등석 남성의 경우 2, 3등석보다 생존 확률이 2배 이상 높은 것으로 보인다. Crosstab을 사용하여 성별 (Sex), 좌석 등급(Pclass), 호칭(Title)을 표로 살펴보자. Survived의 값이 0은 사망, 1은 생존이다.

```
1    # Sex별로 생존자를 확인합니다.
2    pd.crosstab(df_titanic.Sex, df_titanic.Survived, margins=
3             True).style.background_gradient(cmap='Blues')
```

그림 4-33 실행 결과

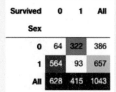

Survived	0	1	All
Sex			
0	64	322	386
1	564	93	657
All	628	415	1043

```
1    # Pclass별로 생존자를 확인합니다.
2    pd.crosstab(df_titanic.Pclass, df_titanic.Survived, margins=
3               True).style.background_gradient(cmap='Blues')
```

그림 4-34 실행 결과

Survived	0	1	All
Pclass			
1	114	168	282
2	149	112	261
3	365	135	500
All	628	415	1043

```
1    # Title별로 생존자를 확인합니다.
2    pd.crosstab(df_titanic.Title, df_titanic.Survived, margins=
3               True).style.background_gradient(cmap='Blues')
```

그림 4-35 실행 결과

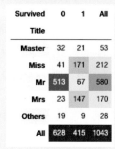

Survived	0	1	All
Title			
Master	32	21	53
Miss	41	171	212
Mr	513	67	580
Mrs	23	147	170
Others	19	9	28
All	628	415	1043

분석에 필요한 컬럼 추가

지금까지 데이터 전처리와 시각화를 통해 데이터를 살펴보았다. 이제 분석을 위해 필요한 독립 변수를 다음과 같이 선택하고 로지스틱 회귀분석을 한다.

독립 변수(x)
Pclass(범주형, dummy)
Sex(범주형, dummy)
Age(수치형)
Sibsp(수치형)
Parch(수치형)
Fare(수치형, natural log) / Fare는 자연로그로 변환하여 입력(왜도값이 높음)

종속 변수(y)
Survival(생존 여부)

```
1  df_titanic_lr = df_titanic[['Survived',
2                              'Age',
3                              'SibSp',
4                              'Parch',
5                              'Fare',
6                              'Pclass_2',
7                              'Pclass_3',
8                              'Sex_1']]
9
10 df_titanic_lr.head()
```

결과

그림 4-36 실행 결과

	Survived	Age	SibSp	Parch	Fare	Pclass_2	Pclass_3	Sex_1
1	0	22.0	1	0	7.2500	0	1	1
2	1	38.0	1	0	71.2833	0	0	0
3	1	26.0	0	0	7.9250	0	1	0
4	1	35.0	1	0	53.1000	0	0	0
5	0	35.0	0	0	8.0500	0	1	1

여기서 Pclass_1, Sex_0은 기준이 되는 변수이기 때문에 제외하고 회귀분석을 한다.

```
1   # fare를 자연로그로 한 뒤 다시 한 번 분석합니다.
2
3   df_titanic_lr['Fare'] = df_titanic_lr['Fare'].apply(lambda x: np.log(x) if x != 0.0 else x)
4   df_titanic_lr.head()
```

결과

그림 4-37 실행 결과

	Survived	Age	SibSp	Parch	Fare	Pclass_2	Pclass_3	Sex_1
1	0	22.0	1	0	1.981001	0	1	1
2	1	38.0	1	0	4.266662	0	0	0
3	1	26.0	0	0	2.070022	0	1	0
4	1	35.0	1	0	3.972177	0	0	0
5	0	35.0	0	0	2.085672	0	1	1

Fare의 값을 자연로그로 취한다. 자연로그를 취함으로써 fare의 값이 right-skewed된 분포를 가지게 변경되었다. 히스토그램으로 확인할 수 있다.

```
1   df_titanic['Fare'].hist()
```

자연로그 취하기 전은 다음과 같다.

결과

그림 4-38 실행 결과

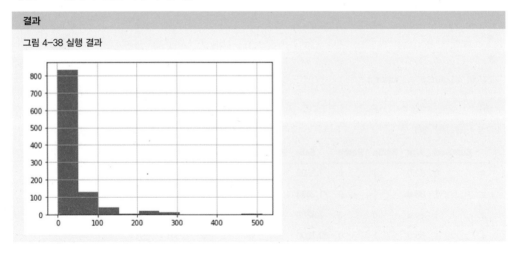

```
1  df_titanic_lr['Fare'].hist()
```

자연로그를 취한 후는 다음과 같다.

그림 4-39 실행 결과

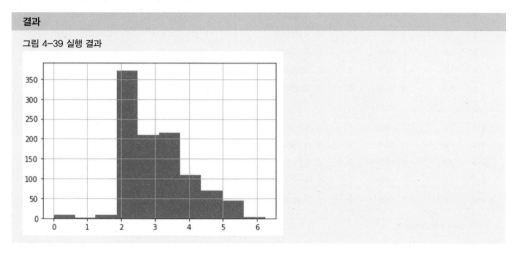

지금까지 전처리한 데이터셋을 csv 파일로 저장하자. 저장된 csv 파일은 다른 분류 방법론에서 사용한다.

```
1  df_titanic_lr.to_csv("./data/classification/df_titanic.csv", index=False, mode='w')
```

2.7.8 로지스틱 회귀모형 모델링

상수항을 추가해 주고 로지스틱 회귀분석을 한다.

```
1  # 상수항을 추가합니다.
2  df_logit = sm.add_constant(df_titanic_lr, has_constant='add')
3  df_logit
```

그림 4-40 실행 결과

	const	Survived	Age	SibSp	Parch	Fare	Pclass_2	Pclass_3	Sex_1
1	1.0	0	22.0	1	0	1.981001	0	1	1
2	1.0	1	38.0	1	0	4.266662	0	0	0
3	1.0	1	26.0	0	0	2.070022	0	1	0
4	1.0	1	35.0	1	0	3.972177	0	0	0
5	1.0	0	35.0	0	0	2.085672	0	1	1
...	...	...	...	...	...	...	...	...	...
410	1.0	1	3.0	1	1	2.622855	0	1	0
412	1.0	1	37.0	1	0	4.499810	0	0	0
413	1.0	1	28.0	0	0	2.050913	0	1	0
415	1.0	1	39.0	0	0	4.690430	0	0	0
416	1.0	0	38.5	0	0	1.981001	0	1	1

1043 rows × 9 columns

독립 변수(x)는 Survived를 제외한 모든 변수, 종속 변수(y)는 Survived로 지정한다. 로지스틱 회귀모형을 만들고 결과값을 rcsult_model에 저장한다.

```
1  feature_columns = (df_logit.columns.difference(['Survived']))
2
3  X = df_logit[feature_columns]
4  y = df_logit['Survived']
5
6  model = sm.Logit(y,X)
7  result_model = model.fit()
```

```
Optimization terminated successfully.
        Current function value: 0.376342
        Iterations 7
```

로지스틱 회귀분석의 결과를 summary( ) 함수를 사용해 확인하자.

```
1  result_model.summary()
```

결과

그림 4-41 실행 결과

Logit Regression Results

Dep. Variable:	Survived	No. Observations:	1043
Model:	Logit	Df Residuals:	1035
Method:	MLE	Df Model:	7
Date:	Tue, 13 Oct 2020	Pseudo R-squ.:	0.4401
Time:	09:24:54	Log-Likelihood:	-392.52
converged:	True	LL-Null:	-701.05
Covariance Type:	nonrobust	LLR p-value:	5.184e-129

	coef	std err	z	P>|z|	[0.025	0.975]
Age	-0.0365	0.007	-4.905	0.000	-0.051	-0.022
Fare	0.1063	0.165	0.643	0.520	-0.218	0.430
Parch	-0.1229	0.120	-1.024	0.306	-0.358	0.112
Pclass_2	-1.2002	0.322	-3.732	0.000	-1.831	-0.570
Pclass_3	-2.0943	0.392	-5.338	0.000	-2.863	-1.325
Sex_1	-3.6807	0.209	-17.599	0.000	-4.091	-3.271
SibSp	-0.3393	0.123	-2.761	0.006	-0.580	-0.098
const	4.0192	0.783	5.132	0.000	2.484	5.554

좌측 상단의 보면 Logit Regression Results라는 것을 확인할 수 있다. 간략하게 결과값을 살펴보자.

- Dep. Variable: Survived → 종속 변수
- Model: Logit → 로지스틱 회귀분석
- Method: MLE → Maximum likelihood estimation, 최대우도 추정법
- No. Observations: 1043 → 데이터 수(rows)
- coef → 회귀계수
- P>|z| → p-value

p-value를 보자. 표를 살펴보면 p-value < 0.05로 대부분 유의미한 결과가 나타났지만 Fare, Parch의 경우 p-value < 0.05를 만족하지 않는 결과가 나왔다.

로지스틱 회귀분석을 해석하는 방법은 Logit과 Odds, 2가지다. 예를 들어 독립 변수 Age를 가지고 해석해보자. Age(나이)는 값이 높아질수록 생존 확률(Survived)이 낮아지는 결과가 도출된다. 이를 다음과 같이 표현할 수 있다.

- Logit: Age(나이)가 1살이 증가할 때 생존일 Logit이 −0.0365단위 증가한다.
- Odds: Age(나이)가 1살이 증가할 때 생존할 확률이 0.9641배(exp(−0.0365)) 증가한다.

주요 나머지 변수 또한 다음과 같이 해석할 수 있다.

- Logit: Fare(요금)가 1단위 증가할 때 생존일 Logit이 0.1063단위 증가한다.
- Odds: Fare(요금)가 1단위 증가할 때 생존할 확률이 1.1121배(exp(0.1063))증가한다
- Logit: Parch(부모와 자식 수)가 1단위 증가할 때 생존일 Logit이 −0.1229단위 증가한다.
- Odds: Parch(부모와 자식 수)가 1단위 증가할 때 생존할 확률이 0.8843배(exp(−0.1229))증가 한다.
- Logit: Pclass_2(좌석 등급: 2)가 1단위 증가할 때 생존일 Logit이 −1.2002 단위 증가한다.
- Odds: Pclass_2(좌석 등급: 2)가 1 단위 증가할 때 생존할 확률이 0.3011배(exp(−1.2002))증 가한다.
- Logit: Pclass_3(좌식 등급: 3)가 1단위 증가할 때 생존일 Logit이 −2.0943단위 증가한다.
- Odds: Pclass_3(좌석 등급: 3)가 1단위 증가할 때 생존할 확률이 0.1231배(exp(−2.0943)) 증 가한다.
- Logit: Sex_1(남성)가 1단위 증가할 때 생존일 Logit이 −3.6807단위 증가한다.
- Odds: Sex_1(남성)가 1단위 증가할 때 생존할 확률이 0.0252배(exp(−3.6807)) 증가한다.
- Logit: SibSp(형제 자매/배우자 수)가 1단위 증가할 때 생존일 Logit이 −0.3393단위 증가한다.
- Odds: SibSp(형제 자매/배우자 수)가 1단위 증가할 때 생존할 확률이 0.712270배(exp−0.3393)) 증가한다.

즉, Age(나이), Parch(부모와 자식 수), Pclass(좌석 등급), Sex_1(남성)의 경우 1단위 증가할 때 생존할 확률이 줄어든다. 이와 반대로 Fare(요금), Sex_0(여성)의 경우 1단위 증가할 때 생존할 확률이 늘어난다.

도출된 회귀식은 다음과 같다.

$$\hat{p}(X) = \frac{e^{4.0192+(-0.0365)\times Age+0.1063\times Fare-0.1229\times Parch-1.2002\times Pclass\_2-2.0943 \times Pclass\_3-3.6807 \times Sex\_1-0.3393 \times SibSp}}{1+e^{4.0192+(-0.0365)\times Age+0.1063\times Fare-0.1229\times Parch-1.2002\times Pclass\_2-2.0943 \times Pclass\_3-3.6807 \times Sex\_1-0.3393 \times SibSp}}$$

$logit(X) = 4.0192 + (-0.0365)\times Age + 0.1063\times Fare - 0.1229\times Parch - 1.2002\times Pclass\_2 - 2.0943\times Pclass\_3 - 3.6807\times Sex\_1 - 0.3393\times SibSp$

도출된 Odds Ratio는 다음과 같다. 앞에서 도출한 Odds의 값과 동일하다.

```
1  params = result_model.params
2  conf = result_model.conf_int()
3  conf['Odds Ratio'] = params
4  conf.columns = ['5%', '95%', 'Odds Ratio']
5
6  df_odds = pd.DataFrame(np.exp(conf))
7  df_odds
```

결과

그림 4-42 실행 결과

	5%	95%	Odds Ratio
Age	0.950203	0.978327	0.964163
Fare	0.804342	1.537668	1.112120
Parch	0.698876	1.119002	0.884332
Pclass_2	0.160323	0.565608	0.301131
Pclass_3	0.057078	0.265720	0.123153
Sex_1	0.016730	0.037977	0.025206
SibSp	0.559824	0.906229	0.712270
const	11.991998	258.296899	55.655152

Odds의 값만 구할 경우 np.exp() 함수를 사용하면 된다.

```
1  # Odds
2  np.exp(result_model.params)
```

결과

```
Age           0.964163
Fare          1.112120
Parch         0.884332
Pclass_2      0.301131
Pclass_3      0.123153
Sex_1         0.025206
SibSp         0.712270
const        55.655152
dtype: float64
```

나이(Age)가 10세, 30세, 50세일 경우의 생존 확률을 구해보자. 다른 조건은 평균값(mean)으로 설정한다.

```
1  # Age 값을 10, 30, 50으로 설정하고 나머지 변수들은 평균값(mean)으로 설정합니다.
2  list_age = [10, 30, 50]
3  mean_fare = np.mean(X['Fare'])
4  mean_parch = np.mean(X['Parch'])
5  mean_pclass_2 = np.mean(X['Pclass_2'])
6  mean_pclass_3 = np.mean(X['Pclass_3'])
7  mean_sex_1 = np.mean(X['Sex_1'])
8  mean_sibsp = np.mean(X['SibSp'])
9
10 df_titanic_lr_pred = pd.DataFrame({'Age': list_age, 'Fare': mean_fare, 'Parch': mean_parch,
11                                    'Pclass_2': mean_pclass_2, 'Pclass_3': mean_pclass_3,
12                                    'Sex_1': mean_sex_1,'SibSp': mean_sibsp, 'const': 1})
13
14 df_titanic_lr_pred['predict'] = result_model.predict(df_titanic_lr_pred)
15 df_titanic_lr_pred.head()
```

결과

그림 4-43 실행 결과

	Age	Fare	Parch	Pclass_2	Pclass_3	Sex_1	SibSp	const	predict
0	10	3.005899	0.42186	0.25024	0.479386	0.629914	0.504314	1	0.531919
1	30	3.005899	0.42186	0.25024	0.479386	0.629914	0.504314	1	0.353873
2	50	3.005899	0.42186	0.25024	0.479386	0.629914	0.504314	1	0.208835

다른 변수들의 값을 평균 값으로 가정했을 때, Age(나이)가 많음에 따라 생존(Survived) 확률이 낮아지는 것을 확인할 수 있다.

*k*NN은 분류와 회귀 두 가지 문제를 해결할 수 있는 방법으로, 신규 데이터와 거리가 가장 가까운 k개 데이터의 정보를 이용해 분류 및 예측을 수행한다.

3.1   *k* 최근접 이웃

k 최근접 이웃(*k* Nearest Neighbors; *k*NN)은 다른 분류 알고리즘과 가장 큰 차이는 사전에 분류 모형을 생성하지 않고, 신규 데이터 분류가 필요할 때 분류를 수행한다는 점이다. 때문에 다른 방법과 달리 별도의 모형이 존재하지 않는다.

3.1.1 분류 및 회귀 방법 개요

*k*NN 알고리즘은 예측의 경우 인접한 k개 이웃의 반응 변수의 평균값이나 중앙값을 주로 이용하며 좀 더 발전된 방법으로는 거리를 이용한 가중 평균법이 이용된다. 분류 문제의 경우 k개 인접 관측치의 각 그룹별 비율을 이용하여 가장 비중이 높은 집단으로 결정한다. 만약 이 비율이 동일하면 k+1개로 인접 이웃의 수를 조정하여 다시 구하거나 동률을 나타낸 그룹 중 하나를 임의로 선택한다. 거리를 이용한 가중 평균은 신규 관측치와 어느 k번째 이웃의 거리가 d인 경우 $1/d$를 이용한다.

3.1.2 거리

*k*NN 알고리즘을 이용한 예측을 위해 신규 관측치와 기존 관측치들 간의 거리(distance) 계산 작업이 선행돼야 한다. 이때 두 점 사이의 직선거리를 나타내는 유클리드 거리(Euclidean distance)가 주로 사용된다. 데이터 특성에 따라 거리적인 유사도보다 각 설명 변수 방향 유사도가 중요한 경우 코사인 거리(cosine distance)를 이용할 수 있다. 이외에도 설명 변수가 이항 변수인 경우 맨해튼 거리(Manhattan distance), 해밍 거리(Hamming distance) 등을 이용한다. 설명 변수가 두 개인 경우 각 거리에 대한 자세한 특징 및 수식은 다음과 같다.

표 4-1 *kNN* 알고리즘

거리 산출 방법	계산 방법	특징
유클리드 거리 (Euclidean distance)	$\sqrt{(x_{11} - x_{21})^2 + (x_{12} - x_{22})^2}$	두 점의 직선거리를 나타내는 거리 측정 방법으로 일반적으로 많이 사용한다. 각 변수들의 증감 방향성에 대한 유사도는 알 수 없다는 단점이 있다.
맨해튼 거리 (Manhattan distance)	$\lvert x_{11} - x_{21} \rvert + \lvert x_{12} - x_{22} \rvert$	두 점 사이의 거리를 절댓값의 합 형태로 표현한 것으로 각 대응 성분별 거리 차의 합이다. 유클리드 거리는 직선 거리를 계산하는 반면 맨해튼 거리는 직선 거리가 아니다.
코사인 거리 (cosine distance)	$\cos(\theta) = \dfrac{x_1 \cdot x_2}{\lVert x_1 \rVert \lVert x_2 \rVert}$	두 벡터 값의 코사인 각도를 구하는 방법으로 -1과 1 사이 값을 갖는다. 이 값이 1에 가까울수록 설명 변수의 증감 방향이 유사함을 뜻한다.
해밍 거리 (Hamming distance)	$(x_{11} \neq x_{21}) + (x_{12} \neq x_{22})$	두 점의 각 성분이 서로 같은지 확인하여 같으면 0 다르면 1을 더해가는 거리 계산 방법이다. 범주형 변수에 대한 거리 계산에 적합하다.

3.1.3 k값 선택

*k*NN 알고리즘은 k 값 크기에 따라 개별 학습 데이터에 받는 영향노가 날라진다. 가령 k=1인 경우, 신규 데이터와 인접한 하나의 데이터로 신규 데이터의 그룹이 결정된다. 따라서 인접 데이터의 작은 변화에도 민감하게 반응하고 모형의 안정성이 떨어진다. 반면 k 값이 매우 큰 k=N(전체 관측치 수)인 경우, 인접 데이터의 작은 변화에 영향을 받지 않아 매우 높은 안정성을 갖는다. 하지만 모형은 신규 데이터 값과 무관하게 전체 데이터의 평균 수준의 예측밖에 하지 못한다. 즉, *k*NN 알고리즘은 k 값 크기에 따라 안정성과 예측력 간 트레이드-오프 관계가 있다. 따라서 예측력과 안정성이 적당히 확보되는 k 값을 찾는 것이 중요하다. 보통은 데이터 분할(data partition)을 통해 학습용(training)과 평가용(validation)을 나누고 k 값을 조절해가며 평가용 데이터에서의 오차나 틀린 분류율을 확인하여 최소가 되는 점을 탐색한다.

3.2 주요 이슈

*k*NN 알고리즘은 기본적으로 학습용 데이터에 대한 의존도가 절대적이다. 대표성이 있는 학습용 데이터를 확보하는 것이 중요하다. 만약 학습용 데이터에 대표성이 떨어지는 관측치가 혼재되어 있는 경우 제거하는 것이 좋다. 또한 주어진 설명 변수를 이용해 거리를 계산하기 때문에 척도(scale)에 영향을 많이 받는 단점이 있다. 따라서 학습 데이터의 경우 평균과 분산을 이용

한 표준화 작업이 선행되어야 한다. *k*NN 알고리즘은 신규 관측치와 학습용 관측치들 간의 거리를 계산하기 위해 설명 변수를 이용한다. 만약 설명 변수가 결측(missing)을 포함한 경우 거리 계산은 불가능하다. 이런 경우, 결측치를 갖는 변수 또는 관측치를 대상에서 제외할 수 있다. 해당 변수 구간화(binning)를 통해 결측을 하나의 범주로 취급하는 것도 방법이 될 수 있다. 평균(mean)이나 최빈값(mode)을 이용한 결측값 대체도 유용한 방법이다. 물론 *k*NN 알고리즘을 응용해 거리가 가까운 k개의 관측치들이 갖고 있는 값의 대푯값으로 결측을 대체할 수 있다.

3.3   장단점

장점은 단순하고, 비모수적 방법으로 모수 가정이 필요 없다. 충분히 많은 학습 데이터가 있을 때, 특히 각 그룹 특성이 예측 변수값의 여러 가지 조합으로 결정될 때 좋은 성능을 보여준다(분류 기준이 여러 가지일 때 성능이 좋다). 활용도가 매우 높다. 실제로 결측치 처리, 상품 추천 등 다양한 영역에서 활용되고 있다.

단점은 학습 데이터가 큰 경우, 근접 이웃을 찾는 데 많은 시간이 소요될 수 있다(각 데이터에 대한 유클리디안 거리를 계산하는 데 시간이 소요된다). 설명 변수 수 증가에 따라 학습 데이터로 필요한 관측치 수가 기하급수적으로 증가한다(차원의 저주). 이런 경우 설명 변수 일부를 선택해 수를 줄이거나(변수 선택), 주성분 분석이나 특이값 분해 등을 통해 예측 변수를 결합하여 줄이는 것이 좋다(차원 축소).

3.4   실습

3.4.1 데이터 불러오기

로지스틱 회귀분석 실습에서 사용했던 타이타닉 데이터셋을 가지고 *k*NN을 실습한다. 먼저 필요한 모듈과 데이터를 불러오자.

```
1  # 연산 처리를 위한 패키지입니다.

2  import numpy as np

3  import pandas as pd

4

5  # 데이터 분석을 위한 패키지입니다.

6  from sklearn.neighbors import KNeighborsClassifier

7  from sklearn.model_selection import GridSearchCV

8

9  # 시각화를 위한 패키지입니다.

10 from matplotlib import pyplot as plt

11 from matplotlib.colors import ListedColormap

12 from pylab import rcParams

13

14 # 그래프를 실제로 그리기 위한 설정입니다.

15 %matplotlib inline

16

17 # 경고 메시지를 무시합니다.

18 import warnings

19 warnings.filterwarnings('ignore')
```

df_knn.head( ) 함수를 통해 데이터를 확인한다.

```
1  df_knn = pd.read_csv('./data/classification/df_titanic.csv')

2

3  # 데이터를 확인합니다.

4  df_knn.head( )
```

결과

그림 4-44 실행 결과

	Survived	Age	SibSp	Parch	Fare	Pclass_2	Pclass_3	Sex_1
0	0	22.0	1	0	1.981001	0	1	1
1	1	38.0	1	0	4.266662	0	0	0
2	1	26.0	0	0	2.070022	0	1	0
3	1	35.0	1	0	3.972177	0	0	0
4	0	35.0	0	0	2.085672	0	1	1

*k*NN 알고리즘

우선 k의 수를 3, weights는 uniform(거리에 가중치 부여하지 않음)으로 하고 fit( )을 해보자. 이어서 바로 시각화를 통해 k가 3일 때 어떻게 분류하는지 확인한다.

```python
1  # X(Fare, Age) / y(Survived)
2  X = np.array(df_knn[['Fare','Age']])
3  y = np.array(df_knn['Survived'])
4
5  # uniform: 거리에 가중치를 부여하지 않습니다.
6  clf = KNeighborsClassifier(3, weights='uniform')
7  clf.fit(X, y)
```

```python
1  # kNN 시각화 함수입니다.
2  def graph_knn(n_neighbors, weights):
3      h = .02
4
5      cmap_light = ListedColormap(['#FFAAAA', '#AAAAFF'])
6      cmap_bold  = ListedColormap(['#FF0000', '#0000FF'])
7
8      x_min, x_max = X[:, 0].min() - 1, X[:, 0].max() + 1
9      y_min, y_max = X[:, 1].min() - 1, X[:, 1].max() + 1
10
11     xx, yy = np.meshgrid(np.arange(x_min, x_max, h),
12     np.arange(y_min, y_max, h))
13     pred_ = np.c_[xx.ravel(), yy.ravel()]
14
15     Z = clf.predict(pred_)
16     Z = Z.reshape(xx.shape)
17     plt.figure()
18     plt.pcolormesh(xx, yy, Z, cmap=cmap_light)
19
20     plt.scatter(X[:,0], X[:, 1], c=y, cmap=cmap_bold,
21                 edgecolor='k', s=20)
22     plt.xlim(xx.min(), xx.max())
23     plt.ylim(yy.min(), yy.max())
```

```
24      plt.title("kNN (k = %i, weights = '%s')" % (n_neighbors, weights))

25

26      plt.xlabel("Fare")

27      plt.ylabel("Age")

28      plt.show()

29

30 # 시각화 함수를 호출합니다.

31 graph_knn(clf.n_neighbors, clf.weights)
```

결과

그림 4-45 실행 결과

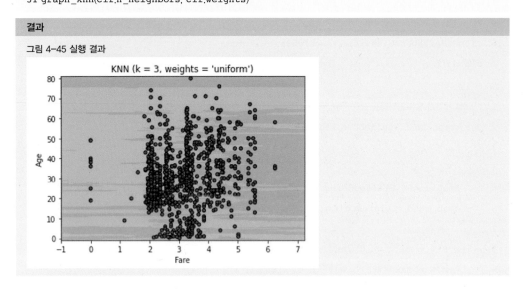

X축은 Fare(요금), y축은 Age(나이)에 따라 생존 여부를 *k*NN 알고리즘을 통해 시각화했다. 왼쪽 (빨간색)은 사망(Survived=0), 오른쪽(파란색)은 생존(Survived=1)을 의미한다.

GridSearchCV를 통해서 좀 더 최적화된 파라미터를 찾아서 다시 fit() 시켜보자.

```
1 knn = KNeighborsClassifier()

2 k_range = list(range(1,100))

3 # uniform: 거리에 가중치를 부여하지 않습니다. / distance: 거리에 가중치를 부여합니다.

4 weights_options = ['uniform','distance']

5

6 k_grid = dict(n_neighbors=k_range, weights = weights_options)

7 clf = GridSearchCV(knn, k_grid, cv=10, scoring = 'accuracy')

8 clf.fit(X, y)
```

```
GridSearchCV(cv=10, estimator=KNeighborsClassifier(),
        param_grid={'n_neighbors': [1, 2, 3, 4, 5, 6, 7, 8, 9, 10, 11, 12,
                                     13, 14, 15, 16, 17, 18, 19, 20, 21, 22,
                                     23, 24, 25, 26, 27, 28, 29, 30, ...],
                    'weights': ['uniform', 'distance']},
        scoring='accuracy')
```

```
1  df_clf = pd.DataFrame(clf.cv_results_)
2  df_clf[['param_n_neighbors','param_weights','params','mean_test_score',
3          'rank_test_score']].sort_values(['rank_test_score']).head()
```

그림 4-46 실행 결과

	param_n_neighbors	param_weights	params	mean_test_score	rank_test_score
40	21	uniform	{'n_neighbors': 21, 'weights': 'uniform'}	0.665394	1
46	24	uniform	{'n_neighbors': 24, 'weights': 'uniform'}	0.661593	2
38	20	uniform	{'n_neighbors': 20, 'weights': 'uniform'}	0.661584	3
42	22	uniform	{'n_neighbors': 22, 'weights': 'uniform'}	0.659643	4
24	13	uniform	{'n_neighbors': 13, 'weights': 'uniform'}	0.658709	5

rank_test_score 1위를 기준으로 k의 수가 21일 때가 가장 높은 mean_test_score를 보여준다.

```
1  print ("최고 Score: ",str(clf.best_score_))
2  print ("최적의 Parameters: ",str(clf.best_params_))
3  print ("최적의 Estimators: ",str(clf.best_estimator_))
```

최고 Score: 0.6653937728937728

최적의 Parameters: {'n_neighbors': 21, 'weights': 'uniform'}

최적의 Estimators: KNeighborsClassifier(n_neighbors=21)

구체적으로 k의 수가 변함에 따라 mean_test_score가 어떻게 달라지는지 시각화를 통해 살펴보자.

```
1  plt.plot(df_clf['param_n_neighbors'], df_clf['mean_test_score'])
2  plt.xlabel('N_neightbors')
3  plt.ylabel('Mean_test_score')
4  plt.show()
```

그림 4-47 실행 결과

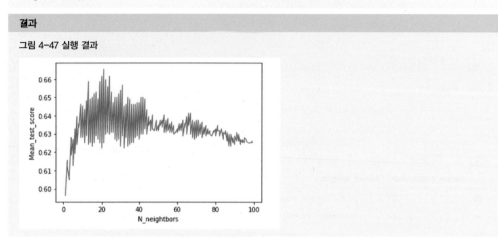

그래프를 보면 k의 수가 20 정도로 갈 때까진 mean_test_score가 상승했지만, 그 후로는 k의 수가 늘어날수록 score가 하락하는 모습을 보여주고 있다. 그러면 k의 수가 21일 때 어떻게 그래프로 분류하는지 살펴보자.

```
1  # kNN 시각화 함수를 호출합니다.
2  graph_knn(clf.best_params_['n_neighbors'], clf.best_params_['weights'])
```

그림 4-48 실행 결과

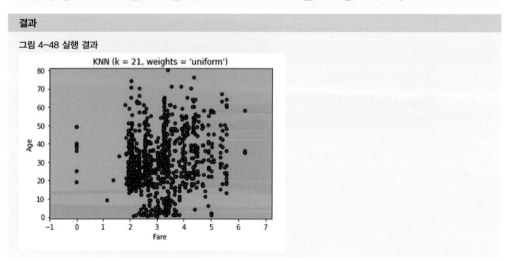

k의 수가 3일 때보다 훨씬 분류가 잘 된 것을 확인할 수 있다.

마지막으로 k의 수에 따라 어떻게 분류선이 변화하는지 한 번에 살펴보자.

```
1  def make_meshgrid(x, y, h=.02):
2      x_min, x_max = x.min() - 1, x.max() + 1
3      y_min, y_max = y.min() - 1, y.max() + 1
4      xx, yy = np.meshgrid(np.arange(x_min, x_max, h),
5                           np.arange(y_min, y_max, h))
6                 return xx, yy
7
8  def plot_contours(ax, clf, xx, yy, **params):
9      Z = clf.predict(np.c_[xx.ravel(), yy.ravel()])
10     Z = Z.reshape(xx.shape)
11     out = ax.contourf(xx, yy, Z, **params)
12     return out
13
14 cmap_light = ListedColormap(['#FFAAAA', '#AAAAFF'])
15 cmap_bold  = ListedColormap(['#FF0000', '#0000FF'])
16
17 # "figure.figsize": 그림(figure)의 크기. (가로,세로) 인치 단위입니다.
18 # default값으로 다시 설정하고 싶을 경우 사용 전 default 값을 미리 확인합니다.
19 rcParams['figure.figsize'] = 14, 12
20
21 models = (KNeighborsClassifier(1, weights='uniform'),
22           KNeighborsClassifier(3, weights='uniform'),
23           KNeighborsClassifier(9, weights='uniform'),
24           KNeighborsClassifier(21, weights='uniform'),
25           KNeighborsClassifier(51, weights='uniform'),
26           KNeighborsClassifier(99, weights='uniform'))
27
28 models = (clf.fit(X, y) for clf in models)
29
30 # kNN 수에 따른 타이틀입니다.
31 titles=('kNN neighbor = 1',
32         'kNN neighbor = 3',
33         'kNN neighbor = 9',
34         'kNN neighbor = 21',
35         'kNN neighbor = 51',
```

```
36              'kNN neighbor = 99')
37
38 # 2 × 3 플로팅합니다.
39 fig, sub=plt.subplots(2, 3)
40 plt.subplots_adjust(wspace=0.4, hspace=0.4)
41
42 X0, X1=X[:, 0], X[:, 1]
43 xx, yy=make_meshgrid(X0, X1)
44
45 for clf, title, ax in zip(models, titles, sub.flatten()):
46     plot_contours(ax, clf, xx, yy,
47                       cmap=cmap_light, alpha=0.8)
48     ax.scatter(X0, X1, c=y, cmap=cmap_bold, s=20, edgecolors='k')
49     ax.set_xlim(xx.min(), xx.max())
50     ax.set_ylim(yy.min(), yy.max())
51     ax.set_xlabel('Fare')
52     ax.set_ylabel('Age')
53     ax.set_xticks(())
54     ax.set_yticks(())
55     ax.set_title(title)
56
57 plt.show()
```

결과

그림 4-49 실행 결과

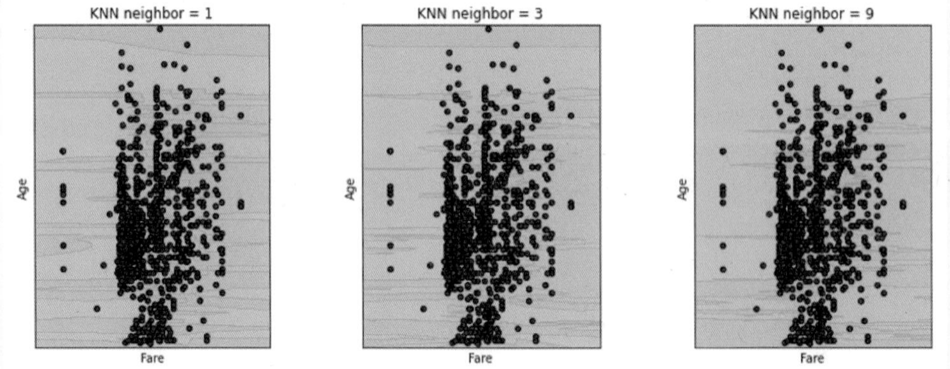

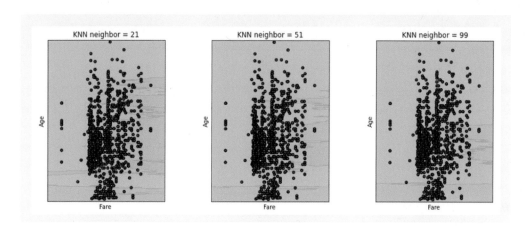

k=1, k=3, …, k=99까지 총 6개를 비교한 결과, k가 21일 때 가장 적절하게 분류선을 분류한 것으로 보이며 k가 21보다 커질 때 사망(Survived=0)으로 더 많이 분류한 것을 확인할 수 있다.

서포트 벡터 머신(Support Vector Machine; SVM)은 기계학습의 발전에 따라 우수한 분류 성능으로 인해 각광을 받고 있는 분류 방법론이다. 서포트 벡터 머신은 선형 분류와 더불어 비선형 분류에 있어서도 폭넓게 활용되고 있다.

4.1 최대 마진 분류기

서포트 벡터 머신은 1990년대 컴퓨터 과학 분야에서 개발된 분류 방법이다. 다양한 상황에서 뛰어난 성능을 나타낸다. SVM은 최대 마진 분류기(Maximal Margin Classifier)의 '그룹들은 선형 경계에 의해 구별될 수 있어야 한다.'는 한계 극복을 위해 소프트–마진을 이용한 방법이다. SVM은 분리 초평면(separating hyperplane)에서 출발해 각 모형이 갖는 한계를 극복해 발전한 분류 모형이다.

표 4-2 **분류 방법론**

분류 방법론	특징 및 한계
분리 초평면(separating hyperplane)을 이용한 분류	초평면의 성질을 이용한 분류 방법으로 분리 초평면이 존재하면, 무한개의 가능한 초평면이 존재한다.
최대 마진 분류기 (Maximal Margin Classifier)	분리 초평면 중 최대 마진을 갖는 초평면을 선택하는 방법으로 분리 초평면이 존재하지 않으면, 적합 불가능하다.
서포트 벡터 분류기 (Support Vector Classifier)	기준 허용 한계를 통해 분리 초평면이 없어도 적합할 수 있지만 비선형 분류 경계를 갖는 데이터를 분류할 수 없는 한계가 존재한다.
서포트 벡터 머신 (Support Vector Machine)	커널(kernel) 함수를 이용해 비선형 문제를 해결하고, 반응 변수가 다항인 경우 One vs. One, One vs. All 방법을 이용한다.

이번에는 반응 변수가 2개의 그룹을 갖는 경우를 가정해보자. 반응 변수의 그룹이 세 개 이상인 경우는 이후에 다룬다.

초평면

초평면(hyperplane)은 p차원 공간에서 차원이 $p - 1$인 아핀(affine) 부분 공간이다. 예를 들면, 2차원의 부분 공간은 선, 3차원의 초평면은 면이 된다. 초평면을 수학적으로 정의하면 다음과 같다.

$$\beta_0 + \beta_1 X_1 + \cdots + \beta_p X_p = 0$$

차원이 p인 공간에서 $\beta_0, \cdots, \beta_p$을 파라미터로 갖는 초평면을 나타낸 식이다. 식이 성립하는 임의의 점은 초평면 상에 있는 점이란 것을 의미한다.

4.1.2 **분리 초평면**

그림 4-50 **분리 초평면**(separating hyperplane)

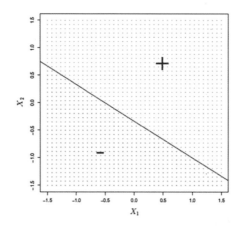

특정 점 $X(x_1, x_2, \cdots, x_p)$가 초평면 상의 점이 아니고, 다음 식을 만족한다고 하면 초평면 상단(파란색 점)에 속함을 알 수 있다.

$$\beta_0 + \beta_1 X_1 + \cdots + \beta_p X_p > 0$$

이런 성질을 통해 p차원 공간을 두 공간으로 나눌 수 있다. 초평면을 이용하면 초평면 식에 대입해 그 부호에 따라 특정 점이 초평면 상단, 하단 중 어디에 위치했는지 알 수 있다.

이런 성질을 이용해 분류 문제를 해결할 수 있다. 주어진 데이터를 완벽하게 분류하는 초평면을 정의할 수 있다면, 신규 관측치에 대한 분류 역시 가능하다. 가령 주어진 데이터를 완벽하게 분류해낼 수 있는 초평면이 데이터를 통해 다음과 같이 추정되었다고 하자.

$$\beta_0 + \beta_1 x_{i1} + \beta_2 x_{i2} + \cdots + \beta_p x_{ip}$$

초평면에 임의의 관측치 $X(x_1, x_2, \cdots, x_p)$를 대입한 결과의 부호에 따라 두 집단으로 분류할 수 있다. 반응 변수가 갖는 두 그룹을 −1, 1로 표현한다면 다음과 같은 식으로 나타낼 수 있다.

$$y_i(\beta_0 + \beta_1 x_{i1} + \beta_2 x_{i2} + \cdots + \beta_p x_{ip}) > 0$$

앞서 살펴본 분리 초평면의 값은 분류 결과의 정확도와 관련이 있다. 가령 신규 관측치를 초평면에 대입했을 때 그 절대값이 크면 그만큼 새로운 관측치가 초평면으로부터 멀리 떨어져 있음을 의미한다.

그림 4-51 **무수히 많은 분리 초평면의 존재**

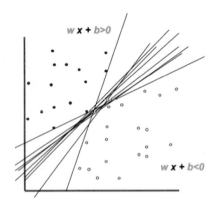

하지만 하나의 분리 초평면이 존재할 수 있다면, 분리 초평면은 무수히 많이 존재할 수 있다. 그렇기 때문에 무한개의 초평면 중 어떤 초평면을 이용할 것인지 합리적인 선택 방법이 필요하다.

그림 4-52 **최대 마진 초평면**(maximal margin hyperplance)

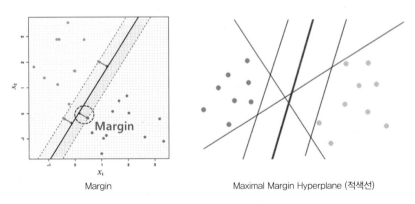

Margin   Maximal Margin Hyperplane (적색선)

이런 문제를 해결하기 위해 최대 마진 초평면을 이용할 수 있다. 먼저 마진은 주어진 관측치와 초평면 사이의 수직 거리를 의미한다. 이 거리가 최대가 되게 하는 초평면을 선택하면 합리적이고 유일한 초평면을 선택할 수 있다. 이렇게 주어진 관측치와 초평면의 수직 거리가 최대가 되는 초평면을 최대 마진 초평면이라고 한다. 이런 최대 마진 초평면을 이용한 분류기를 최대 마진 분류기라고 한다.

최대 마진 분류기는 0 〈 M 값이 최대가 되도록 하는 β 값을 선택한다. 최대 마진 분류기를 구하는 문제는 다음 식을 최적화하는 것과 같다.

그림 4-53 **최대 마진 분류기 최적화 식**

$$\max_{\beta_0, \beta_1, \dots, \beta_p} M$$
$$subject\ to \sum_{j=1}^{p} \beta_j^2 = 1$$
$$y_i(\beta_0 + \beta_1 x_{i1} + \beta_2 x_{i2} + \dots + \beta_p x_{ip}) \geq M \, \forall i = 1, \dots, n$$

제약조건 $M > 0$이면 각 관측치는 올바른 쪽에 있는 것을 보장한다. 실제로 각 관측치가 초평면의 올바른 쪽에 있으려면 단순히 $y_i(\beta_0 + \beta_0 x_{i1} + \beta_2 x_{i2} + \dots + \beta_p x_{ip}) > 0$을 만족하면 된다. 따라서 M보다 크게 되면 일정한 **완충 공간 마진(margin)**을 갖게 된다. 최적화 문제는 M을 최대화하는 β를 선택하는 것이다.

4.1.3 서포트 벡터

그림 4-54 **서포트 벡터**(support vector)

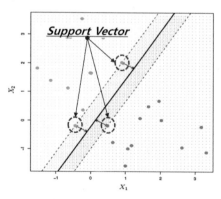

최대 마진 초평면은 분류 경계에 존재하는 관측치들에 의해 결정되는 성질을 갖고 있다. 이때 최대 마진 초평면 결정에 영향을 주는 관측치들을 서포트 벡터(support vector)라고 한다.

최대 마진 분류기의 한계

최대 마진 분류기는 분류 경계에 있는 서포트 벡터들이 경계를 넘나들며 존재하는 경우, 정의되지 않는다는 문제점이 있다. 또한 서포트 벡터에 대한 의존도가 절대적이기 때문에 분류 경계면에 존재하는 관측치들의 작은 변화에도 큰 영향을 받아 안정성이 떨어진다.

그림 4-55 **최대 마진 분류기의 한계**

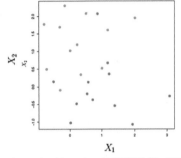 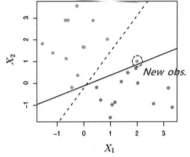

Separating Hyperplane이 존재하지 않는 데이터   하나의 관측치의 증가로 급격하게 변하는 MMC

4.2   서포트 벡터 분류기

서포트 벡터 분류기(support vector classifier)는 최대 마진 분류기의 한계를 극복하기 위해 분류 경계면에 일부 위반이 발생하더라도 다른 관측치들을 잘 분류할 수 있는 초평면을 찾는 소프트 마진(soft margin)을 적용한 방법이다.

그림 4-56 **서포트 벡터 분류기**

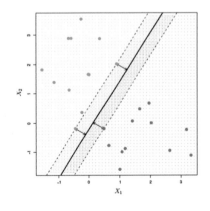 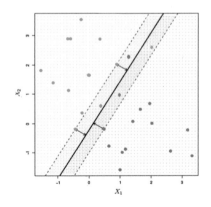

서포트 벡터 분류기는 다음 식을 최적화한다.

그림 4-57 서포트 벡터 분류기 최적화 식

$$\max_{\beta_0, \beta_1, \dots, \beta_p} M$$
$$subject\ to \sum_{j=1}^{p} \beta_j^2 = 1$$
$$y_i(\beta_0 + \beta_1 x_{i1} + \beta_2 x_{i2} + \dots + \beta_p x_{ip}) \geq M(1 - \epsilon_i),$$
$$\epsilon_i \geq 0, \qquad \sum_{i=1}^{n} \epsilon_i \leq C$$

$\epsilon_1, \dots, \epsilon_i$는 슬렉(Slack) 변수로 개별 관측치가 마진 또는 옳지 않은 곳에 위치할 때 0보다 큰 값을 갖는다. C는 슬렉의 합을 한정하여 마진과 초평면의 **허용 가능한 위반의 수와 그 정도를 결정**한다($C = 0$인 경우, 최대 마진 초평면을 구하는 것과 동일하다). 따라서 조율 모수 C 값이 커지면 마진의 위반에 대한 허용도가 커져 마진 폭이 넓어진다.

그림 4-58 서포트 벡터 분류기에서의 분산-편향 상충 문제

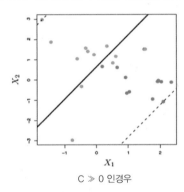
C ≫ 0 인경우

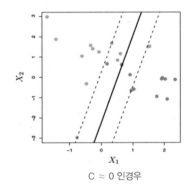
C ≈ 0 인경우

서포트 벡터 분류기는 C 값에 따라 마진의 넓이가 결정된다. C 값은 데이터를 이용한 교차 타당성 검증(cross validation)과 C같은 방법을 이용해 결정된다. 서포트 벡터 분류기도 서포트 벡터에 많은 영향을 받는 방법이다. 다만 값에 따라 개별 서포트 벡터에 의한 영향도가 감소하고 전반적인 관측치에 영향을 받게 되는 성질이 있다. 즉, C 값이 커지면 분류에 영향을 주는 서포트 벡터가 그만큼 많아진다.

교차 타당성 검증(cross validation)은 주어진 데이터를 임의로 나눠 한 데이터는 모형 적합을 위해 사용하고, 다른 데이터는 평가를 위해 사용하는 방법이다. 적합과 평가 데이터를 교차하며 수행하기 때문에 교차 타당성 검증이라고 한다.

그림 4-59 서포트 벡터 분류기의 한계

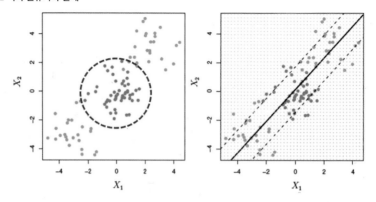

서포트 벡터 분류기는 소프트 마진을 이용해 최대 마진 분류기의 한계를 극복했다. 하지만, 서포트 벡터 분류기 자체가 초평면을 이용한 방법이다 보니, 그림과 같이 데이터가 비선형으로 분류되는 경우 초평면을 찾을 수 없다는 한계를 갖는다. 하지만 상당히 많은 현상이 비선형 관계를 갖는다.

4.3   선형 서포트 벡터 머신

서포트 벡터 머신(Support Vector Machine; SVM)은 비선형 관계를 설명할 수 없는 서포트 벡터 분류기의 한계를 극복하기 위한 방법이다. 비선형 문제를 해결하기 위해 서포트 벡터 머신은 커널(kernel) 함수를 이용해 다음과 같이 한 차원 높은 공간에서 초평면을 찾는다.

그림 4-60 비선형 kernels을 이용한 변수 공간 확장 방법

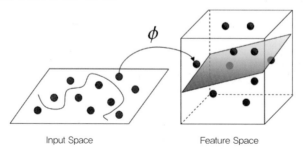

Input Space   Feature Space

초평면은 내적(inner product)으로 표현할 수 있다. 앞서 살펴본 지지 벡터 분류기를 두 벡터 β = $(\beta_1, \beta_2, \cdots, \beta_p)$와 $x_i = (x_1, x_2, \cdots, x_p)$의 내적으로 나타내면 다음과 같다($a_i$는 서포트 벡터에 대해서만 0이 아닌 값을 갖는다).

$$f(x) = \alpha_i(\beta_0 + \beta_1 x_{i1} + \beta_2 x_{i2} + \cdots + \beta_p x_{ip}) = \beta_0 + \sum_{i=1}^{n} \alpha_i \langle \beta, x_i \rangle$$

임의의 두 벡터 $x_1 = (x_{11}, x_{12}, \cdots, x_{1k})$과 $x_2 = (x_{21}, x_{22}, \cdots, x_{2k})$의 내적(inner product)은 다음과 같다.

$$< x_1, x_2 > = \sum_{i=1}^{k} x_{1i} x_{2i}$$

선형 커널(linear kernel)을 차수가 d인 비선형 커널로 확장한 다항식 커널(polynomial kernel) 함수를 적용하면 다음과 같다.

$$K(x_i, x_{i'}) = \left(1 + \sum_{j=1}^{p} x_{ij} x_{i'j} \right)^d$$

$d > 1$인 커널을 서포트 벡터 분류기 알고리즘에 적용하면 훨씬 유연한 결정 경계가 만들어진다. 이 방법은 원래 변수 공간이 아닌, 차원이 d인 더 높은 차원 공간에서 서포트 벡터 분류기를 적합한다. 비선형 커널을 이용한 서포트 벡터 분류기를 서포트 벡터 머신(Support Vector Machine; SVM)이라고 한다.

다항식 커널은 비선형 커널의 한 예이며, 수많은 대안이 있다. 다른 비선형 커널의 예로 방사 커널(radial kernel)이 존재하며 수식으로 나타내면 다음과 같다.

$$K(x_i, x_{i'}) = \exp \left(-\gamma \sum_{j=1}^{p} (x_{ij} - x_{i'j})^2 \right)$$

비선형 커널을 적용한 결과를 보면, 커널 함수의 종류에 따라서 그 분류 경계면이 다른 형태를 갖는 것을 알 수 있다.

그림 4-61 **서포트 벡터 머신을 이용한 적합**

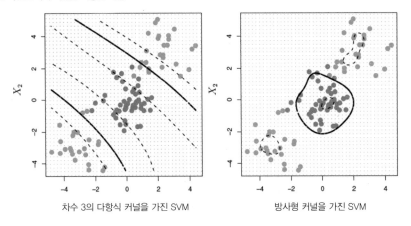

차수 3의 다항식 커널을 가진 SVM   방사형 커널을 가진 SVM

4.4 서포트 벡터 머신 회귀

서포트 벡터 머신 회귀(support vector machine regression)는 두 그룹 사이의 거리를 충분히 멀리 유지하고 마진 위반을 예방하는 것 대신 제한된 마진 오류 안에서 가능한 한 많은 샘플이 마진 위에 있도록 학습하는 방법이다. 거리의 넓이는 조율모수 ε에 의해 조절되고 다음 그림은 ε = 1.5와 ε = 0.5로 랜덤 선형 데이터로 학습한 두 가지 선형 SVM 회귀 모델이다.

그림 4-62 SVM 회귀 모델

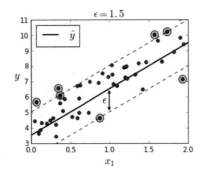 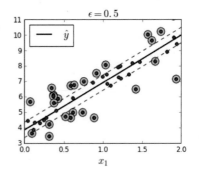

마진에 들어가는 학습 데이터를 추가하는 것은 모델 예측 능력에 영향을 주지 못한다. 그러므로 모델은 **ε**에 민감하지 않다고 할 수 있다.

그림 4-63 SVM 비선형 회귀 모델

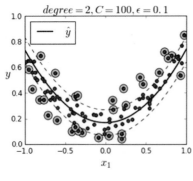 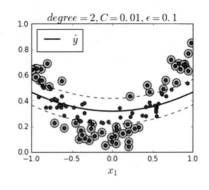

규제가 거의 없음(즉, 아주 큰 C)　　　　　　규제가 훨씬 많음(즉, 작은 C)

비선형 회귀 작업을 처리하기 위해 커널 SVM 모델을 사용할 수 있다. 해당 그림은 이차항의 커널을 사용한 랜덤 이차원 학습 데이터에 대한 SVM 회귀 모델이다.

이제 선형 SVM부터 시작해 어떻게 SVM이 예측을 하고, 어떻게 학습 알고리즘이 작동하는지 살펴보자. 선형 SVM 모델은 단순히 의사결정 함수 $w^T \cdot x + b = w_1 \cdot x_1 + w_2 \cdot x_2 + \cdots + w_n \cdot x_n + b$를 계산하여 새로운 샘플 x의 클래스를 예측한다.

$$\hat{y} = \begin{cases} 0 & if \; w^T \cdot x + b < 0 \\ 1 & if \; w^T \cdot x + b \geq 0 \end{cases}$$

그림 4-64 **의사결정 함수 모델 ①**

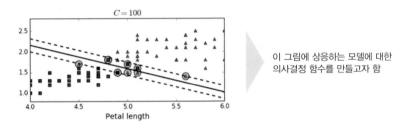

이 그림에 상응하는 모델에 대한 의사결정 함수를 만들고자 함

구하고자 하는 의사결정 함수는 다음과 같다.

그림 4-65 **의사결정 함수 모델 ②**

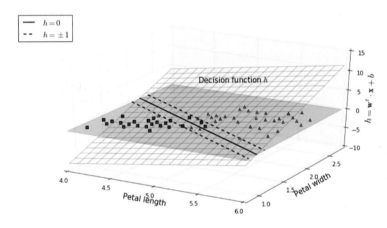

데이터셋이 2개의 특징값(꽃잎의 넓이와 길이)을 갖고 있기 때문에 2차원 평면이다. 의사결정선은 의사결정 함수값이 0인 점의 집합으로 이는 2개의 평면이 상호 교차되는 것이며 직선으로 표현되어 있다. 선형 SVM 분류기를 훈련한다는 것은 가능한 한 마진을 크게 하는 $\boldsymbol{w}$와 $\boldsymbol{b}$를 찾는 것이다.

그림 4-66 목적 함수(objective function)

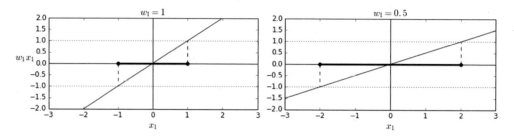

의사결정선의 기울기는 가중치 벡터의 Norm 값 $||w||$과 같다. 만약 기울기를 2로 나누면 마진이 2배 커진다. 즉 가중치 벡터값 w가 작아질수록, 마진값은 커진다. 따라서 마진을 크게 하기 위해 $||w||$를 최소화하려고 마진 위반도 피하게 하고 싶다면 모든 양성 훈련 샘플에 대하여 1 이상으로 큰 값이 되고 모든 음성 훈련 샘플에 대하여 −1 이하가 될 수 있는 의사결정 함수값이 필요하다.

음성 샘플일 때 $t^{(i)} = -1$로, 양성 샘플일 때 $t^{(i)} - 1$로 정의하면 앞서 말한 제약 조건을 모든 샘플에서 $t^{(i)} (w^T \cdot x^{(i)} + b) \geq 1$로 표현할 수 있다. 그러므로 하드 마진(Hard Margin) 선형 SVM 분류기의 목적 함수를 제약이 있는 최적화(constrained optimization) 문제로 표현할 수 있다. 하드 마진 선형 SVM 분류기의 목적 함수는 다음과 같다.

$$minimize \ \frac{1}{2} w^T \cdot w$$

[조건] $i=1,2,\cdots,m$일때 $t^{(i)} (w^T \cdot x^{(i)} + b) \geq 1$

$||w||$를 최소화하는 대신 $\frac{1}{2}||w||^2$인 $\frac{1}{2}w^T w$를 최소화한다. 2개는 결과적으로는 같은 값을 갖고 있지만, $||w||$는 w = 0인 점에서 미분할 수 없어서 $\frac{1}{2}||w||^2$를 사용하여 미분하기 용이하게 한다.

4.5 실습

서포트 벡터 머신 실습을 진행하자. 데이터셋은 기존에 로지스틱 회귀분석에서 사용했던 것을 그대로 사용한다. 시각화를 위해 `pip install mlxtend` 명령어를 실행하여 mlxtend 모듈을 설치하자.

4.5.1 데이터 불러오기

```
1  # 연산 처리를 위한 패키지입니다.
2  import numpy as np
3  import pandas as pd
4
5  # 데이터 분석을 위한 패키지입니다.
6  from sklearn import svm
7  from sklearn.model_selection import GridSearchCV
8
9  # 시각화를 위한 패키지입니다.
10 from matplotlib import pyplot as plt
11 from mlxtend.plotting import plot_decision_regions
12
13 # 그래프를 실제로 그리기 위한 설정입니다.
14 %matplotlib inline
15
16 # 경고 메시지를 무시합니다.
17 import warnings
18 warnings.filterwarnings('ignore')
```

```
1  df_svm = pd.read_csv('./data/classification/df_titanic.csv')
2
3  # 데이터를 확인합니다.
4  df_svm.head()
```

결과

그림 4-67 실행 결과

	Survived	Age	SibSp	Parch	Fare	Pclass_2	Pclass_3	Sex_1
0	0	22.0	1	0	1.981001	0	1	1
1	1	38.0	1	0	4.266662	0	0	0
2	1	26.0	0	0	2.070022	0	1	0
3	1	35.0	1	0	3.972177	0	0	0
4	0	35.0	0	0	2.085672	0	1	1

먼저 선형 커널(support vector classifier)부터 실습해보자. x를 Fare, Age와 같이 수치형 변수를 사용한다. 여기서는 파라미터 값 C(비용)를 임의로 0.01로 준다. 뒤에서 하이퍼 파라미터에 대하여 자세히 다루기로 한다.

```
1  X = np.array(df_svm[['Fare','Age']])
2  y = np.array(df_svm['Survived'])
3
4  # C: Cost(비용). 마진 너비 조절 변수값이 클수록 마진 너비가 좁아집니다.
5  clf = svm.SVC(kernel='linear', C=0.01)
6  clf.fit(X,y)
```

결과

```
SVC(C=0.01, kernel='linear')
```

학습된 SVM 모델을 시각화해보자.

```
1  plt.scatter(X[:, 0], X[:, 1], c=y, s=30, cmap=plt.cm.Paired)
2
3  # 결정 함수 플로팅입니다.
4  ax = plt.gca()
4  xlim = ax.get_xlim()
6  ylim = ax.get_ylim()
7
8  # 모델 평가를 위한 그리드를 생성합니다.
9  xx = np.linspace(xlim[0], xlim[1], 30)
10 yy = np.linspace(ylim[0], ylim[1], 30)
11 YY, XX = np.meshgrid(yy, xx)
12 xy = np.vstack([XX.ravel(), YY.ravel()]).T
13 Z = clf.decision_function(xy).reshape(XX.shape)
14
15 # 결정 경계와 마진입니다.
16 ax.contour(XX, YY, Z, colors='k', levels=[-1, 0, 1], alpha=0.5,
17            linestyles=['--', '-', '--'])
18
19 # 서포트 벡터 플로팅입니다.
```

```
20 ax.scatter(clf.support_vectors_[:, 0], clf.support_vectors_[:, 1], s=50,
21            linewidth=1, facecolors='none', edgecolors='k')
22
23 # X축, y축을 라벨링합니다.
24 plt.xlabel("Fare")
25 plt.ylabel("Age")
26
27 plot_decision_regions(X=X,
28                       y=y,
29                       clf=clf,
30                       legend=2)
31
32 plt.title('SVM Decision Region Boundary - Linear', size=14)
33 L = plt.legend()
34 L.get_texts()[0].set_text('Survived=0')
35 L.get_texts()[1].set_text('Survived=1')
36
37 plt.show()
```

결과

그림 4-68 실행 결과

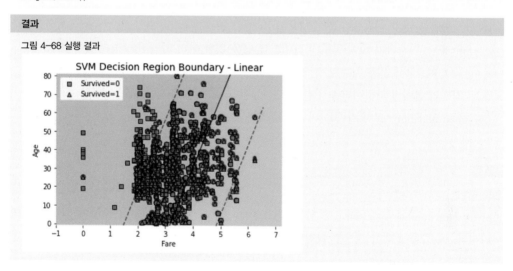

x축은 Fare(요금), y축은 Age(나이)에 따라 생존 여부를 SVM으로 구분했다. 네모 모양은 사망 (Survived=0), 세모 모양은 생존(Survived=1)을 의미한다. 즉, Fare가 높으면서 나이가 어릴수록 생존 확률이 높다는 것을 확인할 수 있다. 학습한 모델의 score를 확인하자.

```
1  clf.score(X, y)
```

결과

```
0.6481303930968361
```

약 0.64% 정도의 score를 기록했다. 현재 파라미터 최적화를 고려하지 않고 학습을 진행했다. SVM 머신의 주요 파라미터는 다음과 같다.

- C: Cost(비용), 마진 너비 조절 변수값이 클수록 마진 너비가 좁아짐
- gamma: 감마, 작을수록 데이터 포인트의 영향이 커 경계가 완만해짐
- kernel: linear, rbf, poly 등의 커널 방식

4.5.3 GridSearchCV를 활용한 최적의 파라미터 찾기

SVM을 학습하기 위해 다양한 파라미터의 활용을 배웠다. 그렇다면 해당 파라미터의 값을 어떻게 해야 할까? 일일이 하나하나 계속 테스트하면서 반복해야 할까? 그럴 때 사용하는 게 GridSearchCV이다. GridSearchCV는 교차 검증과 하이퍼 파라미터 튜닝을 한 번에 해주는 유용한 기능이다. 다음은 GridSearchCV의 주요 파라미터다.

- estimator: regressor, classifier 등이 사용됨
- param_grid: 딕셔너리 형태이며, 파라미터 튜닝을 위한 여러 파라미터 명과 값을 지정
- n_jobs: CPU 코어 사용 개수, (-1 지정 시 모든 코어에 사용됨)
- refit: 최적의 하이퍼 파라미터를 찾은 뒤 그 파라미터를 입력된 estimator로 재학습
- cv: cross validation, 교차 검증을 위해 분할되는 세트의 개수

TIP

정보 확인

Juptyter Notebook에서 사용하고자 하는 함수 끝에 물음표(?)를 붙이고 실행하면 해당 함수의 파라미터, 예시 등에 대한 정보를 확인할 수 있다. 해당 함수의 파라미터가 궁금할 때 실행하면 유용하다.

```
1  GridSearchCV?
```

결과

```
Init signature:
GridSearchCV(
```

```
        estimator,
        param_grid,
        *,
        scoring=None,
        n_jobs=None,
        iid='deprecated',
        refit=True,
        cv=None,
        verbose=0,
        pre_dispatch='2 * n_jobs',
        error_score=nan,
        return_train_score=False,
)
Docstring:
Exhaustive search over specified parameter values for an estimator.

Important members are fit, predict.
이하 생략
```

param_grid 딕셔너리에 파라미터의 값들을 입력하고 GridSearchCV를 통해 최적의 하이퍼 파라미터를 확인해보자. 최적의 파라미터를 grid에 저장하고 fit( ) 한다. 참고로 컴퓨터 사양에 따라 다음 코드를 실행했을 때 몇 분 정도 걸릴 수 있다.

```
1  # defining parameter range
2  # C: Cost(비용), 마진 너비 조절 변수값이 클수록 마진 너비가 좁아집니다.
3  # gamma: 감마, 작을 데이터 포인트의 영향이 커 경계가 완만해집니다.
4  param_grid = {'C': [0.1, 1, 10, 100, 1000],
5                'gamma': [1, 0.1, 0.01, 0.001, 0.0001],
6                'kernel': ['linear']}
7
8  grid = GridSearchCV(svm.SVC( ), param_grid, refit = True, scoring = 'accuracy', n_jobs=-1)
9  grid.fit(X, y)
```

결과

```
GridSearchCV(estimator=SVC( ), n_jobs=-1,
             param_grid={'C': [0.1, 1, 10, 100, 1000],
                         'gamma': [1, 0.1, 0.01, 0.001, 0.0001],
                         'kernel': ['linear']},
             scoring='accuracy')
```

이제 GridSearchCV의 결과를 데이터프레임 형태로 살펴보자.

```
1  df_grid = pd.DataFrame(grid.cv_results_)
2  df_grid.head()
```

그림 4-69 실행 결과

params	split0_test_score	split1_test_score	split2_test_score	split3_test_score	split4_test_score	mean_test_score	std_test_score	rank_test_score
{'C': 0.1, 'gamma': 1, 'kernel': 'linear'}	0.602871	0.684211	0.69378	0.634615	0.629808	0.649057	0.034491	21
{'C': 0.1, 'gamma': 0.1, 'kernel': 'linear'}	0.602871	0.684211	0.69378	0.634615	0.629808	0.649057	0.034491	21
{'C': 0.1, 'gamma': 0.01, 'kernel': 'linear'}	0.602871	0.684211	0.69378	0.634615	0.629808	0.649057	0.034491	21
{'C': 0.1, 'gamma': 0.001, 'kernel': 'linear'}	0.602871	0.684211	0.69378	0.634615	0.629808	0.649057	0.034491	21
{'C': 0.1, 'gamma': 0.0001, 'kernel': 'linear'}	0.602871	0.684211	0.69378	0.634615	0.629808	0.649057	0.034491	21

params 컬럼에 최적의 파라미터를 찾기 위해 수행한 파라미터를 확인할 수 있다. 또한 가장 오른쪽엔 rank_test_score를 통해 어떤 파라미터로 학습했을 때 가장 좋은 결과를 얻었는지 순위를 볼 수 있다. 필요한 컬럼만 추려서 최상위에 랭크된 params, score를 살펴보자.

```
1  df_grid[['params','mean_test_score','rank_test_score']].sort_values(['rank_test_score']).head()
```

그림 4-70 실행 결과

	params	mean_test_score	rank_test_score
24	{'C': 1000, 'gamma': 0.0001, 'kernel': 'linear'}	0.65478	1
22	{'C': 1000, 'gamma': 0.01, 'kernel': 'linear'}	0.65478	1
21	{'C': 1000, 'gamma': 0.1, 'kernel': 'linear'}	0.65478	1
20	{'C': 1000, 'gamma': 1, 'kernel': 'linear'}	0.65478	1
23	{'C': 1000, 'gamma': 0.001, 'kernel': 'linear'}	0.65478	1

다음 코드를 통해 해당 결과를 출력해보자.

```
1  print ("최고 Score: ",str(grid.best_score_))
2  print ("최적의 Parameters: ",str(grid.best_params_))
3  print ("최적의 Estimators: ",str(grid.best_estimator_))
```

결과

```
최고 Score: 0.6547800883327198
최적의 Parameters: {'C': 1000, 'gamma': 1, 'kernel': 'linear'}
최적의 Estimators: SVC(C=1000, gamma=1, kernel='linear')
```

Score는 이전 0.64보다 더 높은 0.65가 나왔다. 크게 차이는 나지 않을 수 있지만 GridSearchCV를 통해 가장 좋은 성능(Score)을 위한 파라미터를 손쉽게 정할 수 있다는 점에서 유용하다. 최적의 Parameter로 학습된 estimator를 clf에 입력한다.

```
1  # 최적의 Parameter로 학습된 estomator
2  clf = grid.best_estimator_
```

GridSearchCV를 사용한 SVM Linear를 시각화하기 위해 앞에서 사용했던 SVM 시각화 소스코드를 그대로 사용한다.

결과

그림 4-71 실행 결과

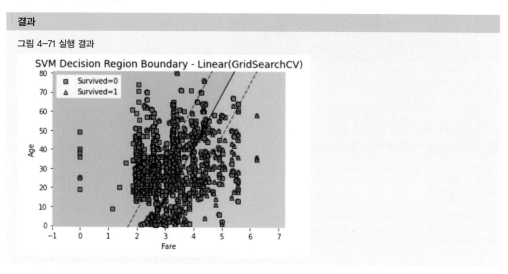

4.5.4 방사 기저 함수

비선형 커널의 예로 방사 커널(radial kernel)을 알아보자. kernel 부분을 rbf로 하고 나머지 파라미터는 임의로 값을 준다.

```
1  clf = svm.SVC(kernel="rbf", gamma=0.1, C=10)
2  clf.fit(X,y)
```

결과

SVC(C=10, gamma=0.1)

시각화를 위해 앞서 사용했던 SVM 모델 시각화 소스코드를 그대로 사용한다.

결과

그림 4-72 실행 결과

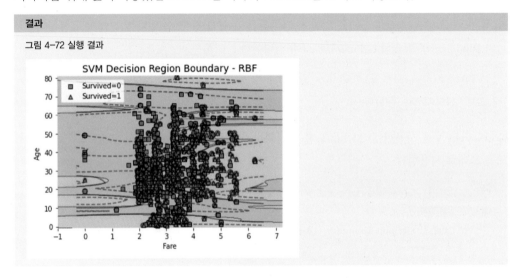

선형 커널(linear)과는 다르게 좀 더 복잡한 형태를 띄는 것을 확인할 수 있다. 방사 기저 함수 또한 GridSearchCV를 활용하여 최적화를 시도할 수 있다(Kernel을 linear → rbf로 변경하면 된다).

다항식 커널

다항식 커널(polynomial kernel)을 실습해보자. kernel 값을 poly로, degree의 값을 3으로 주어 3 차원으로 지정한다.

```
1  # degree: 몇 차원까지 할 건지 지정합니다.
2  clf = svm.SVC(kernel='poly', degree=3, C=0.1, gamma='auto')
3  clf.fit(X,y)
```

결과

SVC(C=0.1, gamma='auto', kernel='poly')

방사 기점 함수의 결과 또한 시각화를 위해 위에서 사용했던 SVM 시각화 소스코드를 그대로 사용한다.

결과

그림 4-73 실행 결과

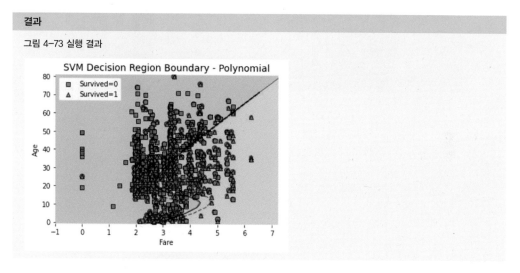

시각화를 통해 모든 항목을 비교해보면, Linear의 경우 GridSearchCV를 사용했을 때 마진의 거리가 초평면과 더 가까워졌고, 초평면은 좀 더 왼쪽으로 위치가 변경된 것을 확인할 수 있다. 방사 기저 함수, 다항식 커널을 사용할 경우 분류의 경계면이 다른 형태를 갖는 것을 확인할 수 있다.

그림 4-74 서포트 벡터 머신 비교

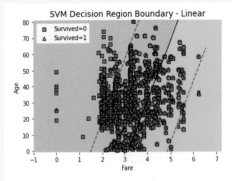

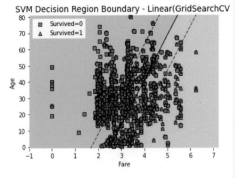

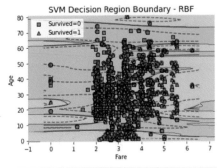

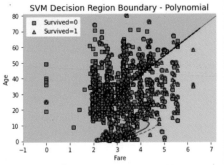

의사결정나무(decision tree)는 종속 변수가 범주형일 경우, 수치형일 경우 모두 사용할 수 있는 지도학습 방법론이다. 의사결정나무는 결과에 대한 해석이 용이하여 정책 의사결정에 폭넓게 사용되는 방법론이다.

주어진 설명 변수(연속형, 범주형)를 활용해 의사결정 규칙(rule)을 생성한다. 생성 규칙은 "if-then-else" 형식으로 나타낼 수 있어 해석이 쉽다. 의사결정나무 알고리즘은 데이터나 오차 등에 대한 어떠한 가정도 필요 없는 비모수적 방법(non-parametric method)으로 유연하게 사용할 수 있다.

5.1 구성 요소

표 4-3 **의사결정나무 구성 요소**

구성 요소	설명
뿌리 노드 (root node)	• 의사결정나무의 가장 첫 번째 노드로 보통 분류 또는 회귀에 제일 중요한 변수와 관련된 규칙이 뿌리 노드가 된다.
중간 노드 (internal node)	• 중간 노드는 뿌리와 잎이 아닌 나머지 노드를 말한다.
가지 (branch)	• 각 노드와 노드를 연결하는 가지를 의미한다.
잎 노드 (leaf node, terminal node)	• '끝마디'라고도 하며, 의사결정나무는 잎 노드의 개수만큼 규칙을 만든다.
부모 노드 (parent node)	• 하위 노드가 존재하면 그 노드는 하위 노드의 부모 노드가 된다. • 뿌리 노드는 부모 노드이기만 한 유일한 노드이다.
자식 노드 (child node)	• 상위 노드가 존재하면 그 노드는 자식 노드가 된다. • 잎 노드는 자식이기만 한 유일한 노드이다.

의사결정나무 모형의 구성 요소에 대한 명칭은 책마다 조금씩 다르다. 세부적인 정의도 조금씩 차이는 있지만 통상 뿌리 노드와 잎 노드, 중간 노드에 대한 정의는 공통적으로 같다. 실제 분석에서도 뿌리 노드와 잎 노드에 대해 제일 많이 다룬다.

5.2 알고리즘

표 4-4 의사결정나무 알고리즘

단계 구분	설명
규칙 만들기 단계	• 설명 변수를 이용하여 모형 규칙을 만들어 가는 단계이다. • 규칙을 만들기 위한 분리 기준(split criterion)과 분리를 멈추기 위한 정지 규칙(stopping rule)을 이용해 초기 의사결정나무를 만든다.
가지치기 단계	• 가지치기(pruning) 단계는 생성 규칙을 줄여 보다 일반적인 규칙을 얻는 단계이다. • 가지치기는 기준지표를 이용하기도 하지만 분석가의 모형 검토를 통해 수행하기도 한다.
타당성 평가 단계	• 타당성 평가 단계는 평가용 데이터(validation data)를 이용한 평가지표를 통해 모형 타당성을 검토한다.
결과 해석 및 활용	• 의사결정나무 모형의 생성 규칙을 이용해 결과를 해석한다. • 변수 중요도 등을 통해 어떤 설명 변수가 반응 변수에 영향을 주는지 확인할 수 있다.

의사결정나무는 크게 4단계로 만들어진다.

1단계는 학습용 데이터를 이용해 규칙을 만드는 단계이다. 이 단계에서는 규칙을 만들기 위한 기준을 정해야 한다. 가지(branch)를 분리하기 위한 기준이라는 의미로 분리 기준(split criterion)이라고 한다. 하지만 규칙을 계속 만드는 것은 주어진 데이터에만 너무 딱 맞아 새로운 데이터를 분류하지 못하는 과적합(overfitting) 문제가 일어날 수 있고, 학습 데이터는 유한하기 때문에 적당한 정지 기준(stopping rule)을 미리 정해두어야 한다. 정지 기준과 분리 기준에 대한 보다 자세한 내용은 뒤에서 설명한다.

2단계는 가지치기(pruning) 단계이다. 적절한 분리 기준과 정지 기준으로 만들어진 의사결정나무의 규칙을 줄여 보다 일반적인 규칙으로 바꾼다. 규칙을 줄이는 것이기 때문에 가지를 친다고 표현한다. 가지치기는 적당한 기준지표를 이용하기도 하지만, 분석가가 의사결정 나무를 살피며 줄이는 방법을 사용하기도 한다.

3단계는 타당성 평가 단계이다. 타당한 분류 모형은 분류를 잘하는 모형이다. 물론 학습용 데이터를 잘 분류하는 것도 중요하지만, 학습에 사용되지 않은 평가용 데이터(validation data)도 중요하다. 따라서 타당성 평가는 평가용 데이터에서의 평가지표를 이용한다.

4단계는 앞선 단계들을 거쳐 완성된 의사결정나무를 해석하는 단계이다. 의사결정 나무들의 규칙을 살펴보며 새로운 사실을 발견할 수도 있고 의심스러운 점을 발견할 수도 있다. 보통 합리적이지 않은 규칙이 발견되면 데이터부터 다시 점검하며 앞선 단계들을 다시 밟아 나간다. 의사결정나무는 변수 중요도(variable importance)를 보여줄 수 있는 분류 모형이다. 변수 중요도를 통해 모형에 영향을 많이 주는 변수를 알 수 있다. 또한 나무 모형의 결과를 분석해 선형 모형(예를 들면, 선형 회귀)에 상호작용 효과로 추가할 변수 조합을 발견할 수 있다.

5.3 가지 분할 기준

가지 분할(tree split, branch split) 단계는 의사결정나무 모형을 만들기 위한 초기 단계이다. 주어진 데이터의 설명 변수를 이용해 순수도(purity)가 최대가 되도록 규칙을 만들어 나간다. 순수도란 반응 변수의 그룹에 관측치들이 포함되어 있는 정도를 나타낸다. 가지 분할 기준은 분류 문제와 회귀 문제 있어서 상이한 기준이 존재하며, 대표적인 예는 다음과 같다.

5.3.1 분류 문제

표 4-5 분류(classification) 문제

가지 분할 기준	수식
카이제곱 통계량 (Chi-square statistics)	그림 4-75 카이제곱 통계량 수식 $$\phi(g) = \chi^2 = \sum_{i=1}^{g} \frac{(n_i - np_{i0})^2}{np_{i0}}$$
지니 지수 (Gini index)	그림 4-76 지니 지수 수식 $$\phi(g) = 1 - \sum_{i=1}^{J} \hat{p}_i(g)^2$$
엔트로피 지수 (Entropy index)	그림 4-77 엔트로피 지수 수식 $$\phi(g) = -\sum_{i=1}^{J} \hat{p}_i(g) \log \hat{p}_i(g)$$

5.3.2 회귀 문제

표 4-6 회귀(regression) 문제

가지 분할 기준	수식
분산 분석의 F-통계량 (F-statistics of ANOVA)	$$F = \frac{MST}{MSE}$$
분산 감소량 (Decrement of variance)	$$I_V(N) = \frac{1}{|S|} \sum_{i \in S} \sum_{j \in S} \frac{1}{2}(x_i - x_j)^2 - \left(\frac{1}{|S_t|} \sum_{i \in S_t} \sum_{j \in S_t} \frac{1}{2}(x_i - x_j)^2 + \frac{1}{|S_f|} \sum_{i \in S_f} \sum_{j \in S_f} \frac{1}{2}(x_i - x_j)^2 \right)$$

5.4   장단점

의사결정나무의 장점은 구조가 단순하여 해석이 쉽고, 선형 회귀분석에서 요구되는 오차의 정규성, 등분산성 등 가정에 대한 제약이 없다는 것이다.
반면, 단점은 분류 기준값 경계선 부근의 자료에 대하여는 오차가 클 수 있고, 새로운 자료에 대한 예측이 불안정한 측면이 있다는 것이다.

5.5   주요 알고리즘

의사결정나무의 알고리즘에는 CHAID(Kass, 1980), CART(Breiman et al., 1984), C4.5(Quinlan, 1993) 등과 이들의 장점을 결합한 다양한 알고리즘이 있다.

표 4-7 의사결정나무 알고리즘

알고리즘	특징	분류(classification) 문제	회귀(regression) 문제
CI IAID (Chi-Squared Automatic Interation Detection)	다지 분리 (multiway split)	카이제곱 통계량	F-통계량
CART (Classification and Regression Tree)	이진 분리 (binary split)	지니 지수	분산 감소량
C4.5, C5.0	다진 분리, 이진 분리	엔트로피 지수	n/a

5.6   실습

5.6.1 Max depth를 지정하지 않고 분석

```
1  # 연산 처리를 위한 패키지입니다.
2  import numpy as np
3  import pandas as pd
4
5  # 데이터 분석을 위한 패키지입니다.
6  from sklearn import tree
7  from sklearn.model_selection import GridSearchCV
8  from sklearn.tree import DecisionTreeClassifier
9
```

```
10 # 시각화를 위한 패키지입니다.

11 from matplotlib import pyplot as plt

12 import seaborn as sns

13 import graphviz

14

15 # 그래프를 실제로 그리기 위한 설정입니다.

16 %matplotlib inline

17

18 # 경고 메시지를 무시합니다.

19 import warnings

20 warnings.filterwarnings('ignore')
```

의사결정나무를 시각화하기 위해서는 graphviz라는 모듈이 필요하다. Mac OS 사용자는 pip install graphviz 명령어로 설치할 수 있다. Windows 사용자는 Anaconda로 만들어진 가상 환경이 activate된 상태에서 conda install graphviz 명령어로 설치한다(cmd command를 실행할 때 '관리자 권한으로 실행'을 한다). 또한, graphviz 설치 후 conda install python-graphviz를 설치한다.

그림 4-78 graphviz **모듈 설치**

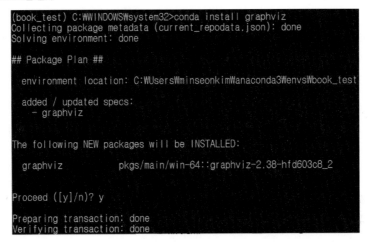

〈그림 4-78〉에서 볼 수 있듯이 설치가 완료되면 설치된 폴더 경로(environment location)로 가서 해당 폴더(graphviz)를 복사한다.

C:\Users\사용자명\anaconda3\envs\가상 환경 이름\Library\bin\graphviz
복사한 graphviz 폴더를 C:\Users\사용자명\anaconda3\Lib\site-packages에 복사, 붙여넣기 한다. 환경 설정은 따로 해야 한다.

그림 4-79 환경 설정

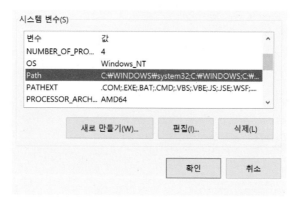

내 PC 〉 마우스 오른쪽 버튼 클릭 〉 속성 〉 고급 시스템 설정 〉 환경 변수 〉 시스템 변수 〉 Path 클릭 〉 편집 〉 새로 만들기 〉 경로 지정(복사, 붙여넣기 한 C:\Users\사용자명\anaconda3\Lib\site-packages/graphviz) 〉 확인하고 Jupyter notebook을 다시 실행하여 코드를 실행한다.

graphviz가 환경 설정의 문제로 실행이 안될 경우 구글 코랩 (`https://colab.research.google.com/`)에 해당 파일을 업로드하여 실행할 수 있다.

파일을 불러오고 x, y 값을 설정하고 DecisionTreeClassifier를 생성한다. random_state=777를 입력한 이유는 동일한 결과값을 얻기 위함이다. fit() 함수를 통해 학습한다.

```
1  df = pd.read_csv('./data/classification/df_titanic.csv')
2  feature_columns = (df.columns.difference(['Survived']))
3
4  X = df[feature_columns]
5  y = df['Survived']
6
7  # max_depth를 설정하지 않고, random_state은 동일한 결과값을 얻기 위해 설정합니다.
8  dt = tree.DecisionTreeClassifier(random_state=777)
9  dt.fit(X, y)
```

결과

```
DecisionTreeClassifier(random_state=777)
```

export_graphviz( )에 학습된 estimator의 명칭, fature_name, class_names 값을 입력한다. 이제 시각화하자.

```
1  feature_names = list(X.columns)
2
3  tree.export_graphviz(dt, out_file='tree_no_pruning.dot', filled=True,
4                           feature_names=feature_names,
5                           impurity=True, rounded=True,
6                           class_names=['Survived 0','Survived 1'])
7
8  # PNG 파일로 컨버팅합니다.
9  from subprocess import call
10 call(['dot', '-Tpng', 'tree_no_pruning.dot', '-o', 'tree_no_pruning.png', '-Gdpi=200'])
11
12 # 쥬피터 노트북에서 출력합니다.
13 from IPython.display import Image
14 Image(filename = 'tree_no_pruning.png')
```

결과

그림 4-80 실행 결과

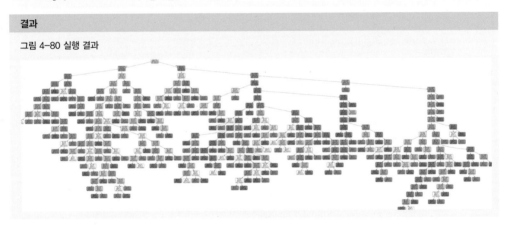

결과값을 보면 현재 트리의 max_depth를 지정하지 않았기 때문에 트리의 단계가 매우 많음을 확인할 수 있다.

```
1  # 가장 중요한 feature
2  sns.barplot(x=dt.feature_importances_, y=feature_names)
```

그림 4-81 실행 결과

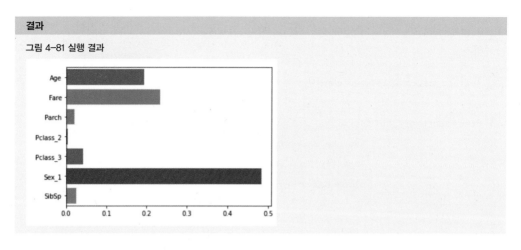

max_depth를 지정하지 않았을 때 생존에 영향을 끼치는 중요한 변수의 순서는 Sex_1(성별), Fare(요금), Age(나이) 순으로 나타났다.

5.6.2 max depth = 2로 지정하고 분석

max_depth를 2로 지정하고 fit( ) 함수를 실행한다.

```
1 dt_clf = tree.DecisionTreeClassifier(max_depth=2, random_state=7)
2 dt_clf.fit(X, y)
```

```
DecisionTreeClassifier(max_depth=2, random_state=7)
```

```
1 feature_names = list(X.columns)
2
3 dot_data = tree.export_graphviz(dt_clf, out_file=None, filled=True,
4              feature_names=feature_names,
5              impurity=True, rounded=True,
6              class_names=['Survived 0','Survived 1'])
7 graph = graphviz.Source(dot_data)
8 graph
```

학습된 결과를 graphviz.Source( ) 함수를 통해 시각화한다.

결과

그림 4-82 실행 결과

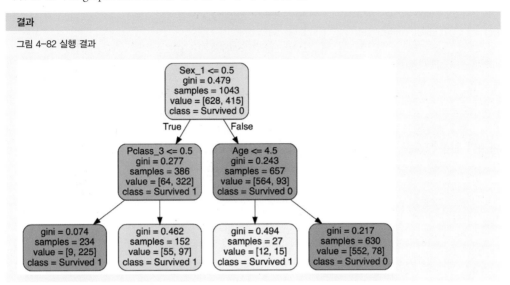

시각화한 내용은 다음과 같다.

- Sex_1 〈= 0.5: 조건이 있는 것은 자식 노드가 된다.
- gini: 다음 value=[ ]의 형태의 데이터 분포 지니 계수이다.
- samples: 현재 조건에 해당하는 데이터 건수이다.
- value: Survived = 0, Survived = 1 값에 해당하는 클래스의 건수다. 즉, Survived = 0(사망)은 628개, Survived = 1(생존)은 415개다.
- class: 하위 노드가 있을 경우 Survived 0의 수가 많다는 의미다.

```
1  # Root의 value
2  df.Survived.value_counts()
```

결과

```
0    628
1    415
Name: Survived, dtype: int64
```

value_counts( ) 함수를 통해 Survived 데이터의 분포를 살펴보면 value 값과 동일한 것을 알 수 있다. 이제 Sex_1 〈= 0.5가 True인 경우의 value=[64, 322]의 값을 보면 다음 조건을 만족하는 값임을 알 수 있다.

```
1  # Sex_1 <= 0.5가 True 인 경우
2  print(len(df.loc[(df.Sex_1 <= 0.5) & (df.Survived == 0)]))
3  print(len(df.loc[(df.Sex_1 <= 0.5) & (df.Survived == 1)]))
```

결과

64

322

마지막 왼쪽 노드를 보면, 여성이면서 Pclass가 2등석 이상인 사람들은 9명 사망하고 225명이 생존하였음을 알 수 있다. 그래프를 통해 다음과 같이 생존율이 높다는 것을 확인할 수 있다.

```
1  # 즉, 여자이면서 Pclass가 2등석 이상인 사람들은 거의 다 생존했습니다.
2
3  sns.barplot(x='Pclass_3',y='Survived', hue='Sex_1', data=df)
```

결과

그림 4-83 실행 결과

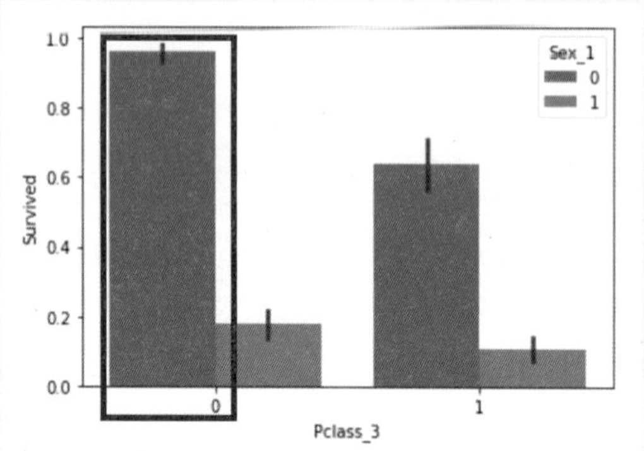

반대로 마지막 오른쪽 노드를 보면, 남자이면서 나이가 4.5세 이상인 사람들은 대다수 사망한 것을 알 수 있다. 그래프를 살펴보면 확실히 성별이 남자인 경우 나이가 4.5세 이하인 경우가 Survived의 수치가 1에 가까운 것을 확인할 수 있다.

```
1  df_survived_0 = df.loc[(df.Sex_1 >= 0.5) & (df.Age >= 4.5)][['Survived','Age','Sex_1']]
2
3  # 즉, 남자이면서 나이가 4.5세 이상인 사람들은 대다수 사망했습니다(약 88%).
4  # 총 630명 중 78명만 생존했는데 특히 4.5세 이하는 생존 확률이 다른 연령대보다 높았습니다(약 12%).
5  sns.barplot(x='Age',y='Survived', hue='Sex_1', data=df_survived_0)
```

그림 4-84 실행 결과

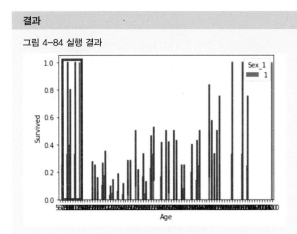

5.6.3 Decision tree 하이퍼 파라미터 최적화

이제 GridSearchCV를 사용해서 의사결정나무의 하이퍼 파라미터를 최적화해보자.

- max_depth: 트리의 최대 깊이
- min_samples_split: 말단 리프 노드의 최소한의 샘플 데이터 수

```
1  # 최적의 파라미터 확인합니다.
2  params = {'max_depth': [1, 2, 4, 6, 8, 10, 12, 16, 20, 24, 30, 50],
3            'min_samples_split': [2, 4, 8, 16, 24, 30]},
4  grid_dt = GridSearchCV(dt, param_grid=params, cv=10, scoring='accuracy')
5  grid_dt.fit(X, y)
```

```
GridSearchCV(cv=10, estimator=DecisionTreeClassifier(random_state=777),
             param_grid=({'max_depth': [1, 2, 4, 6, 8, 10, 12, 16, 20, 24, 30, 50],
                          'min_samples_split': [2, 4, 8, 16, 24, 30]},),
             scoring='accuracy')
```

```
1  df_grid = pd.DataFrame(grid_dt.cv_results_)
2  df_grid[['params','mean_test_score','rank_test_score']].sort_values(['rank_test_score']).head()
```

그림 4-85 실행 결과

	params	mean_test_score	rank_test_score
21	{'max_depth': 6, 'min_samples_split': 16}	0.862088	1
15	{'max_depth': 4, 'min_samples_split': 16}	0.861126	2
14	{'max_depth': 4, 'min_samples_split': 8}	0.861126	2
13	{'max_depth': 4, 'min_samples_split': 4}	0.861126	2
12	{'max_depth': 4, 'min_samples_split': 2}	0.861126	2

```
1  print("최고 Score: ", str(np.round(grid_dt.best_score_ ,4)))
2  print("최적의 Parameters: ",str(grid_dt.best_params_))
3  print("최적의 Estimators: ",str(grid_dt.best_estimator_))
```

최고 Score: 0.8621

최적의 Parameters: {'max_depth': 6, 'min_samples_split': 16}

최적의 Estimators: DecisionTreeClassifier(max_depth=6, min_samples_split=16, random_state=777)

max_depth의 값이 6이고 min_samples_split가 16인 경우 mean_test_score가 가장 높게 나타났다. param_max_depth에 따라서 mean_test_score를 보면 다음과 같이 max_depth가 높다고 무조건 mean_test_score가 높아지는 것이 아님을 확인할 수 있다.

```
1  plt.plot(df_grid['param_max_depth'], df_grid['mean_test_score'])
2  plt.xlabel('param_max_depth')
3  plt.ylabel('mean_test_score')
4  plt.show()
```

그림 4-86 실행 결과

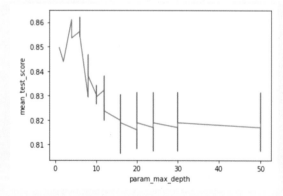

이제 최적의 설정값을 입력해 x, y 값을 fit() 시킨 후 가장 중요한 features는 무엇인지 확인해보자.

```
1   # 최적의 설정값을 입력합니다.
2   best_grid_dt = grid_dt.best_estimator_
3   best_grid_dt.fit(X, y)
```

```
DecisionTreeClassifier(max_depth=6, min_samples_split=16, random_state=777)
```

```
1   # 가장 중요한 Feature
2   plt.title("Feature importances for Survival")
3   sns.barplot(x=best_grid_dt.feature_importances_, y=feature_names)
```

그림 4-87 실행 결과

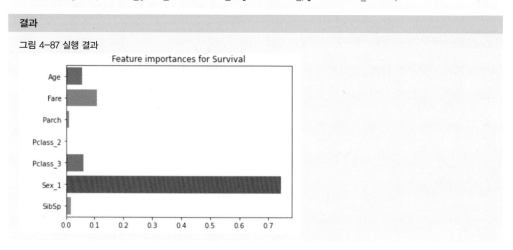

max_depth = 2로 설정한 결과와는 다르게 Sex_1, 성별이 0.7 이상으로 가장 중요한 feature로 나타났다. 즉, 성별이 생존에 있어 가장 중요한 변수로 확인됐다. GridSearchCV()를 통해 최적화로 학습된 모델을 시각화하면 다음과 같다.

```
1   # 저장합니다.
2   tree.export_graphviz(best_grid_dt, out_file="tree.dot", filled=True, feature_
3   names=feature_names, impurity=True, rounded=True, class_names=['Survived 0','Survived 1'])
4
5   call(['dot', '-Tpng', 'tree.dot', '-o', 'tree.png', '-Gdpi=600'])
6   Image(filename = 'tree.png')
```

그림 4-88 실행 결과

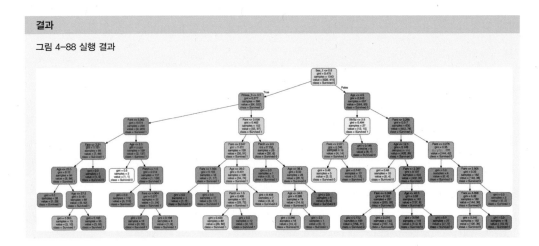

Decision tree boundary

마지막으로 x의 값은 Fare, Age, y의 값은 Survived로 하고 mean_test_score에 따라서 어떻게 정확도가 표현되는지 시각화를 통해 확인해보자.

```
1  from itertools import product
2
3  # X(Fare, Age) / y(Survived)
4  X = np.array(df[['Fare','Age']])
5  y = np.array(df['Survived'])
6
7  clf1 = DecisionTreeClassifier()
8  clf2 = DecisionTreeClassifier(max_depth=30, min_samples_split = 24)
9
10 # score가 가장 낮은 하이퍼 파라미터
11 clf3 = DecisionTreeClassifier(max_depth=16, min_samples_split = 4)
12
13 # score가 가장 높은 하이퍼 파라미터
14 clf4 = DecisionTreeClassifier(max_depth=6, min_samples_split = 16)
15
16 clf1.fit(X, y)
17 clf2.fit(X, y)
18 clf3.fit(X, y)
19 clf4.fit(X, y)
```

```
20
21 # Plotting decision regions
22 x_min, x_max = X[:, 0].min( ) − 1, X[:, 0].max( ) + 1
23 y_min, y_max = X[:, 1].min( ) − 1, X[:, 1].max( ) + 1
24 xx, yy = np.meshgrid(np.arange(x_min, x_max, 0.1),
25         np.arange(y_min, y_max, 0.1))
26
27 f, axarr = plt.subplots(2, 2, sharex='col', sharey='row', figsize=(10, 8))
28
29 for idx, clf, tt in zip(product([0, 1], [0, 1]),
30                 [clf1,clf2,clf3,clf4],
31                 ['(max_depth)', '(max_depth = 30,  min_samples_split = 24)',
32                  '(max_depth = 16, min_samples_split = 4)',
33                  '(max_depth = 6, min_samples_split = 16)']):
34
35     Z = clf.predict(np.c_[xx.ravel( ), yy.ravel( )])
36     Z = Z.reshape(xx.shape)
37
38     axarr[idx[0], idx[1]].contourf(xx, yy, Z, alpha=0.4)
39     axarr[idx[0], idx[1]].scatter(X[:, 0], X[:, 1], c=y, s=20, edgecolor='k')
40     axarr[idx[0], idx[1]].set_title(tt)
41
42 plt.show( )
```

결과

그림 4-89 실행 결과

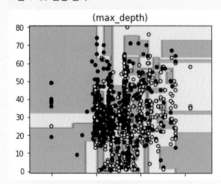
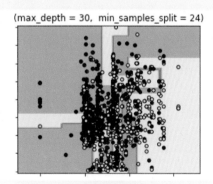

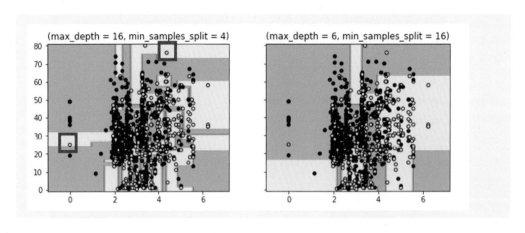

max_depth = 16, min_samples_split = 4의 경우, 이렇게 복잡한 모델은 다른 데이터셋을 만나면 정확도가 떨어진다는 걸 알 수 있다. 특히 일부 이상치(Outlier) 데이터까지 분류가 되는 결과가 발생해 학습 데이터에 지나치게 최적화되었다. 가장 mean_test_score가 높았던 오른쪽 max_depth = 6, min_samples_split = 16의 경우가 더 잘 분류된다. 이러한 경우, 학습 데이터가 아닌 테스트 데이터에서 정확도가 더 높을 가능성이 크다.

앙상블 기법(ensemble methods)은 다양한 분석 방법론을 조합해 하나의 예측 모형을 만드는 지도학습 방법론이다. 앙상블은 다양한 분석 방법론을 조합하기 때문에 해석이 어렵지만, 보다 우수한 예측 성능을 갖는다는 장점이 있다.

6.1 앙상블

앙상블은 프랑스어로 '통일', '조화' 등을 나타내는 표현이다. 기계학습 분야에서 다소 생소한 앙상블이라는 용어를 이용하는 이유는 무엇일까?

그림 4-90 **앙상블 기법**

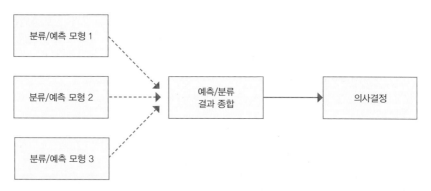

앙상블 기법은 다수 모형의 분류 및 예측 결과를 종합하여 의사결정하는 방법이다. 따라서 반응 변수가 연속형, 범주형 모두 가능하다. 기계학습에서 앙상블은 음악과 유사하다. 각 분류 모형 결과를 종합해 최종적인 의사결정을 하는 식이다.

각 모형 결과를 종합하는 방법은 반응 변수 유형에 따라 다양하다. 분류 문제는 각 모형 결과의 최빈값(mode)을 이용할 수 있고, 각 모형의 그룹에 대한 예측 확률의 평균을 이용해 최종 분류 결과를 결정할 수 있다(통상 예측 확률 평균이 많이 사용된다). 연속형 반응 변수는 평균을 이용해 최종 값을 결정한다.

이외에도 Top-t ensemble selection, Hill-climbing ensemble selection, Stacking 등 각 모형의 정도에 따라 가중치를 부여하고, 모형을 선택하기도 하는 다양한 방법들이 존재한다.

앙상블 모형을 이용하면 종합적인 의사결정이 가능하다. 앞서 살펴본 kNN, 서포트 벡터 머신, 의사결정나무의 경우 모두 분류 기준을 정하는 방법이 다르다. 따라서 각 모형의 성격에 따라 모형이 반영하는 패턴이 다를 수 있다.

만약 각 모형들의 예측 결과가 독립이고 앙상블 모형에 포함되는 모형의 수가 k라면 이 모형들의 예측 결과에 대한 평균은 다음과 같다.

$$\bar{M} = \frac{1}{k} \sum_{i=1}^{k} M_i$$

이때, 각 모형의 예측 결과의 분산이 σ^2이면 이에 대한 평균의 분산은 다음과 같다.

$$Var(\bar{M}) = \frac{1}{k^2} \sum_{i=1}^{k} Var(M_i) = \frac{1}{k^2} \times k\sigma^2 = \frac{\sigma^2}{k}$$

즉, 앙상블 모형에 포함되는 모형의 수 k가 증가하면 분산이 감소하고 결과적으로 예측력 안정성이 높아지는 것을 알 수 있다. 물론 앞선 가정처럼 각 모형 예측 결과가 서로 독립인 경우는 매우 희박하지만 독립이 아닌 경우에도 실험적으로 더 안정적인 예측 결과가 도출되는 것으로 알려져 있다.

앙상블을 통한 종합적 의사결정은 더 정확한 모형을 만들어준다. 예를 들어 두 집단을 분류하는 분류기가 5개 있고, 각각의 오분류율이 5%라고 가정하자.

$$E = \sum_{i=3}^{5} \binom{5}{i} (0.05)^i (1 - 0.05)^{5-i} = 0.0001$$

만약 모형들이 모두 동일한 결정을 내린다면 앙상블 모형의 오분율은 5%가 된다. 반면, 각 모형이 상호 독립적이어서 전체 모형의 반 이상이 오분류하는 경우 앙상블 모형 역시 오분류 된다. 따라서 앙상블 모형의 오분류율은 다음과 같이 기대된다. 즉, 이론적으로 단일 분류기보다 앙상블 모형을 이용한 예측이 더 정확한 것이다.

하지만 앙상블 모형이 단일 모형보다 우수하기 위해서는 각 분류기는 상호 독립적이어야 하고, 각 모형의 오분류율은 적어도 50%보다 낮아야 한다. 일반적으로 독립성 조건이 만족하지 않아도 예측력이 높아지는 것으로 알려져 있다.

앙상블 모형의 유형은 다음과 같이 4가지 유형으로 구분할 수 있다.

그림 4-91 **앙상블 모형의 유형**

데이터를 조절하는 방법
- 적절한 표본 추출 방식으로 다수의 training set을 생성
- 각 data set의 분류기를 생성하여 앙상블 진행
  예: Bagging, Boosting

변수의 수를 조절하는 방법
- 부분 변수 집합을 선택하여 training set 생성
- 각각의 데이터 집합에 대해 분류기 생성 후 앙상블
  예: Random Forest : 1번과 2번을 결합한 방법

Ensemble

집단명을 조절하는 방법
- 집단 종류가 많은 경우 소수 집단으로 묶어서 분류
- 각 집단에서 속하는지의 여부만 분류하는 분류기를 만들어 앙상블 모형에 적용

분류 모형의 가정을 조절하는 방법
- 모수 및 가정을 변경하여 여러 개의 모형을 생성하여 앙상블을 진행
  예: 신경망의 네트워크 형태에 대한 가정 → layer, hidden unit, 가중치 초기값 설정 등

6.2   배깅

배깅(bagging; Bootstrap AGGregatING)은 앙상블 중 하나로 앞서 살펴본 앙상블 방법 4가지 중 데이터를 조절한 기법이다. 부트스트랩(bootstrap)이란 표본 추출 방법을 이용해 각 모형의 다양성을 높여 앙상블 하는 방법이다. 통상 앙상블을 위한 모형으로는 의사결정나무 모형이 많이 쓰인다.

6.2.1   부트스트랩 표본 추출

그림 4-92 **부트스트래핑(bootstrapping)**

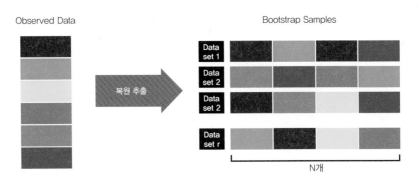

부트스트래핑(bootstrapping)이라고도 하는 표본 추출 방법이다. 주어진 데이터에 대해 사전 설정한 비율에 따라 복원 추출(sampling with replacement, 표본을 뽑고 다시 넣음)하는 방법이다. 가령 100개의 관측치가 있을 때 첫 번째 추출로 선택된 관측치가 두 번째 표본 추출 시에도 포함될 수 있다. 즉, 각 관측치에 대한 표본 추출 확률은 모두 0.01 = 1/100로 동일한 것이다. 부트스트랩 표본 추출 방법을 이용하면 전체 데이터를 이용해 하나의 모델을 만드는 것보다 안정적인 예측 또는 분류 결과를 얻을 수 있다.

6.2.2 부트스트랩 표본의 성질

관측치 수가 N일때 부트스트랩 표본의 추출 확률은 $1 - (1-\frac{1}{n})^n$이 된다. 이때 N이 충분히 크다면, 추출 확률은 평균적으로 $1 - e^{-1}$이 된다. 이 값은 약 0.632로 즉, N개의 표본을 추출할 경우 약 36.4%의 관측치는 추출되지 않는다.

그림 4-93 **부트스트랩 표본의 성질**

Original Data

obs	X	Y
1	44	32
2	33	12
3	35	43
4	11	31

Bootstrap Sample

obs	X	Y
1	44	32
2	33	12
2	33	12
1	44	32

OOB Sample

obs	X	Y
3	35	43
4	11	31

이때 추출되지 않은 표본을 OOB(Out-Of-Bag) 표본이라고 하며, 이 표본은 평가를 위해 이용될 수 있다.

배깅 모형 적합 프로세스

그림 4-94 배깅

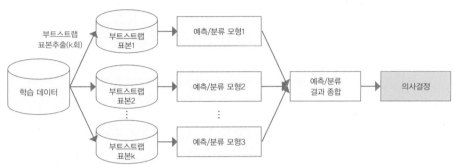

배깅 모형은 그림과 같이 모형 적합을 위한 데이터(학습 데이터)에서 부트스트랩 표본을 추출해 각각에 대해 예측 또는 분류 모형을 적합한다. 적합한 모형들의 예측/분류 결과를 종합해(평균, 최빈값 등) 최종 의사결정을 한다. 통상 배깅 모형의 하위 모형으론 의사결정나무가 자주 사용된다. 가지치기를 하지 않은 의사결정나무는 분리/예측에 대한 분산이 매우 크다. 이런 큰 분산은 배깅을 이용해 낮추고, 앙상블을 통해 보다 우수한 결과를 얻을 수 있다.

배깅 모형의 의사결정을 시각적으로 나타내면 다음 그림과 같다. 즉, 각각의 하위 의사결정나무들의 분류 경계면을 종합하여 보다 정밀한 분류 경계면을 만들어 모형의 정도를 높이는 것이다.

그림 4-95 **배깅 모형의 의사결정**

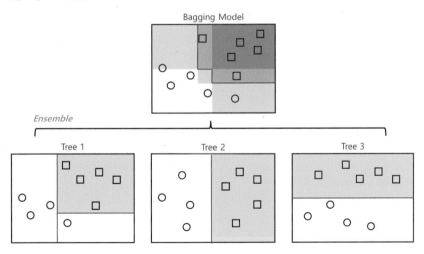

OOB 표본을 이용한 모형 평가 방법

배깅 모형은 각 하위 모형을 부트스트랩 표본을 통해 적합함을 알아보았다. 때문에 모형 적합에 사용되지 않은 관측치를 이용하면 오분류율 또는 오차와 같은 모형 평가지표를 평가를 위한 추가 데이터 없이도 추정할 수 있다. 가령 그림과 같이 모형 적합에 이용한 4번 데이터를 보면 4번 데이터는 1번과 B번 하위 모형에서 OOB 표본에 포함되었다. 즉, 해당 OOB 표본에 포함된 하위 모형 적합에 영향을 주지 않은 관측치인 것이다. 때문에 1번과 B번 하위 모형에 대한 4번 관측치의 오분류와 오차는 모형 평가에 사용하는 것이 정당하다. 이와 같은 방법으로 전체 관측치에 대해 각 관측치가 OOB 표본에 포함되었던 모형에 대한 오차를 종합하면 모형의 오차를 추정할 수 있다.

그림 4-96 *i*번째 Sample에 대한 OOB(out of bag) Error

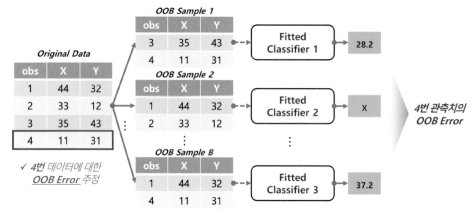

6.3   실습

앙상블 모델 학습을 위해 필요한 모듈과 데이터셋을 불러온다.

```
1  # 연산 처리를 위한 패키지입니다.
2  import numpy as np
3  import pandas as pd
4
5  # 데이터 분석을 위한을 위한 패키지입니다.
6  from sklearn.ensemble import BaggingClassifier
7  from sklearn.model_selection import GridSearchCV
```

```
 8 from sklearn.metrics import accuracy_score
 9 from sklearn.model_selection import cross_val_score, cross_validate
10
11 # 시각화를 위한 패키지입니다.
12 from matplotlib import pyplot as plt
13 import seaborn as sns
14
15 # 그래프를 실제로 그리기 위한 설정입니다.
16 %matplotlib inline
17
18 # 경고 메시지를 무시합니다.
19 import warnings
20 warnings.filterwarnings('ignore')
21
22 df = pd.read_csv('./data/classification/df_titanic.csv')
23 df.head()
```

결과

그림 4-97 실행 결과

	Survived	Age	SibSp	Parch	Fare	Pclass_2	Pclass_3	Sex_1
0	0	22.0	1	0	1.981001	0	1	1
1	1	38.0	1	0	4.266662	0	0	0
2	1	26.0	0	0	2.070022	0	1	0
3	1	35.0	1	0	3.972177	0	0	0
4	0	35.0	0	0	2.085672	0	1	1

GridSearchCV를 활용하기 위한 파리미터들을 사전에 리스트로 만든다. 각각의 파라미터에 대한 설명은 이후 GridSearchCV를 실행할 때 한다.

```
1 grid_learn = [0.0001, 0.001, 0.01, 0.03, 0.05, 0.1, 0.2, 0.25, 0.5, 1.0]
2 grid_n_estimator = [10, 50, 100, 300, 500]
3 grid_ratio = [0.1, 0.25, 0.5, 0.75, 1.0]
4 grid_max_features = [0.3, 0.5, 0.7, 1.0]
5 grid_max_depth = [1, 2, 4, 8]
6 grid_min_samples_leaf = [1, 2, 3, 10, 100, 1500]
7 grid_min_samples_split = [2, 4, 8, 16, 24, 30]
8 grid_seed = [0]
```

x, y를 지정한다. 앙상블 학습에서도 train, test 데이터를 나누지 않고 predict( )를 실시한다(머신러닝으로 학습할 경우는 train, test 데이터를 나누어 사용하는 것이 좋다).

파라미터 튜닝 없이 cross_val_score( ) 함수를 사용해 학습한 후 정확도를 확인하자. cross_val_score( )는 해당 함수 내부에서 학습(fit), 예측(predict), 평가(evaluation), 교차 검증을 수행한다. accuracy를 scoring의 기준으로 하며 cross validation은 5회로 지정한다.

```
1  feature_columns = (df.columns.difference(['Survived']))
2
3  X = df[feature_columns]
4  y = df['Survived']
5
6  # Bagging - 파라미터 튜닝 없이
7  scores = cross_val_score(BaggingClassifier(random_state=0), X, y, scoring='accuracy', cv=5)
8  print("Bagging 평균 정확도:", np.round(np.mean(scores),4))
```

결과

```
Bagging 평균 정확도: 0.8208
```

이번에는 cross_validate( ) 함수를 사용해 정확도를 확인한다. corss_validate( ) 함수는 훈련(train) 점수, 테스트(test) 점수를 함께 볼 수 있다. 또한, 각 폴드에서 훈련과 테스트에 걸린 시간을 확인할 수 있다.

```
1  scores = cross_validate(BaggingClassifier(random_state=0), X, y, scoring=['accuracy', '
2         roc_auc'], return_train_score=True, cv=5)
3  np.transpose(pd.DataFrame(scores))
```

결과

그림 4-98 실행 결과

	0	1	2	3	4
fit_time	0.034356	0.035767	0.023297	0.024574	0.024617
score_time	0.010604	0.009610	0.006829	0.007032	0.007425
test_accuracy	0.789474	0.808612	0.775120	0.860577	0.870192
train_accuracy	0.974820	0.974820	0.977218	0.972455	0.971257
test_roc_auc	0.789109	0.861111	0.813205	0.921976	0.925349
train_roc_auc	0.998701	0.997948	0.998326	0.997524	0.996847

```
1  print("Bagging train 평균 정확도:", np.round(np.mean(scores['train_accuracy']),4))
2  print("Bagging test 평균 정확도:", np.round(np.mean(scores['test_accuracy']),4))
```

결과

```
Bagging train 평균 정확도: 0.9741
Bagging test 평균 정확도: 0.8208
```

테스트뿐만 아니라 훈련 점수 또한 확인할 수 있기 때문에 유용하게 사용할 수 있다.

6.3.1 하이퍼 파라미터

배깅에서 사용되는 주요 하이퍼 파라미터다.

- base_estimator: 예측할 모델, 디폴트는 decision tree
- n_estimators: 모형의 개수
- max_samples: 각각의 예측기가 X에서 추출할 샘플의 수
- max_features: 각각의 예측기가 X에서 가져갈 컬럼의 수
- bootstrap: 데이터 중복 여부, 디폴트는 True

6.3.2 배깅 – GridSearchCV를 활용한 최적의 파라미터 찾기

이제 GridSearchCV를 활용해 최적의 하이퍼 파라미터를 찾아보자. 이전에 정의한 파라미터의 값들을 대입해 bc_param에 각각 입력한다. random_state의 경우는 동일한 결과값을 갖기 위해 0으로 설정해 두었다. return_train_score=True로 설정하여 train_score도 확인할 수 있다.

```
1  bc_param = {
2    'n_estimators': grid_n_estimator, # default=10
3    'max_samples': grid_ratio, # default=1.0
4    'random_state': grid_seed,
5    'max_features': grid_max_features,
6  }
7
8  # n_jobs = -1 학습 시 모든 CPU 코어를 사용합니다.
9  grid_bc = GridSearchCV(BaggingClassifier( ), param_grid=bc_param,
10                         return_train_score=True, n_jobs = -1,
11                         cv=5, scoring='accuracy')
12 grid_bc.fit(X, y)
```

결과

```
GridSearchCV(cv=5, estimator=BaggingClassifier(), n_jobs=-1,
          param_grid={'max_features': [0.3, 0.5, 0.7, 1.0],
                      'max_samples': [0.1, 0.25, 0.5, 0.75, 1.0],
                      'n_estimators': [10, 50, 100, 300, 500],
                      'random_state': [0]},
          return_train_score=True, scoring='accuracy')
```

최적의 파라미터를 확인하기 전에 다음 코드를 통해 BaggingClassifier가 어떤 파라미터를 가지고 있는지, 디폴트(default) 값은 어떻게 설정되어 있는지를 확인할 수 있다. 어떤 파라미터가 필요한지 다 외울 필요 없이 필요한 경우 다음 코드를 사용해 확인하면 된다.

```
1 BaggingClassifier?
```

결과

그림 4-99 실행 결과

```
Init signature:
BaggingClassifier(
    base_estimator=None,
    n_estimators=10,
    *,
    max_samples=1.0,
    max_features=1.0,
    bootstrap=True,
    bootstrap_features=False,
    oob_score=False,
    warm_start=False,
    n_jobs=None,
    random_state=None,
    verbose=0,
)
Docstring:
A Bagging classifier.

A Bagging classifier is an ensemble meta-estimator that fits base
classifiers each on random subsets of the original dataset and then
aggregate their individual predictions (either by voting or by averaging)
to form a final prediction. Such a meta-estimator can typically be used as
a way to reduce the variance of a black-box estimator (e.g., a decision
tree), by introducing randomization into its construction procedure and
then making an ensemble out of it.
```

mean_test_score가 가장 높은 파라미터를 확인해보자.

```
1 df_grid_bc = pd.DataFrame(grid_bc.cv_results_)
2 df_grid_bc[['param_n_estimators', 'param_max_samples','params',
3             'mean_train_score','mean_test_score',
4             'rank_test_score']].sort_values(['rank_test_score']).head(5)
```

그림 4-100 실행 결과

	param_n_estimators	param_max_samples	params	mean_train_score	mean_test_score	rank_test_score
83	300	0.25	{'max_features': 1.0, 'max_samples': 0.25, 'n_...	0.900769	0.860154	1
82	100	0.25	{'max_features': 1.0, 'max_samples': 0.25, 'n_...	0.900051	0.855360	2
84	500	0.25	{'max_features': 1.0, 'max_samples': 0.25, 'n_...	0.901009	0.854398	3
81	50	0.25	{'max_features': 1.0, 'max_samples': 0.25, 'n_...	0.902928	0.850557	4
89	500	0.5	{'max_features': 1.0, 'max_samples': 0.5, 'n_e...	0.940079	0.850529	5

```
1  print("최고 Score: ", str(np.round(grid_bc.best_score_ ,4)))
2  print("최적의 Parameters: ",str(grid_bc.best_params_))
3  print("최적의 Estimators: ",str(grid_bc.best_estimator_))
```

최고 Score: 0.8602

최적의 Parameters: {'max_features': 1.0, 'max_samples': 0.25, 'n_estimators': 300, 'random_state': 0}

최적의 Estimators: BaggingClassifier(max_samples=0.25, n_estimators=300, random_state=0)

최고 Score는 0.8602가 나왔다. 또한 mean_train_score 값을 보면서 학습과 테스트 점수의 차이가 얼마나 나는지 확인하여 점수 차이가 크지 않은 것이 더 좋은 모델이라고 할 수 있다. 이제 predict( ) 함수를 통해 accruacy를 확인해보자. 참고로, 머신러닝의 경우 test 데이터가 predict( ) 되어야 한다.

```
1  # 최적의 설정값을 입력합니다.
2  best_grid_bc = grid_bc.best_estimator_
3  best_grid_bc.fit(X, y)
4
5  pred_bc = best_grid_bc.predict(X)
6  accuracy_bc = accuracy_score(y, pred_bc)
7  print(np.round(accuracy_bc,4))
```

0.8984

6.4 랜덤 포레스트

랜덤 포레스트(random forests) 알고리즘은 연속형 및 범주형 반응 변수 모두에 사용할 수 있는 방법이다. 배깅과 유사하게 주어진 데이터를 부트스트랩 표본 추출을 통해 트리 모형을 적합한다. 단, 모형 적합 시 트리 모형이 가지 분할 할 때마다 임의로 p개의 설명 변수 집합을 선정해 해당 집합 내에서만 가지 분할 변수를 고려하게 하는 방법이다.

그림 4-101 랜덤 포레스트

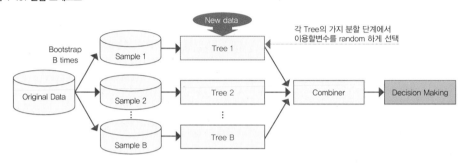

즉, 데이터와 설명 변수 모두에 임의성(randomness)을 반영해 모형의 성도를 높이는 알고리즘이다. 보통 가지 분할 후보 변수의 수인 p는 전체 설명 변수의 제곱근(square root)을 많이 이용하나 이 값은 조율모수(hyperparameter)로 교차 타당성 검정 등을 통해 경험적으로 찾는 것이 좋다.

그림 4-102 설명 변수 임의화가 갖는 장점

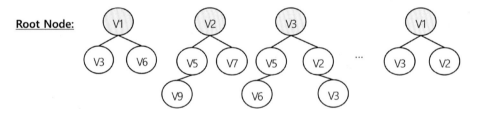

트리 모형은 각 변수 중 가장 정보 이득이 높은 변수를 뿌리 노드(root node)로 이용한다. 이런 성질 때문에 배깅의 하위 트리 모형 대부분은 비슷한 뿌리 노드를 갖게 된다. 각 모형이 유사한 예측 결과를 나타낼 가능성이 높아지는 것이다. 이 경우 앙상블을 통해 얻을 수 있는 이점이 반감된다. 즉, 각 가지 분할 단계에서 p개의 임의 선택된 설명 변수 집합을 제한하면 각 하위 분류 모형은 서로 다른 유형의 결과를 도출할 가능성이 높아진다. 다양성이 확보되어 더 정확한 예측을 기대할 수 있다.

표 4-8 랜덤 포레스트의 조율모수(hyperparameter)

주요 조율모수	설명
앙상블에 이용할 하위 트리 모형 개수	• 하위 트리 수에 따른 OOB 오차 혹은 검증 오차를 확인해 오차가 안정화되는 하위 트리수를 선택한다.
각 가지 분할에 고려할 설명 변수 개수	• 보통 Classification 문제의 경우 $\sqrt{p}$ 개, Regression 문제의 경우 $\frac{p}{3}$ 개를 이용 • 위 기준이 항상 우수한 것은 아니며, 변수의 수가 많은 경우 선택 변수의 수를 줄이는 것이 더 좋다고 알려져 있음
그 외 기타 하위 트리에 대한 모수	• 하위 트리의 가지 분할 기준(Gini, Entropy, ...) • 하위 트리의 최대 깊이 등

6.5   실습

cross_validate() 함수를 사용하여 파라미터 튜닝 없이 랜덤 포레스트를 학습한다. 랜덤 포레스트도 앙상블 알고리즘에 많이 사용된다. 특히, Gradientboost의 경우 하이퍼 파라미터가 많아 수행 시간이 오래 걸리는 데 반해 랜덤 포레스트는 상대적으로 속도가 빠르다고 할 수 있다. 다른 파라미터 조건은 Gradientboost와 동일 하다.

```
1  from sklearn.ensemble import RandomForestClassifier
2
3  # Random forest - 파라미터 튜닝 없이
4  scores = cross_validate(RandomForestClassifier(random_state=0), X, y,
5                          scoring=['accuracy', 'roc_auc'],
6                          return_train_score=True, cv=5)
7  np.transpose(pd.DataFrame(scores))
```

결과

그림 4-103 실행 결과

	0	1	2	3	4
fit_time	0.095478	0.070849	0.071423	0.070735	0.071315
score_time	0.019985	0.020080	0.019187	0.018622	0.018383
test_accuracy	0.789474	0.803828	0.789474	0.913462	0.942308
train_accuracy	0.884892	0.878897	0.881295	0.851497	0.843114
test_roc_auc	0.805077	0.866179	0.846099	0.952482	0.925398
train_roc_auc	0.950751	0.934143	0.936942	0.917199	0.907615

```
1  print("Random forest train 평균 정확도:", np.round(np.mean(scores['train_accuracy']),4))
2  print("Random forest test 평균 정확도:", np.round(np.mean(scores['test_accuracy']),4))
```

> **결과**
>
> Random forest train 평균 정확도: 0.9871
>
> Random forest test 평균 정확도: 0.8266

각 폴드별 훈련과 테스트 점수를 확인할 수 있다. 평균적으로 train은 약 98./%, test는 약 82.6% 의 정확도를 보여준다. train, test 정확도가 Adaboost, Gradientboost에 비해 가장 차이가 많이 나는 걸 확인할 수 있다.

6.5.1 하이퍼 파라미터

- n_estimators: 모형(week learner)의 개수, 순차적으로 오류를 보정해 수가 많으면 성능이 일 정 수준까지 높아질 수 있으나, 수행 시간이 오래 걸린다는 단점이 있음(디폴트는 100)
- min_samples_leaf: 말단 리프 노드의 최소한의 샘플 데이터 수, 디폴트 1
- max_depth: 트리의 최대 깊이, 디폴트 3
- max_features: 디폴트는 auto, If "auto", then max_features=sqrt(n_features) 즉, 피처가 4개 면 분할을 위해 2개 참조

6.5.2 랜덤 포레스트 – GridSearchCV를 활용한 최적의 파라미터 찾기

```
 1  rf_param = {
 2    'n_estimators': grid_n_estimator,
 3    'random_state': grid_seed,
 4    'max_depth': grid_max_depth,
 5    'min_samples_leaf': grid_min_samples_leaf,
 6    'min_samples_split': grid_min_samples_split
 7  }
 8
 9  # n_jobs = -1 학습 시 모든 CPU 코어를 사용합니다.
10  grid_rf = GridSearchCV(RandomForestClassifier(random_state=0), param_grid=rf_param,
11                         return_train_score=True,n_jobs=-1, cv=5, scoring='accuracy')
12  grid_rf.fit(X, y)
```

```
GridSearchCV(cv=5, estimator=RandomForestClassifier(random_state=0), n_jobs=-1,
            param_grid={'max_depth': [1, 2, 4, 8],
                        'min_samples_leaf': [1, 2, 3, 10, 100, 1500],
                        'min_samples_split': [2, 4, 8, 16, 24, 30],
                        'n_estimators': [10, 50, 100, 300, 500],
                        'random_state': [0]},
            return_train_score=True, scoring='accuracy')
```

```
1  df_grid_rf = pd.DataFrame(grid_rf.cv_results_)
2  df_grid_rf[['params','mean_train_score','mean_test_score',
3              'rank_test_score']].sort_values(['rank_test_score']).head(5)
```

그림 4-104 실행 결과

	params	mean_train_score	mean_test_score	rank_test_score
376	{'max_depth': 4, 'min_samples_leaf': 1, 'min_s...	0.874409	0.861129	1
415	{'max_depth': 4, 'min_samples_leaf': 2, 'min_s...	0.869136	0.859238	2
456	{'max_depth': 4, 'min_samples_leaf': 10, 'min_...	0.871294	0.859220	3
466	{'max_depth': 4, 'min_samples_leaf': 10, 'min_...	0.871294	0.859220	3
451	{'max_depth': 4, 'min_samples_leaf': 10, 'min_...	0.871294	0.859220	3

```
1  print("최고 Score: ", str(np.round(grid_rf.best_score_ ,4)))
2  print("최적의 Parameters: ",str(grid_rf.best_params_))
3  print("최적의 Estimators: ",str(grid_rf.best_estimator_))
```

최고 Score: 0.8611

최적의 Parameters: {'max_depth': 4, 'min_samples_leaf': 1, 'min_samples_split': 16,
                'n_estimators': 50, 'random_state': 0}

최적의 Estimators: RandomForestClassifier(max_depth=4, min_samples_split=16,

n_estimators=50, random_state=0)

최적의 파라미터는 max_dept: 4, min_samples_leaf: 1, min_samples_split: 16, n_estimators: 50
일 때 가장 좋은 Score인 0.861를 보여주었다. 이 설정을 pedcit() 함수를 호출하여 정확도를 확
인한 결과 0.8734의 값이 나왔다.

```
1  # 최적의 설정값을 입력합니다.
2  best_grid_rf = grid_rf.best_estimator_
3  best_grid_rf.fit(X, y)
4
5  pred_rf = best_grid_rf.predict(X)
6  accuracy_rf = accuracy_score(y, pred_rf)
7  print(np.round(accuracy_rf,4))
```

결과

0.8734

```
1  # 가장 중요한 변수
2  feature_names = list(X.columns)
3
4  plt.title("RandomForest Feature importances for Survival")
5  sns.barplot(x=best_grid_rf.feature_importances_, y=feature_names)
```

결과

그림 4-105 실행 결과

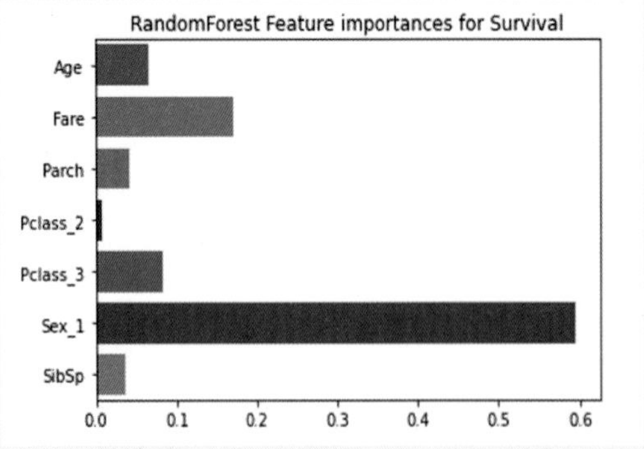

랜덤 포레스트에서 가장 중요한 변수는 Sex_1(성별), Fare(티켓 가격), Pclass_3(좌석 등급) 순으
로 나타났다. 특히 Sex_1(성별)이 차지하는 비중이 가장 높다.

6.6 부스팅

부스팅(boosting)은 배깅과 달리 부트스트랩 표본 추출 방법을 이용하지 않으며, 각 하위 모형을 순차적으로 적합한다. 학습이 끝나면, 이들 모형 결과를 종합해 최종 의사결정을 하는 방법이다. 이때 이전에 만들어진 모형의 정보가 이후의 모형 학습에 영향을 미친다.

그림 4-106 **부스팅**

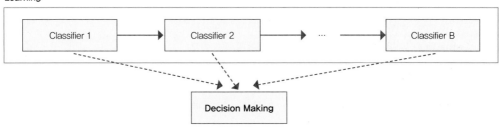

부스팅 알고리즘의 학습에서 각 하위 모형이 학습하는 것을 부스팅 라운드라고 한다. 첫 번째 모형은 원 데이터를 그대로 적합한다. 하지만 두 번째 데이터는 첫 번째 데이터 분류에 실패한 관측치에 대해 더 높은 가중치를 부여해 학습한다. 즉, 앞선 모형이 제대로 분류하지 못한 패턴을 더 집중적으로 학습하는 방법이라고 할 수 있다.

부스팅 알고리즘의 종류로는 에이다부스트(AdaBoost), 그레이디언트 부스팅(gradient boosting), 확률적 그레이디언트 부스팅(stochastic gradient boosting), XG부스트(XGBoost) 등이 있다.

6.7 실습

Boosting 중 AdaBoost, Gradient Boost에 대해 실습한다.

6.7.1 AdaBoost

cross_validate( ) 함수를 사용하여 파라미터 튜닝 없이 Adaboost를 학습하자.

```
1  from sklearn.ensemble import AdaBoostClassifier
2
3  # AdaBoost - 파라미터 튜닝 없이
4  scores = cross_validate(AdaBoostClassifier(random_state=0), X, y, scoring=['accuracy',
5       'roc_auc'], return_train_score=True, cv=5)
6  np.transpose(pd.DataFrame(scores))
```

그림 4-107 실행 결과

	0	1	2	3	4
fit_time	0.095478	0.070849	0.071423	0.070735	0.071315
score_time	0.019985	0.020080	0.019187	0.018622	0.018383
test_accuracy	0.789474	0.803828	0.789474	0.913462	0.942308
train_accuracy	0.884892	0.878897	0.881295	0.851497	0.843114
test_roc_auc	0.805077	0.866179	0.846099	0.952482	0.925398
train_roc_auc	0.950751	0.934143	0.936942	0.917199	0.907615

각 폴드별 훈련과 테스트 점수를 확인할 수 있다. 평균적으로 train은 약 86.7%, test는 약 84.7% 의 정확도를 보여준다.

```
1  print("Adaboost train 평균 정확도:", np.round(np.mean(scores['train_accuracy']),4))
2  print("Adaboost test 평균 정확도:", np.round(np.mean(scores['test_accuracy']),4))
```

Adaboost train 평균 정확도: 0.8679
Adaboost test 평균 정확도: 0.8477

6.7.2 하이퍼 파라미터

- base_estimator: 예측할 모델, 디폴트는 None(Decision Tree Classifier)
- n_estimators: 모형(week learner)의 개수, 순차적으로 오류를 보정해 수가 많으면 성능이 일정 수준까지 높아질 수 있으나 수행 시간이 오래 걸린다는 단점이 있음(디폴트는 50)
- learning_rate: 학습률, 0~1 사이의 값을 지정. 너무 작은 값인 경우 최소점을 찾아 예측 성능이 높지만 학습에 오래 걸리고 너무 큰 값인 경우 최소점을 찾지 못해 예측 성능이 떨어질 확률이 높아서 n_estimators와 상호 호환 필요(디폴트는 1.0)

AdaBoost – GridSearchCV를 활용한 최적의 파라미터 찾기

n_estimatros, learning_rate, random_state의 값을 ada_param 딕셔너리에 저장하고 GridSearchCV를 실시한다.

```
1  ada_param = {
2      'n_estimators': grid_n_estimator,
3      'learning_rate': grid_learn,
4      'random_state': grid_seed
5  }
6
7  # n_jobs = -1 학습 시 모든 CPU 코어를 사용합니다.
8  grid_ada = GridSearchCV(AdaBoostClassifier( ), param_grid=ada_param,
9          return_train_score=True, n_jobs = -1,
10         cv=5, scoring='accuracy')
11 grid_ada.fit(X, y)
```

결과

```
GridSearchCV(cv=5, estimator=AdaBoostClassifier( ), n_jobs=-1,
        param_grid={'learning_rate': [0.0001, 0.001, 0.01, 0.03, 0.05, 0.1, 0.2, 0.25, 0.5, 1.0],
                    'n_estimators': [10, 50, 100, 300, 500],
                    'random_state': [0]},
        return_train_score=True, scoring='accuracy')
```

```
1  df_grid_ada = pd.DataFrame(grid_ada.cv_results_)
2  df_grid_ada[['param_learning_rate','param_n_estimators','params',
3          'mean_train_score','mean_test_score',
4          'rank_test_score']].sort_values(['rank_test_score']).head(5)
```

결과

그림 4-108 실행 결과

	param_learning_rate	param_n_estimators	params	mean_train_score	mean_test_score	rank_test_score
39	0.25	500	{'learning_rate': 0.25, 'n_estimators': 500, '...	0.872971	0.855369	1
47	1	100	{'learning_rate': 1.0, 'n_estimators': 100, 'r...	0.873932	0.853446	2
43	0.5	300	{'learning_rate': 0.5, 'n_estimators': 300, 'r...	0.874889	0.853441	3
26	0.1	50	{'learning_rate': 0.1, 'n_estimators': 50, 'ra...	0.851402	0.850635	4
22	0.05	100	{'learning_rate': 0.05, 'n_estimators': 100, '...	0.851162	0.850635	4

```
1   print("최고 Score: ", str(np.round(grid_ada.best_score_ ,4)))
2   print("최적의 Parameters: ",str(grid_ada.best_params_))
3   print("최적의 Estimators: ",str(grid_ada.best_estimator_))
```

결과

최고 Score: 0.8554

최적의 Parameters: {'learning_rate': 0.25, 'n_estimators': 500, 'random_state': 0}

최적의 Estimators: AdaBoostClassifier(learning_rate=0.25, n_estimators=500,
random_state=0)

AdaBoost의 최적의 파라미터는 learning_rate이 0.25, n_estimators가 500일 때 가장 좋은 Score
인 0.8554를 보여주었다. 이 설정을 pedcit( ) 함수를 호출하여 정확도를 확인한 결과 0.8734의
값이 나왔다.

```
1   # 최적의 설정값을 입력합니다.
2   best_grid_ada = grid_ada.best_estimator_
3   best_grid_ada.fit(X, y)
4
5   pred_ada = best_grid_ada.predict(X)
6   accuracy_ada = accuracy_score(y, pred_ada)
7   print(np.round(accuracy_ada,4))
```

결과

0.8734

AdaBoosting 알고리즘에서 가장 중요한 변수는 Fare(티켓 가격), Age(나이), Sex_1(성별) 순으로
나타났다. 특히 Fare가 차지하는 비중이 가장 높았다.

```
1   # 가장 중요한 변수
2   feature_names = list(X.columns)
3
4   plt.title("AdaBoosting Feature importances for Survival")
5   sns.barplot(x=best_grid_ada.feature_importances_, y=feature_names)
```

그림 4-109 실행 결과

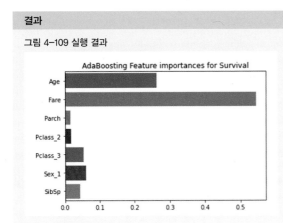

AdaBoosting Feature importances for Survival

6.7.4 GradientBoost

cross_validate( ) 함수를 사용하여 파라미터 튜닝 없이 GradientBoost를 학습한다. 다른 파라미터 조건은 Adaboost와 동일하다.

```
1  from sklearn.ensemble import GradientBoostingClassifier
2
3  # GradientBoost – 파라미터 튜닝 없이
4  scores = cross_validate(GradientBoostingClassifier(random_state=0), X, y,
5          scoring=['accuracy', 'roc_auc'],
6          return_train_score=True, cv=5)
7  np.transpose(pd.DataFrame(scores))
```

그림 4-110 실행 결과

	0	1	2	3	4
fit_time	0.092106	0.084714	0.082949	0.082726	0.084579
score_time	0.005432	0.005206	0.004983	0.005214	0.005217
test_accuracy	0.808612	0.813397	0.794258	0.918269	0.908654
train_accuracy	0.923261	0.918465	0.917266	0.911377	0.897006
test_roc_auc	0.828457	0.890753	0.829126	0.954843	0.966843
train_roc_auc	0.972007	0.966159	0.970744	0.956544	0.950655

```
1   print("GradientBoost train 평균 정확도:", np.round(np.mean(scores['train_accuracy']),4))
2   print("GradientBoost test 평균 정확도:", np.round(np.mean(scores['test_accuracy']),4))
```

결과

GradientBoost train 평균 정확도: 0.9135

GradientBoost test 평균 정확도: 0.8486

각 폴드별 훈련과 테스트 점수를 확인할 수 있다. 평균적으로 train은 약 91.3%, test는 약 84.8%의 정확도를 보여주고 있다. train 정확도와 test 정확도가 Adaboost에 비해 차이가 크게 나는 것을 확인할 수 있다.

6.7.5 하이퍼 파라미터

- loss: 손실 함수(loss function), 디폴트는 'deviance'
- base_estimator: 예측할 모델, 디폴트는 DecisionTreeClassifier(max_depth=1)
- n_estimators: 모형(week learner)의 개수, 순차적으로 오류를 보정해 수가 많으면 성능이 일정 수준까지 높아질 수 있으나 수행 시간이 오래 걸린다는 단점이 있음(디폴트는 100)
- learning_rate: 학습률, 0과 1 사이의 값을 지정. 너무 작은 값인 경우 최소점을 찾아 예측 성능이 높지만 학습에 오래 걸리고 너무 큰 값인 경우 최소점을 찾지 못해 예측 성능이 떨어질 확률이 높음, 그래서 n_estimators와 상호 호환 필요(디폴트는 0.1)
- min_samples_leaf: 말단 리프 노드의 최소한의 샘플 데이터 수(디폴트 1)
- max_depth: 트리의 최대 깊이(디폴트 3)
- subsample: n_estimator 모형(week learner)이 학습에 사용하는 데이터의 샘플링 비율(디폴트 1.0)

6.7.6 GradientBoost – GridSearchCV를 활용한 최적의 파라미터 찾기

다음 5개의 하이퍼 파라미터를 gd_param 딕셔너리에 저장한 뒤 GridSearchCV를 실행한다. 참고로, GradientBoost는 학습을 위한 하이퍼 파라미터가 많기 때문에 학습하는 데 시간이 많이 소요된다. 학습 시간이 너무 오래 걸린다면 이전에 저장했던 파라미터의 값을 조정하여 시간을 줄일 수 있다.

```
1   gd_param = {
2       'n_estimators': grid_n_estimator,
3       'learning_rate': grid_learn,
```

```
 4    'random_state': grid_seed,
 5    'max_depth': grid_max_depth, # default=3
 6    'min_samples_leaf': grid_min_samples_leaf,
 7  }
 8
 9  # n_jobs = -1 학습 시 모든 CPU 코어를 사용합니다.
10 grid_gd = GridSearchCV(GradientBoostingClassifier(), param_grid=gd_param,
11                         n_jobs=-1, cv=5, scoring='accuracy')
12 grid_gd.fit(X, y)
```

```
GridSearchCV(cv=5, estimator=GradientBoostingClassifier(), n_jobs=-1,
          param_grid={'learning_rate': [0.0001, 0.001, 0.01, 0.03, 0.05, 0.1, 0.2, 0.25, 0.5, 1.0],
                     'max_depth': [1, 2, 4, 8],
                     'min_samples_leaf': [1, 2, 3, 10, 100, 1500],
                     'n_estimators': [10, 50, 100, 300, 500],
                     'random_state': [0]},
          return_train_score=True, scoring='accuracy')
```

```
1  df_grid_gd = pd.DataFrame(grid_gd.cv_results_)
2  df_grid_gd[['param_learning_rate', 'param_n_estimators','params',
3              'mean_train_score','mean_test_score',
4              'rank_test_score']].sort_values(['rank_
5              test_score']).head(5)
```

그림 4-111 실행 결과

	param_learning_rate	param_n_estimators	params	mean_train_score	mean_test_score	rank_test_score
317	0.01	100	{'learning_rate': 0.01, 'max_depth': 4, 'min_s...	0.874889	0.864971	1
436	0.03	50	{'learning_rate': 0.03, 'max_depth': 4, 'min_s...	0.875608	0.863052	2
318	0.01	300	{'learning_rate': 0.01, 'max_depth': 4, 'min_s...	0.879682	0.861134	3
437	0.03	100	{'learning_rate': 0.03, 'max_depth': 4, 'min_s...	0.880401	0.861134	3
780	0.2	10	{'learning_rate': 0.2, 'max_depth': 4, 'min_sa...	0.892148	0.861124	5

```
1  print("최고 Score: ", str(np.round(grid_gd.best_score_ ,4)))
2  print("최적의 Parameters: ",str(grid_gd.best_params_))
3  print("최적의 Estimators: ",str(grid_gd.best_estimator_))
```

결과

```
최고 Score: 0.865
최적의 Parameters: {'learning_rate': 0.01, 'max_depth': 4, 'min_samples_leaf': 10,
                'n_estimators': 100, 'random_state': 0}
최적의 Estimators: GradientBoostingClassifier(learning_rate=0.01, max_depth=4,
                min_samples_leaf=10, random_state=0)
```

Gradientboost의 최적의 파라미터는 learning_rate가 0.01, max_depth: 4, min_samples_leaf: 10, n_estimators: 100일 때 가장 좋은 Score인 0.865를 보여주었다. 이 설정을 pedcit() 함수를 호출하여 정확도를 확인한 결과 0.8734의 값이 나왔다.

```
1  # 최적의 설정값을 입력합니다.
2  best_grid_gd = grid_gd.best_estimator_
3  best_grid_gd.fit(X, y)
4
5  pred_gd = best_grid_gd.predict(X)
6  accuracy_gd = accuracy_score(y, pred_gd)
7  print(np.round(accuracy_gd,4))
```

결과

```
0.8734
```

```
1  # 가장 중요한 변수
2  feature_names = list(X.columns)
3
4  plt.title("GradientBoosting Feature importances for Survival")
5  sns.barplot(x=best_grid_gd.feature_importances_, y=feature_names)
```

그림 4-112 실행 결과

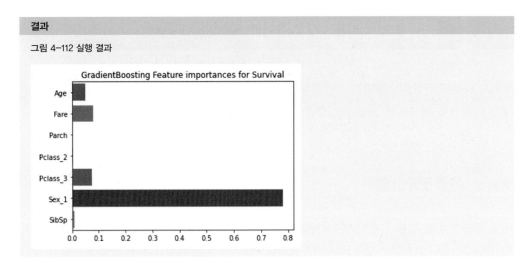

GradientBoost에서 가장 중요한 변수는 Sex_1(성별), Fare(티켓 가격), Pclass_3(좌석 등급) 등으로 나타났다. 특히 Sex_1(성별)이 차지하는 비중이 압도적으로 높다. 약 0.8 정도 되는 수치다.

지금까지 다양한 앙상블(Ensemble) 알고리즘을 배웠다. 여러 앙상블 알고리즘을 사용해 하이퍼 파라미터 최적화를 통해 가장 나은 성능을 보이는 알고리즘을 선택해 해결하고자 하는 문제에 적용할 수 있다.

분류는 다양한 방법론이 경합하고 있기 때문에 가장 좋은 모형을 선별하는 것이 중요하다. 이번에 분류 모형을 평가하고, 비교하는 방법에 대하여 학습한다.

7.1 분류 모형의 평가

어떤 모형이 좋은 분류 모형일까? 직관적으로 좋은 분류 모형은 분류를 잘하는 모형이다. 분류를 잘한다는 건 설명 변수 조합으로 예측된 반응 변수의 분류 결과가 실제 반응 변수값과 같은 것을 말한다. 쉽게 말하면 기업 부실 예측 모형에서 실제 부실인 기업을 부실로 그렇지 않은 기업은 그렇지 않다고 잘 분류하는 것을 말한다.

7.2 혼돈 행렬

혼돈 행렬(confusion matrix)은 분류 모형 평가에 많이 사용하는 방법 중 하나이다. 혼돈 행렬은 다음과 같은 구조를 갖는다.

표 4-9 혼돈 행렬

구분		실제 그룹		행 합계
		G_1 (양성)	G_2 (음성)	
예측 그룹	G_1 (양성)	G_{11} (True Positive; TP)	G_{12} (False Positive; FP)	$G_{11} + G_{12}$
	G_2 (음성)	G_{21} (False Negative; FN)	G_{22} (True Negative; TN)	$G_{11} + G_{12}$
열 합계		$G_{11} + G_{21}$	$G_{12} + G_{22}$	N

데이터 수가 N개이고 반응 변수가 2개의 그룹을 갖는 자료를 이용해 임의의 분류 모형을 적합해 분류한 결과를 〈표4-9〉와 같은 교차표 형태로 표현했다고 가정하자. G_1은 반응 변수의 첫 번째 그룹을 의미하고 G_2는 두 번째 그룹을 의미한다. 행은 모형에 의해 예측된 그룹을 의미하고 열은 실제 데이터가 갖고 있던 그룹을 나타낸다.

혼돈 행렬의 각항은 TP, FP, FN, TN과 같은 명칭으로 자주 이용된다. 앞의 True/False는 분류의 정오를 의미한다. 뒤의 Positive/Negative는 예측 결과를 의미하는데, 일반적으로 Positive는 관심 집단으로 분류한 것을 의미한다.

분류 모형 성능 평가에서 첫 번째 검토할 것은 얼마나 정확한 분류를 했는가, 이다. 모형의 정확한 분류 정도를 나타내는 지표가 정분류율(accuracy)이다. 혼돈 행렬의 대각선 항 G_{11}, G_{22}는 예측 그룹과 관측 그룹이 일치한 데이터의 수이다. 따라서 정분류율은 다음과 같다.

$$정분류율(Accuracy) = \frac{G_{11} + G_{22}}{N}$$

정분류율이 높을수록 모형을 이용한 분류와 실제 그룹 일치율이 높은 것을 의미한다. 잘못 분류한 관측치 비율은 오분류율(misclassification rate)(= 1 − 정분류율(Accuracy))이라고 한다.

많은 경우 관심 집단 보통 이항 분류 모형에서 1에 해당하는 그룹의 예측 정확도가 중요한 경우가 많다. 가령 암인지 정상인지 분류해야 하는 상황을 생각해보자. 암 환자를 정상이라고 분류할 경우 환자는 적시에 치료를 받지 못해 사망할 수 있다. 반면에 정상인을 암이라고 분류하는 경우 치료 과정에서 정상임이 밝혀질 것이기 때문에 상대적으로 큰 문제가 되지 않는다. 즉, 비관심 집단을 어느 정도 놓치더라도 관심 집단을 잘 분류하는 것이 훨씬 중요할 수 있다.

관심 집단에 대한 예측 정확도는 중요하며, 전체 관심 집단 중 정확히 분류된 비율과 관심 집단으로 분류된 개체 중 정확하게 분류된 비율, 두 가지 관점으로 볼 수 있다.

첫 번째, 분류 모형이 G_1이라고 분류한 개체 중 실제 G_1이었던 비율이다. 이 비율을 모형 정밀도(precision)라고 하며 다음과 같이 나타낸다. 높은 정밀도는 모형이 관심 집단으로 분류한 관측치 중 실제 관심 집단인 관측치가 많다는 것이다. 즉, 모형 예측이 정밀한 것이다.

$$정밀도(precision) = \frac{G_{11}}{G_{11} + G_{12}}$$

두 번째, 실제 G_1인 개체 중 정확하게 G_1으로 분류된 관측치 비율이다. 이 비율은 모형 민감도(sensitivity)라고 하고 다음과 같다. 높은 민감도는 관심 집단인 관측치 중 정확히 분류된 관측치 수가 많은 것이다. 즉, 모형이 관심 집단을 민감하게 분류한 것이다.

$$민감도(sensitivity) = \frac{G_{11}}{G_{11} + G_{21}}$$

특이도는 민감도와 유사 개념으로 G_2인 집단 중 정확하게 분류한 집단 비율이다.

$$특이도(\text{specificity}) = \frac{G_{12}}{G_{12} + G_{22}}$$

앞서 살펴본 지표를 정리하면 다음과 같다.

표 4-10 분류 모형의 평가지표

통계량	의미	수식
민감도(sensitivity)	판정한 것 중 실제 양성 수 / 전체 양성 수	$\dfrac{G_{11}}{G_{11} + G_{21}}$
특이도(specificity)	판정한 것 중 실제 음성 수 / 전체 음성 수	$\dfrac{G_{12}}{G_{12} + G_{22}}$
정확도(accuracy)	양성을 양성이라 판정하고 음성을 음성이라고 판정한 개수 / 전체 개수	$\dfrac{G_{11} + G_{22}}{N}$
정밀도(precision)	판정한 것 중 실제 양성 수 / 양성이라고 판정한 수	$\dfrac{G_{11}}{G_{11} + G_{12}}$

ROC 곡선(receiver operating characteristics curve; ROC curve)의 X축은 1-특이도로 음성인 사건 중 양성으로 예측된 비율(잘못 분류되는 비율)이다. ROC 곡선의 Y축은 민감도로 양성인 사건 중 양성으로 예측된 비율(바르게 분류되는 비율)이다. 곡선 아래 면적은 AUC(area under curve)라고 한다. 이 면적이 1에 가까울수록 정확한 모델이라고 볼 수 있다(AUC가 0.5보다 작다면 가치 없는 모델).

그림 4-113 ROC 곡선

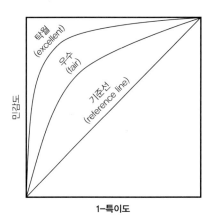

민감도

탁월
(excellent)

우수
(fair)

기준선
(reference line)

1-특이도

7.3   벤치마크 모형

데이터에 기초한 가장 간단한 분류 방법은 주어진 데이터의 발생비가 큰 집단으로 분류하는 것이다. 예를 들면, 남성/여성을 분류할 때 주어진 데이터의 남성 비가 더 높다면 모두 남성으로 분류하는 것이다.

주어진 데이터셋의 표본 수가 5,000개이고, 이항 반응 변수의 그룹 1이 2,000개 0이 3,000개라고 하자. 이때 기준선 반응률(base line %response)은 40%(=2,000/5,000)가 된다. 기준선 반응률에 기초한 모형을 벤치마크 모형으로 설정한다.

이런 단순한 분류 방법이 "평가지표상" 좋아 보이는 경우가 있다. 예를 들면, 기업 부실 예측은 부도 비율이 현저하게 적다. 실제 100개 기업을 조사할 경우 많아야 3~4건의 부실기업을 발견할 수 있을 것이다. 즉, 모두 부실로 분류하면 분류 정확도는 96~97%다. 매우 높은 수치다. 하지만 부실기업은 한 건도 잡아낼 수 없다. 성능지표상 우수한 모형이 사실은 의미 없는 모형인 것이다.

앞선 문제를 막고자 단순히 오분류율, 정분류율 등을 이용한 평가 외에 벤치마크 모형 대비 성능을 평가지표로 고려할 수 있다. 지금은 벤치마크 모형을 기준선 반응률로 설정했지만 필요에 따라 기존 모형이 있다면 기존 모형 대비로 벤치마크 모형을 대체할 수 있다.

7.4   향상도 그래프

향상도 그래프(lift chart)는 기준선 반응률 대비 성능을 나타내는 평가지표다. 즉, 벤치마크 대비 성능 비교를 통해 모형 유의성을 평가한다. 향상도 그래프는 다음과 같은 절차로 만든다.

- 모형 평가를 위한 데이터를 적합 모형을 이용해 사후 확률 산출
- 산출 사후 확률 기준 내림차순 정렬
- 순서에 맞춰 관측치를 N개(통상 20 또는 100을 많이 이용) 등급으로 분할
- 각 등급에 실제 반응률(response), 검출률(captured response), 향상도(lift) 산출

분류 모형을 적합했다면 다음과 같이 평가를 위한 신규 관측치의 예상 반응 확률을 얻을 수 있다.

그림 4-114 신규 관측치의 예상 반응 확률

ID	부실여부	모형예측확률	성별	연령	연봉	계좌평균잔액	만기상환횟수
1	1	1.000	0	58	31,930,000	12,400	2
2	0	0.000	0	44	25,930,000	9,200	3
3	1	0.974	0	45	29,560,000	11,500	1
4	1	1.000	1	66	29,610,000	13,800	2
5	1	0.979	1	49	29,920,000	10,800	1
6	1	0.765	0	47	31,420,000	8,700	2
...	...	...	...	...	...	...	...
4996	1	1.000	0	44	37,630,000	4,800	2
4997	0	0.000	1	42	28,960,000	6,900	3
4998	1	1.000	1	55	31,150,000	12,400	5
4999	1	1.000	1	48	31,790,000	10,600	2
5000	0	0.000	0	56	26,200,000	9,900	1

위 데이터는 개인파산 예측을 위한 데이터로 약 5,000명의 개인고객을 대상으로 파산 여부를 예측한 결과이다.

그림 4-115 개인파산 예측 결과

ID	부실여부	모형예측확률	성별	연령	연봉	계좌평균잔액	만기상환횟수	고객등급
1	1	1.000	0	58	31,930,000	12,400	2	1
7	1	1.000	0	74	36,820,000	5,800	5	1
8	1	1.000	0	24	37,970,000	10,400	4	1
10	1	1.000	1	71	36,940,000	15,500	5	1
...	...	...	...	...	...	...	...	...
1097	0	0.000	1	64	10,700,000	12,900	2	20
1746	0	0.000	0	36	15,330,000	8,200	1	20
4859	0	0.000	1	53	15,860,000	6,500	2	20
1265	0	0.000	0	19	19,280,000	2,400	5	20

예측 확률을 얻은 데이터를 예측 확률을 기준으로 정렬하면 예측 확률이 높은 고객이 먼저 분포하게 된다. 이때 상위 10%, 이 경우 500명을 1등급, 그 다음 500명을 2등급 이렇게 사후 확률을 분포에 기초해 구간화한다.

그 결과를 요약하면 다음과 같다.

그림 4-116 예측 결과의 등급화

등급/순위 Depth	관측치수 Obs #	반응 수 Response Count	반응률 Response	향상도 Lift	검출률 Captured Response
수식	A	B	D=B*100/A	E=D/사전확률[1]	F=B*100/SUM(B)
단위	건	건	%	배	%
1	250	243	97.20	5.20	25.99
2	250	180	72.00	3.85	19.25
3	250	133	53.33	2.85	14.26
…	…	…	…	…	…
18	250	1	0.59	0.03	0.16
19	250	1	0.44	0.02	0.12
20	250	1	0.32	0.02	0.09

1) 사전확률= SUM(B)/SUM(A)

고객을 예측 확률 기준 20개 등급화 한 결과를 요약한 테이블이다. 각 등급별 관측치 수가 모두 같도록 등급화했기 때문에 등급별 관측치 수는 동일하다. 이 경우, 1등급 고객은 모형이 가장 부실 위험이 높다고 예측한 고객들로 해당 등급에 실제 부실 고객은 243명으로 매우 정확하게 분류된 것을 알 수 있다. 각 등급별 반응률은 다음과 같이 계산한다.

$$r 등급\ 반응률(Response_r) = \frac{Response\ Count_r}{Obs\ \#} \times 100\ (\%),\ \ r(등급, 순위) = 1, \ldots, 20$$

반응률은 대상 등급 전체 고객 중 실제 반응 고객이 얼마나 분포하고 있는지 나타내는 지표이다. 상위 등급에서 이 값이 높다는 것은 사후 확률이 높은 고객에 대한 정확도가 높다는 것을 의미한다. 즉, 모형 성능이 좋다는 것을 말한다.

향상도는 벤치마크 모형 대비 해당 구간 반응률이 얼마나 높은가를 나타내는 지표로 다음과 같이 얻을 수 있다.

$$r 등급\ 향상도(Lift_r) = \frac{r 등급\ 반응률(Response_r)}{사전확률(Prior\ Probability)}$$

1등급 향상도는 5.2로 이는 사전 확률(이 경우, 11.19%) 대비 약 5.2배 높은 구간 반응률을 나타낸다. DM(direct mail)을 이용한 캠페인 상황을 생각해보자. 만약 분류 모형이 없다면 전 고객 대상 DM 발송을 해야 할 것이다.

이 경우 비용도 많이 들고 실제 고객 중 11.19%만 반응한다면 나머지 약 89% 고객에겐 불필요한 지출을 한 것과 같다(실제 상황은 많이 다르다).

하지만 상위 5%(1등급) 반응률이 97.2% 분류 모형을 이용해 반응률이 높은 1등급 고객에게만 DM을 발송한다면 예상되는 반응률은 97.2%로 상당히 높다. 즉, 기존(AS-IS) 대비 약 5.2배 높은 성과가 기대된다. 리프트가 갖는 장점 중 하나는 기존 대비 효과로 설명이 유리하다는 점이다.

평가지표 대부분은 설명이 어려워 실무에서 직접 사용하는 것이 제한되지만 리프트 같은 지표는 매우 유용하게 쓰일 수 있다.

리프트를 통해 벤치 마크 대비 성능을 추정할 수 있었다. 하지만 아무리 벤치 마크 대비 성능이 좋다고 하더라도 반응이 예상되는 전체 고객이 1,000명인데 이중 1등급에 포함된 고객이 고작 100명이라면 DM 발송을 선별적으로 보내는 것이 효과적인 방법은 아니다(900명의 고객을 놓치게 된다).

이러한 문제를 보완하기 위해, 전체 반응 고객 중 실제 얼마나 많은 반응 고객이 해당 등급에 포함되었는가를 나타내는 검출률(captured response)은 다음과 같이 표현된다.

$$r등급\ 검출률(CapturedResponse_r) = \frac{Response\ Count_r}{\sum_{i=1}^{r} Response\ Count_r} \times 100(\%)$$

앞선 예의 검출률을 살펴보면, 1등급(상위 5%)에서 25.99%인 것을 알 수 있다. 즉, 1등급 고객만 대출을 거절해도 전체 부실 예상 고객의 26%를 막을 수 있다. 반응률, 향상도, 검출률 지표는 각 등급을 누적하여 보기도 한다. 누적 지표를 보는 이유는 "1~3등급 고객에게 대출을 거절할 경우 전체 부실 중 몇 %를 막을 수 있을까?"와 같은 물음에 답을 줄 수 있기 때문이다.

일반적으로 누적 지표들을 이용해 검출률이 어느 정도 확보되는 선에서 캠페인, 대출 거절 등과 같은 대상을 선정하는 것이 일반적이다. 이런 대상 구간 설정은 산업마다 기준이 다르다. 주로 리스크가 큰 산업은 더 보수적인 관점으로 보는 경향이 있다. 반면에 마케팅 캠페인의 경우 보다 효과적인 구간 선택을 한다.

7.5   실습

앙상블 학습에서 모델을 평가하기 위해 정확도(Accuracy)를 사용했다. 랜덤 포레스트 모델을 기반으로 다른 평가 방법을 살펴보자.

간단하게 confusion_matrix를 통해 다음과 같이 표현할 수 있다.

```
1  from sklearn.metrics import confusion_matrix, classification_report
2
3  confusion_matrix(y, pred_rf, labels=[1,0])
```

결과

```
array([[330,  85],
       [ 47, 581]])
```

보기 좋게 표현하기 위해 판다스의 crosstab을 사용하여 다음과 같이 표현할 수 있다.

```
1  Confusion_Matrix = pd.crosstab(y, pred_rf, rownames=['Observed'], colnames=['Predicted'])
2  Confusion_Matrix = Confusion_Matrix[[1,0]]
3  Confusion_Matrix = Confusion_Matrix.reindex(index =[1,0])
4  Confusion_Matrix
```

결과

Predicted	1	0
Observed		
1	330	85
0	47	581

heatmap을 활용하면 더 시각적으로 confusion matrix를 손쉽게 확인할 수 있다.

```
1  sns.heatmap(Confusion_Matrix, annot=True, cmap = 'YlGnBu', fmt = 'd', annot_kws={"size":20})
2  plt.show()
```

결과

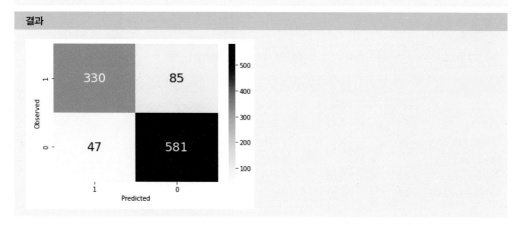

정밀도, 재현율, F1 스코어는 다음 식으로 계산할 수 있다. 코드로 계산식을 입력하면 다음과 같은 결과가 나온다.

- Total = TP + FP + FN + TN
- Accuracy(정확도): (TP + TN) / Total
- Recall(재현율): TP / (TP + FN)
- Precision(정밀도): TP / (TP + FP)
- F1−score: 2 * Precision * Recall / (Precision + Recall)

```
1  total = 330 + 47 + 85 + 581
2  accuracy = (330 + 581) / total
3  recall = 330 / (330 + 85)
4  precision = 330 / (330 + 47)
5  f1_score = 2 * precision * recall / (precision + recall)
6
7  print("accuracy =", np.round((accuracy),2))
8  print("recall =", np.round((recall),2))
9  print("precision =", np.round((precision),2))
10 print("f1_score =", np.round((f1_score),2))
```

결과

```
accuracy = 0.87
recall = 0.8
precision = 0.88
f1_score = 0.83
```

계산식에 값을 직접 입력해도 되지만 classification_report를 사용하면 훨씬 쉽게 다음과 같이 값을 구할 수 있다.

```
1  print(classification_report(y, pred_rf, target_names=['Survived 0','Survived 1']))
```

결과

	precision	recall	f1−score	support
Survived 0	0.87	0.93	0.90	628
Survived 1	0.88	0.80	0.83	415
accuracy			0.87	1043
macro avg	0.87	0.86	0.87	1043
weighted avg	0.87	0.87	0.87	1043

ROC Curve/AUC

ROC Curve/AUC를 간편하게 시각화하기 위해 `pip install yellowbrick` 명령어를 실행한다. yellowbrick 모듈에 대해 상세한 정보는 `https://www.scikit-yb.org/en/latest/api/classifier/rocauc.html`에서 확인할 수 있다.

설치가 완료된 후 다음과 같이 모듈을 불러온다. ROCAUC 파라미터로 랜덤 포레스트에서 사용했던 best_grid_rf를 입력한다. 그리고 4번째 줄에는 fit() 함수에는 train 데이터를 넣는다. 5번째 줄 score() 함수에는 test 데이터를 입력한다(test 데이터를 따로 분리하지 않았기 때문에 동일한 데이터를 사용한다).

```
1  from yellowbrick.classifier import ROCAUC
2
3  visualizer = ROCAUC(best_grid_rf, classes=[0, 1])
4  visualizer.fit(X, y)
5  visualizer.score(X, y)
6  visualizer.show()
```

결과

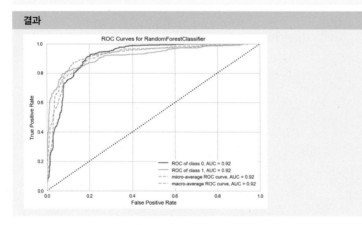

- ROC(receiver operation characteristic) Curve: 가운데 위치해 있는 선은 ROC Curve의 최저값을 나타낸다. 즉, 랜덤 수준의 이진 분류의 ROC 직선으로 AUC는 0.5이다. 성능 측면에서 ROC 곡선이 가운데 직선에 가까울수록 떨어지며, 멀어질수록 성능이 뛰어나다고 볼 수 있다.

- AUC(area under curve): ROC 선 밑의 면적을 구한 것으로 1에 가까운 값일수록 좋은 수치다. 즉, 가운데 직선에서 멀어져 왼쪽 상단 모서리 끝 쪽으로 가파르게 곡선이 이동할수록 직사각형의 가까운 곡선이 되고 면적이 1에 가까운 값을 가지기 때문에 좋은 ROC/AUC 성능 수치를 얻을 수 있다.

## PART 05

그룹화

종속 변수가 존재하지 않을 때 사용하는 분석 방법론으로 그룹화와
차원 축소가 있다. 그룹화는 관측치를 묶는 방법론이며, 차원 축소는
변수를 줄이는 방법론이다. 이번 파트에서는 군집 분석을 중심으로
그룹화를 학습한다.

그룹화(grouping)란 주어진 데이터의 관측치들을 묶는 방법이다. 대표적인 방법론으로는 군집 분석, 연관성 분석, 링크 분석 등이 있다.

1.1 프레임워크

표 5-1 그룹화의 프레임워크

	방법론	목적
비지도학습 (Unsupervised Learning)	• 군집 분석(clustering) • 연관성 분석(association analysis) • 링크 분석(link analysis)	그룹화(grouping)
	• 주성분 분석 (principal component analysis; PCA) • 부분최소제곱법 (partial least squares; PLS)	차원 축소(dimensionality reduction)

1.2 비지도학습의 적용

비지도학습(unsupervised learning) 모형은 다양한 영역에서 이용되고 있다. 마케팅에서는 시장 세분화(market segmentation)와 고객 세분화(customer segmentation) 등에 군집 분석(clustering)과 같은 비지도학습 방법을 이용하고 있다. 금융 영역에서는 포트폴리오 구축에 세분화 방법을 이용하기도 한다. 또한, 온라인 쇼핑몰은 유사한 상품을 탐색하거나 구매하는 고객들을 묶어 각 그룹이 보다 관심을 가질 만한 쇼핑 정보를 제공해 구매를 유도하거나 고객 이탈을 막는데 활용한다. 대형 마트는 고객 장바구니 구매 목록을 분석해 서로 같이 구매되는 제품들을 이용해 묶음 상품을 기획하거나 상품 진열에 참고해 고객들에게 질 높은 서비스를 제공한다. 또한 Mendeleev의 원소 주기율표는 군집 개념을 성공적으로 설명한 예이다.

1.3 비지도학습의 유형

비지도학습 방법론은 매우 다양하다. 그 중 그룹화 및 차원 축소는 매우 자주 사용되는 방법이다.

표 5-2 **그룹화와 차원 축소 비교**

구분	그룹화(grouping)	차원 축소(dimensionality reduction)
개념	행(row)으로 표현되는 관측치(observations; n)를 묶는 방법	열(column)로 표현되는 변수(variables; p)를 줄이는 방법
특징	데이터에 기반해 그룹을 찾는 방법 (그룹 내 동질, 그룹 간 이질)	대표성을 갖는 변수를 찾거나 만드는 방법
대표 방법론	• 군집 분석(clustering) 　- k-means clustering 　- 계층형 군집 　- 자기조직화 지도(SOM) • 연관성 분석(association analysis) 　- 시차 연관성 분석(sequential association analysis) 　- 링크 분석(link analysis) 　- 장바구니 분석(market basket analysis)	• 변수 선택(subset selection) 　- 전진 선택(forward selection) 　- 후진 선택(backward selection) 　- 단계적 선택(stepwise selection) 　- 수축(Shrinkage) • 변수 추출(feature extraction) 　- 주성분 분석(principal component analysis; PCA) 　- 요인 분석(factor analysis)

그룹화(grouping)를 간단히 설명하면 행(row)으로 표현되는 관측치(observations; n)를 묶는 방법이다. 일상생활에서도 수없이 많은 그룹화를 경험할 수 있다. 예를 들면, 음식을 발원지에 따라 중식, 한식, 양식, 일식 등으로 나누는 것도 그룹화다. 또 주관적인 친밀도나 관계 특성을 기준으로 주변인들을 친구, 지인, 직장 동료와 같은 그룹으로 나누는 것 또한 하나의 그룹화가 될 수 있다. 즉, 이미 다양한 목적으로 그룹화를 경험하고 있다.

그룹화를 통해 얻은 그룹은 그룹 내에서는 동질적이고 그룹 간에는 이질적인 특성을 갖는다. 예를 들면, 양식 요리는 식재료나 조리 방식 그리고 먹는 방법에서부터 한식과 차이가 있다. 한식은 주로 밥을 중심으로 반찬이나 찌개, 국을 곁들여 숟가락과 젓가락을 사용해 먹는 반면, 양식은 고기나 빵이 주로 식단에 포함되어 있고 포크와 나이프를 이용해 먹는 것이 일반적이다. 이처럼 같은 그룹 내에 포함된 요리들은 서로 동질적인 성향을 갖고, 서로 다른 그룹의 요리들은 이질적인 특성을 갖는다.

데이터 과학의 그룹화도 일상의 그룹화와 같이 각 관측치들이 그룹 내에서는 서로 동질적이고, 그룹 간에는 서로 이질적인 성격을 갖도록 그룹화를 수행한다. 다만 데이터 과학의 그룹화는 주관적인 판단이 아닌 데이터에 근거해 이질적인지 동질적인지를 판단하여 그룹을 나누는 특징을 갖고 있다. 먼저 주어진 데이터를 이용해 관측치 간의 유사도를 측정한다. 유사한 관측치는 서로 같은 그룹으로, 유사도가 낮은 관측치는 서로 다른 그룹으로 분리한다.

대표적인 그룹화 방법에는 군집 분석(clustering)이 있다.

차원 축소는 열(column)로 표현되는 변수(variables; p)를 줄이는 방법이다. 차원 축소 방법은 크게 어떤 선택 지표에 근거해 변수를 줄여 나가는 변수 선택과 서로 유사한 변수를 묶어 보다 적은 수의 변수로 만드는 특징 추출(feature extraction)로 구분할 수 있다. 변수 선택 방법에는 전진 선택(forward selection), 후진 제거(backward elimination), 단계적 선택(stepwise selection) 등이 있다. 특징 추출 방법은 서로 유사한 성격을 갖는 변수들을 대표성을 갖는 하나의 개념으로 묶는 것을 말한다. 변수를 묶는 방법에는 주성분 분석(principal component analysis; PCA), 요인 분석(factor analysis), 부분최소제곱법(partial least squares; PLS) 등이 있다.

그룹화와 차원 축소는 대부분 반응 변수가 없는 경우에도 사용할 수 있다. 그래서 데이터 특성을 파악하기 위한 기술적 분석(descriptive analysis) 목적으로 자주 이용된다. 그룹화와 차원 축소 방법을 통해 데이터 특성을 파악할 수 있고, 중요한 정보를 추출할 수도 있다.

02 군집 분석

군집 분석(clustering)은 데이터의 관측치를 여러 개로 묶어 그룹을 만들어 내는 분석 방법론이다. 이번에는 k-평균 군집 분석과 덴드로그램을 활용하여 군집 분석에 대해 학습한다.

2.1 군집 분석

군집 분석(clustering)은 관측치의 다양한 특성 변수의 거리를 이용해 유사한 그룹을 찾는 방법이다. 탐색적이고 기술적인(descriptive) 분석 방법의 하나로 반응 변수가 없거나 반응 변수를 선정하기 전 단계에서 데이터 특성 파악 목적으로 주로 활용한다.

2.1.1 군집 분석과 주성분 분석 비교

군집 분석과 주성분 분석은 주어진 데이터를 기술적으로 요약하는 것을 목적으로 한다는 점에서 공통점을 갖는다. 하지만 목적 달성 방법에 있어 차이가 있다. 군집 분석은 관측치 혹은 변수의 유사성을 기반으로 서로 비슷한 그룹으로 묶는 방법인 반면, 주성분 분석은 주어진 데이터의 특성을 잘 나타내는 저차원의 선형 결합을 찾는 방법이다. 군집 분석은 주로 관측치들을 묶는데 많이 이용되고 주성분 분석은 변수들을 묶는 데 주로 이용된다.

2.1.2 군집 분석의 적용 사례

군집 분석은 고객 세분화에 자주 사용한다. 고객의 구매 특성, 라이프 스타일 등을 이용해 고객 유형을 그룹화하여 비슷한 니즈(needs)를 갖는 고객을 찾아 그들을 대상으로 마케팅 전략을 수립할 수 있다. 또한 추천 시스템에서도 비슷한 개념이 활용된다. 추천 대상이 되는 제품이나 콘텐츠들의 특성들을 변수로 하여 유사도가 높은 제품들을 유사 군집으로 묶어 추천에 활용할 수 있다. 뿐만 아니라 금융 시장에서는 다양한 투자 정보 데이터, 재무성과 변수, 산업과 시장의 자본 총액 같은 특성치를 이용해 그 특징이 유사한 종목들을 그룹화한다. 서로 다른 군집으로부터 주식을 선택하여 균형 있는 포트폴리오를 구성할 수 있다. 이외에도 생명정보학, 의학, 사회과학 등 다양한 영역에서 범용적으로 활용되고 있다.

군집 분석의 유형

■ 분할적 군집 분석(partitional clustering)

군집의 수를 미리 결정한 뒤 군집화를 수행하는 방법이다. 이때 각 군집이 서로 겹치지 않게 군집을 결정하기 때문에 분할적 군집 분석이라고 한다. 계층적 군집 방법에 비해 계산량이 적기 때문에 대용량 데이터 분석에 적합한 방법이다(예: k-means clustering).

■ 계층적 군집 분석(hierarchical clustering)

한 군집 내 부분 군집을 허용하는 방법으로 각각의 관측치를 하나의 군집으로 간주하고 데이터의 특성이 가까운 군집끼리 순차적으로 결합해 나가는 병합적 방법(Agglomerative method)이 주로 사용된다. 덴드로그램(Dendrogram)을 이용한 시각화를 통해 각 관측치가 어떤 관측치와 가까운지 파악할 수 있어 군집들을 자연적인 계층 구조로 분석하고자 할 때 유용하다.

2.1.4 군집 분석의 주요 이슈

■ 군집 분석에 앞서 결정해야 할 것들

우선 군집 분석에 활용할 변수들의 척도(scale) 차이를 확인한다. 군집 분석은 거리(distance)를 기반으로 군집을 형성하기 때문에 활용 변수의 척도 차이가 큰 경우 단위가 큰 변수에 가중치가 부여되어 군집이 왜곡될 수 있다. 따라서 각 변수의 척도 차이가 존재하면 분석에 앞서 정규화(normalization) 또는 표준화(standardization) 작업을 수행해야 한다.

계층적 군집은 어떤 유사성 측도와 연결 방법을 이용할 것인지 결정하는 것이 군집 형성에 큰 영향을 줄 수 있다. 또한 군집 결정을 위한 어디에서 덴드로그램의 절단 계층을 선택하는 것도 중요한 의사결정 요인이다.

분할적 군집 형성 방법 중 하나인 k-평균 군집 분석(k-means clustering)은 k값을 어떻게 지정해 줄 것인가에 대한 선택이 군집 형성에 매우 큰 영향을 준다. k-평균 군집 분석 역시 각 관측치 간의 유사성 측도를 무엇으로 할지 결정하는 것 또한 중요하다.

이러한 사전 결정 사항을 결정하기 위한 보편 타당한 방법은 따로 존재하지 않는다. 데이터의 성향이나 산업 특성에 맞게 타당한 방법을 선택하는 것이 중요하며 경우에 따라서는 다양한 시도를 통해 해답을 찾아야 한다.

■ 군집 분석에 대한 검증

군집 분석을 통해 얻은 그룹이 데이터 내 실제 하위 그룹을 대표하는지 아니면 단순히 우연에 의한 것인지 확인하는 작업이 필요하다. 예를 들어, 군집 형성에 기여하지 않은 별도의 관측치들이 있다면 이 관측치들에서도 유사한 군집이 발견되는지 확인해 볼 수 있다. 군집이 우연히 만들어진 것인지 확인하기 위해 군집에 p-value를 할당하는 다양한 기법이 존재한다.

■ 군집 분석 시 고려 사항

군집 분석 방법은 보통 데이터 변동에 민감하다. 때문에 관측치를 하나만 제거해도 군집이 달라질 수 있다. k-평균 군집 방법이나 계층적 군집 방법 모두 모든 관측치에 군집을 할당한다. 만약 데이터 수집 오류 또는 이상 현상으로 발생한 데이터 즉, 이상치(outlier)가 포함된 경우 어디에도 속하지 않지만 알고리즘에 의해 불가피하게 군집에 속하게 되는 관측치가 발생할 수 있다. 군집 분석은 데이터 변동에 민감하기 때문에 이런 경우 해당 관측치로 인해 군집이 왜곡될 수 있다. 즉, 모든 관측치에 군집을 할당하는 것이 적절하지 않을 수 있다. 이런 경우 혼합 모델(mixture model)을 이용해 문제를 개선할 수 있다. 또한 사전 데이터 탐색을 통해 이상 데이터를 찾아 제거 또는 처리하는 방법을 사용할 수 있다. 혼합모델은 k-means clustering의 soft 버전이다.

■ 군집 분석 결과 해석에 대한 접근 방법

군집 분석 결과는 군집의 수, 연결법, 비유사성 측도 등의 설정에 따라 결과가 달라질 수 있다. 따라서 결과 해석에도 다양한 시도에서 지속적으로 나타나는 패턴이 있는지 확인하는 것이 좋다. 앞선 결과에 대한 확인을 위해 사전에 데이터를 분할하여 각 데이터에서의 군집 패턴이 유사한지를 확인하는 절차가 필요하다. 군집 분석 결과는 절대적 진리가 아니며, 과학적 가설 개발의 출발점으로 생각하고, 독립적인 자료를 바탕으로 추가 연구를 진행하는 것이 좋다.

2.2   k-평균 군집 분석

k-평균 군집 분석(k-means clustering)은 분할적 군집 분석(partitional clustering)의 하나로 관측치를 미리 설정한 k개의 군집으로 구분하는 방법이다. 이때 각 관측치는 k개 군집의 하나에 무조건 속하게 되고, 2개 이상의 군집에는 속하지 않는 성질을 갖는다. 각 군집에 속한 관측치는 서로 동질적이고, 서로 다른 군집의 관측치들은 서로 이질적이도록 군집을 형성하는 것을 목적으로 한다. 각 관측치들의 유사 정도는 각 관측치의 설명 변수 간 거리(distance)를 이용한다. 관측치 간의 거리는 설명 변수 유형에 따라 연속형인 경우 유클리드 거리, 상관계수 거리, 코사인 거리 등을 이용할 수 있고, 범주형인 경우 최단 거리, 최장 거리, 평균 거리 등의 방법을 이용한다.

2.2.1 수치형 데이터의 거리 측정

그림 5-1 유사도 측정법

Classical Methods		Correlation-based Distances	
Name	Formula	Name	Formula
Euclidean Distance	$\sqrt{\sum_{i=1}^{n}(x_i - y_i)^2}$	Pearson Correlation Distance	$1 - \dfrac{\sum_{i=1}^{n}(x_i - \bar{x})}{\sqrt{\sum_{i=1}^{n}(x_i - \bar{x})^2 \sum_{i=1}^{n}(y_i - \bar{y})^2}}$
Statistical Distance	$\sqrt{\sum_{i=1}^{n}\dfrac{(x_i - y_i)^2}{S_{ii}}}$	Eisen Cosine Correlation Distance	$1 - \dfrac{\left|\sum_{i=1}^{n} x_i y_i\right|}{\sqrt{\sum_{i=1}^{n} x_i^2 \sum_{i=1}^{n} y_i^2}}$
Manhattan Distance	$\sum_{i=1}^{n}\|x_i - y_i\|$	Mahalanobis Distance	$[(X - Y)^T S^{-1}(X - Y)]^{\frac{1}{2}}$ S : covariance matrix
Minkowski Distance	$\left[\sum_{i=1}^{n}\|x_i - y_i\|^p\right]^{\frac{1}{p}}$	Kendall Correlation Distance	$1 - \dfrac{n_c - n_d}{0.5n(n-1)}$ n_c : number of concordant pairs n_d : number of discordant pairs

2.2.2 k를 찾는 방법

k-평균 군집화 방법은 전역 최적이 아닌 국소 최적을 찾기 때문에 초기 군집에 따라 결과가 달라진다. 따라서 군집 초기값을 다르게 하여 여러 번 실행한 뒤 각 결과를 비교해 목적 함수를 최소화할 수 있다. 또는 사전에 산점도 등을 통해 데이터 특성을 확인해 데이터가 뭉쳐 있는 그룹의 수를 k 값으로 선택하는 방법도 있다. 이 경우 대상 변수가 2개인 경우에 유용하다. 하지만 변수가 2개 이상인 경우에는 이용하기 어렵다. 따라서 변수의 숫자가 많은 경우에는 산점도 행렬을 이용해 각 변수들의 관계를 통해 특성을 파악하거나 주성분 분석이나 오토-인코더(auto-encoder)와 같은 차원 축소 방법을 이용해 변수의 수를 줄여 특성을 파악하는 방법을 이용할 수 있다.

2.2.3 K-medoids

k-평균 군집화 방법은 중심으로부터 거리를 기반으로 군집화하기 때문에 구형으로 뭉쳐져 있는 볼록한 데이터 셋에는 비교적 잘 적용되나, 오목한 형태의 군집 모델은 특성을 구별해내는 데 문제를 보인다. 또한 동떨어져 있는 데이터나 노이즈에 매우 민감하게 반응하며, 사전에 클러스터 개수를 정해야 하는 것도 단점 중 하나다. 초기 클러스터를 어떻게 선택하느냐에 따라 글로벌 최소값에 도달하지 못하는 경우도 있다.

그림 5-2 K-medoids

대표 샘플

샘플들의 평균
(샘플이 아닐 수 있다)

이러한 왜곡을 완화시키는 역할을 하는 것이 K-medoids 클러스터의 중심을 좌표평면상 임의의 점이 아니라 데이터셋의 값 중 하나를 선정해 실제 데이터셋에 있는 값을 중심점으로 하기 때문에 이상치와 노이즈 처리가 우수하고, 매우 강건(robust)하게 수렴하는 방법이다.

2.3 실습

2.3.1 데이터셋

붓꽃(Iris) 데이터셋을 가지고 군집 분석(clustering) 실습을 해보자. 해당 데이터셋은 사이킷런에서 제공하는 sklearn.datasets를 통해 손쉽게 가져올 수 있다. 다음 URL을 통해서 다운로드 받을 수도 있다.

그림 5-3 붓꽃(Iris) 데이터셋

Iris Data Set
Download: Data Folder, Data Set Description

Abstract: Famous database; from Fisher, 1936

Data Set Characteristics:	Multivariate	Number of Instances:	150	Area:	Life
Attribute Characteristics:	Real	Number of Attributes:	4	Date Donated	1988-07-01
Associated Tasks:	Classification	Missing Values?	No	Number of Web Hits:	3658530

Source:

Creator:

R.A. Fisher

Donor:

Michael Marshall (MARSHALL%PLU '@' io.arc.nasa.gov)

[출처: https://archive.ics.uci.edu/ml/datasets/iris]

그림 5-4 붓꽃 품종

주요 독립 변수(x)와 종속 변수(y)는 다음과 같다.

■ 독립 변수(x)

- sepal length(cm): 꽃받침 길이
- sepal width(cm): 꽃받침 너비
- petal length(cm): 꽃잎 길이
- petal width(cm): 꽃잎 너비

■ 종속 변수(y)

- target: 꽃잎의 종류(Species), Virsicolor / Virginica / Setosa

2.3.2 데이터 전처리

분석에 필요한 모듈을 import한다. datasets.load_iris( ) 함수를 통해 붓꽃 데이터를 불러온다. 붓꽃의 종류(Species)는 0인 경우 setosa, 1이면 versicolor, 그 외의 값은 virginica로 분류해서 저장한다. 꽃받침(sepal), 꽃잎(petal)의 피처들과 타겟값을 df_iris 데이터 프레임으로 저장하자.

```
1  # 연산 처리를 위한 패키지입니다.
2  import pandas as pd
3  import numpy as np
4
5  # 그룹화를 위한 패키지입니다.
6  from sklearn.cluster import KMeans
7
8  # 시각화를 위한 패키지입니다.
9  from matplotlib import pyplot as plt
10 import seaborn as sns
11
```

```
12 # 데이터셋입니다.

13 from sklearn import datasets

14

15 # 그래프를 실제로 그리기 위한 설정입니다.

16 %matplotlib inline

17

18 # 경고 메시지를 무시합니다.

19 import warnings

20 warnings.filterwarnings('ignore')

21

22 # iris dataset을 불러옵니다.

23 iris = datasets.load_iris()

24 df_iris = pd.DataFrame(data=np.c_[iris.data, iris.target],

25                         columns= iris.feature_names + ['target'])

26

27 # target을 분류합니다.

28 df_iris['target'] = df_iris['target'].apply(lambda x: 'setosa' if 0 == x else ('versicolor'

29                                     if 1 == x else 'virginica'))

30 df_iris.head()
```

결과

그림 5-5 실행 결과

	sepal length (cm)	sepal width (cm)	petal length (cm)	petal width (cm)	target
0	5.1	3.5	1.4	0.2	setosa
1	4.9	3.0	1.4	0.2	setosa
2	4.7	3.2	1.3	0.2	setosa
3	4.6	3.1	1.5	0.2	setosa
4	5.0	3.6	1.4	0.2	setosa

꽃받침(sepal)의 길이와 너비를 시각화하여 붓꽃들이 어떻게 분류되었는지 확인하자.

```
1 sns.pairplot(data=df_iris.loc[:, ['target', 'sepal length (cm)','sepal width (cm)']],
2                              hue="target", size=5, plot_kws=dict(s=50, linewidth=1))
```

그림 5-6 실행 결과

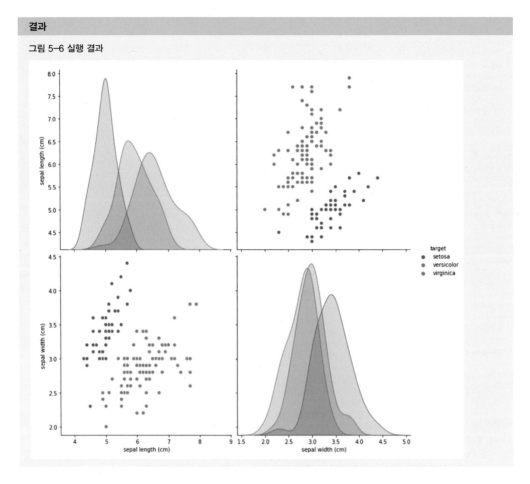

꽃받침(sepal)의 길이와 너비를 기준으로 붓꽃들을 분류해본 결과 setosa는 분포도가 다른 종과 구분되어 있으며 versicolor, virginica의 경우 데이터 분포가 섞여 있는 것을 확인할 수 있다.

2.3.3 k를 3으로 군집 개수 지정

k를 3으로 군집 개수를 지정한 후 k−means()를 수행해 군집화한다. 2차원 평면상에서 데이터의 시각화를 위해 꽃받침(sepal)의 길이와 너비를 기준으로 fit()을 통해 군집화하자. 클러스터의 중심 값 또한 확인한다.

```
1   # k를 3개로합니다.
2   cluster = KMeans(n_clusters = 3, n_jobs = −1, random_state=0)
3
4   # 2차원 평면상에서 시각화를 위해 2개의 속성만 사용합니다
```

```
5  model = cluster.fit(df_iris[['sepal length (cm)','sepal width (cm)']])
6
7  # 각각의 클러스터 중심을 확인합니다.
8  centers = model.cluster_centers_
9  print(centers)
```

결과

```
[[5.006      3.428      ]
 [6.81276596 3.07446809]
 [5.77358491 2.69245283]]
```

Lables_를 통해 분류된 붓꽃의 종류를 확인할 수 있다.

```
1  model.labels_
```

결과

```
array([0, 0, 0, 0, 0, 0, 0, 0, 0, 0, 0, 0, 0, 0, 0, 0, 0, 0, 0, 0, 0, 0, 0, 0,
       0, 0, 0, 0, 0, 0, 0, 0, 0, 0, 0, 0, 0, 0, 0, 0, 0, 0, 0, 0, 0, 0, 0, 0,
       0, 0, 0, 0, 0, 0, 0, 1, 1, 1, 2, 1, 2, 1, 2, 1, 2, 2, 2, 2, 2, 2, 1,
       2, 2, 2, 2, 2, 2, 2, 1, 1, 1, 1, 2, 2, 2, 2, 2, 2, 2, 2, 1, 2,
       2, 2, 2, 2, 2, 2, 2, 2, 2, 2, 1, 2, 1, 1, 1, 1, 2, 1, 1, 1,
       1, 1, 1, 2, 1, 1, 1, 1, 2, 1, 2, 1, 2, 1, 1, 2, 1, 1, 1, 1,
       1, 2, 2, 1, 1, 1, 2, 1, 1, 1, 2, 1, 1, 1, 2, 1, 1, 2], dtype=int32)
```

분류된 군집화 값(0, 1, 2)들을 해당하는 붓꽃의 종류로 이름을 지정하고, 피처의 이름을 km_
cluster로 지정한다. 해당 값들의 데이터 프레임을 확인해보자.

```
1  df_iris['km_cluster'] = model.labels_
2  df_iris['km_cluster'] = df_iris['km_cluster'].apply(lambda x: 'setosa' if 0 == x else
3                                          ('versicolor' if 1 == x else 'virginica'))
4
5  df_iris.head()
```

그림 5-7 실행 결과

	sepal length (cm)	sepal width (cm)	petal length (cm)	petal width (cm)	target	km_cluster
0	5.1	3.5	1.4	0.2	setosa	setosa
1	4.9	3.0	1.4	0.2	setosa	setosa
2	4.7	3.2	1.3	0.2	setosa	setosa
3	4.6	3.1	1.5	0.2	setosa	setosa
4	5.0	3.6	1.4	0.2	setosa	setosa

좀 더 구체적으로 타겟값과 분류된 값을 종류별로 살펴보면 setosa의 경우 정확히 50개 모두 타겟값과 군집화로 분류된 값이 일치한다. 나머지 versicolor, virginica의 경우 타겟값이 정확히 분류되지 않았다.

```
1  pd.DataFrame(df_iris.groupby(['target','km_cluster'])[['sepal length (cm)',
2                              'sepal width (cm)']].count())
```

그림 5-8 실행 결과

target	km_cluster	sepal length (cm)	sepal width (cm)
setosa	setosa	50	50
versicolor	versicolor	12	12
	virginica	38	38
virginica	versicolor	35	35
	virginica	15	15

시각화를 통해 꽃받침(sepal)의 길이와 너비를 기준으로 어떻게 군집화가 이루어졌는지 확인해보자.

```
1  sns.pairplot(data=df_iris.loc[:, ['km_cluster', 'sepal length (cm)','sepal width (cm)']],
2              hue="km_cluster", size=5, plot_kws=dict(s=50, linewidth=1))
```

그림 5-9 실행 결과

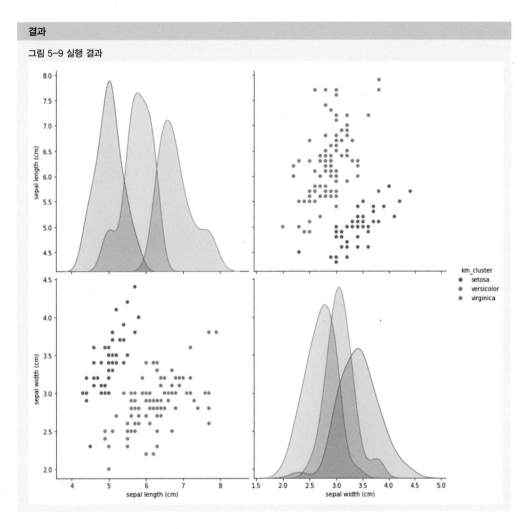

중심값을 기준으로 군집화를 수행하다 보니 versicolor, virginica의 경우 실제 붓꽃 종류와 다르게 분류된 것을 확인할 수 있다.

2.3.4 군집 분석을 위한 가상 데이터 생성

make_blobs 함수를 사용해서 군집화를 위한 가상 데이터를 생성한다. make_blobs는 보통 클러스링을 위한 가상 데이터를 생성하는 데 사용하며, 군집 분석을 위한 가상 데이터를 손쉽게 생성할 수 있다. make_blobs 함수의 파라미터와 반환값은 다음과 같다.

■ 파라미터
- n_samples: 표본 데이터의 수
- n_features: 독립 변수의 수
- centers: 생성할 클러스터의 수 혹은 중심
- cluster_std: 클러스터의 표준 편차

■ 반환값
- X: [n_samples, n_features] 크기의 배열, 독립 변수
- y: [n_samples] 크기의 배열, 종속 변수

데이터 수를 200개, 독립 변수의 수는 2, 클러스터는 5개로 가상 데이터를 생성한다. x, y의 값은 df_k5 데이터 프레임에 입력한다.

```
1  from sklearn.datasets import make_blobs
2  X, y = make_blobs(n_samples=200, n_features=2, centers=5, random_state=27)
3
4  df_k5 = pd.DataFrame(data=X, columns=['x1','x2'])
5  df_k5['target'] = y
6  df_k5.head()
```

결과

그림 5-10 실행 결과

	x1	x2	target
0	-5.673888	9.134580	2
1	7.783390	-7.145758	3
2	7.532874	-4.235851	3
3	-1.497504	9.437434	2
4	-2.912560	6.562741	0

```
1  plt.scatter(df_k5['x1'], df_k5['x2'], marker='o', c=y, s=50,
2              edgecolor="k")
3  plt.show()
```

시각화를 통해 살펴보면 다음과 같이 클러스터가 5개로 군집화되어 있다.

결과

그림 5-11 실행 결과

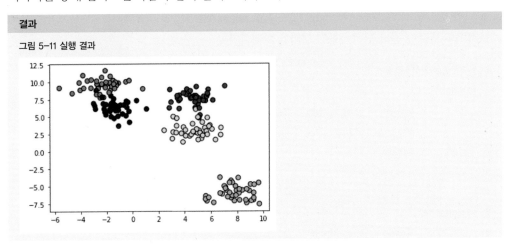

KMeans( )를 수행해 군집화한다. k의 수는 5로 지정한다. fit_predict( ) 함수를 실행하여 군집화
한다. 분류된 해당 값들은 pred 피처에 저장하자. 타겟값과 예측한 값이 어떻게 되었는지를 확인
한다.

```
1   # k-means 클러스터링
2   cluster = KMeans(n_clusters = 5, n_jobs = -1, max_iter=200, random_state=27)
3   pred = cluster.fit_predict(X)
4   df_k5['pred']= pred
5
6   pd.DataFrame(df_k5.groupby(['target','pred'])[['x1','x2']].count( ))
```

결과

그림 5-12 실행 결과

target	pred	x1	x2
0	2	37	37
	4	3	3
1	0	38	38
	3	2	2
2	4	40	40
3	1	40	40
4	0	1	1
	3	39	39

예측한 값은 실제 타겟값과는 다르지만 대부분 그룹화가 잘 되어 있다. target 0은 pred 2로, target 1은 0으로, target 2는 4로, target 3은 1로, target 4는 3으로 그룹화되었다. 시각화를 통해서 클러스터별로 중간값과 그룹화된 결과를 확인하자.

```
1  # 그룹화된 클러스터 1 ～ 5
2  plt.scatter(
3              X[pred == 0, 0], X[pred == 0, 1],
4              s=50, c='green',
5              marker='o', label='cluster 1'
6              )
7
8  plt.scatter(
9              X[pred == 1, 0], X[pred == 1, 1],
10             s=50, c='orange',
11             marker='s', label='cluster 2'
12             )
13
14 plt.scatter(
15             X[pred == 2, 0], X[pred == 2, 1],
16             s=50, c='gold',
17             marker='v', label='cluster 3'
18             )
19
20 plt.scatter(
21             X[pred == 3, 0], X[pred == 3, 1],
22             s=50, c='brown',
23             marker='h', label='cluster 4'
24             )
25
26 plt.scatter(
27             X[pred == 4, 0], X[pred == 4, 1],
28             s=50, c='violet',
29             marker='d', label='cluster 5'
30             )
31
32 # 클러스터별 중심 위치
```

```
33 plt.scatter(
34          cluster.cluster_centers_[:, 0], cluster.cluster_centers_[:, 1],
35          s=100, c='r',
36          marker='*', label='centroids'
37          )
38
39 plt.legend()
40 plt.grid()
41 plt.show()
```

결과

그림 5-13 실행 결과

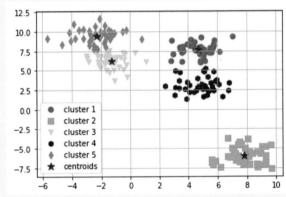

지금까지 k의 값을 임의로 지정했다. 그렇다면 k의 수를 어떻게 정하면 좋을까? $k-$means 모델에는 inertia의 값이 있다. 군집 내의 분산을 의미하며 값이 작을수록 좋다. inertia 값이 작아지는 지점, 그 부분이 최적의 k의 개수를 지정하는 점이다. 즉, 급격하게 줄어들다가 경향성이 줄어드는 지점이다.

```
1  inertia = list()
2
3  # inertia를 측정합니다.
4  for i in range(1,11):
5      model = KMeans(n_clusters=i)
6      model.fit(X)
7      inertia.append(model.inertia_)
8
```

```
9   # K 수에 따라 inertia의 변화입니다.
10  plt.plot(range(1,11), inertia, '-o')
11  plt.xlabel('Number of Clusters (k)')
12  plt.ylabel('Distortion')
13  plt.show()
```

그림 5-14 실행 결과

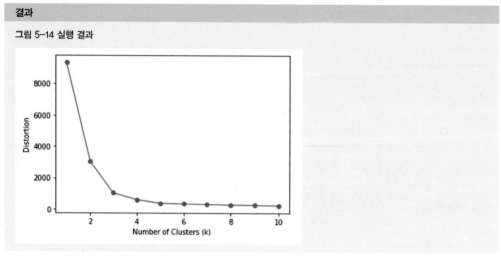

분석의 목적과 상황에 따라 k를 결정하는 방법은 여러 가지가 있지만 기울기가 완만해지는 구간인 3과 4 사이에서 끊어주는 것도 하나의 방법이다

2.4 계층적 군집 분석

계층적 군집(hierarchical clustering)은 한 군집 내에 부분 군집을 허용하는 방법으로 덴드로그램을 이용한 시각화를 활용해 군집의 수를 결정할 수 있다는 장점이 있다. 계층적 군집은 부분 군집을 허용하기 위해 전체 데이터를 하나의 군집으로 하고 이를 부분 군집으로 나눈 후, 각 부분 군집을 다시 나누는 계층 형식의 군집화 방법을 이용한다.

이러한 특징 덕분에 사전에 군집 수를 정할 필요가 없다. 또한 덴드로그램을 이용해 시각적으로 이해가 쉽고 적당한 군집 수 선정이 용이하다. 계층적 군집은 의사결정나무의 생성 과정과 역순으로 계층 구조를 만든다. 개별 관측치에서 시작해 이들을 묶어 나가는 방법을 이용하며 이를 하향식 응집이라고 한다.

2.4.1 분할적 군집 분석과의 비교

계층적 군집 분석은 군집 특성상 분할적 군집 분석보다 많은 정보를 파악할 수 있다. 각 관측치들이 얼마나 가까운지 이질적인지 등에 대한 정보를 시각적으로 보다 상세하게 알 수 있어 유용하다. 그렇다고 해서 계층적 군집 분석이 분할적 군집 분석보다 좋은 것은 아니다. 예를 들어 성별과 학력(대졸, 고졸, 중졸 이하)으로 나뉘는 군집이 있다면, 분할적 군집 분석은 $k = 2$인 경우 성별을 기준으로 군집이 분리될 것이다. 또 $k = 3$인 경우 학력을 기준으로 군집을 나눌 것이다. 하지만 계층적 군집은 성별의 하위 그룹으로 학력이 나오거나 학력의 하위 그룹으로 성별이 나뉜다는 보장이 없다. 즉, 이런 특성들이 뒤섞여 부정확한 결과를 얻을 위험이 있다.

2.4.2 연결의 종류와 방법

■ **단일 연결법(single linkage)**

단일 연결법은 주어진 군집의 관측치들의 거리를 계산한다. 그리고 계산된 거리 중 가장 작은 값을 두 군집의 거리로 결정한다. 각 군집의 거리가 제일 작은 즉, 유사도가 높은 군집을 다음 단계에서 하나의 군집으로 묶는다.

■ **완전 연결법(complete linkage)**

완전 연결법은 단일 연결법과 달리 각 군집내 관측치 간 거리 중 제일 큰 값을 각 군집의 거리로 취급한다.

■ **평균 연결법(average linkage)**

평균 연결법은 각 군집 내 관측치들의 평균 거리를 군집의 거리로 취급한다.

■ **중심 연결법(centroid linkage)**

중심 연결법은 각 군집 내 모든 관측치 간의 거리를 계산하고 이 거리의 무게 중심을 군집들 간의 거리로 취급한다. 각 군집이 덴드로그램에서 개별 클러스터 중 어느 하나보다 낮은 높이에서 융합될 수 있다(Inversion 문제).

■ **와드 방법(Ward's method)**

와드 방법은 각 군집이 합쳐졌을 때 군집 중심(군집 내 관측치들의 평균)과 각 관측치 값의 차이 제곱을 거리로 이용한다. 만약 주어진 두 군집이 서로 매우 이질적이라면, 이 두 군집을 병합할 경우 군집 중심과 각 관측치들의 거리가 상당히 커지기 때문에 유용하게 이용할 수 있는 방법이다.

그림 5-15 덴드로그램의 결합 순서와 유사도의 관계

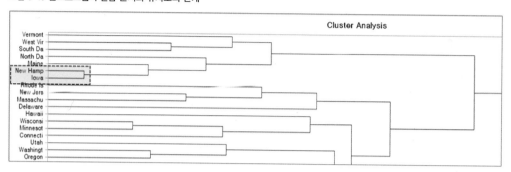

덴드로그램은 각 관측치의 유사성을 기준으로 군집화하는데 이때, 처음으로 묶이는 두 관측치는 매우 유사성이 높음을 의미한다. USArrests 데이터를 이용한 dendrogram에서 New Hampshire와 Iowa가 가장 빠르게 결합하는 것을 확인할 수 있다. 이는 두 도시의 범죄 성향 및 인구비가 유사함을 의미한다.

그림 5-16 주성분을 이용한 산점도

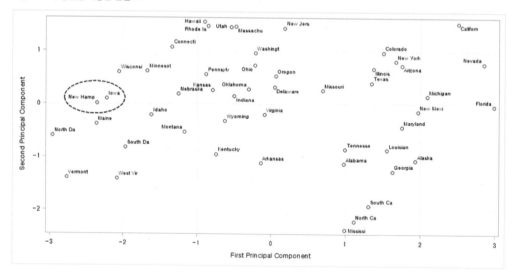

앞서 살펴본 New Hampshire와 Iowa주의 경우 실제 PCA를 통한 산점도상에서도 매우 가까운 것을 알 수 있다.

그림 5-17 산점도에서의 위치

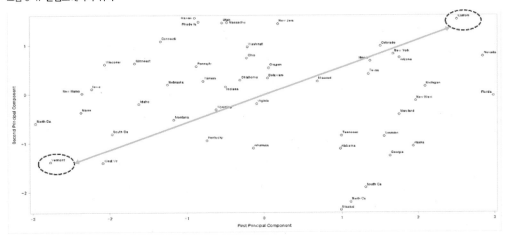

거리가 멀수록 두 관측치는 서로 많이 떨어져 있다는 것을 나타내고, Vermont와 California의 경우 서로 양극단에 있기 때문에 가장 나중에 결합될 것이라고 예상할 수 있다. 나중에 결합될수록 Dendrogram에서의 결합 위치가 root에 가까워진다.

그림 5-18 덴드로그램

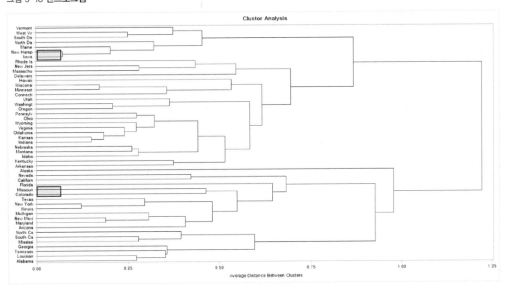

실제 덴드로그램상에서도 앞선 PCA 산점도와 같은 결과를 나타내는 것을 알 수 있다. Vermont가 속한 군집과 California가 속한 군집이 제일 나중에 결합하는 것을 볼 수 있다.

그림 5-19 덴드로그램의 해석

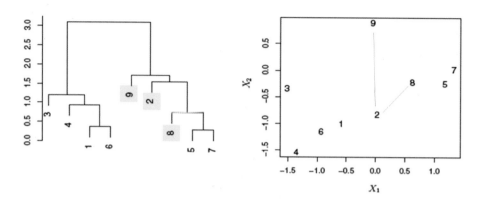

덴드로그램이 〈그림 5-19〉와 같을 때, 관측치 2와 9가 2와 8보다 가까울 거라고 착각하기 쉽다. 하지만, 관측치의 유사성은 두 관측치를 포함하는 가지들이 처음 융합되는 덴드로그램의 수직축의 위치에 기초한다. 따라서 해당 경우는 2와 8이 2와 9보다 더 가깝다는 것을 알 수 있다.

그림 5-20 덴드로그램을 이용한 군집의 수 결정

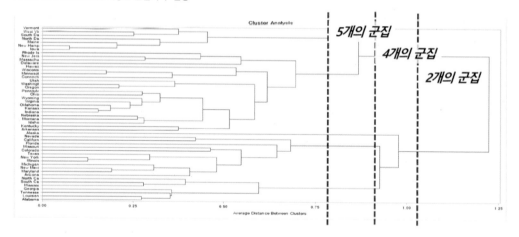

덴드로그램의 높이는 각 관측치의 떨어진 정도를 의미하고, 적절한 기준 높이를 정해 군집을 결정할 수 있다. 보통은 원하는 군집의 수와 덴드로그램을 비교하여 기준점을 결정한다. 덴드로그램의 절단 점은 k-means clustering의 클러스터 수 k와 같은 역할을 한다.

2.4.4 군집 간 거리에 대한 측도 선택

군집 형태가 고리나 소시지 모양이면 단일 연결법이 좋은 선택지가 될 수 있다. 단일 연결법은 군집을 병합할 때 군집 내 관측치 중 거리가 제일 가까운 관측치들 간의 거리를 이용하기 때문에 고리나 소시지 모양으로 분포한 데이터에 대한 군집도 잘 형성되는 특징을 갖고 있다. 예를 들면, 점염병의 경우 최외곽에서 전파되는 성향이 있기 때문에 이런 유형의 데이터 분석에 유용한 방법이 될 수 있다. 단일 연결법은 계산된 각 거리의 편차에 상당히 둔감하지만 관측치가 추가되거나 제거될 경우 결과가 크게 바뀔 수 있다.

완전 연결법, 평균 연결법은 군집의 형태가 구형(예를 들어, 수많은 속성들에 기초하여 군집화된 고객들)에 가까운 경우에 적합하다. 군집은 구형에 가까운 형태를 가질 확률이 높기 때문에 군집 모양을 모르는 경우 완전 연결법과 평균 연결법을 주로 이용한다.

2.4.5 유사성 측도 선택

앞선 예는 유클리드 거리를 유사성 측도로 이용한다. 하지만 때에 따라 다른 측도가 더 좋은 결과를 나타낼 수 있다. 예를 들면, 상관 기반 거리(correlation-based distance)는 유클리드 거리와 관계없이 두 관측 변수 간 상관관계가 크면 유사한 것으로 간주한다. 즉, 상관 기반 거리는 관측치의 모양 유사성을 기준으로 산출한다.

그림 5-21 Euclidean distance vs. Correlation based distance

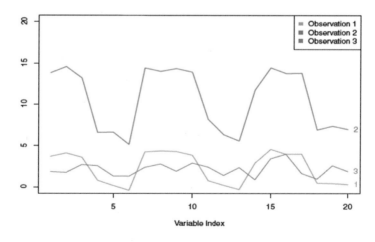

- Observation1과 Euclidean Distance 가까운 관측치: Observation 3
- Observation1과 Correlation Based Distance 가까운 관측치: Observation 2

온라인 쇼핑몰에서 고객 구매 이력을 이용해 고객 세분화를 하려고 한다. 유사 구매 패턴을 갖는 고객을 묶고 이를 이용해 추천 상품을 선정한다. 수집 데이터가 다음과 같을 때 철수를 기준으로 유사도를 측정해보자.

그림 5-22 **상품 추천을 위한 온라인 쇼핑몰의 고객 세분화**

	사과	바나나	포도	수박	배
철수	1	2	4	3	3
영희	2	1	0	1	0
길동	1	2	0	2	2
까치	4	2	1	2	1
둘리	5	6	1	2	4

유클리드 거리와 상관 기반 거리를 산출한 결과이다. 유클리드 거리는 전반적으로 구매 횟수가 적거나 큰 고객들이 서로 같은 군집 형성하는 반면 상관 기반 거리는 유사한 선호를 가진 고객들이 서로 군집 형성한다.

그림 5-23 Euclidean Distance와 Correlation-based Distance를 이용한 고객의 유사도 측정

	사과	바나나	포도	수박	배	Euclidean dist.	Corr.
철수	2	8	12	4	2	-	-
영희	2	0	0	2	0	14.70	-0.55
길동	4	2	3	1	1	11.45	0.19
까치	6	7	10	0	6	7.28	0.60
둘리	1	4	6	2	1	7.62	1.00

철수와 유클리드 거리가 제일 가까운 사람은 까치이고, 철수와 상관 기반 거리가 제일 가까운 사람은 둘리이다.

그림 5-24 **철수와 까치 vs. 철수와 둘리**

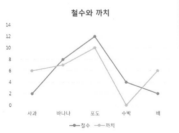
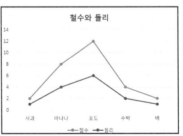

철수와 까치는 바나나와 포도에 대한 구매 빈도가 유사한 것 외에는 비슷한 구매 패턴이 없다. 반면에 철수와 둘리는 스케일 차이만 있을 뿐 각 상품을 유사하게 선호한다는 것을 알 수 있다.

즉, 상관 기반 거리를 이용한 유사도가 때로는 더 좋은 경우가 있다.

2.4.6 변수 표준화

거리 측도뿐만 아니라 변수의 스케일 역시 군집 형성에 큰 영향을 줄 수 있다. 이러한 문제는 표준화를 통해 해결할 수 있다.

그림 5-25 변수 표준화가 필요한 이유

표준화 전		사과	바나나	포도	수박	배	Euclidean dist.
	철수	2	8	120	4	2	-
	영희	2	0	0	2	0	120.30
	길동	4	2	30	1	1	90.28
	까치	6	7	100	0	6	21.19
	둘리	1	4	60	2	1	60.18

표준화 후		사과	바나나	포도	수박	배	Euclidean dist.
	철수	-0.5	1.14	1.18	1.48	0	-
	영희	-0.5	-1.25	-1.26	0.13	-0.85	3.77
	길동	0.5	-0.66	-0.65	-0.54	-0.43	3.44
	까치	1.5	0.84	0.77	-1.21	1.71	3.80
	둘리	-1	-0.06	-0.04	0.13	-0.43	2.27

표를 보면 포도는 다른 변수들에 비해 스케일이 커 유클리드 거리 계산에 더 큰 영향을 주는 것을 알 수 있다.

2.5 실습

k-means clustering과 마찬가지로 make_blobs 함수를 사용해서 계층적 군집 분석(hierarchical clustering)을 위한 가상 데이터를 생성해보자. 데이터 수는 14개, 독립 변수의 수는 14, 그리고 클러스터는 2개로 설정한다. x, y의 값은 df_hc 데이터 프레임에 입력한다.

```
1  from sklearn.datasets import make_blobs
2
3  X, y = make_blobs(n_samples=14, n_features=2, centers=2, random_state=6, cluster_std=0.3)
4
5  df_hc = pd.DataFrame(data=X, columns=['x1','x2'])
6  df_hc['target'] = y
7  df_hc.head()
```

그림 5-26 실행 결과

	x1	x2	target
0	6.531025	-8.622290	1
1	7.756439	-2.989083	0
2	7.890541	-3.321659	0
3	8.195322	-3.814632	0
4	6.370280	-9.005808	1

생성된 가상 데이터를 시각화해서 군집의 분포도를 살펴보자.

```
1  plt.scatter(df_hc['x1'], df_hc['x2'], marker='o', c=y, s=20)
2
3  labeling = range(1,15)
4  for label, x, y in zip(labeling, X[:, 0], X[:, 1]):
5      plt.annotate(
6          label,
7          xy=(x,y), xytext=(-2,2),
8          textcoords='offset points', ha='left', va='bottom')
9  plt.show()
```

그림 5-27 실행 결과

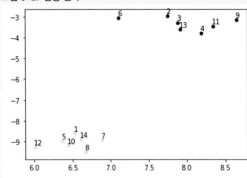

2개의 군집이 왼쪽 아래와 오른쪽 위쪽으로 구분되어 있는 것을 볼 수 있다. *k*-means clustering 과는 다르게 군집의 개수를 정하지 않아도 된다. 이제 덴드로그램을 통해 유사한 개체들을 시각화해서 살펴보자. 단일 연결법을 사용하여 군집화를 해보자.

```
1  from scipy.cluster.hierarchy import dendrogram, linkage
2
3  # 단일 연결법: 주어진 군집의 관측치들의 거리를 계산합니다.
4  linked = linkage(X, 'single')
5  labels = range(1, 15)
6
7  plt.figure(figsize=(10,6))
8  dendrogram(linked,
9              orientation='top',
10             labels=labels)
11 plt.show()
```

결과

그림 5-28 실행 결과

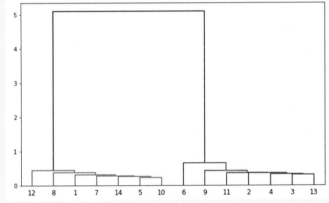

이번에는 와드 방법(Ward's method)으로 군집화를 실시해보자. 각 군집이 합쳐졌을 때 군집 중심(군집 내 관측치들의 평균)과 각 관측치 값의 차이 제곱을 거리로 이용한다.

다음의 코드처럼 orientation='right' 값으로 설정하면 그래프를 오른쪽을 기준으로 해서 볼 수 있다.

```
1   # 와드 방법: 각 군집이 합쳐졌을 때 군집 중심(군집 내 관측치들의 평균)과 각 관측치 값의 차이 제곱을 거리로 이용합니다.
2   linked = linkage(X, 'ward')
3   labels = range(1, 15)
4
5   plt.figure(figsize=(6,4))
6   dendrogram(linked,
7             orientation='right',
8             labels=labels)
9   plt.show()
```

결과

그림 5-29 실행 결과

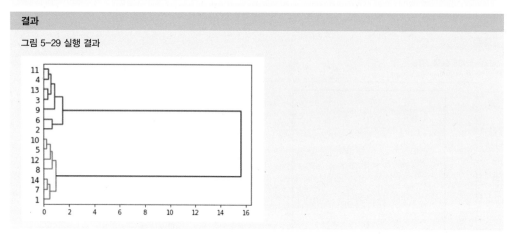

단순 선형 회귀 모델에서 실습했던 House Sales in King County, USA 데이터셋을 활용하여 계층적 군집 분석(hierarchical clustering)을 해보자. 기존에 다운로드 받았던 csv 파일을 사용한다.

그림 5-30 데이터셋 | House Sales in King County, USA

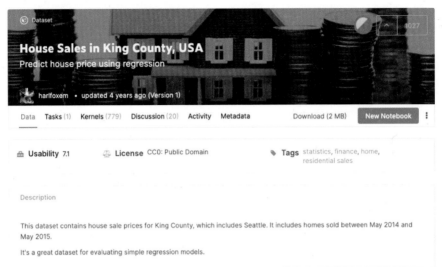

```
1  import scipy.cluster.hierarchy as shc
2
3  df = pd.read_csv('./data/regression/kc_house_data.csv')
4  df.head()
```

결과

그림 5-31 실행 결과

	id	date	price	bedrooms	bathrooms	sqft_living	sqft_lot	floors	waterfront	view	...	grade
0	7129300520	20141013T000000	221900.0	3	1.00	1180	5650	1.0	0	0	...	7
1	6414100192	20141209T000000	538000.0	3	2.25	2570	7242	2.0	0	0	...	7
2	5631500400	20150225T000000	180000.0	2	1.00	770	10000	1.0	0	0	...	6
3	2487200875	20141209T000000	604000.0	4	3.00	1960	5000	1.0	0	0	...	7
4	1954400510	20150218T000000	510000.0	3	2.00	1680	8080	1.0	0	0	...	8

5 rows × 21 columns

date 피처를 사용해서 date2(집이 매각된 연도)와 yr_built(지어진 연도)의 기간 차이를 비교해서 sold-build_years라는 새로운 변수를 추가한다.

```
1  df['date2'] = df['date'].apply(lambda x: x[0:4])
2  df['date2'] = df['date2'].astype('int64')
3  df['date2']
4
5  df['sold-built_years'] = df.apply(lambda x: ((x['date2']) - (x['yr_built'])), axis=1)
6  df['sold-built_years']
```

결과	
0	59
1	63
2	82
3	49
4	28
..	
21608	5
21609	1
21610	5
21611	11
21612	6
Name: sold-built_years, Length: 21613, dtype: int64	

다중 선형 회귀분석에서 사용했던 피처들을 사용하자. 데이터의 수가 21,613개다. 계층적 군집 분석(hierarchical clustering)을 위해서 데이터를 500개만 선택 후 군집화한다.

```
1  x = df[['bedrooms','sqft_living','waterfront','view','sold-built_years']]
2  y = df['price']
3  x
```

그림 5-32 실행 결과

	bedrooms	sqft_living	waterfront	view	sold-built_years
0	3	1180	0	0	59
1	3	2570	0	0	63
2	2	770	0	0	82
3	4	1960	0	0	49
4	3	1680	0	0	28
...	...	...	...	...	...
21608	3	1530	0	0	5
21609	4	2310	0	0	1
21610	2	1020	0	0	5
21611	3	1600	0	0	11
21612	2	1020	0	0	6

21613 rows × 5 columns

```
1  # 500개만 선택합니다.
2  data = X[:500]
3
4  # Ward's method: 군집 중심(군집 내 관측치들의 평균)과 관측치 값의 차이 제곱을 거리로 이용합니다.
5  plt.figure(figsize=(12,10))
6  dendrogram = shc.dendrogram(shc.linkage(data, method='ward'), orientation='right')
7  plt.show()
```

그림 5-33 실행 결과

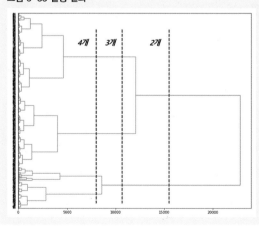

덴드로그램의 높이는 각 관측치의 떨어진 정도를 의미하고, 적절한 기준 높이를 정해 군집을 결정할 수 있다. 4개, 3개, 2개의 군집으로 분류되어 있는 것을 확인할 수 있다. 이제 분류된 Cluster 1, Cluster 2의 가격(price)을 살펴보자.

```
1  from sklearn.cluster import AgglomerativeClustering
2
3  cluster = AgglomerativeClustering(n_clusters=2, affinity='euclidean', linkage='ward')
4  model = cluster.fit_predict(data)
5
6  print("Cluster 1의 평균 가격(price): ", np.mean([x for x, y in
7                                       zip(y, cluster.fit_predict(data)) if y == 0]))
8  print("Cluster 2의 평균 가격(price): ", np.mean([x for x, y in
9                                       zip(y, cluster.fit_predict(data)) if y == 1]))
```

결과

```
Cluster 1의 평균 집 값: 417325.8604060914
Cluster 2의 평균 집 값: 927550.8962264151
```

bedrooms, sqft_living, waterfront, view, sold-build_years의 값(mean)들을 비교하면 다음과 같은 조건으로 Cluster 1, Cluster 2의 대한 계층적 군집이 분류된 것을 확인할 수 있다.

```
1  data.iloc[cluster.fit_predict(data) == 0, :].describe()
```

결과

그림 5-34 실행 결과

	bedrooms	sqft_living	waterfront	view	sold-built_years
count	394.000000	394.000000	394.000000	394.000000	394.000000
mean	3.190355	1726.675127	0.007614	0.126904	49.149746
std	0.762885	504.453647	0.087037	0.547153	28.169252
min	1.000000	430.000000	0.000000	0.000000	0.000000
25%	3.000000	1320.000000	0.000000	0.000000	27.000000
50%	3.000000	1705.000000	0.000000	0.000000	47.000000
75%	4.000000	2147.500000	0.000000	0.000000	66.000000
max	6.000000	2660.000000	1.000000	4.000000	115.000000

```
1  data.iloc[cluster.fit_predict(data) == 1, :].describe()
```

그림 5-35 실행 결과

	bedrooms	sqft_living	waterfront	view	sold-built_years
count	106.000000	106.000000	106.000000	106.000000	106.000000
mean	4.018868	3487.896226	0.028302	0.669811	33.339623
std	0.804524	716.459721	0.166622	1.232278	24.830046
min	2.000000	2680.000000	0.000000	0.000000	0.000000
25%	3.000000	2922.500000	0.000000	0.000000	15.000000
50%	4.000000	3300.000000	0.000000	0.000000	27.500000
75%	5.000000	3840.000000	0.000000	1.000000	46.000000
max	6.000000	6070.000000	1.000000	4.000000	114.000000

sold−build_years(지어진 연도 − 매각된 연도)와 sqft_living(집의 평방 피트)를 기준으로 어떻게 계층적 군집 분석이 되었는지 확인해보자.

```
1  plt.figure(figsize=(12,6))
2  plt.scatter(
3      data[model == 0]['sqft_living'], data[model == 0]['sold-built_years'],
4          s=40, c='green', marker='o', label='cluster 1'
5          )
6
7  plt.scatter(
8      data[model == 1]['sqft_living'], data[model == 1]['sold-built_years'],
9          s=40, c='gold', marker='s', label='cluster 2'
10          )
11
12 plt.xlabel('sqft_living')
13 plt.ylabel('sold-built_years')
14
15 plt.legend()
16 plt.grid()
17 plt.show()
```

그림 5-36 실행 결과

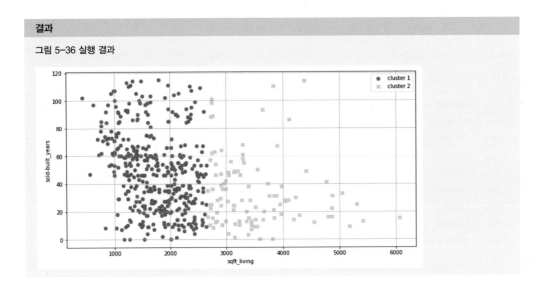

독립 변수들 간의 어떻게 계측적 군집 분석이 되었는지 종합적으로 확인해보자.

```
1   df_hc = data
2   df_hc['clustering'] = model
3
4   sns.pairplot(df_hc, hue="clustering", size=3,
5                   plot_kws=dict(s=50, linewidth=1))
```

그림 5-37 실행 결과

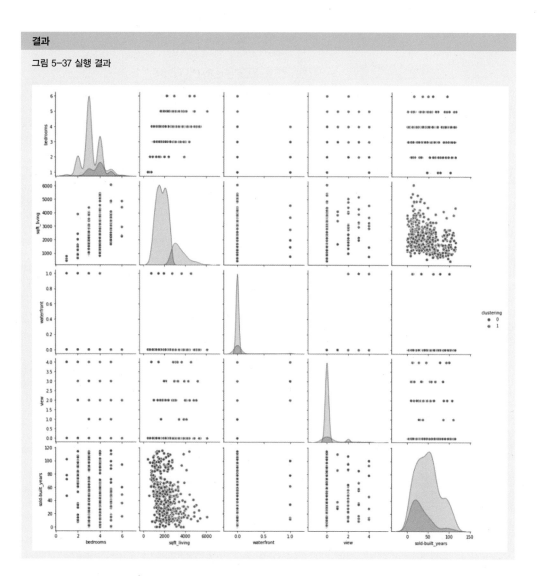

PART 06

차원 축소

차원 축소란 차원의 저주를 극복하기 위해 변수의 개수를 줄이는 비지도학습 방법론이다. 이번 파트에서는 요인 분석, 주성분 분석, 부분최소제곱법을 중심으로 차원 축소를 학습한다.

데이터 과학은 기본적으로 변수의 수보다 표본(관측치)의 수가 많다는 것을 전제로 한다. 따라서 표본(관측치)의 수가 적거나, 변수의 수가 많을 경우 문제가 발생한다. 이때 변수의 개수를 줄이는 방법론을 차원 축소라 한다.

1.1 차원의 저주

그림 6-1 차원 축소

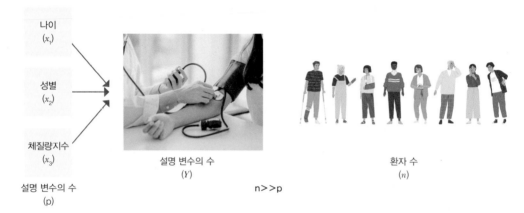

회귀와 분류에 대한 대부분의 전통적인 통계 기법들은 관측치 수 n이 설명 변수 수 p보다 훨씬 큰 저차원(low-dimensional) 상황에 적합한 방법들이다. 관측치보다 더 많은 변수를 포함하는 자료는 보통 고차원적이라고 한다. 최소제곱 선형 회귀와 같은 고전적인 기법들은 이런 고차원 데이터에 적합하지 않다.

그림 6-2 관측치 수

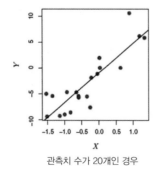
관측치 수가 20개인 경우

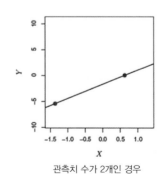
관측치 수가 2개인 경우

최소제곱법은 설명 변수와 반응 변수의 실제 인과관계와 무관하게 주어진 데이터에 대한 잔차 (residual)의 합이 0이 되는 계수를 추정한다. 우측 그래프는 설명 변수는 1개이고 관측치는 2개 인 경우이다. 이 경우 회귀선이 추정되긴 하지만 관측치 하나로 회귀선이 다르게 정의된다. 만 약 $n = p$인 $n = 1$, $p = 1$이라면, 관측치와 설명 변수가 하나인 상황으로 이 경우, 회귀선을 추 정할 수 없다.

그림 6-3 **고차원적 자료**

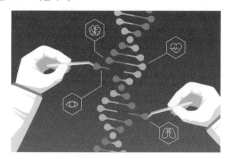 

50만 개의 단일염기
다형성에 대한 측정치 수집

사람들의 온라인 쇼핑 패턴 분석을 위해
모든 검색어를 변수로 간주

지난 20년 동안 새로운 기술들이 금융, 마케팅, 의학과 같이 다양한 분야에서 데이터를 수집하 는 방식을 변화시켰다. 이러한 변화들은 설명 변수의 수(p)는 극도로 큰 값이 될 수 있는 반면에 관측치의 수 n은 비용, 표본 가용성 등의 이유로 흔히 제한되는 현상을 초래했다.

그림 6-4 **차원의 저주**

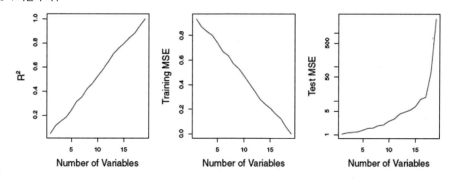

반응 변수와 무관한 20개의 설명 변수와 관측치가 20개인 데이터를 이용해 설명 변수의 수를 순 차적으로 증가시키며 결정계수와 모형의 오차를 살펴본 결과이다. 데이터에 대한 설명력이 변 수 증가에 따라 증가하는 것을 확인할 수 있다. 또한 오차 역시 점점 감소하는 것을 볼 수 있다.

하지만 별도의 데이터(test set)에 대한 검증 결과를 보면 오차가 크게 증가한다.

즉, 무분별하게 설명 변수의 수를 늘리는 것은 모형의 과적합(overfitting)을 유발할 수 있고, 이렇게 적합된 모형은 실제 현상을 설명하기에 부적합하며 예측에서도 유효하지 않음을 알 수 있다.

대부분의 통계 방법론은 설명 변수의 수가 관측치 수보다 작은 경우에 사용할 수 있다. 또한 설명 변수의 수가 관측치 수보다 작은 경우에도 불필요한 설명 변수가 많다면 모형은 과적합(overfitting)이 될 수 있다. 과도한 설명 변수의 수로 인해 발생할 수 있는 문제를 예방하기 위한 방법을 차원 축소 방법이라고 한다. 차원 축소 방법은 주어진 설명 변수의 잠재 요인(latent factor)을 찾아 변수의 수를 줄이는 요인 분석(factor analysis)과 주어진 설명 변수의 선형 결합을 통한 차원 축소 방법인 주성분 분석 등이 있다.

1.2 요인 분석

요인 분석(factor analysis)은 수많은 변수 중 관측되지 않은 잠재적인 공통인자를 찾아내 해석하는 방법이다. 예를 들어 학생들의 시험 성적이 수리 능력, 외국어 능력, 예술적인 능력 등에 의해 결정된다면, 표면적으로 나타난 데이터는 성적이지만 이 성적을 이루고 있는 잠재 요인은 수리, 외국어, 예술 능력이다. 이러한 잠재 요인을 찾기 위한 방법 중 하나가 바로 요인 분석이다.

그림 6-5 요인 분석 예: 학생들의 시험 성적 데이터

학생들의 시험 성적 데이터

수리 능력

외국어 능력

예술적 능력

그림 6–6 요인 분석

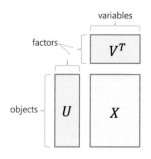

$$X = UV^T$$

자료 행렬 X를 두 개의 자료 행렬의 곱으로 분할하는 것
그러므로 현실과 매우 밀접한 인자를 찾는 방법을
찾아내는 것이 필요함

요인 분석은 변수 간의 상관관계를 고려해 저변에 내재된 개념인 요인을 추출하는 분석 방법이다. 수학적으로는 직교인자 공간과 예측/인식이 가능한 인자를 생성하는 변환을 사용하여, 그들의 가장 낮은 차원으로 자료 행렬을 축소시키기 위한 다변량 기법을 의미한다. 이런 방법은 차원 축소와 관계가 깊다.

그림 6–7 **적절한 인자를 찾는 데 필요한 규칙**

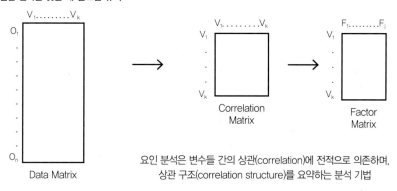

요인 분석은 변수들 간의 상관(correlation)에 전적으로 의존하며,
상관 구조(correlation structure)를 요약하는 분석 기법

요인 분석에서 적절한 인자를 찾기 위해서는 인자의 수는 가능한 한 적은 수로 유지되어야 하고, 요인들은 물리적으로 의미를 가져야 하기 때문에 회전(rotate)이 되어야 한다.

그림 6-8 요인 분석의 수행 절차

> 1 데이터 수집과 탐색 : 적절한 변수를 선택
>   • 히스토그램(정규성, 이산성, 이상치 파악), 변수들 간의 공분산과 상관관계, 척도의 동일성, 측정값들의
>   방향 등을 탐색
> 2 인자의 **수**를 결정한다 : PCA를 수행함
> 3 미리 결정된 인자의 수를 이용하여 모형을 추정함
> 4 회전(rotate)과 해석 수행
> 5 변경이 필요한지를 결정
>   • [단계3] – [단계4]를 반복

요인 분석을 수행하기 위한 절차는 크게 5단계로 구성되어 있다.

1단계는 데이터 수집과 탐색 단계로 적절한 변수를 선택하는 것이 중요하다. 히스토그램을 통해 데이터의 정규성, 이산성, 이상치 등을 파악하고 변수들 간의 공분산과 상관관계, 척도의 동일성, 측정값들의 방향 등을 탐색한다.

2단계는 인자 수를 결정하는 단계로 주성분 분석을 활용한 인자 수 결정 방법이 주로 사용된다.

3단계는 사전에 결정된 인자 수를 기준으로 모형을 추정하는 단계이다.

4단계에서는 회전(rotate)과 해석을 통해 잠재 요인을 파악한다.

마지막 단계에서는 결과를 변경이 필요한지 검토하여 만약 변경이 필요하다면 3~4단계를 반복적으로 수행한다.

1.2.2 요인 분석의 목적

요인 분석의 목적은 크게 네 가지가 있다. 첫 번째 목적은 요인 분석을 통한 설명 변수의 특성 파악이다. 이 경우 분석에 앞서 데이터의 설명 변수들이 어떻게 상관되는지 요인 분석을 통해 파악할 수 있다. 두 번째는 원 변수보다 유용한 신규 후보 변수 찾기이다. 가령 분석(회귀분석, 의사결정나무 등)에 설명 변수를 투입하기에 앞서 원 변수보다 적절한 변수들을 생성할 수 있다.

세 번째로 차원 축소를 목적으로 한다. 요인 분석을 통한 차원 축소는 모형을 보다 간결하게 하며 설명에도 용이하게 해준다. 마지막으로 다중공선성 제거를 목적으로 한다. 요인 분석을 통해 잠재 변수를 도출하면, 공선성 문제는 자연히 해결할 수 있다.

주성분 분석과의 비교

그림 6-9 **주성분 분석과 비교 ①**

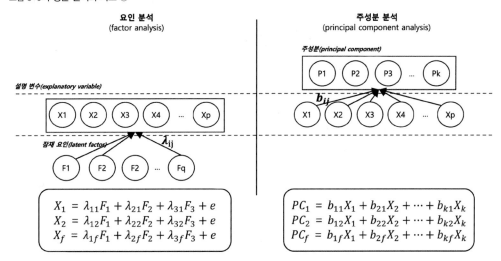

주성분 분석은 주어진 설명 변수들의 선형 결합을 이용해 상호 독립적인 주성분들을 추출하는 차원 축소 방법이다. 반면에 요인 분석은 주어진 변수들의 공통 요인을 찾는 방법으로 요인 분석을 통해 얻어진 잠재 요인(latent factor)들이 상호 독립인 특징을 갖고 있다.

두 방법론은 주어진 변수의 차원을 축소한다는 점에서 매우 유사하지만 주어진 변수들의 잠재 요인을 찾는지 아니면 주어진 요인들을 이용한 새로운 주성분을 찾는지에 따라 구분된다. 요인 분석은 주어진 요인들의 잠재 요인을 찾기 때문에 주성분 분석보다 해석이 용이하다.

그림 6-10 **주성분 분석과 비교 ②**

	요인 분석(Factor Analysis)	주성분 분석(PCA)
생성되는 변수의 수	데이터에 서로 상관성을 갖는 변수들의 군집의 개수로 나눠짐	주성분이라고 하며, 보통 2개를 찾는다. 제 1 주성분, 제 2 주성분
생성되는 변수의 의미	의미 중심으로 묶였기 때문에 분석가가 적절한 이름을 붙일 수 있음	분류 결정력이 높은 임의의 변수이기 때문에 보통 2개의 변수를 채택
생성된 변수들의 관계	새 잠재변수들은 대등한 관계를 가짐	제 1 주성분이 가장 중요함 즉, 변수들 간의 중요성의 순위가 존재
분석방법의 의미	목표 변수를 고려하지 않음	목표 변수를 잘 예측/분류하기 위하여 몇 개의 주성분들을 찾아냄

주성분 분석에서 성분은 원래 변수의 선형 조합으로 계산되고, 인자 분석에서 원래 변수는 요인의 선형 조합으로 정의된다. 주성분 분석의 목표는 변수의 전체 분산을 최대한 많이 설명하는 것이고, 요인 분석의 목표는 변수 간의 공분산 또는 상관관계를 설명하는 것이다.

즉, 주성분 분석을 사용하면 데이터를 더 적은 수의 성분으로 줄일 수 있고, 인자 분석을 사용하면 데이터의 기초가 되는 요인을 확인할 수 있다. 사실 두 분석 방법은 대부분 같은 데이터에서 수행된다. 주성분 분석을 수행하여 인자 분석 연구에서 추출할 인자의 수를 결정할 수 있기 때문이다.

1.2.4 요인 분석의 유형

요인 분석은 크게 탐색적 요인 분석(explanatory factor analysis; EFA)과 확인적 요인 분석(confirmative factor analysis; CFA)으로 나뉜다. 먼저 탐색적 요인 분석은 요인 구성과 패턴 발견을 목적으로 한다. 반면에 확인적 요인 분석은 요인 구성 및 패턴 확인을 목적으로 한다.

그림 6-11 요인 분석의 유형

	요인분석(factor analysis)	
	탐색적 요인분석 (exploratory factor analysis)	확인적 요인분석 (confirmatory factor analysis)
목적	요인의 수, 요인의 해석 가능성에 관심 → 변수가 어떤 요인에 적재될지에 대한 가설이 없음	요인모형과 자료의 부합에 관심 → 변수가 어떤 요인에 적재될지에 관한 가설 존재
기본가정	잠재변수 간에 상관(공변량)이 없음 잠재변수와 공통 요인 간 상관이 없음	잠재변수 간에 상관을 구할 수 있음 잠재변수와 공통 요인 간 상관을 구할 수 있음 (단, 이론적 근거 필요)

따라서 탐색적 요인 분석은 잠재 변수 간에 상관(공변량)이 없고 잠재 변수와 공통 요인 간 상관이 없다고 가정한다. 반면에 확인적 요인 분석은 이론적 근거에 기반해 잠재 변수 간에 상관관계가 있고, 잠재 변수와 공통 요인 간 상관을 구할 수 있다고 가정한다. 따라서 확인적 요인 분석은 탐색적 요인 분석을 확인하는 방법이고, 탐색적 요인 분석은 모든 변수 간의 분석을 실시하지만 확인적 요인 분석은 측정 변수 간에만 분석을 수행한다.

02 주성분 분석 방법론

주성분 분석(principal components analysis; PCA)은 독립 변수 간 선형 결합을 통해 주성분을 만들어 변수의 수를 줄이는 비지도학습 방법론이다. 주성분 분석은 차원 감소, 영상 인식, 노이즈 제거 등에 활용된다.

2.1 주성분 분석

서로 상관관계를 갖는 설명 변수들의 선형 결합을 이용해 상호 독립적인 주성분(principal components)이라는 인공 변수를 만들기 위한 분석 방법이다. 주성분 분석은 복잡한 다차원 데이터를 저차원으로 변환해 더 쉽게 이해할 수 있도록 변환한다. 이때 각 주성분은 주어진 설명 변수의 정보를 최대한 반영하는 것을 목적으로 한다. 보다 수학적으로 말하면 데이터 변동을 최대한 반영하도록 한다고 할 수 있다. 이때 얻어진 주성분들은 그 순서에 따라 정보의 양이 감소한다. 제1주성분은 주어진 데이터의 정보를 가장 많이 포함한다. 그 다음은 제2주성분으로, 제2주성분은 제1주성분과 직교하는 성질이 있어 이 두 주성분의 상관계수는 0이 된다. 주성분 분석은 데이터를 통해 주성분을 추출하는 것은 물론, 추출된 주성분을 이해하는 과정까지 포함된 개념이다.

2.1.1 개념

그림 6-12 **주성분 분석**

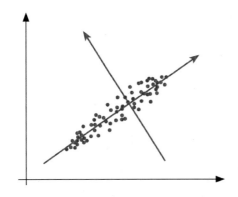
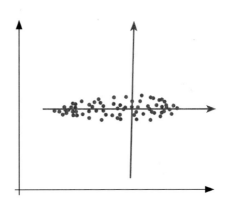

두 주성분으로 변동을 설명한다면 정보 손실을 최소화할 수 있다. 또한 저차원 공간에서 해석하기 때문에 차원 축소뿐 아니라 해석에 대한 이점도 얻을 수 있다. PCA란 왼쪽 그래프 같이 데이터의 변동을 가장 잘 설명할 수 있도록 축을 재설정하는 과정이다. 오른쪽 그래프는 이미 주어진 축과 축이 충분히 데이터의 변동을 잘 설명하고 있기 때문에 PCA 하기에 좋지 않은 데이터이다.

주성분 분석은 데이터 시각화에 많이 응용되는 방법 중 하나이다. 고차 데이터 시각화는 많은 제약이 따른다. 2차원의 경우 좌표평면에 산점도나 막대 그래프를 통해 사람이 이해하기 쉽게 시각화할 수 있다. 3차원 이상의 고차원 데이터 시각화를 위해서는 많은 노력이 필요하며, 설사 시각화에 성공했다 하더라도 이해하기 쉽지 않은 경우가 대다수이다. 고차원 데이터의 변수를 각각 쌍으로 하여 산점도를 그리는 경우, 대상 변수 수가 10개만 되어도 45개의 산점도를 그려야 하는 불상사가 발생하게 된다(p개의 변수 간 관계를 고려하는 경우 산점도 수: $\binom{p}{2} = \frac{p(p-1)}{2}$ 개).

그림 6-13 변수 수 증가에 따른 산점도의 수

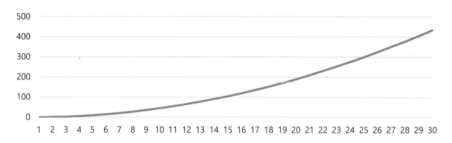

이런 현실적인 문제를 우회하기 위해 주성분 분석을 이용할 수 있다. 주성분 분석을 통해 얻은 두 주성분(제1주성분, 제2주성분)은 주어진 자료의 대다수의 정보를 포함하고 있다. 따라서 이 두 주성분을 두 축으로 하여 자료의 산포를 살펴보면 시각적으로 자료의 특성을 파악하는 데 용이하다. 이런 정보는 군집 분석이나 분류분석 등 다양한 방법에 활용할 수 있다(가령 k-평균 군집 분석 방법의 경우, 주성분 분석을 이용한 산점도로 초기 k값을 선정할 수 있다).

2.1.2 목적

주성분 분석의 목적은 크게 세 가지로 나뉜다. 첫 번째는 주성분 분석을 통해 설명 변수의 차원을 축소하여 모형을 적합한다. 이 방법은 과적합, 다중공선성 등의 문제를 사전에 예방하여 모형의 정도를 높일 수 있다(모형에 대한 직접 해석이 제한되는 단점이 있다).

두 번째, 데이터의 잡음을 제거한다. 제1주성분, 제2주성분 등의 상위 주성분은 데이터의 핵심 정보를 포함한다. 반면, 하위 주성분은 중요도 낮은 정보를 포함하는 특성이 있다. 따라서 상위 주성분만 활용할 경우 데이터 잡음 제거(denoising) 효과를 기대할 수 있다(실제 주성분 분석을 이용해 이미지 데이터의 잡음을 제거한 사례가 있다).

세 번째, 데이터 특성 파악을 위해 이용한다. 주성분을 사용한 시각화를 통해 각 관측치가 어떻게 분포하는지 확인할 수 있다. 이런 정보는 군집 분석 및 분류분석 등에 유용하게 활용될 수 있다.

2.1.3 제1주성분

제1주성분은 여러 제약하에 주어진 데이터에 대해 분산이 최대가 되도록 추출한다. 분산은 설명 변수들의 변동을 의미하며 이런 변동을 잘 설명하는 즉, 주어진 데이터의 정보를 잘 설명하도록 얻어진다. 이때 주성분은 주어진 변수들의 선형 결합으로 얻어진다. 이때 각 변수에 대한 계수로 이루어진 벡터를 로딩 벡터라고 한다. 주성분을 찾기 위해 로딩 벡터의 제곱합이 1이 되도록 로딩 벡터를 추정한다. 로딩 벡터 요소들이 임의의 큰 값인 경우 분산이 커지는 문제가 발생할 수 있기 때문에 이러한 제약이 필요하다. 제1주성분에 대한 선형식은 다음과 같이 수식으로 표현할 수 있다.

$$Z_1 = \emptyset_{11}X_1 + \emptyset_{21}X_2 + \cdots + \emptyset_{p1}X_p$$

수식에서 $\emptyset$들을 벡터 형태로 나타낸 $\emptyset_1 = (\emptyset_{11}, \emptyset_{21}, \cdots, \emptyset_{p1})$이 바로 제1주성분의 로딩 벡터이다. 주성분은 가장 큰 표본 분산을 갖는 다음 형태의 표본 변수의 선형 결합을 통해 구할 수 있다.

$$\underset{\emptyset_{11},\dots,\emptyset_{p1}}{\text{maximaize}} \left\{ \frac{1}{n} \sum_{i=1}^{n} \left(\sum_{j=1}^{p} \emptyset_{j1} x_{ij} \right)^2 \right\} subject\ to\ \sum_{j=1}^{p} \emptyset_{j1}^2 = 1$$

해당 식의 목적 함수 $\left\{ \frac{1}{n} \sum_{i=1}^{n} \left(\sum_{j=1}^{p} \emptyset_{j1} x_{ij} \right)^2 \right\}$는 $\left\{ \frac{1}{n} \sum_{i=1}^{n} z_{i1}^2 \right\}$로 다시 쓸 수 있다. 따라서, 최대로 하려는 목적 함수는 단순히 n개 z_{i1}^2값의 표본 분산이다. $z_{11}, \cdots, z_{n1}$은 첫 번째 주성분의 점수를 의미한다. 목적 함수를 최대화하기 위해 고유값 분해(eigen decomposition)를 이용한다.

그림 6-14 제1주성분의 기하학적 의미

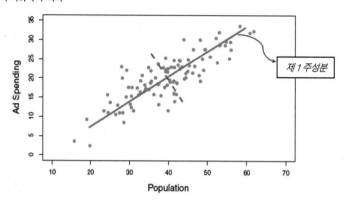

변수가 2개인 경우, 제1주성분은 기하학적으로 데이터 변동을 가장 잘 설명하는 그림과 같은 선을 의미한다. 이 선은 주어진 데이터로부터 거리가 제일 가까운 선이 된다.

2.1.5 **제2주성분**

그림 6-15 제2주성분

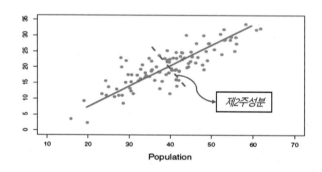

제2주성분 역시 제1주성분과 같이 주어진 데이터를 최대한 잘 설명할 수 있도록 얻어진다. 하지만 제2주성분은 제1주성분이 가지고 있는 정보를 제외한 나머지 정보를 얻게 된다. 즉, 제1주성분과 제2주성분은 서로 직교한다.

2.2 주성분 분석의 다른 해석

설명 변수의 수가 2개 이상인 다차원 데이터에서 주성분은 주어진 데이터와 거리가 제일 가까운 초평면(hyperplane)을 의미한다. 좌측 그림처럼 설명 변수로 이뤄진 공간에 각 관측치와 거리가 제일 가까운 평면으로 선택된다.

그림 6-16 주성분 분석의 다른 해석

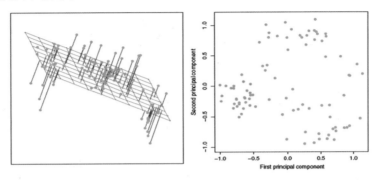

2.3 주성분 분석의 주요 이슈

2.3.1 변수 표준화

주성분 분석은 상관 행렬(correlation matrix)과 공분산 행렬(covariance matrix) 중 하나를 택하여 주성분을 추출할 수 있다. 공분산 행렬을 이용한 주성분 분석은 각 변수의 척도(scale)에 영향을 받는다. 이러한 척도에 영향을 받는 것을 의도하지 않았다면, 두 가지 대안을 선택할 수 있다. 첫 번째는 상관 행렬을 이용한 주성분 분석을 수행하는 것이다. 상관 행렬은 상관계수에 기초한 주성분 분석 방법으로 상관 행렬의 척도 불변성(scale invariant)으로 개별 변수의 단위에 영향을 받지 않는다. 또 다른 방법은 사전에 각 변수를 표준화하는 것이다.

표준화된 변수에 대한 공분산 행렬은 상관 행렬과 같다. 하지만 공분산 행렬에 기초한 주성분 분석이 갖는 장점 역시 존재한다. 상관 행렬에 기초한 주성분의 경우 각 변수의 측정 단위를 임의의 단위로 변경하는 것과 같기 때문에 만약 측정 단위가 동일한 자료인 경우 공분산 행렬에 기초한 주성분 분석이 더 타당하다.

2.3.2 주성분의 부호

주성분 로딩 벡터는 p차원 공간에서 방향을 결정한다. 하지만 부호가 바뀌어도 방향을 정하는데는 영향이 없다. 즉, 부호는 다를 수 있다. Z의 분산은 $-Z$의 분산과 같으므로 점수 벡터들도 부호는 다를 수 있지만 고유하다.

2.3.3 주성분에 의해 설명되는 분산의 비율

주성분 분석을 통해 각 주성분이 설명하는 분산의 정도는 PVE(Proportion of Variance Explained)를 이용해 구할 수 있고, 이를 이용해 몇 개의 주성분을 이용하는 것이 좋은지 판단할 수 있다.

$$PVE = \frac{\sum_{i=1}^{n}\left(\sum_{j=1}^{p} \emptyset_{jm} x_{ij}\right)^2}{\sum_{j=1}^{p}\sum_{i=1}^{n} x_{ij}^2}$$

PVE는 m번째 주성분에 의해 설명되는 분산을 자료의 총 분산으로 나눈 지표이다. 즉, PVE를 통해 각 주성분이 자료의 정보를 얼마나 포함하고 있는지 알 수 있다.

2.3.4 필요한 주성분 수 결정

$n \times p$ 데이터 행렬은 $min(n-1,p)$개의 서로 다른 주성분을 갖는다. 하지만 모든 주성분을 이용하는 것은 차원 축소의 의미를 퇴색하기 때문에 적절한 개수의 주성분을 선택해야 한다. 얼마나 많은 주성분을 이용할지에 대한 명확한 기준은 없으며 사용할 주성분의 수는 데이터 성격 및 분석 목적에 따라 다르다. 대체로 많이 사용하는 기준은 다음과 같다.

- Scree Plot의 Eigenvalue가 1을 넘어서는 주성분까지 이용
- Scree 도표에서 각각의 후속 주성분이 설명하는 분산의 비율이 크게 떨어지는 지점을 선택 (이런 점을 Scree 도표의 elbow라고 함)
- 전체 분산의 약 70~90%를 표현할 수 있는 주성분까지 이용

그림 6-17 Variance Explained and Scree Plot을 이용한 주성분 수 결정

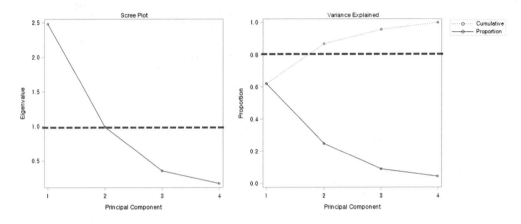

첫 번째 선정 기준을 이용할 경우 고유값이 1 이상인 2번 주성분까지 이용하는 것이 좋다. 두 번째 기준을 적용하면 좌측 도표상 분산비가 급격하게 감소하는 3번 주성분부터 제외하는 것이 타당하다. 즉, 첫 번째 기준의 결과와 같다. 세 번째 기준인 분산비를 이용하는 경우도 우측 도표를 보면 제2주성분에서 이미 80%를 넘었기 때문에 제2주성분까지만 포함하는 것이 효과적임을 알 수 있다.

2.3.5 지도학습에서의 주성분 분석

종속 변수가 존재하면, 이용할 주성분 수를 결정하는 것은 더 명확한 기준을 이용할 수 있다. 회귀분석과 같은 지도학습은 이용 주성분 수를 조율 파라미터로 취급하고, 교차 검증 또는 관련 기법을 이용해 탐색하여 주성분 수를 결정할 수 있다.

2.4 실습

2.4.1 데이터셋

붓꽃(iris) 데이터셋을 가지고 주성분 분석(PCA)을 배우자. K-평균 군집화 실습을 통해 이미 붓꽃 데이터셋의 특성을 배울 수 있었다. 독립 변수들은 꽃받침 길이(sepal length)와 너비(sepal width), 꽃잎 길이(petal length)와 너비(petal width)가 있다. 종속 변수는 꽃잎의 종류(Species)로 Virsicolor, Virginica, Setosa가 있다.

2.4.2 데이터 전처리

분석에 필요한 모듈을 import한다. datasets.load_iris( ) 함수를 통해 붓꽃 데이터를 불러온다. 붓꽃의 종류(Species)가 0이면 setosa, 1이면 versicolor, 그 외의 값은 virginica로 분류해서 저장한다. 꽃받침(sepal), 꽃잎(petal)의 피쳐들과 타겟값을 df_iris 데이터 프레임으로 저장하자.

```python
1  # 연산 처리를 위한 패키지입니다.
2  import pandas as pd
3  import numpy as np
4
5  # 차원 축소를 위한 패키지입니다.
6  from sklearn.decomposition import PCA
7
8  # 스케일러입니다.
9  from sklearn.preprocessing import StandardScaler
10
11 # 시각화를 위한 패키지입니다.
12 from matplotlib import pyplot as plt
13 import seaborn as sns
14
15 # 데이터셋입니다.
16 from sklearn import datasets
17
18 # 그래프를 실제로 그리기 위한 설정입니다.
19 %matplotlib inline
20
21 # 경고 메시지를 무시합니다.
22 import warnings
23 warnings.filterwarnings('ignore')
24
25 # iris dataset을 불러옵니다.
26 iris = datasets.load_iris()
27 df_iris = pd.DataFrame(data=np.c_[iris.data, iris.target], columns= iris.feature_
28                        columns= iris.feature_names + ['target'])
29
30 # target을 분류합니다.
31 df_iris['target'] = df_iris['target'].apply(lambda x: 'setosa' if 0 == x else
32                        ('versicolor'if 1 == x else 'virginica'))
33 df_iris.head()
```

그림 6-18 실행 결과

	sepal length (cm)	sepal width (cm)	petal length (cm)	petal width (cm)	target
0	5.1	3.5	1.4	0.2	setosa
1	4.9	3.0	1.4	0.2	setosa
2	4.7	3.2	1.3	0.2	setosa
3	4.6	3.1	1.5	0.2	setosa
4	5.0	3.6	1.4	0.2	setosa

꽃받침(sepal)의 길이와 너비를 시각화하여 붓꽃들이 어떻게 분류되어 있는지 확인한다.

```
1  sns.relplot(data=df_iris, x="sepal length (cm)", y="sepal width (cm)", hue="target",
2              kind='scatter',palette="Set1")
```

그림 6-19 실행 결과

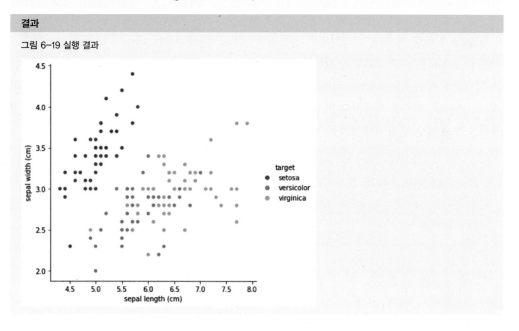

setosa는 분포도가 다른 종과 구분되어 있으며 versicolor, virginica의 경우 데이터 분포가 섞여 있는 것을 눈여겨 보자.

2.4.3 데이터 스케일링

PCA의 변환 결과는 변수의 스케일링에 영향을 받는다. 따라서 독립 변수의 값들을 StandardScaler를 활용하여 각각의 독립 변수의 평균을 0, 분산을 1로 변경한다. 타겟값은 빼고 스케일링한다. 다음과 같이 독립 변수들의 값이 조정되었음을 확인할 수 있다.

```
1  features = df_iris.columns.difference(['target'])
2
3  iris_standardScaled = StandardScaler().fit_transform(df_iris[features])
4  iris_standardScaled[:3]
```

결과

```
array([[-1.34022653, -1.3154443 , -0.90068117,  1.01900435],
       [-1.34022653, -1.3154443 , -1.14301691, -0.13197948],
       [-1.39706395, -1.3154443 , -1.38535265,  0.32841405]])
```

이제 PCA 변환을 해보자. 스케일링이 적용된 데이터(iris_standardScaled)에 PCA를 실시하여 2차원 즉 2개의 PCA 속성으로 변환한다. 사이킷런의 PCA 클래스를 사용하면 손쉽게 PCA 변환을 할 수 있다. n_components 파라미터를 사용하여 2개의 PCA 속성으로 변환한다. 이후 fit()과 transform() 함수를 사용하여 PCA 변환 후 pca_iris에 결과값을 저장한다. 그리고 shape을 명령어를 통해 PCA 변환 이후 2차원으로 변경된 것을 확인할 수 있다.

```
1  # n_components: PCA 축의 개수이며 변환 차원을 뜻합니다.
2  pca=PCA(n_components=2)   # 2개의 component를 가지는 PCA를 지정합니다.
3  pca_iris = pca.fit(iris_standardScaled).transform(iris_standardScaled)
4  pca_iris.shape
```

결과

```
(150, 2)
```

pca_iris를 데이터프레임 형태로 변환하여 값을 살펴보자. 컬럼명은 pc1, pc2, target으로 정한다.

```
1  df_pca = pd.DataFrame(data=pca_iris, columns=['pc1','pc2'])
2  f_pca['target'] = df_iris['target']
3  df_pca.head()
```

그림 6-20 실행 결과

	pc1	pc2	target
0	-2.264703	0.480027	setosa
1	-2.080961	-0.674134	setosa
2	-2.364229	-0.341908	setosa
3	-2.299384	-0.597395	setosa
4	-2.389842	0.646835	setosa

2개의 PCA 컴포넌트로 변환된 데이터프레임을 시각화해 어떻게 붓꽃이 분류되었는지 보자. pc1를 X축, pc2를 Y축으로 해서 시각화한다.

```
1 sns.relplot(data=df_pca, x="pc1", y="pc2", hue="target", kind='scatter',palette="Set1")
```

그림 6-21 실행 결과

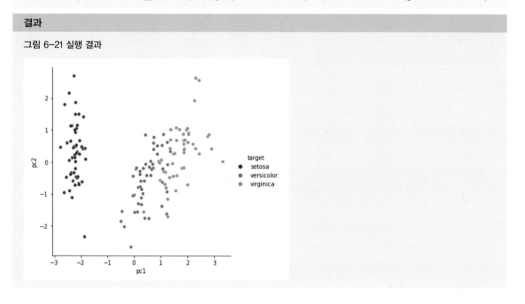

PCA로 변환된 형태가 꽃받침(sepal)의 길이와 너비를 X, Y로 분류한 것보다 잘 분류되어 있다. 특히 PCA로 변환된 형태의 경우 setosa가 virsicolor, virginica와 다르게 더 명확하게 분류되었다. PCA 객체는 explained_variance_와 explained_variance_ratio_ 명령어를 통해 PCA 컴포넌트의 설명력 정도와 차지하는 비율을 확인할 수 있다.

```
1  print(f' PCA 컴포넌트 1의 설명력: {pca.explained_variance_[0]:.4f}
2  print(f' PCA 컴포넌트 2의 설명력: {pca.explained_variance_[1]:.4f}')
3  print(f' PCA 컴포넌트 1의 비율: {pca.explained_variance_ratio_[0]:.2f}
4  print(f' PCA 컴포넌트 2의 비율: {pca.explained_variance_ratio_[1]:.2f}')
```

결과

PCA 컴포넌트 1의 설명력: 2.9381
PCA 컴포넌트 2의 설명력: 0.9202
PCA 컴포넌트 1의 비율: 0.73
PCA 컴포넌트 2의 비율: 0.23

값이 클수록 설명력이 높다. 첫 번째 PCA 컴포넌트(pc1)의 설명력이 두 번째 PCA 컴포넌트 (pc2)보다 약 3.2배 설명력이 높다. 비율로 따지면 첫 번째 PCA 컴포넌트가 약 73%의 비율로 설명력을 가지고 있고, 두 번째 PCA는 약 23%의 비율로 설명력을 가지고 있다고 할 수 있다.

이제 PCA로 변환된 데이터와 붓꽃 데이터셋을 각각 랜덤 포레스트로 분류한 뒤 성능에는 어떤 차이가 있을지 비교해보자. 먼저 cross_validate( )를 사용하여 5개의 교차 검증(cv=5) 세트를 설정하고 scoring은 정확도를 기준으로 한다. iris.data[:, :2]를 통해 feature 2개(꽃받침 길이와 너비)만 사용해 분류를 실시한다.

```
1  from sklearn.ensemble import RandomForestClassifier
2  from sklearn.model_selection import cross_validate
3
4  # feature 2개 – 꽃받침 길이(sepal length)와 너비(sepal width )
5  rf_scores = cross_validate(RandomForestClassifier(random_state=0), iris.data[:, :2],
6                  iris.target, scoring='accuracy',
7                  return_train_score=True, cv=5)
8  np.transpose(pd.DataFrame(rf_scores))
```

결과

그림 6-22 실행 결과

	0	1	2	3	4
fit_time	0.137474	0.121490	0.114764	0.110253	0.117391
score_time	0.007977	0.008755	0.007584	0.008224	0.009258
test_score	0.666667	0.700000	0.733333	0.800000	0.733333
train_score	0.941667	0.941667	0.933333	0.916667	0.958333

test_score가 회차별로 차이가 있지만 66~80%의 정확도를 보여주었다. 이번에는 2차원 PCA 로 변환된 데이터를 랜덤 포레스트 알고리즘을 활용하여 분류를 실시한다. 교차 검증 횟수와 scoring 방식은 동일하다.

```
1   # feature 2개 – pc1, pc2
2   rf_scores_pca = cross_validate(RandomForestClassifier(random_state=0),
3                   df_pca[['pc1','pc2']], iris.target,
4                   scoring='accuracy', return_train_score=True, cv=5)
5   np.transpose(pd.DataFrame(rf_scores_pca))
```

그림 6-23 실행 결과

	0	1	2	3	4
fit_time	0.126592	0.108663	0.115818	0.110756	0.106736
score_time	0.008503	0.009203	0.008540	0.008780	0.008467
test_score	0.833333	0.933333	0.833333	0.900000	1.000000
train_score	1.000000	1.000000	1.000000	1.000000	1.000000

test_score가 이전 진행했던 feature 2개, 꽃받침 길이(sepal length)와 너비(sepal width)를 가지고 분류를 적용했을 때보다 훨씬 높은 정확도를 보여준다. 그렇다면 붓꽃 데이터의 피쳐 4개 모두를 가지고 분류하면 어떻게 될까? 다음과 같이 확인해보자.

```
1   # feature 4개 – 꽃받침 길이(sepal length)와 너비(sepal width), 꽃잎 길이(petal length)와 너비(petal width)
2   rf_scores = cross_validate(RandomForestClassifier(random_state=0), iris.data, iris.target,
3                   scoring='accuracy', return_train_score=True, cv=5)
4   np.transpose(pd.DataFrame(rf_scores))
```

그림 6-24 실행 결과

	0	1	2	3	4
fit_time	0.135610	0.108817	0.109082	0.107153	0.111358
score_time	0.007754	0.007514	0.007405	0.007522	0.009477
test_score	0.966667	0.966667	0.933333	0.966667	1.000000
train_score	1.000000	1.000000	1.000000	1.000000	1.000000

test_score가 PCA로 변환된 데이터(pc1, pc2)보다 더 높은 정확도를 보여준다. 그렇지만 PCA로 변환한 데이터셋의 정확도 또한 feature 4개 모두 가지고 분류한 일부 검증 세트와 동일한 정확도를 보여주고 있다. 즉, PCA 컴포넌트 2개(pc1, pc2)를 가지고도 어느 정도 수준의 정확도를 보여준다는 점이 의미있다고 할 수 있다. 또한, feature가 많은 경우 주성분 분석을 통해 고차원의 데이터를 저차원의 데이터로 변환해서 연산 속도를 빠르게 할 때 유용하게 사용할 수 있다.

부분최소제곱법(partial least squares; PLS)은 원본 데이터 대신 상관관계가 없는 성분 집합으로 예측 변수를 줄이고, 이러한 성분에서 최소제곱법을 수행하는 방법론이다. 부분최소제곱법은 최근 20년 간 사회과학에서 확인적 요인 분석의 엄격한 가정을 완화하기 위한 대안으로서 널리 활용되어 왔나.

부분최소제곱법은 주성분 회귀(principal components regression; PCR)와 같이 설명 변수의 수가 관측치 수보다 많은 경우($p > n$), 설명 변수들 사이에 정보의 중복이 심한 경우(다중공선성 문제)에 적합하다. 주성분 회귀의 경우 차원 축소를 위해 설명 변수들의 정보를 최대한 잘 설명할 수 있는 주성분을 추출하고, 추출한 주성분을 이용해 회귀모형을 적합했다. 하지만 설명 변수에 대한 정보를 잘 표현한다고 반응 변수와의 관계를 잘 표현하는 것은 아니다. 최악의 경우 제1주성분, 제2주성분과 같은 상위 주성분에 반응 변수와의 관계 정보가 누락될 가능성이 있다. 부분최소제곱법은 이런 문제를 해결하기 위해 차원 축소에 설명 변수뿐 아니라 반응 변수와의 관계 정보를 함께 고려한다.

3.1 부분최소제곱법의 차원 축소 방법

부분최소제곱법은 두 가지 목적을 가지고 차원을 축소한다. 첫 번째 목적은 설명 변수의 정보(분산)를 최대한 많이 포함하기 위해서이다. 두 번째는 반응 변수와의 관계를 최대로 하기 위해서이다. 두 번째 목적 때문에 주성분 회귀와 차이가 생긴다. 수식 설명에 앞서 부분최소제곱법은 각 변수의 척도(scale)에 영향을 받기 때문에 사전에 반응 변수와 설명 변수는 모두 표준화된 것을 가정한다. 차원 축소는 다음과 같은 설명 변수들의 선형 결합을 이용한다.

$$t_i = x_1 w_1 + x_2 w_2 + \cdots + x_p w_p$$

해당 식에서 i는 몇 번째 PLS 성분인가를 나타내고, 각 w_i ($i=1, \cdots, p$)는 설명 변수에 대한 가중치를 나타낸다. 해당 식은 PCA와 같다. 하지만 단순히 분산을 최대화하는 것에 목적을 두지 않기 때문에 가중치를 구하기 위한 제약식에 차이가 있다.

$$\text{Maximize}[\text{Cov}(t,y)]$$

PLS 성분 t는 설명 변수와의 공분산이 최대가 되도록 가중치 W=($w_1, \cdots, w_p$)를 구한다. 공분산을 최대화한다는 말은 달리 표현하면, 설명 변수의 가중합으로 이뤄진 PLS성분 t의 분산과 t와 y의 상관계수를 최대화하는 것과 같다.

$$(Cov(t,y) = Corr(t,y)\sqrt{Var(t)}\sqrt{Var(y)})$$

3.2   PLS 성분 추출 방법

PLS 성분을 구하는 방법을 간단하게 설명하면 다음과 같다.

   (1) 표준화된 x와 y에 대해 x의 선형 결합 t_i과 y의 공분산이 최대가 되는 W_i를 구한다.
$$t_i = x_1 w_{i1} + \cdots + x_p w_{ip}, \; Maximaize(Cov(t_i, y))$$

   (2) (1)에서 산출한 t_i을 설명 변수로 하고, y와 $X = (x_1, x_2, \ldots, x_p)$를 반응 변수로 하여 최소제곱법을 이용해 회귀모형을 적합한다.

   (3) y에 관한 회귀식에서 설명되지 않는 부분(잔차)을 다음 y로 설정하고, X도 동일하게 X에 관한 회귀식으로 설명되지 못하는 부분을 다음 X로 설정한다.

   (4) 이 과정을 설명 변수의 숫자만큼 반복한다($i = 1, \cdots, p$)

이러한 과정을 수행하면 설명 변수의 수만큼 $T = (t_1, t_2, \ldots, t_p)$를 얻을 수 있다. 부분최소제곱법은 위와 같이 첫 번째 t_1로 설명할 수 없는 X와 y의 정보를 다음 t_2에서 설명하고, t_2에서도 설명할 수 없는 정보는 그 다음 단계로 넘기는 방법을 이용한다. 각 단계마다 최소제곱법을 이용해 회귀식을 적합하는 특징이 있다.

3.3   주성분 회귀와의 비교

주성분 회귀(principal component regression; PCR)는 주성분 분석을 통해 주어진 설명 변수에서 주성분을 생성하고, 생성된 주성분을 이용해 회귀모형을 적합한다. 주성분 회귀는 주성분 추출 단계에서 반응 변수와 관계를 고려하지 않는다. 즉, 주성분은 반응 변수와 상관없이 주어진 설명 변수의 정보에만 초점을 맞추게 된다. 반면, PLS는 설명 변수의 정보와 반응 변수와 설명 변수의 관계 정보를 차원 축소에 모두 활용한다.

표 6-1 주성분 회귀와 부분최소제곱법 비교

구분	주성분 회귀(PCR)	부분최소제곱법(PLS)
공통점	원 변수들의 선형 결합을 이용해 모형을 적합	
차이점	반응 변수와 관계를 고려하지 않은 차원 축소	반응 변수와 관계를 고려한 차원 축소

찾아보기

찾아보기